本书受国家社科基金项目“明清乡村绅权建构与社会认同——以徽州士绅修谱为中心”（11BZS035）资助

明清乡村绅权建构与社会认同研究

以徽州士绅修谱为中心

徐彬 著

中国社会科学出版社

图书在版编目(CIP)数据

明清乡村绅权建构与社会认同研究：以徽州士绅修谱为中心／徐彬著．—北京：中国社会科学出版社，2021.3

ISBN 978-7-5203-8236-6

Ⅰ.①明…　Ⅱ.①徐…　Ⅲ.①绅士—家谱—编写—徽州地区—明清时代
Ⅳ.①D691.71

中国版本图书馆 CIP 数据核字(2021)第 062689 号

出 版 人　赵剑英
责任编辑　宫京蕾
特约编辑　李晓丽
责任校对　郝阳洋
责任印制　郝美娜

出　　版　中国社会科学出版社
社　　址　北京鼓楼西大街甲 158 号
邮　　编　100720
网　　址　http：//www.csspw.cn
发 行 部　010-84083685
门 市 部　010-84029450
经　　销　新华书店及其他书店

印刷装订　北京君升印刷有限公司
版　　次　2021 年 3 月第 1 版
印　　次　2021 年 3 月第 1 次印刷

开　　本　710×1000　1/16
印　　张　22
插　　页　2
字　　数　372 千字
定　　价　118.00 元

凡购买中国社会科学出版社图书，如有质量问题请与本社营销中心联系调换
电话：010-84083683

序

家谱是中国古代历史文化的一部分，这是因为，家谱所记载家族的历史本是社会历史的一部分；而家谱、家族史所承载的伦理、道德、义务等等，亦可视为家族为中心的文化现象，甚至可以称之为家族文化。再者，家族与家族的联系，家族群与国家的联系，则是更大范围的历史文化联系，进而成为中国历史文化中的组成部分。而家谱正是家族的存在与传承的谱籍。唐初所修《隋书·经籍志》史部的“谱系篇”，正是关于谱籍的著录。

家谱、族谱有久远的渊源。中国早期的史官所记帝王世系，当是家谱、族谱的滥觞。《周礼·春官》有“小史掌邦国之志，奠系世，辨昭穆”的记载。注家解释“奠系世”是：“帝系世本之属”，“天子谓之帝系，诸侯谓之世本。”《世本》，《汉书·艺文志》著录：“《世本》十五篇。古史官记黄帝以来讫春秋时诸大夫。”班彪认为，司马迁著《史记》所据文献中包含《世本》一书。而司马迁本人因追寻历史源头，更强调《五帝德》、《帝系姓》对于撰写《史记·五帝本纪》的重要。西晋皇甫谧作《帝王世纪》，当是参考《帝系姓》、《世本》及其他有关资料成书。

上述帝王世系之书与后世的家族、族谱一个明显的区别是，前者记君主世系，后者叙家族源流。但因家族溯源往往又与帝王世系相接，这反映了它们之间的内在联系。《旧唐书·刘子玄传》记史学家刘知幾曾“别撰《刘氏家史》十五卷、《谱考》三卷。推汉氏为陆终苗裔，非尧之后。彭城丛亭里诸刘，出自宣帝子楚孝王嚣曾孙司徒居巢侯刘恺之后，不承楚元王交。皆按据明白，正前代所误，虽为流俗所讥，学者服其该博。”这是很典型地说明了帝王世系之书与后世家史、家谱的联系。尽管存在这种联系，但因时代不同了，东晋南北朝时期的家谱、族谱，都带着鲜明的时代特色，如《隋志》所指出的：“第其门阀，有四海大姓、郡姓、州姓、县姓。及周太祖入关，诸姓子孙有功者，并令为其宗长，仍撰谱录，纪其所承。”读《隋书·经籍志》史部“谱系篇”小序及所著录诸书，可以清晰地看到这种联系中发生的重大变化。

南宋史学家郑樵在《通志·氏族略》中概括魏晋南北朝隋唐时期的谱系之书的特点是：

> 自隋、唐而上，官有簿状，家有谱系，官之选举必由于簿状，家之婚姻必由于谱系。历代并有图谱局，置郎、令史以掌之，仍用博古通今之儒知撰谱事。凡百官族姓之有家状者则上之，官为考定详实，藏于秘阁，副在左户。若私书有滥，则纠之以官籍；官籍不及，则稽之以私书。此近古之制，以绳天下，使贵有常尊，贱有等威者也。所以人尚谱系之学，家藏谱系之书。自五季以来，取士不问家世，婚姻不问阀阅，故其书散佚而其学不传。

这一段话，把官修谱系之书与百家所撰家状，以及它们所承担的“官之选举”与“家之婚姻”的重要作用，还有据此所形成的“贵有帝尊，贱有等威”的阶层划分，都阐述得十分清楚。这就是为什么“人尚谱系之学，家藏谱系之书”的原因。然而，人们的社会存在决定人们的思想。由于历史的变动，尤其是门阀地主阶层的退出历史舞台，这种情况便发生了根本性的变化：“取士不问家世，婚姻不问阀阅”，而本来意义上的谱系之学也就失去了昔日的光辉，走向衰落了。可以这样说，郑樵的这段话，是认识秦汉以下尤其是魏晋至隋唐时期谱系之学之本质的关键，当然，也是认识隋唐以上与两宋以下谱系之学有所不同的界碑。

如果说，隋唐以上的谱系之书是为社会上层所关注的话，那么，两宋以下的谱系之书更受到社会下层的重视。从这个意义上来看，谱系之书的社会功用更为广泛了。徐彬教授所著《明清乡村绅权建构与社会认同——以徽州士绅修谱为中心》一书（以下称“本书”）所论之社会背景，当属于这一历史范围之内，其考察对象十分的明确，而所论亦甚精当。

首先，本书对研究对象把握的十分准确，一则抓“绅权”，一则抓家谱，而连接二者的纽带是修谱，即士绅通过参与或主持修谱而实现“绅权”的建构。从历史的角度来看，士绅阶层成了明清徽州地区基层社会占主导地位的政治力量；从文化、伦理、心理的视角来看，家谱、族谱成为维护基层社会秩序的有力工具之一。联系上文所讲到谱系之书的作用，其内在联系十分了然，只是起主导作用政治力量下移了，而谱系之书的功能也从政治领域转变为社会范围了。

其次，本书对研究对象的把握，不论在历史事实方面，还是在学理方面，都作了全面的考察和深入的分析，使本书的研究建立在坚实的基础之上。在认识途径上，作者通过对家谱编修作历史的和全面的考察，发现士绅参与的作用非常之大，进而反过来考察士绅阶层的存在及其在修谱过程中的重要作用，进而再考察二者互动的过程及其结果与影响，这为揭示本书主题铺平了道路。要之，本书作者对于丰富的历史文献的掌握及全面运用，是本书的突出特点与成功之处。

再次，本书作者对修谱过程中之主体，即士绅阶层内在的诉求，揭示得合理、深刻。我们应当看到，士绅阶层之所以具有修谱的主动性和积极性，一方面来自于自身的利益，另一方面也不排除具有一定的社会责任，这都与他们的教养和社会身份相联系。为了突出皇家正宗思想，士绅们尊崇明清两代皇帝推行的《圣谕广训》，以至置其于谱首。正如作者指出的那样："这既是士绅阶层向族人进行教化的需要，也是出自国家对士绅阶层的要求"。家谱中还包含着古老的大宗、小宗的伦理观念，以体现同族之内的等级界限；同时倡导忠孝思想和行为，并以《朱子家礼》作为榜样，等等。处于明清时期的历史条件下，这些诉求都有其"合理"性。值得注意的是，本书作者把士绅们在修谱过程中建构起来的社会权力，分为社会显性权力和社会隐性权力，对此所作的分析是深刻的。这是因为，从总体上看，"显性权力"是外在的，因而易于受到外在力量的监督；而"隐性权力"是内敛的，因而不易受到外在力量的监督。无数历史事实表明，凡不受监督的权力，都是弊端产生的温床。显然，本书作者对此有所关注，只是没有明言罢了。

本书以士绅所修家谱的"族内认同"、"官方认可"和"社会认同"作为全书之殿，反映了作者在认识上贯彻了历史和逻辑的一致性原则。显然，士绅所修家谱只有在得到各方面的认同、认可，才具有其神圣性和权威性；士绅在修谱过程中所形成的、获得的各种权力才有实现的可能。从积极方面来看，这种修谱行为以及修成的家谱、族谱本身和绅权的获得，才能对乡村秩序建构发挥积极作用。由于两宋以后的家谱已不同于魏晋南北朝隋唐时期门阀时代的家谱，即无须恪守"官之选举必由于簿状，家之婚姻必由于阀阅”的原则，故已不具有先前的那种重要性。至于社会认同，主要表现在此家谱、族谱与彼家谱、族谱的相互认同，正是在这种相互认同所形成的一种社会风气的影响下，修谱成为一件重要的事情。因此，在认同、认可中，族内认同是关键所在。这种认同不仅表现在士绅修谱过程中所形成的各种权力，还表现在完成修谱后家谱、族谱所载内容是否经得起时间的检验，以及其中所包含的家规、家训等有关条文是否在社会实践中得到真正的贯彻。因此，族内认同是一个动态过程，参与尤其是主持修谱之人，对此自是了然、谨慎，以避免族内的不和与冲突。总之，本书作者提出的“认同”、“认可”问题，并对此作全面论述，可谓卓见。

综观中国古代谱系之书的产生、发展，可以得到这样几点认识：第一，谱系之书由记录帝王与贵族世系，到凸显门阀士族特殊地位的重要功能，再到由士绅出面修纂家谱，其发展趋势由上而下，政治色彩逐渐淡化，而社会管理功能则愈亦明显。本书以阐述明清徽州士绅修谱以建构绅权为研究对象，正是谱系之书受到基层社会高度重视的一个重要方面。第二，中国的谱牒学文献是中国史学遗产的组成部分，研究这方面的文献及其演变过程，不仅可以丰富我们对中国史学的认识，更为重要的是，可以提高我们对于社会历史整体面貌及其阶段性特征的认识，推进历史研究的深入发展。第三，研究谱牒文献和家谱修纂过程，梳理、总结贯穿其中的优良传统和优秀遗产，剔除其宗法观念、等级思想，汲取崇仁义、守诚信、讲和睦等传统美德，使之在新时代中国特色社会主义文化建设中焕发新的生命力。

瞿林东

撰于 2019 年 1 月 28 日

目　　录

上篇　明清徽州士绅与家谱

中篇 徽州士绅阶层以修谱构建社会权力

下篇　以家谱为中心构建的社会认同

上篇
明清徽州士绅与家谱

第一章　明清徽州士绅的基本情况

第一节　士绅概念及其在徽州家谱中的运用

“士绅”“乡绅”“缙绅”“绅士”是不同时期形成的有着类似含义的历史概念，其中，作为词汇的“士绅”虽出现相对较晚，但因其含义宽泛，成为学者研究地方社会的切入点之一。有关这一概念的具体内涵，不同学者从不同角度出发，有着多种认识。[①] 在此，将较有影响力的几个观点开列如下。专门研究这一群体的学者张仲礼将取得最低级功名及以上的人，统称为绅士[②]，其中包括获得学品和学衔的“正途”绅士，和通过捐纳获得功名的“异途”绅士，这在其《中国绅士》一书中有比较详细的阐述[③]。瞿同祖继承了这个概念并将之视为：来源不限的各类官员和具备各类功名（或学衔）者，这两个集团构成士绅阶级，通常称为“绅士”或“绅缙”[④]。费正清则是把士绅的概念扩大化了，认为其有着广义和狭义之分：狭义者为是通过考试和捐纳取得功名的个人；而广义的士绅则是“一群家族”，即将前者的亲戚也包含进来。[⑤] 对此名词，吴晗和费孝通在《皇权与绅权》中也分别给出了自己的理解，吴晗认为官僚是士大夫在官时候的称呼，而绅士则是官僚的离职、退休、居乡（当然居城也可以），以至可以是未任官以前的称呼。[⑥] 费孝通则认为，绅士是退任的官僚或是官僚的亲戚。20 世纪

---

① 关于这些词汇的概念辨析请参见徐茂明《明清以来乡绅、绅士与士绅诸概念辨析》，《苏州大学学报》（哲学社会科学版）2003 年第 1 期。

② 虽然在词汇上用的是绅士而非士绅，但在内涵上与绅士（gentry）不同，指的是后者。

③ 张仲礼：《中国绅士——关于其在 19 世纪中国社会中作用的研究》，上海社会科学院出版社 1998 年版，第 2—4 页。

④ 瞿同祖：《清代地方政府》，法律出版社 2011 年版，第 288—291 页。

⑤ ［美］费正清：《美国与中国》，张理京译，世界知识出版社 1999 年版，第 33 页。

⑥ 费孝通、吴晗等：《皇权与绅权》，岳麓书社 2012 年版。

80 年代以后，对于士绅的研究成果不断涌现，在概念内涵上出现了新的变化，马敏、王先明等以近代士绅为研究对象，提出了士绅的在野性特征[①]。近年来，有关士绅概念内涵的成果中，徐茂明的论述较为恰当，他认为，“所谓‘士绅’，主要是指在野的并享有一定政治和经济特权的知识群体，它包括科举功名之士和退居乡里的官员”[②]。就本书的讨论重心而言，这种通过知识占有来判定士绅身份的视角，本研究认为是相对贴切的。

从明代以来徽州家谱来看，当时的民间社会已经在实践上认识到这一点。以祁门《方氏宗谱》为例：谱中有“国朝选举方氏支宗文武贡监封赠绅衿”一目，其中“绅衿”所指的即是“士绅”群体，包含：雍正癸卯年（1723）恩赐修职郎方本教，乾隆壬申（1752）科邑庠生方起鸿，嘉庆丙辰（1796）钦授登仕郎方起泮、方起湧，道光辛巳（1821）钦授修职郎方维楹、方维权，道光辛巳（1821）钦授登仕郎方维本、方维栋、方维枡、方维柄、方士谦，同治壬戌（1862）钦授登仕郎方士詁，同治乙丑年（1865）由国学生加捐例贡生方士諴，道光辛丑（1841）科邑武生方士详，同治己巳（1869）准授九品方国逑，咸丰戊午（1859）军功六品方国运，咸丰己未（1859）国学生方国进、方正嵩，咸丰乙卯（1855）加捐从九品方国迓，同治丙寅（1866）国学生方正岳，同治壬戌（1862）科武生方正崧，乾隆丁酉（1877）邑庠生方庆稷，道光辛巳（1821）钦授登仕郎方允福、方兆燐，道光庚寅（1830）科邑武生方麒亨，道光辛巳（1821）敕补参将方麒全，道光乙未（1835）任山东泰安守备府方世爵，共 27 人。[③] 从中不难看出，在方氏族人看来，现职官员、国学生、邑庠生、邑武生、捐纳及恩荫人员，共同组成了该族的“绅衿”群体。该谱中还有另外一点值得关注，编修者特别强调了该谱是宗族士绅集团共同的成果，称为“阖宗绅士校阅”，同时也表明了“绅士”是一个通用的称呼。而从这部族谱中大量篇目作者来看，也正是上述“绅士”群体所为，特别是例贡生方士諴、准授九品方国逑和国学生方国进出力最多，用力最勤。

---

① 参见马敏《官商之间——社会剧变中的近代绅商》，华中师范大学出版社 2003 年版，第 21 页；王先明《近代绅士——一个封建阶层的历史命运》，天津人民出版社 1997 年版，第 6—10 页。

② 徐茂明：《明清以来乡绅、绅士与士绅诸概念辨析》，《苏州大学学报》（哲学社会科学版）2003 年第 1 期。

③ 方月樵等：《方氏宗谱》，光绪三十三年（1907）本。

同时，在当时的徽人来看，士绅已然有意地将这一群体与其他人区分开，这一点在徽州家族祭祀过程中可以看出，在绩溪仁里《程敬爱堂世守谱》“祠规”中，多次将绅士作为一个重要群体对他们的行为作出了规定：“习仪定于祭前一日，与祭绅士诣祠讲习来日祭时各人职事仪文，庶行礼时不致陨越，习仪毕饮羊血酒”，“祭定寅时，绅士各整衣冠齐集祠内，质明行事。过时到者罚周箔百张。对祖焚化失仪，不穿公服者罚仝，惟守制者免穿公服”，“填写绅士谱，生员则写庠名并字，若干岁、某人第几子，某宗师入泮第几名，补廪出贡中式于前必履历内加写，贡生监生及捐职衔则照部照填写，监生加捐职衔亦于前履历内加写，凡捐功名者，初来祠与祭须于祭前一日先将部照诣祠验明，然后与祭给胙，若无部照不准给胙”，“每年桌席坐钱四两，配享坐钱十六两，交查察存公匣以备公用。倘或不敷或停胙或门丁或捐输，邀集合族绅耆裁酌”，“逢祠事停胙惟停绅士”。[①] 这些规定清晰显示出：一是绩溪仁里程氏宗族将绅士作为该族一个重要的群体来对待；二是这个群体在祭祀过程中起到模范主导作用，在祭祀礼仪准备与遵守中均是核心群体，承担着更多的义务；三是该族对绅士身份的核对十分严格，表明绅士身份的严肃性；四是绅士对祠祭中重要事项的变更具有讨论决定权，从而表明该群体对宗族的领导作用。

总而言之，由于本研究重点不是讨论“士绅”阶层，而是探讨以“士绅”为核心的群体如何利用编修“家谱”这一形式构建“乡村权力”这一过程，故而本研究所阐述的士绅可以概括为出身徽州的传统知识分子群体，其中功名身份的存在与否并不是判定的硬性条件。因此本研究对“士绅”的使用，有时会扩大到虽无功名，但在商业上取得成功以及在社会上有重大影响的人群。通过对徽州这一特殊区域的研究，从徽州士绅修谱的角度，来论述明清乡村绅权建构与社会认同之间的关系。

第二节　明清徽州士绅基本概况

从上述士绅的概念内涵来看，士绅群体的形成有赖于传统教育，就士绅群体的来源而言，官宦儒家子弟占据了相当部分，但在明清徽州社会，商业和教育氛围之浓厚为本地士绅群体的壮大创造了良好的条件。首先是

---

① 程绍部、程盛浯等：《程敬爱堂世守谱・祠规》，道光九年（1829）本。

商业氛围的作用，在明清徽州社会，读书的并非只有官宦儒家子弟，富商大贾之家亦有大量子弟跻身业儒之列，且其数量不在少数。“徽之地四塞多山，土狭民众，耕不能给食，故多转贾四方，而其俗亦不讳贾。贾之中有执礼行谊者，然多隐约不著，而至其后人始，往往修书之业以谋不朽。”[①] “贾而好儒”是徽商的特点之一，徽商行贾的同时，也不忘让子弟习儒就学。一如李琳琦在《徽州教育》中所言，“徽商的终极追求是让子孙习儒业、入仕途”。[②] 徽商好儒向学的本质促使其子弟不断通过读书科考进入士绅阶层，徽州士绅阶层逐渐扩大。

与商业氛围相比，明清徽州的教育氛围更甚，自元代以来，徽州士人不断宣扬自身乃是“程朱桑梓之邦”“程朱阙里”“朱子之邦”等，受此种意识影响，明清徽州社会对教育极为重视。各式孰学、义学遍布徽州大小村镇。徽人自幼入塾学、义学习儒，稍长则经府试、院试而入书院，“自井邑田野，以至远山深谷、民居之处，莫不有学、有师、有书史之藏”[③]。除了教育层次较为完备外，更为重要的是明清徽人有着较强的入学意识，“欲高门第须为善，要好儿孙必读书”，“万事家风惟孝悌，百年世业在读书”。主要在这两种作用的影响下，方才形成了较大的徽州士绅群体。对于明清徽州士绅的规模，诸多研究者已有关注，但主要是从科举成功的角度出发的。[④] 但这些统计多

---

① 王世贞：《弇州山人四部稿》卷一一六《处士程有功暨配吴孺人合葬墓志铭》。

② 李琳琦：《徽州教育》，安徽人民出版社 2005 年版，第 115 页。

③ 赵汸：《东山存稿》卷四《商山书院学田记》。

④ ①李琳琦根据徽州各县县志进行了粗略的统计（包括部分占籍或寄籍外地中试的徽州士子），得出明代徽州中文进士者计有 452 人、武进士 56 人；清代徽州中文进士者计有 684 人、武进士 111 人（《徽州教育》，安徽人民出版社 2005 年版，第 159 页）。②根据地方志记载统计，明代徽州有举人 1100 多人，清代有 1536 人。明代徽州进士 452 人，居全国第 13 位；清代徽州进士 684 人，居全国第 4 位。明代徽州状元为 3 人。而清代 112 科 112 名状元中，徽州本籍状元 4 人，寄籍状元 15 名，共 19 人，占全国的 17%，居全国第一位（原被认为状元数最多的苏州府共有状元 24 人，但其中有 6 人为徽州人）。此外，歙县明清两代共取进士 623 人，居安徽省诸县首位（黄山学院学报编辑部：《明清两代徽州的举人、进士、状元》，《黄山学院学报·徽州文化小资料》2008 年第 6 期）。③吴建华曾经做过苏州与徽州进士数量的比较研究。据他统计，明清徽州 6 县的进士共 652 名，其中明代 405 名，清代 247 名。这个数量未计入寄籍者［唐力行：《论徽州士绅的文化权力及乡村自治》，《安徽师范大学学报》（人文社会科学版）2014 年第 2 期］。④刘伯山统计徽州中进士者，宋、明、清三代，本籍就有 1242 人，加上寄籍者则更多；中状元者，仅清一代，本籍加寄籍有 18 人，占全国总数的 14.9%，仅次于苏州府，名列全国第二。历史上，徽州有“连科三殿撰，十里四翰林”，“兄弟九进士、四尚书者、一榜十九进士者”，“一科同郡两元者”等之说，这些都是徽州教育发达的真实写照（参见刘伯山《发达的徽州教育》，《人民日报·海外版》2001 年 10 月 27 日第 2 版）。

局限于进士，未能确切反映本书所定义的徽州士绅范畴，不过仅从上述情况来看，明清徽州士绅规模当为不小。人数更多的是没有高级功名的明清徽州地方士绅，且此类资料较为分散，由此而言，想要完整统计明清徽州士绅人数是不现实的。但从徽州家谱中的记载来看，以宗族为单位，讨论一些个例，可以成为观察明清徽州士绅阶层的规模提供新的视角。

> 例 1. 万历四十三年（1615）赐进士奉政大夫礼部祠祭司郎中钦差谕祭官曹诰编修的《休宁曹氏统宗谱》，专列选举一目，特录“明时显俊不局一途，于是二贡同升，杂科并用，而弯弧挺剑之雄亦树折冲干城之绩，至于太学之俊资，庠序之秀质，为缙绅之梯阶，乃甲第之发仞也”的士绅集团人员，分门别类收录进士 12 人、举人 19 人、武举 1 人、荐辟 4 人、漕举 5 人、贡士 17 人、例贡 16 人、封赠 12 人、武功 13 人、杂科 36 人、太学 23 人、庠序 95 人，这些人虽有重复，但总体来看，明代休宁曹氏家族成员能够进入“缙绅”群体的人数规模还是十分可观的。①
>
> 例 2. 同治十三年（1874）国学生恩授八品顶戴方炽昌所修的《方氏宗谱》提供了一个该族全面而详细的士绅人员清单。该谱为全面记载“得姓以来冠盖鳞次，勋业蝉联而显，甲第登仕籍者代不乏人”的盛况，特立《世纪小传》，记录了“承恩儋爵”的远祖，“奕世簪缨”和“经济鸿猷”的先贤，此外，在“黉馆俊髦”中则详载邑庠生 78 人、国学生 64 人、补廪生 5 人、武庠生 4 人、增生 4 人、监牛 1 人，由此可见方氏宗族在明清时期以低级功名为主的士绅阶层规模是十分可观的。②

在这些数量统计之外，在家谱中，往往还会有关于这些士绅的明确信息记载，如祁门《文堂陈氏家谱》所载《文堂历朝绅衿》中统计了明、清两代官员与学生名录，总结如表 1-1 所示。

---

① 曹诰：《休宁曹氏统宗谱》，万历四十三年（1615）刻本。

② 方炽昌：《方氏宗谱》，同治十三年（1874）刻本。

表 1-1　文堂陈氏历朝绅衿

谱名	姓　名	身份	人数合计
祁门《文堂陈氏家谱》	陈友彰	洪武初年由有功授吏部文选司郎中	6 人（明代授实职官员）
	陈文蔚	成化壬寅（1482）科贡元授嘉定司训转授京山司训又授河南开封府许州知州	
	陈履祥	万历甲辰（1604）科贡元授宁国府教谕	
	陈藻	正德庚午（1510）科贡元授献县司训又授西川成都府教谕	
	陈中立	正德己卯（1519）科第三十六名举人授河南登封令再授山东滕县令	
	陈圣用	贡元授蒲州教谕	
	陈子坤、陈益瑗、陈澜、陈保善、陈纪、陈克祯、陈淑祥、陈国器、陈明儒、陈继虞、陈中和、陈汝猷、陈明良、陈继舜、陈秋芳、陈汝霖、陈联芳、陈明璜、陈显经	庠生	19 人（明）
	陈彦通、陈益和、陈益钧、陈益轲、陈怀灵、陈茂芳、陈释真、陈启真、陈天旭、陈彦琳	输粟千石，例增七品冠带	10 人（明）
	陈元祥	禀生	1 人（明）
	陈明儒	太学生	1 人（明）
	陈良辅	国学生	1 人（明）
	陈道继	国学生授江西袁州府检教	3 人（清代授实职官员）
	陈由焕	殿前将军	
	陈士瀛	嘉庆癸酉（1813）拔选贡生戊寅科顺天乡试中二十五名举人道光三年署广西柳州府罗城县令九年调署桂林府灵川县令	

续表

谱名	姓　名	身份	人数合计
祁门《文堂陈氏家谱》	陈时用、陈大俸、陈证、陈大业、陈护、陈大球、陈言桢、陈宏抱、陈大觉、陈瑞表、陈祥、陈兆凤、陈正邦、陈若雷、陈言韬、陈日章、陈可期、陈九疃、陈旦、陈梦昕、陈向招、陈文珩、陈绍元、陈文玠、陈元立、陈元芳、陈三泰、陈诏、陈文夏、陈词、陈晋、陈涵、陈登云、陈凤、陈其琮、陈兆桂、陈五桂、陈瑄、陈一清、陈正育、陈俨、陈锐、陈大任、陈遇、陈良佐、陈凤图、陈德、陈禹范、陈孟仁、陈大献、陈师、陈琳、陈奇勋、陈元、陈经、陈法、陈典、陈明善、陈机、陈兆新、陈炎圭、陈三策、陈正道、陈纪、陈禄、陈谟、陈善、陈国栋、陈正光、陈彦、陈国政、陈瑞、陈国材、陈联飞、陈严、陈国泰、陈应赴、陈鼎、陈裕、陈兆桂、陈英、陈启运、陈雄、陈承丙、陈夔、陈道脉、陈光淦、陈棫、陈彬、陈杰、陈文燦、陈徵祥、陈范、陈署光、陈炳南、陈锡洋、陈凤仪,	庠生	97 人（清）
	陈向极、陈茂顺、陈登甲、陈茂孝、陈英武、陈英文、陈茂湘、陈兆琦、陈廷书、陈宗器、陈稽古、陈怀古、陈宗瑞、陈士林、陈宗端、陈廷章、陈典铨、陈煌、陈应惠、陈献、陈廷铧、陈启祥、陈宗麟、陈有光、陈锡籓,	国学生	25 人（清）
	陈明佐	顺治辛卯（1651）科贡元	1 人（清）
	陈光蒲	崇明己卯（1639）科选贡	1 人（清）
	陈其琮、陈锡畴	府禀生	2 人（清）
	陈嘉猷	增生	1 人（清）
	陈茂发	从九品	1 人（清）
	陈廷书	国学生转例贡生	1 人（清）
	陈步衡	贡生	1 人（清）

资料来源：据《文堂陈氏家谱・文堂历朝绅衿》整理。

此外，《古歙杲溪刘氏家谱》中更是专列《徽宁世爵世庠世德纪》，记载从第十一世即明代以来该族所有的士绅群体，不仅分世代列出，还记录了他们的个人事迹，十分详细，内容如表 1-2 所示。

表 1-2　　古歙杲溪刘氏士绅

谱名	世系	人名	身份	人数合计
《古歙杲溪刘氏家谱》	第十一世	德远公	贡生	8 人
		亨公与子晖戌	实封抚州府百户	
		勉公	石埭县簿	
		子达公	贡生，广德州学正，以子伯起贵赠中宪大夫	
		子通公	任泾县主簿	
		子荣公	海宁县令	
		耆叔公	以子顺赠文林郎	
		付四公	太学生，顺昌府同知	
	第十二世	得仁公	贡生	11 人
		贤公	太学生，临安县令，以子慥赠中顺大夫	
		晖公	袭父封，征云南以功进封应天卫千户	
		琯公	永乐进士	
		克顺公	洪武贡生，知临安县事	
		伯起公	历任袁州府知府	
		炳公	岁贡，任本县司训	
		梦诚公	任福州建泉副使	
		伏四公	以子慱贵赠文林郎	
		懋成公	任泉州府知事	
		炫公	太学生，蒲州府通判	
	第十三世	泳公	洪武乙卯（1375）举人，任教谕	8 人
		慥公	洪武选贡，由序班历任顺德府知府	
		伏公	太学生，任饶州府通判	
		存善公	洪武贡生，官兵部职方司员外郎	
		明善公	任陈流县主簿	
		惟清公	以子贵赠文林郎	
		慱公	太学生，官刑部主事	
		慰公	宣德贡士，官东阳县丞	

续表

谱名	世系	人名	身份	人数合计
《古歙杲溪刘氏家谱》	第十四世	伯大公	永乐辛卯（1411）举人，辛丑（1421）进士，任陕西道御史，巡按江西	8人
		伯谦公	正统辛酉（1441）举人，官任清县令	
		诚公	太学生，官保全县丞	
		芑公	袭父封陕西宁夏灵州所千户	
		敬四公	任陈流县主簿	
		恕公	永乐选贡，知武城县事，有惠政，加六品秩，调公安县令	
		鋠公	成化贡生，任饶州府经历	
		汝瞻公	任嘉善县儒学司训	
	十五世	忠公	候选经历	6人
		希贤公	以椽仕余饶县主簿	
		贵公	贡生	
		胜公	袭父封千户	
		芳公	以子琰贵赠文林郎	
		栗公	郡侯罗公敦请冠带乡约	
	十六世	廷芳公	任广东长乐县典史	8人
		政公	任福州卫知事	
		学古公	弘治贡生，任浙江金乡卫知事	
		铠公	袭父封千户	
		伟公	正德癸酉贡，任湖广应城县教谕，升德平县令	
		琰公	正德选贡，广东和平县令，升衢州府判	
		瑞公	岁贡，任湖广澧州司训	
		复芳公	由贡元除福宁州同知，入觐迁四川藩司理问	
	十七世	深公	袭父封千户	4人
		珍公	嘉靖贡生，任浙淳安县司训，升宣平县令	
		宏公	以椽仕贵州府卫所吏目	
		光德公	隆庆壬申（1572）贡生，任鄱阳学司训	

续表

谱名	世系	人名	身份	人数合计
《古歙杲溪刘氏家谱》	十八世	守禅公	考选经历	11人
		守襜公	任广西怀集所吏目	
		嵩公	任山东郯城县丞	
		守诚公	郡侯邑宰锡扁旌奖，例应冠带	
		典学公	以诗补邑庠文学生员	
		典章公	以易补邑庠文学生员	
		守仁公	嘉靖贡生，任浙江象山县主簿	
		守蒙公	以易补邑庠文学生员，例贡入南雍	
		守愚公	县旌冠带乡约	
		守俭公	任济南府税课，升户部大使，调广东都宁巡检	
		守儒公	以易补郡庠文学生员	
	十九世	思育公	易补邑庠文学生	7人
		调鼐公	以春秋补邑庠文学生员	
		时旸公	以易补邑庠文学生员	
		时敬公	以易补邑庠文学生员	
		士进公	以易补邑庠文学生员	
		士逊公	以易补邑庠文学生员	
		自成公	以易补邑庠文学生员	
	二十世	从礼公	候选典史	8人
		尧祚公	以易补邑庠文学生员	
		尧祉公	以诗补湖文江夏县文学生员	
		光祚公	县举冠带乡约	
		汉祚公	顺治戊子（1648）科武举人	
		光绶公	督师袁公题授都司	
		廷献公	顺治庚子（1660）贡，任江宁县署教谕，郡邑两举乡饮大宾	
		光素公	见年八十有七，县举冠带乡约，两蒙恩赐粟帛黄衣	
	二十一世	起第公	以易补邑庠文学生员	6人
		大淳公	县举冠带乡约饮介宾	
		大相公	县请乡饮介宾，冠带乡约	
		昌炽公	礼部儒士，以子贵，待赠迪功郎	
		昌序公	随任江宁籍庠生	
		彬	太学生	

续表

谱名	世系	人名	身份	人数合计
《古歙杲溪刘氏家谱》	二十二世	继祖公	礼部冠带儒士	12人
		沛引公	顺治贡生，由内阁中书历任东昌府知府	
		国威	任广东雷诈府经历，署遂溪县事，今升天津卫经历	
		沛启	康熙乙卯（1675）科武举人，任浙江象山右营守备	
		弘道公	太学生	
		敦信公	衍圣公给札孔生	
		玮	以诗补宁国县增广生员	
		元龄	督学拔取江宁县学赞礼生员，以高抚军荐部试迪功郎随征，札委知县	
		朝佐	以诗补泾邑文学生员	
		正寀	以易补仪真县文学生员	
		正实	国学生	
		正寅	太学生	
	二十三世	世广	候选经历	4人
		本仁	候选经历	
		世第	诚心堂肄业监生	
		立德	太学生	

资料来源：据《古歙杲溪刘氏家谱·徽宁世爵世庠世德纪》整理。

综合上述徽州家谱记载与学者的相关统计，可以看出徽州士绅群体规模较大，尤其是下层士绅的人数更是远超上层，这些下层士绅往往长期居于乡间，可以为明清徽州绅权的长期稳定存在提供力量。同时，家谱纂修者有意识地将这些士绅计入“缙绅”等名下，并将其与其他族人区分开来，也反映出徽州家谱本身对于这些低级士绅身份的认可和尊重。

第三节　明清徽州士绅的特点

从上述情况来看，明清时期的徽州存在着数量可观的士绅群体，他们在传统社会中扮演着重要角色，他们凭借自身威望和经济实力，慷慨好义，多举善行，是地方宗族社会的主要建设者、文化事业发展的有力推动者，展现出自身的特色，对此，康熙年间学者赵吉士在描述当时徽人的社会风尚时曾有过总结，所言之主体就是徽州士绅：

吾乡之人，俭而好礼，吝啬而负气，其丰厚之夫，家赀累万，尝垂老不御绢帛，敝衣结鹑，出门千里，履草屩，幞被自携焉。乡党有称贷，锱铢升斗见于面，岁时伏腊必燕饮酬酢，一介不取与，乾糇必报。呜呼，何其细也。然急公趋义，或输边储，或建官廨，或筑城隍，或赈饥恤难，或学田、道路、山桥、水堰之属，且输金千万而不惜，甚至赤贫之士，黾勉积蓄十数年，而一旦倾橐为之。呜呼，又何其慷慨好义也。①

一　热心宗族事务

明代以来，尤其是嘉万之后，徽州人口逐渐增多，宗族支派繁茂，仅靠血缘纽带无法使宗族保持凝聚而不涣散，有鉴于此，徽州宗族往往会通过重建祠堂、撰修宗谱、经营族田等多重方式来保证人口众多、关系复杂的大宗族的维系。祠堂是家族祖先神圣精神的寄托之地，宗谱是宗法血缘关系的见证，族田是家族组织活动的经济基础，而这其中任何一项的建设，都需要族内士绅的参与，并贡献他们的力量。而此时的徽州士绅也会积极发挥自身所长，并利用知识与财富主导这些建设，使之在合乎礼法的同时，还能够一直延续下去。

（一）兴修祠堂

徽州宗族的发展，最直观的表现是人口规模不断扩大和具有影响力的族裔不断涌现，然而宗族发展更重要的象征则是祠堂的建设。徽州士绅对于自身宗族祠堂的建设十分重视，从倡修到完工均有着士绅的影子，可以说这是明清徽州士绅的一大特点。从明清时期，绩溪仁里程氏宗族重建敬爱堂的过程中，士绅的主导作用就可以得到印证。绩溪仁里程氏族谱的《重建世忠祠堂记》中记载：

新安程氏自太守公赐第篁墩，阅十四世忠壮公灵洗奋起，继兴讨贼救民，厥功甚伟，以故子孙蕃衍，徽属建祠而祀者，里十二三。我

---

① 赵吉士：康熙《徽州府志·尚义》，成文书店1985年版，第2050页。

绩仁里乃三十世朝议郎元定公嗣，总干千八公、提干廿五公、同知六三公，昆弟三人，由槐塘卜迁而居也。派衍三支，为斯里始祖。二世中宪大夫宣慰司副使相公请于朝，建祠于槐塘，仁里则处士宝贤公，太学生朝宗公肖像立会，所谓世忠庙专祀忠壮，阖宗胥未之祔也。弘治乙卯新昌县令傅公、义官成公、司训文公、庠生愈公，相度山川，始卜购村心地二百七十余步，鸠建宗祠……今距弘治二百六十余年，中间亦陆续修葺，然终有朽败不可复整者，非重建无当也。夫君子将营宫室，宗庙为先，居室为后。尝见世之丰于财者，辄华美其居室，磨砻刻镂，靡费千万，略无吝惜，而祠宇倾圮，栋折榱崩，无复过而问焉，良可慨矣。乾隆癸酉（1753）集议重建……自癸酉迄乙酉（1765），历十三载告成。①

上述材料较清楚地反映了绩溪仁里程氏世忠祠堂历次兴修重建的过程，早期是中宪大夫宣慰司副使相公向朝廷请求，在槐塘重建家族祠堂，而仁里支派则是依附其间。直到弘治乙卯年间，则由新昌县令傅公、义官成公、司训文公、庠生愈公共同“鸠建宗祠”，这是仁里支派首次修建宗祠。到乾隆癸酉（1753）年间，仁里程氏族人再次“集议重建”，经过十三年后宗祠终于建成。在修建过程中，始终是由士绅集团起着主导作用，其中弘治年间初建时，是由“新昌县令傅公、义官成公、司训文公、庠生愈公”共同主持完成的。至乾隆年间重建宗祠时，总理人员有飞升、行可、本润、度、玉光、守先、学圣、华祝；分理人员有士可、士首、士玉、士买、勋缵、坦然、德基、国辅、章等。该谱中虽然没有提及这些人员的身份信息，但是在嘉庆《绩溪县志》中却记载着其中核心成员的具体身份信息：

如程飞升，“字允恭，仁里人，国学生，六岁失恃，善事继母，得二亲欢。父因宗祠岁久就圮，有志重修未遂。升倡首董其事，卒以告成。又尝修整远祖坟墓，树立碑石，捐祀产于祠，与时祭。兄早卒抚侄如子，教诲成立”。如程勋缵，“字功也，号长眉氏，仁里人，国学生，少读书通大义……诏举孝廉方正，学官采其行将为请，勋缵

① 程绍邰、程盛浯：《程敬爱堂世守谱》，道光九年（1829）本。

力辞”。如程法，“字允则，仁里人，国学生，家贫远贾客通州，离亲之戚，时见颜面。人因重其孝，争以交，以信义遂获厚利，纤毫不敢匿得，所赢悉献于亲，父殁，寄所余于弟。痛四、五两弟早卒，诸侄幼，视犹己子，终身不析爨，传之五世犹同居”①。

不仅仅是程氏宗族的祠堂是由士绅集团领导修建的，徽州地区其他世家大族祠堂的修建也大抵如此。

又如汪氏宗族，在《仙源岑村汪氏族谱》中记载，如汪元桂，“元桂公，邑庠生，乾嘉时，族间重建宗祠，换地经度，鸠工庇材，巨细毕举，其首创焉”，汪元桂身为邑庠生，为重建汪氏宗祠，事无巨细，皆亲力亲为，为宗族首创。汪金琇，“金琇公国学生，为人谨厚，有长者风，乾嘉时族建宗祠，鸠工庇材，不遗余力，族人至今均乐道焉”，汪金琇身为国学生，为建立宗祠耗费心血，为族人所赞扬。汪文涛，“文涛公训导，同治建元……宗祠毁于兵，捐资兴复，公首倡焉”，② 因汪氏宗祠毁于战火，汪文涛身为训导，身体力行，捐出家资，首倡重建。

吴氏宗族亦是如此，在《休宁万安吴氏宗谱·建祠》中记载，“祠自万历辛亥年，因澂公捐资置基始，合族乐而附助之，登名于簿志，何其伟且励也，阖邑谁不称吴氏右族之盛举也”③。又如许氏宗族，在《重修古歙东门许氏宗谱》中记载，“今者观察使沧亭君，乃太傅五世缇孙也，具有经纶济世之才，扩民物胞与之量，起家水部郎，敭历仕途者二十余载……无在不以济人利物为心，而生平兢兢筹画者，尤在敬宗睦族一事，尝捐数千金修宗祠，创义学”，许氏族贤许沧亭，身为观察使，尤其注重宗祠修建，捐资数千金，为家族表率。该谱中还有记载，许蘧为重振家族，独自承担建祠大任，“予叔蘧翁毅然特起而振兴之，建祠修谱一人独肩其任。斯祠也，规模宏敞，轮奂重新……更于宗族有光焉”④。

除了在家谱中对士绅建立宗祠的事有记载，在方志中也尤其注重表彰士绅建祠修谱行为。例如，同治《黟县三志》卷七《人物·尚义》对此

① 嘉庆《绩溪县志》卷十《孝友》。

② 汪立铭等：《仙源岑村汪氏族谱》卷十《黄栗岗案抄》，光绪二十二年（1896）本。

③ 吴道达、吴思宽：《休宁万安吴氏宗谱·建祠》，天启三年（1623）本。

④ 许登瀛：《重修古歙东门许氏宗谱》，乾隆二年（1737）本。

有诸多记载：

国学生程珍独力重建毁于寇灾的族祠，“程珍，字玉亭，横冈人，增贡生……咸丰五年（1855），粤寇焚横冈，族祠毁，珍独力重建，不科一钱，以数十年所积修金，并卖田成之”。

监生黄飞熊用金三千有余，独建祖祠，“黄飞熊……监生，祖祠毁于顺治初，至嘉庆初，飞熊独力重建，费三千余金，敬宗收族，矜孤恤寡，别造浮梁东乡如意亭，捐田为修亭施茶经费”。

守备朱承璨，修葺祖祠，“朱承璨，字星田，捐职卫守备，友爱好义，修祖祠，赈宗族，不靳巨资，同兄弟捐资重建赤帝庙，别于景德镇施棺掩埋，修亭造路，本邑捐助考棚，捐置义冢”。州同朱承玮为重振宗族，倡导节孝，修建朱氏节孝祠，“朱承玮，字毓珍，州同，道光十五年（1835）旱灾，出境购米，减粜振族，修东文岭、建屏山朱氏节孝祠”。

胡元熙建祠修谱，为宗族承祧，“胡元熙，幼善读书……又移常平旧仓，以其址创试院及彰善祠，并葺府县学宫，在家修葺宗谱，为大宗立祠承祧，从祖祠有倒坍者，修理之……出守浙江，捐廉寄归”。胡应钟两修支祖祠堂，“胡应钟，字声永，西川人，尚古好义，赈恤亲邻，提携子弟，捐资独修桃源古路，助建考棚，增捐碧阳书院膏火，两次修支祖祠门，创立祀会”。

同知舒立昆，以万金之财，独自建立本支祠堂，“舒立昆，字肇修，屏山人，议叙同知，质直好义，道光四年，浙江岁歉，立昆捐资助赈……独建支祠，用费万金，未科一钱”。邑庠生舒尔祺，于旧址重建本支祠堂，“舒尔祺，字受禧，屏山人，邑庠生……同治二年（1863），支祠寇毁，尔祺独力捐造于旧址，仍曰慎徽堂，旋病终，未有子族，众以其祖父及尔祺木主，选祠祔祭”①。

除了胡应钟在同治《黟县三志》未有具体功名在身的记载以外，程珍为国学生，黄飞熊为监生，胡元熙出守浙江，朱承璨为守备，朱承玮为州同，舒立昆为同知，舒尔祺为邑庠生，由此可知，士绅集团是建祠的主

① 同治《黟县三志》卷七《人物·尚义》。

要力量。

士绅集团不仅在宗祠的兴建过程中起着决定作用，在而后宗祠的日常管理中也起着主导作用。这可以在宗族祠规制定的过程中体现出来，在徽州宗族的祭祀活动中，士绅集团承担具体祭祀规则的制定。康熙年间，歙西金村宋氏宗族对其祖先的祭祀，即由该宗族士绅群体共同协作完成，据《歙西金山宋村宋氏族谱·初至上丰宗祠告寝室文》中记载：

> 大清康熙五十三年（1714），岁次甲午三月壬寅朔，越二十八日，己巳辰，珠川梅岭裔孙文运，宗萃率支孙候选州同知之馨、学仁、德清，举人世荣、则荣，经历德泽，庠生富年、珩，监生振忠等，谨以刚鬣柔毛，庶馐之仪，百拜致祭于新安始祖，宋光禄大夫，吏部尚书，敕赠开府仪同三司贶公，暨显祖妣敕赠郡君黄氏夫人之前。①

由宗谱中可知，宋氏宗族主导祖先祭祀的子孙，乃是候选州同知宋学仁、宋德清，举人宋世荣、宋则荣，庠生宋富年、宋珩，监生宋振忠，均是具有功名头衔的士绅阶层。

又如乾隆年间，湖南分守衡永郴桂副使许登瀛，曾为许氏宗族制定宗祠祭祀的礼仪要求，据《重修古歙东门许氏宗谱》中记载：

> 乾隆二年（1737），余入觐过里，捐赀八千金，相祠基址，重建诰敕楼、拜堂各五大间，并建宗文会馆经蒙义学，高大门楼，四载告竣，计此拜堂可容千人跪拜矣。另置田产……清查祀产交族人之贤者与族长查收租息……正祭日黎明齐集，序立行礼，择年德俱尊者纠仪，如有参差挽越者罚胙，慢侮不敬者罚跪，抗执不服者责惩，衣顶子孙无故不与祭者，罚金入祠以充公用，不受罚者不许与祭，庶几宗庙之中有事为荣，大昭小穆肃雝成礼矣。②

① 宋德泽：《歙西金山宋村宋氏族谱·初至上丰宗祠告寝室文》，康熙五十九年（1720）本。

② 许登瀛：《重修古歙东门许氏宗谱》，乾隆二年（1737）本。

许登瀛不仅独力出资八千金，建立规模宏大的宗族诰敕楼、拜堂五大间，可供千人祭祖，而且提出明确的家族祠祭礼仪要求和奖惩措施，因田产作为祀产，关系家族祭祀，许登瀛又另行制定《宗祠新置义田规约》，以维持家族祭祀。

（二）维护祖墓[①]

士绅集团不仅重视为宗族建祠修谱，尤其注重对宗族祖墓的维护，将祖先墓地视为家族之根本，认为“死者有墓犹生者有庐”，“先人坟墓政吾人之根本地也”[②]。徽州宗族赋予了先祖坟墓人格化的灵性，并认为保护祖墓即是为子孙后代服务，“人之魂体居墓，受山川淑气则灵，灵则魂安，安则致子孙昌衍而不替”[③]，当宗族面临与外族纠纷时，士绅集团首当其冲，维护宗族利益。

清代徽州宗族墓地主要来源于祖传与向他人购买两种方式。祖传者因年代久远，家族虽明确要求族人不得出售祖墓，并严加保护祖墓，“倒卖宗谱及祖坟地基，砍卖祖坟切近荫木，致伤祖墓者”[④] 会遭到逐出宗族的处罚，但是破坏祖墓的行为仍屡屡发生。在徽州宗族看来，祖墓之一草一石皆关乎宗族的命运，一朝被损，则有子孙不蕃之风险。受此观念影响的墓地诉讼在徽州屡见不鲜，对于破坏先祖坟茔的行为，徽州家族往往会有激烈的反应，即会采取诉讼的解决方式。

在清代徽州宗族社会中，墓地为家族所共有，同一家族往往葬于同一处墓地。同时，宗族亦将本族墓地视为家族根本，和宗祠统一起到“敬宗收族”的功能。共有财产的现实与根本地位的认同使墓地纠纷通常会涉及整个家族和宗族的利益，因此当诉讼发生时，尤其是涉及祖墓的诉讼时，更是家族之事，虽然诉讼涉及家族利益，整个家族甚至整个宗族都会卷入其中，但大部分情况下，家族都会推举族内士绅作为诉讼代表。这些士绅大都拥有功名，与本地官府有着天然的联系。实际上家族也会要求在涉及墓地纠纷时，每个族人都要贡献自身的力量，不得帮助外族：“外姓有强葬及侵界、伐荫等患，协力公讨，受贿外祖者严惩于家庙，即讼于公

① 徐彬、祝虻：《徽州家谱中的清代涉墓诉讼论略》，《安徽大学学报》2015 年第 6 期。

② 程家训等：《潜阳程氏支谱》卷首《家训》，光绪元年（1875）世忠堂刻本。

③ 许登瀛：《重修古歙东门许氏宗谱》卷一《戒后侵祖坟伐木说》，乾隆二年（1737）本。

④ 高美佩等：《梁安高氏族谱》卷十一《家法》，光绪三年（1877）本。

庭勿贷。”①

如康熙五十年（1711）叶菁控汪士案，是盗卖坟地的案例，汪士伪造契约以推翻叶氏墓地地权。在叶菁等控汪士案中②，原告即为整个叶氏家族，包括叶菁、叶莘等34名叶氏族人。具体名单：叶菁、叶晟、叶蔼、叶莘、叶世庆、叶世寀、叶世安、叶世宁、叶世钟、叶世琦、叶世宠、叶世璋、叶世宸、叶世容、叶以梓、叶以权、叶以柑、叶以楫、叶以树、叶以榴、叶以林、叶以本、叶以椿、叶以柏、叶雄、叶智、叶棠、叶枢、叶慧、叶以柩、叶以植、叶以栻、叶栋、叶英。其中大部分是具有功名的士绅，由此可见，为维护先祖之墓，叶氏宗族以家族士绅为首阖族皆出。

相互毗邻的墓地徽州宗族之间往往会因界址不清而发生诉讼，或会因一方侵权而引发诉讼。如发生于雍正四年（1726）汪陈两姓互控案，即是源于界址不清：“纵来山地总以界为定，如汪陈两姓土名黄栗岗坟山毗连，各坟墓在各山界内……汪姓续在自界内靠西埋坟，陈姓即与之争论。”③ 两族以家族士绅为首，均是阖族皆出。汪氏士绅在《黄栗岗案抄》中有明确记载，同时也记录了陈氏士绅有陈龙、陈多、陈近、陈演、陈擎、陈贵、陈派、陈攀、陈成、陈秀、陈榜、陈早、陈廷、陈四、陈冲、陈现、陈九元等人。

又如同治三年（1864）许元剑等诉邻村地棍汪德富等案中，原告即是“池州营千总事，芜采营千总蓝翎守备”许元剑及其堂弟堂侄等人，士绅许元剑与当地官府联系紧密，而官府亦肯定士绅的行动，甚至赋予他们进一步行动的权力，“许该绅赴县指名控告”，“许该生等指名呈禀”④。通过这些事件可知，从徽州宗族社会的结构来看，士绅属于家族内部权力的主要掌握者，又有可能是国家和地方的统治阶层，双重属性下的士绅阶层能够顺利地达到家族诉讼的目的。

士绅集团不仅通过诉讼维护先祖之墓，当宗族面临与外族纠纷时，士绅集团维护宗族利益，维护祖墓的重要方式之一，就是向官府申请各种禁碑，如道光七年八月，汪氏宗族向官府申请禁碑，据《新安汪氏宗祠通

① 汪凤五等：《汪氏宗谱》卷首下《家训》，民国十四年（1925）务本堂刻本。

② 叶希明：《新州叶氏家乘·法案六》，民国十四年（1925）铅印本。

③ 汪立铭等：《仙源岑村汪氏族谱》卷十《黄栗岗案抄》，光绪二十二年（1896）本。

④ 许文源等：《南关许氏惇叙堂宗谱》卷九《墓图附告示》，光绪十五年（1889）本。

谱·重修墓祠禁碑》中记载：

> 特授江南徽州府歙县正堂加十级纪录十次劳　为吁叩示禁，以杜残害，永保坟祠事，据原任山东金乡县知县汪廷楷、池州府教授汪熙、原任庐州府教授汪忠均、原任江苏上原县教谕汪㷡、举人汪潭、汪豫、岁贡生汪天凤、禀生汪澍、汪光瀫、生员汪铣、汪鸿祚、倡捐监生汪之遴、职员汪文翥、支丁汪章秀、汪世垣等抱呈……①

在这份汪氏宗族向歙县府衙申请墓祠禁碑的15人集体名单中，无功名在身，不属于士绅阶层的白丁，仅有支丁汪章秀与汪世垣二人而已。至道光十九年（1839），汪氏宗族再行申请禁碑，据《重修始祖墓禁碑》记载：

> 署江南徽州府歙县正堂加十级纪录十次利　为环请示禁，以弭衅端，永保茔祠事，据翰林院修撰汪鸣相、翰林院编修汪元方、兴化县教谕汪烃、即用县知县汪湛恩、职举汪立权、汪桂、举人汪光谦、汪春、禀贡生汪林、副贡生汪维城、生员汪芸、汪元、汪开淮、汪绍祖、汪忠淳、汪荣、汪维藩、职员汪文翥、汪徽和、支丁汪日金、倡捐监生汪之遴抱呈。②

在此次汪氏宗族的士绅集体行动中，依然是由具有功名的士绅群体所共同发起，其中无功名在身的白丁，仅有支丁汪日金一人而已。汪氏宗族的两次向官府申请禁碑行动，充分地体现了徽州士绅集团在解决宗族对外纠纷过程中起着主导作用。

（三）编修家谱

从现存明清徽州家谱来看，有大量的士绅所编家谱存在，其中还涌现了一些著名士人直接参与本族家谱编修的情况。值得注意的是，这些人大多数是凭个人力量完成家谱编修的。如成化年间程敏政编修了《新安程氏统宗世谱》，万历年间汪道昆编修了《汪氏十六族谱》，乾隆年间金门

---

① 汪之遴等：《新安汪氏宗祠通谱·重修墓祠禁碑》，道光二十年（1840）刊本。

② 汪之遴等：《新安汪氏宗祠通谱·重修始祖墓禁碑》，道光二十年（1840）刊本。

诏编修了《休宁金氏族谱》。他们作为具有显赫身份的官员，多在居乡时节，独自承担了家谱的编修工作。

当然，编修家谱不是一件简单的事情，凭一己之力能够完成的毕竟是少数，大多情况下，徽州家谱的编修是依靠家族士绅集团的力量来完成的。如道光三年（1823）所修《新安汪氏宗祠通谱》，就充分体现了家族士绅集团的力量。其中鉴集人员：翰林院修撰彭泽县黄花畈裔孙鸣相、翰林院编修余杭县裔孙元方、兴化县教谕追远裔孙燡、即用知县大里裔孙湛恩、庠生富溪裔孙芸。倡集人员：国学生双溪裔孙之遴、国学生烟村裔孙敬增、庠生钟楼裔孙维藩、职员莲川裔孙文满。襄集人员：副贡生渔梁裔孙维城、解元潭川裔孙立机、职举堨田裔孙桂、举人鄣岐裔孙光谦、举人稠墅裔孙春、邑庠生丰溪裔孙林、禀贡生黟县宏村裔孙澍、庠生考坑裔孙荣、庠生丰溪裔孙炽、国学生湧塘裔孙开源。参集人员：庠生鄣岐裔孙熊、庠生烟村裔孙绍祖、庠生烟村裔孙忠淳、庠生郡西裔孙元、中书婺源县对坞裔孙杰、国学生凤凰裔孙溥。督刊人员：庠生追远裔孙荣增、庠生婺源县对坞裔孙腾煇、国学生烟村裔孙鉴辂、理问婺源县对坞裔孙栋、职员双溪裔孙长琳、婺源县对坞裔孙殿邦、婺源县对坞裔孙梦兰。校对人员：职员县学前裔孙徽和、婺源县对坞裔孙腾玉、双溪裔孙日金、职员双溪裔孙长珪、钟楼裔孙恒鉴、慈姑裔孙朝栋、婺源县对坞裔孙培基。参校人员：户部湖广司郎中古塘裔孙喜孙、县学前裔孙徽秀、双川裔孙廷柆。在这份总数达42人的编修名单中，没有功名及官员身份的只有9人，仅占21%，且主要是校对和参校人员，核心的编修者都是有功名的士绅。

不仅汪氏宗族如此，其他宗族亦皆相似。如现存《程氏族谱》就是由当时族内士绅合力完成的，户部主政俞赞虞所写的序中称：

> 余读礼家居，门人程章珊持其家谱请序，受而览之，系道光十二年（1832）壬辰五十世监生耀鉴冰、五十一世邑庠生兰芳、郡庠生锡范、文埭、国学生锡光、文蔚、文渊、文瀚诸公依康熙丁丑四十七世国学生天叙公纂辑原本重加重订。①

由此可见，这次程氏族谱的编修者中虽无高级功名者，但均是族内接

① 程梦诏、程知培等：《程氏族谱·俞赞虞序》，同治十三年（1874）刊本。

受教育的士绅，此外还可看出康熙年间该族家谱也是具有国学生身份的程天叙完成的。在《歙西金山宋村宋氏族谱》中同样直接列出编修者的功名身份，即修职郎宋德泽编辑，邑庠生宋麟、邑增生宋珩校阅，太学生宋振忠参订，贡生宋仕业校梓，也显示这次编修家谱是以士绅群体为核心。

士绅参与家谱编修的另一个集中表现则是撰写家谱中的谱序。由于世系繁衍、家族迁徙、兵灾战乱等因素，徽州世家大族的家谱时常重修或者续修，而每次编修谱序，除收录新写的序外，之前所修谱中的旧序也被一并录入新谱，因而家谱中通常有数篇谱序。徽州世家大族为提高本族名望，通常恳请本族中声名卓著的士绅为家谱撰写谱序，或是恳请与本族颇有渊源的知名士绅撰写。谱序是家谱的重要组成部分，具有提纲挈领、概括全谱的作用，徽州宗族将士绅们为本族所作谱序按照年代先后顺序收录，谱序的内容大多涉及本族起源迁徙与世系繁衍，本族修谱的历史，以及撰修家谱的重要意义等。因而，按谱序撰写者的不同，可将谱序分为两类，一是本宗族之人所撰写的谱序，二是外姓之人所撰写的谱序。

本宗族之人所撰写的谱序，主要是指家族内声名卓著的学士与官绅为本族家谱所撰写的谱序。家谱撰写成后，为使家谱得到支持和认可，撰谱者通常会恳请家族内有名望的学者或政界官员为家谱作序。早在明初就已出现了这种情况，这从徽州程氏与汪氏家谱中可以较清晰地体现出来，如：

程维宗，休宁率东程氏族贤，两次乡试不中，继而从商，富甲一方，因家族所请，于洪武十二年（1379）乙未冬月为本族撰写《率东程氏家谱》中的《率东家谱序》，其文如下：

> 维宗切切，思本者，水木根源也。见其木必有根，见其水必有源，牒见其人必有父母，有父母必有祖宗、必有族谊，有族谊必有谱牒，有谱牒必有子孙续者，可谓根源之有本也……呜呼，此吾程氏之谱，高祖修后又越五世矣，不可以不续，吾当为之故。夫显者徵之，幽者阐之，旧者新之，缺者补之，使夫历朝以来或仕，或隐，或登史册，或著郡志，或载家谱，纲举目张，一览无遗，则涣者萃，离者合，疏者亲，百世相承之绪，于以复明途人之患，与后子孙知有根源之本也，是为序。[1]

---

[1] 程湧来：《率东程氏家谱·率东家谱序》，万历二十二年（1594）刊本。

之后的程敏政更为典型，其人字克勤，为休宁篁墩程氏族人，赐进士及第出身，奉训大夫，左春坊左谕德，同修国史，经筵官兼太子讲读官，官终礼部右侍郎，是徽州著名学者，为一时之冠。《率东程氏家谱》中的《率东家谱跋》，《安徽休阳程氏支谱》中的《陪郭程氏清明序》，《安徽韩溪程氏梅山支谱》中的《绩溪坊市程氏族谱序》，以及《程氏统宗世谱序》均是程敏政因程氏家族所请而撰写的。而其于成化十八年（1482）撰写的《程氏统宗世谱序》最为典型：

> 敏政不揆，盖尝有志，于是积之二十年，颇尽得诸谱异同之故，因定著为谱辨三十七条，凡例十条，犹未敢自足也。成化壬寅春，先公之服既除，乃发书以告诸宗人，宗人是之，各以其谱来会，理淆伐舛，将六逾月，始克成编，为卷凡二十有奇，会者四十四支，名之登于谱者逾万人，先墓之可共者五十三世，相与告诸先庙，而命之曰《新安程氏统宗世谱》，鸠金刻之，俾敏政言其故于篇首。呜呼，是岂徒以阀阅之盛，骄四方、夸后代而已。惟先世有大功以得姓于其始，有大忠以保姓于其间，有大惠烈于乡邦以著姓于今日。故以敏政之不肖，而得众族之贤者辅之，遂使统宗之志可充而谱可成，岂非幸欤！凡我宗人，其因是而毋忘水木本源之思，笃尊祖敬宗睦族之义。守其世业，诵其遗书，保其体魄之藏而不失，谨其名分之称而不紊。奉斯谱者，其共勖之。①

程敏政在序中表明了他对修谱的重视和谨慎的态度，以及修谱工作得到了士绅集团支持的情形，序中还强调修谱并非仅是彰显祖先的功绩，而是告诫后人，勿忘先祖们创立基业、征战四方的艰辛，应笃行尊祖敬宗收族之举，共守程氏家业。

程大宾，字汝见，歙县槐塘程氏族贤，赐进士出身，中宪大夫，云南按察司副使，提督云南学政副使，南京吏部郎中。因安徽休宁率口程氏家族所请，于隆庆三年（1569）撰写《休宁率口程氏续编本宗谱》中的《率口程氏续编本宗谱序》，因新安岑山渡程氏宗族所请，于万历十三年（1585）撰写《新安岑山渡程氏支谱》中的《槐塘程氏续会通谱序》。文

① 程敏政：《程氏统宗世谱·程氏统宗世谱序》，成化十八年（1482）刊本。

中体现其撰写谱序的思想，其文如下：

> 今兹本宗续谱，匪为观美，实以章志。仰观率山，高山仰止，景行行止，得无兴《车辖》五章之歌乎；俯察率溪，沔波流水，朝宗於海，得无兴《沔水》首章之歌乎；仪刑先世，无念尔祖，聿修厥德，得无兴文王六章之歌乎，抑又闻之《祭义》曰：显扬先祖所以崇孝也，身以为顺也，明示后世教也，孝以基德，顺以制礼，教以锡胤，尊祖敬宗，睦族弘矣，其行远哉。①

程孟，槐塘程氏宗族人，因新安岑山渡程氏宗族所请，于宣德三年（1428）撰写《新安岑山渡程氏支谱》中的《重修谱序》，于景泰三年（1452）撰写《岑山渡程氏续谱序》，而且《程氏会通谱》中的《会通谱叙》也是由程孟于景泰二年（1451）所作，其中明确地论述了程孟的修谱思想，《会通谱叙》：

> 予以会谱至各族，观其所居，山川形胜不同，风俗人物亦异。各派之人多于宗族世系直指其人，而备谈其善恶。又云某支昔而兴盛，今而陵替，某支昔而单弱，今而蕃衍，其言盖有同然者。又有达者云，兴替系乎气数，善恶出于人为，人当尽其在我者，而顺其在天者而已。予善其言而叹曰，人亡世远而其所行得失，后人论之。若是其彰彰也，可不鉴哉。虽然善恶备书者，史笔也。善者详书，恶者略其辞焉。谱籍也，是何也？谱为亲作也，谱虽为亲者讳，而其善恶之实，犹有不可掩者，如此可不戒哉。斯谱也，余既备集，欲人尊崇孝悌，而亲乎九族也。一开卷览之则曰，斯吾五服之亲也，斯吾同宗无服也，斯吾同源别派也，吾当亲之爱之异乎常人。又曰斯人之有德也，斯人之有善也，斯人之有功绩也，吾当尊之仰之异乎常人，如此则人伦日敦，风俗日厚矣。不然，虽有谱籍，何益之有哉！予不佞敬以两端书于谱米，仰巽同宗，三复阅之，庶知审择云。②

---

① 程珍：《休宁率口程氏续编本宗谱·程大宾序》，隆庆三年（1569）刊本。

② 程孟：《新安程氏诸谱会通·会通谱跋》，景泰二年（1451）刻本。

不仅程氏宗族如此，汪氏宗族也是如此。

汪道昆，字伯玉，号南溟，嘉靖二十六年（1547）进士，义乌知县，历官武选司署郎中事员外郎，襄阳知府，福建按察使，福建、郧阳、湖广巡抚等职，仕终兵部左侍郎官，徽州著名学者，著作有《太函集》。汪道昆不仅亲自参与撰写《灵山院汪氏十六族谱》，还为家谱撰写了《汪氏十六族谱序》，他在序言中训诫汪氏后世子孙，不忘家族的历史。“通于设险之说者，汪氏当无忘歙矣。通于言行文明之说者，汪氏当无忘司马矣。”①

汪鸿儒，龙门县事，南源汪氏族人，因族兄汪惟正请求而于嘉靖三十六年（1557）撰写《南源汪氏支谱》中的谱序，即《祁门南源支谱序》：

> 宗谊之当讲也，亦明矣……然非子仁、惟正之善述，何以倡其始，而非诸族贤之好义，亦何以成其终哉。余于斯谱之作，重有感焉。而不容于无言也已。②

充分体现了汪鸿儒认为修谱有助于明人伦、联宗谊，更感念族贤修谱之辛劳的心情。

汪大阪，休宁汪氏族人，布政司右参议，因休宁西门汪氏宗族所请，于嘉靖五年撰写《休宁西门汪氏大公房挥佥公支谱》中的《西门宗谱序》。

汪泓，号静斋，宣城旌德汪氏族贤，明嘉靖癸卯举人，中宪大夫，江西南安府知府，因仙源岑村汪氏宗族所请，于隆庆三年（1569）撰写《仙源岑村汪氏族谱》中的《旌德新建统宗谱叙》。

以上家谱大多是由徽州宗族本族士绅所撰写，然而，徽州家谱中的谱序不仅是由本族士绅撰写，许多谱序是由与本族颇有渊源的外族知名士绅撰写。以明代的情况为例，考察徽州家谱，可以清晰地看出这一点。首先是上文提到以程敏政、汪道昆为代表的徽州本地士绅所撰谱序。

徽州著名士绅程敏政因徽州各族所请而撰写的谱序有，歙县谢氏的《岩镇谢氏家谱序》、歙县江氏的《歙江村江氏族谱序》、歙县鲍氏的《棠

① 汪道昆：《灵山院汪氏十六族谱 · 汪氏十六族谱序》，万历二十二年（1594）刻本。

② 敬敷堂族众：《南源汪氏支谱 · 祁门南源支谱序》，道光二十九年（1849）刻本。

樾鲍氏传家录序》、休宁詹氏的《休宁流塘詹氏家谱序》、休宁汪氏的《城北汪氏谱序》、休宁查氏的《城北查氏族谱序》、休宁黄氏的《古林黄氏续谱序》及《五城黄氏会通谱序》、休宁邵氏的《休宁东门邵氏族谱序》、舒城秦氏的《南舒秦家谱序》等宗族谱序，并将其收录在《篁墩文集》中。

徽州著名士绅汪道昆因各族所请而撰写江氏的《天宝江氏家谱序》和《溪南江氏族谱序》、金氏的《瑺溪金氏族谱序》、程氏的《长原程氏本支谱序》、吴氏的《太玄吴氏宗谱序》等，并将其收录在其文集《太函集》中。

汪思，婺源汪氏族贤，赐进士出身，翰林院庶吉士，中宪大夫，云南等处提刑按察司副使，刑科左给事中，因安徽十万程氏宗族所请，而于嘉靖己丑年间撰写《安徽十万程氏会谱》中的《安徽十万程氏会谱序》。

吴子玉，字瑞谷，休宁大鄣人氏，嘉靖中贡生，授应天训导，徽州著名学者，著有《大鄣山人集》《四库总目》，因休宁率口程氏宗族所请，于隆庆四年（1570）撰写《安徽休宁率口程氏续编本宗谱》中的《率口程氏续编本宗谱序》。

潘珍，字玉卿，初号朴庵，婺源人氏，赐进士出身，资政大夫，南京兵部左侍郎，福建副使，湖广左布政使，因休宁戴氏宗族所请，而于嘉靖二十一年（1542）撰写《休宁戴氏族谱》中的《重序谱叙》。

二是当时徽州地域范围外的著名士绅人物为徽州宗族所撰的谱序。

黄淮，字宗豫，号介庵，浙江永嘉人氏，明内阁首辅，著名学者，明史有传，官至荣禄大夫，少保户部尚书，兼武英殿大学士，知制诰国史总裁，著有《黄文简公介庵集》和《省愆集》等。因安徽十万程氏宗族所请而撰写《安徽十万程氏会谱》中的《盱江程氏谱序》。

陈讷，字尹言，福建莆田人氏，赐进士出身，洪武时历任刑部主事、直隶徽州府知府，著名学者。因休宁率口程氏宗族所请，而于洪武庚午年间撰写《安徽休宁率口程氏续编本宗谱》中的《率溪程氏续谱序》。

李杰，字世贤，号石城，南直隶海虞人氏，成化二年（1466）进士，国史会典副总裁，翰林学士，经筵讲官兼东宫讲读官，资善大夫，南京国子祭酒，因休宁率口程氏宗族所请，而于正德四年（1509）撰写《安徽休宁率口程氏续编本宗谱》中的《程氏本宗谱序》。

徐元太，字汝贤，号华阳，宣城人氏，嘉靖年间进士，万历时任刑部尚书，著有《史鉴吟》等。因春榖戴氏宗族所请，而于万历十一年（1583）撰写《蒋溪戴氏宗谱》中的《春谷戴氏重修谱序》。

叶向高，字进卿，号台山，福建福清人氏，赐进士出身，两次出任明内阁首辅，通议大夫，南京吏部左侍郎，因蒋溪戴氏宗族所请，而于万历壬寅年（1602）间撰写《蒋溪戴氏宗谱》中的《戴氏重修族谱序》。

何如宠，字康侯，号芝岳，桐城人氏，赐进士出身，庶吉士，光禄大夫，柱国少保兼太子太保，户部尚书，武英殿大学士同知，经筵日讲，纂修实录总裁，明史有传，称其操行恬雅，与物无竞，难进易退，世尤高之，著有《奏疏》《后乐堂稿》，因休宁戴氏宗族所请，而于崇祯五年（1632）撰写《休宁戴氏族谱》中的《序休宁戴氏族谱》。

综上所述，徽州地区世家大族的谱序大多是声名卓著的士绅所撰写，谱序是家谱前的序言，说明家谱的编修缘由、家族的起源发展、先世的德行等情况，由知名士绅为家谱撰写谱序，不仅体现了士绅的身份与地位，提高了修谱的家族和所编修家谱的知名度，使家谱得到社会的广泛认可，而且有力地维护了徽州宗族的宗法制度，维持了家族正统世系的传承，体现了尊祖敬宗、睦族友好的宗法精神。

二　参与地方社会治理

（一）士绅与地方秩序的维护

1. 士绅制定家法族规

家法族规，是以血缘为纽带，在族内士绅领导下和族众支持下，制定的一系列约束和规范宗族成员，成文的但不具备法律效力的条文。家法族规的内涵非常丰富。在明清徽州家谱中体现为谱例、谱规、家训、祖训、庭训、规训、家规、家典、家法、宗规、族规、祠规、规约、族约、戒约、家礼、定例、祀规、家范、家政、会规、墓祠规。从繁杂的规制可见，明清徽州宗族社会组织严密，对族众的规范愈加强化。参与编纂家谱、制定家法族规的成员众多。查看明清徽州家谱，不难发现，士绅普遍参与族规家法的制订。典型的就是清代儒生吴翟所撰《茗州吴氏家典》。此外，由于徽州家谱中广泛收录家训家规，而家训家规往往就是这些家谱作者所作，可以说，通过这种方式，徽州士绅直接参与到了徽州家训家规的制定过程中。如范涞就曾在家谱中撰述了自身家族的家训，“继善堂家规仲德公七世孙涞代为训言”[①]。

许多家谱中对制定家规、家训的原因与意义均有专门的论述，绩溪士绅冯景坊在其所修《绩溪东关冯氏家谱》中有着明确的表述：

《书》曰：“作善，降之百祥；作不善，降之百殃。”《易》曰：“积善之家，必有余庆；积不善之家，必有余殃。”无非勉人为善而戒人为恶也。然有不鉴此者，恣行己志，小则殒身灭姓，大则覆宗灭嗣，可胜叹哉！且吾宗自冯侯得姓，至五十世祖蘗公，大唐时任歙尹而家于歙，厥孙延普公始迁绩北居焉。迨今数十余世，子孙蕃衍，继志述事，代不乏人。其先茔丘垅，松楸云密，每岁清明拜扫，举族相集，敦尚礼义，此非祖宗善积厥躬，庆流后裔，又焉能有今日之盛耶？每惟根本之礼不可废，尊祖之义尤不可缺，吾因而知慎终之道，前人固尽之矣。自是厥后，追远之责，岂不在吾与你子孙乎？吁！物本乎天，人本乎祖，其可忽哉？以此推之，莫不皆然。与其验之于今，孰若质之于古？与其托诸空言，孰若见诸实事？昔《柳氏家训》有云：“余见名门右族，莫不由祖先忠孝勤俭以成立之，莫不由子孙顽率奢傲以覆坠之。成立之难如升天，覆坠之易如燎毛。”范文正公有云：“吾宗族甚众，于吾固有亲疏，然以吾祖宗视之，则均是子孙，故无亲疏也。”余深有感于斯，而家之事不敢妄议，愿与尔等究《易》《书》之旨，参柳、范之言，斟酌家规，俾吾子孙遵而行之，庶几流余庆敛百拜，睦宗族而无负圣贤之格言也，是宜条列于后云。[②]

关于这方面的记载同样体现在明代歙县谢氏家谱中：

尝考《嘉言篇》，杨文公、颜氏俱有《家训》，吕氏有《童蒙训》，马援还书，范质作诗以戒其侄，诸葛武侯、胡文定公、康节先生俱有书以戒其子，皆欲其孝悌忠信、礼义廉耻，以敦夫仁人君子之行，成乎温雅谦和之德，虑之深，言之切。

① 范涞：《休宁范氏族谱・谱祠・继善堂家规》，万历二十一年（1593）刻本。

② 冯景坊：《绩溪东关冯氏家谱》卷末下《存旧・家规》，光绪二十三年（1897）刻本。

先贤之训，章宪万世，使谨厚子侄遵而行之，何德不修？何事不端？但以言之谆谆，听之漠漠，放旷不检，以入小人之流而坠先业，亦或身家不保，可胜言哉？予不揣菲陋，僭作《家规》一十八事，附于族谱，以训童蒙，以便观法。然谱系藏于箧笥，不可常玩，视为空言。爰别录成帙，令子孙初学之时即诵此规，长而端其性习，守其规范，不恣睢，不骄惰，修身慎行。为善人，为达士，为廉官，为名臣，则或庶几一助。文词深奥，尤恐幼稚难晓，故以目前切事，衍以浅近之言，使知规戒，未必无小补云。

予父伯亮公钦奉太祖高皇帝除授枢密院百户，操持军旅之重。兄子真、弟子让，以武功皆任提举。侄玫一，少习儒业，判江西崇仁县事，皓首归来。祖宗种德百余年，世沐国恩。予亦从大夫之后，帝命简任广东韶州府通判。严父见背，庐墓山中。未近三年，慈母遐逝。六年终制，敕授承直郎浙江金华府通判，抚民考满，荷蒙圣朝凡在故老，矜育擢用，受以日近西山，乞骸骨归，日具卮酒，会族人、宾客，相与娱乐，而子侄长幼揖让之序，殊不周旋，乃作《家规》，以箴后人。遂为之序。

洪武十八年（1385）九月二十六日，敕授承直郎浙江金华府通判歙北黄山谢子受书。①

对于这一家训，后来谢氏家族的修谱者都十分认可，并充分肯定了该家规的功效：

金华郡司马谢子受公《家规》一十八节，词直理明，诚传家之至宝也。公生平节概，迥出人表。然而是书岂啻公之子孙可法，而世之子孙皆可诵可行者也。苟能熟读玩味而有得焉，则修身齐家、居官为政之道不外乎此。其有裨于世教也非浅，盖可与司马温公《家训》并行于世云。

先金吾希周府君归休渔矶轩，不肖筑木石居矶傍，杜门求圣贤书读之。晨昏定省，以甘藜藿，从叔祖廷梓持郡司马先公所作《家规》视予。二百年来，虽蠹鱼钻研，手泽如在，子孙固当佩服，细玩格

① 谢廷谅：《古歙谢氏统宗志》卷六《家规序》，万历三十二年（1604）刻本。

言，有关世道，敬梓风世云。

万历三十二年（1604）岁次甲辰五月天中日，裔孙师教谨辑。①

除了对前人家训进行认可之外，还有家族修谱者会抬高自身家训的地位，乃至赋予其编修者以灵异的意味，无疑是为了加强家规的控制力：

先儒有曰："家难而天下易，家亲而天下疏。"一家人，父子、兄弟、夫妇相亲相狎，义胜易离，恩胜易玩，整齐最难。非有规以范之，未有不至于离且玩者，是以吾家教谕府君定《家规》十二条，为后世子孙法。深究风自火出，家人之理，以人生不越言行两端。日与家人接，亦只此二者而已。诚言有物而行有恒，身既正则一家自无不正，父父、子子，兄兄、弟弟、夫夫、妇妇而家道正，正家而天下定矣。吾家世世，永宜勖之。

吾家教谕府君，生有流虹异梦之祥，长受业于大儒之门，躬行笃至，重伦常，敦义让。居父丧，泣血苫块，如礼庐墓三年。乡人化之，表厥里为"旌孝"。条定家规，首谨言行，平好恶，重伦理，正名分，以规其始，大本立矣。继之以豫蒙养，敦忍让，教诗礼，而教道行。闺门不肃，邪巫不禁，勤俭不务，争讼不息，败之道也。②

在个人订立家规的形式之外，还有集体订立家规的存在，在此种家规的形成过程中，同样是士绅发挥了重要作用，试举如下两例：

右家规立自嘉靖三十五年（1556），屡经佥议，逐条斟酌，至后益加详妥。兹因家乘既成，摘其要略，附梓于末，以便观守云。

时万历十四年（1586）丙戌孟冬月吉旦，族老之珍、之锡、应祥；族首奇口、端阳、之汶、之琦、应绶、应龙、一治、伯昱、伯洪共立。③

以上《德庵府君祠规》二十三则，系五门门长、文会于康熙五

① 谢廷谅：《古歙谢氏统宗志》卷六《家规序》，万历三十二年（1604）刻本。

② 叶敬仲：《休宁叶氏族谱》卷九《保世·家规》，崇祯四年（1631）刻本。

③ 郑之珍《祁门清溪郑氏家乘》卷四《规训》，万历十四年（1586）刻本。

十八年（1719）二月十三日在祠中列祖之前公同议定，支下子孙，务须永远遵守。如有紊乱祠、变坏成例及玩忽怠惰不遵者，俱以不孝论。慎之，勉之。

以上公议《宗祠规条》计三十二则，乃八堂尊长暨文会诸公于康熙甲午仲春卜浣七日议定，自当永远遵守。倘司年违议不行，必集众公罚，不得徇情。①

从上述情况来看，总体来说，徽州士绅通过家谱载体，记载保留了族内士绅通过多种方式所订立的家训、家规，通过具体规条，士绅能够将自身对宗族秩序的认识付诸实践。

2. 士绅联合制定乡规民约

乡规民约，亦称乡约，是地方社会自治的一种约定，主要以劝民、安民为目的。明代文学家吕坤在《实政录》中说到，“乡约原为劝民，保甲原为安民”②。并且指出乡约“主劝善以化导”，而保甲“惩恶以究诘”。从中能看出乡约主要功能是劝民为善。

在明清时期的徽州，士绅是制定乡约的重要力量。在《潭渡黄氏族谱》敦睦堂家规引中，黄迪提到他与同堂弟侄共同立约，“规约者，约同堂之人也。吾堂自元七府君分居以来，衣冠奕世，礼让相承，允乎乡闾之光矣。不幸中遭回禄，人事不齐，礼坏俗颓，日为益甚……迪自解组归来，深为此惧，乃集同堂弟侄，共立条约，以警将来，众皆曰：‘唯，可以行矣。’虽不敢媲美吕氏之乡约、苏族之亭规，然而升堂入室，庶或由斯，丘文庄所谓‘大家变于小户’，吾知必可以免也”③。

此外，还有乡约，在康熙年间，徽州知府何东序倡议制定乡约。在隆庆年间，祁门文堂陈氏制定了乡约家法，在《文堂陈氏乡约》中介绍制定乡约的背景，先陈述文堂陈氏，自始祖至今一直遵守“朝廷法度、祖宗家训”，“节立义约，颇近淳庞”。后提到社会风气败坏，“或败度败礼者有之，逾节凌分者有之，甚至为奸为盗、丧身亡家者有之”。在祁门县令廖希元的支持下，“爰聚通族父老会议闻官，请申禁约，严定规条，俾

① 黄臣槐等：《歙县潭渡孝里黄氏族谱》卷六《祠祀》，雍正九年（1731）刻本。

② 吕坤：《实政录》卷之二《乡甲至要》。

③ 黄臣槐等：《歙县潭渡孝里黄氏族谱》，雍正九年（1731）刻本。

子姓有所凭依”。[①] 由此可见，士绅积极地参与到地方社会管理，在理想与现实中寻找平衡，希望族众与村民遵守乡约，从而实现宗族社会的自我治理。在这过程中，士绅的自我价值得以实现，即实现儒学从理论到实践的过渡，例如将朱子《家礼》运用到宗族社会中去，将昔日贵族之“礼”变成了宗族之“礼”，实现了“礼”的蜕变，从“礼”约贵族到“礼”约同堂，从王侯将相到街头巷间，不得不说是礼的质变，这些都顺应宗族社会变化，在地方社会收到不错效果。

乡约不仅在家谱上记述甚多，在方志上记载也较普遍。如乾隆十九年（1754），绩溪县令较陈锡，奉府太守何达善的命令制定乡约，“坊乡村镇慎举绅士耆老，足以典刑闾里者一二人为约正，优礼宴待颁发规条，令勤宣化导立彰善瘅恶簿，俾民知所劝欲”[②]。清代学者佘华瑞在其著作《岩镇志草》中，收录两则乡约。一则乡约是在嘉靖甲辰（1544），是在曾任南京刑部主事的郑佐倡导下制定的，关于这则乡约制定的背景及内容，可以在《志草》中得以大概了解，郑佐在乡约序中说，岩镇虽四通八达，但离郡城很远，“官府之法，尝三令而五申；里社之条，亦并行而兼举”。至于制定乡约原因，是“大时亢旱，人心忧危，奸党乘机，邪谋窃发。假称借贷，敢拥众于孤村；倚恃强梁，辄紾臂于单弱。白昼公行而无忌，昏夜不言而可知”。另一则是备倭乡约，在嘉靖乙卯（1555），由于倭寇潜入岩镇，扰乱民众的正常生活，“即今倭寇，势甚陆梁。零落孤踪，辄奔溃而出；偷生余孽，益草窃而蔓延”。于是，在方元桢领导下，“爰集里众，重订新盟”，规约模仿“甲辰荒岁御寇之条”。[③]

乡规民约的内涵丰富，涉及范围很广，能够约束民众，净化社会风气，使世道人心不惑。乡规民约，是“规约”普通百姓，还是“规约”士绅。士绅参与规约的制定，成为规约的执行者，难以保证不徇私。但明确的是，士绅“共襄族众”制定规约，以期实现重整社会秩序。

（二）士绅与救助

“族人乃一本所生，彼辱则吾辱，当委曲庇覆，勿使失所，切不可视

① 转引自卞利《明清徽州族规家法选编》，黄山书社 2014 年版，第 210—215 页。

② 乾隆《绩溪县志》卷三《乡约附》。

③ 佘华瑞：《岩镇志草》贞集《艺文志下》。

为途人，以忝吾祖。"[①] 这是雍正时歙县潭渡黄氏族人的观点，也集中代表了徽州士绅的心态。在程朱理学浸染下产生的亲本睦族的思想，促使徽州士绅将宗族救助乃至地方社会救济视为己责。徽州宗族社会自形成后便一直相对稳定，这与其相对完备的救助体系有很大关联，而士绅在其中发挥着很大的作用。可以说，有了士绅们的积极参与，官府、宗族、商贾和士绅之间的社会救助才会有条不紊地进行下去。历史上不乏这样的例子。清代婺源秀才江源进，设置义丰仓，以贮仓谷，帮助村内江腾二姓及异姓佃民。[②] 明代国子生江九皋，"性孝义，慷慨卓荦，同兄九万重修合郡节烈祠，给槥、赈济、置义冢、赡孤贫，义举甚多"[③]。清代歙县东门士绅许登瀛，"置义田、设义学、乍兴一族、泽被三党，族中节妇孤儿，与出嫁守志，以及贫乏无依者，生有月粮，寒有冬衣，死有棺衾，葬有义冢，嫁有赠、娶有助，莫不一一均沾其惠"[④]。这样的事例在历史资料中比比皆是，随着大量徽州文献的发掘，人们有理由相信徽州士绅们在当地社会救助方面起到了相当大的作用。宗族社会下的士绅，动员群众投入到地方社会救助中，汪氏就是个典型，在《仙源岑村汪氏族谱》中详细记载了汪氏宗族的士绅在当地进行相关义行，如士绅汪庭有，"尝捐金二千，修学宫、建义学，造邑乐成桥，费至巨万，又砌路建亭，捐田施茶者数处，约费三千金有奇。贸易汉阳，置义塚，施棺木，又于本邑置义塚数处。岁歉赈济，建义仓，兴文会，义行甚多。道光二十年（1840），旌建乐善好施坊"。监生汪金熬，"贸易汉口……同治初宗祠毁于兵，倡捐兴复，未及观成而殁，元配崔氏嗣输重金，以竟其志"。训导汪文涛，"同治建元侍养汉皋时际，兵燹徽宁二郡，难民群集，官秀峰制军总督两湖，委办恤难局，屡邀嘉奖。宗祠毁于兵，捐赀兴复，公首倡焉"。[⑤]

事实上，在这些义行的实践者中，当时的士绅作为一个群体出现，他们的行为具有一定的普遍性。他们的行为在徽州方志中有着明显体

① 黄臣槐等：《歙县潭渡孝里黄氏族谱》卷四《潭渡孝里黄氏家训·亲睦》，雍正九年（1731）刻本。

② 乾隆《婺源县志》卷二十三《人物志·义行》。

③ 乾隆《橙阳散志》，《人物·义行》。

④ 许登瀛：《重修古歙东门许氏宗谱·许氏阖族公撰观察蘧园公事实》，乾隆二年（1737）刻本。

⑤ 汪立铭：《仙源岑村汪氏族谱》，光绪二十二年（1896）木活字本。

现，几乎各县均有。如在康熙《徽州府志》中有记载，清代太学生程子谦，“益笃于义，修郡邑学宫，置郡邑义学田屯溪，为六邑孔道，桥圮独力营造，丁丑复坏，子谦复成之。又襄成闵口石梁，远近便焉。尝性买腴田为祖祠公业，积其息以给族子之赴试者。又岁给其族贫人钱，月六百文。他如赈乏绝、助棺衾、恤鳏寡，不少倦”。明代婺源诸生汪焕祖，“岁饥，尽出所积谷数千斛平粜，贫者不受直，远则兼设粥以食之。疾革以千金，命子应蛟，置常稳田百亩，以济族人。复买稻三千斛，仿常平法以济乡人”。①

又如在嘉庆《绩溪县志》上的记载，明代诸生胡永穆，“能惇本行，修梁治道，弗恤重费。有逐妇无归，或娶之故夫兴讼，乃捐资两全焉。遗命重修乳溪道院，子唐踵其志。抚孤贷娶，赒田埋骨，郡守徐公书‘为善最乐’四字旌其居并蠲徭役”。曹志让，“由诸生入太学，因亲老回籍，孝友敦睦乐善好施，屡岁洊饥，捐资赈济，独力造太乙桥，胞兄推官志宁为记”。② 士绅受到地方百姓的认同，同时也得到官府的褒奖与鼓舞。类似郡守为生员题字歌颂士绅善行，并不是个案。再如道光《歙县志》的记载，清代附贡生许稷，“明旌尚义门奇泰之后，稷秉性孝友，从师友讲学，整饬宗祠，睦族党、厚友朋，矜鳏寡、恤饥寒，凡甃道成梁无不□助。乾隆八年，夏麦歉收，出粟以振，巡抚范公、郡守朱公咸旌奖之。卒之日，乡人醵钱制幡，幢署名氏称沐恩者数百人，哭拜灵次三日而后散”。清代寄籍江宁诸生汪晋，“尝构宗祠置义田以成先志，笃于友爱白首无间，言自给甚约，而周急拯危不少却”。③ 此外，同治《黟县三志》记载，清代监生叶敔，“孝友好义，粤寇初扰，黟集设分局团练，敔与有力，嗣又设厂赈粥喜槐亭，以济邻邑难民，捐有义冢一处土名南山下”④。不难看出，士绅对地方的救助是全方位的，有设义田助学的，有赈灾济贫的，有独力营造桥梁、学宫的，可以说士绅对徽州地方社会救助的参与是较为成熟完善的，救助的范围也已超出了自身宗族的范围，由此可见，士绅对基层社会的作用是很大的，倘若没有士绅的救助，基层社会的稳定性

---

① 康熙《徽州府志》卷十五《人物志·尚义》。

② 嘉庆《绩溪县志》卷十《人物志·尚义》。

③ 道光《歙县志》卷九《人物志·义行》。

④ 同治《黟县三志》卷七《人物志·尚义》。

是难以想象的。

分析上述材料，可以看出，这些士绅从事社会救助最重要的就是赈饥荒，虽然这种行为本身不是持续的，但其效果是直接的。特别是这种救助所具备的自发性与群体性，更显得这些士绅行为可能达到的高度。甚至这些行为还有着延续性，有些士绅的救助行为是子承父志，如上述胡永穆，只是生员，但他乐善好施，逝世后遗命重修道院，其子胡唐“踵其志”，郡守徐公书给予高度的赞赏，赐“为善最乐”四字来表彰其义行，并且免除徭役。士绅绅权建构和社会认同，重要的是他们对地方社会救济的主动参与，使许多族人、乡人都受益其中，自然而然对士绅的评价很高，士绅因此在地方上获得较高的声望和话语权，与国家赋予他们的经济政治特权相比，声誉的提高，话语权的拥有，秩序的构建，都是在从事社会慈善事业建设过程中逐步培养出来的，而不是自始至终就拥有的。

（三）士绅兴修公共设施

在地方社会建设中，士绅付出了相当的努力，与社会救助相同，兴修公共设施，士绅同样是以集体力量来完成的。例如明代代监生方良堂，“由澄塘迁岩镇，敦本睦族，周急济危，德才具优长，族党公事多身任之，明崇祯中，知府陆锡明、知县叶高标重修渔梁坝，公举良堂董其事，复督修紫阳书院，经理尽善，寒暑罔懈，同族司徒宏静器重之，每事咨焉，生平多焚券掩骼诸善行，里人钦之，题名于镇西贤良坊”[①]。康熙年间，休宁太学生叶日华，“刚直慕义，尝独力重造东亭石梁，倡建汪文毅公忠臣祠，人义之”[②]。清代附贡生吴之骏，“尝葺宗祠，置义田，修道路……”[③] 清代黟县县学生叶绍涛“鲠直好义，施石灰掩埋露棺，施药材以拯疾，独力捐造龙东坞山路，又于岭上山坳造亭，樵者得蔽风雨焉，明医理活人有效”。清代黟县南屏人叶康龄，“从九品，忠厚乐善，施棺木掩露骸，祖绍涛造龙东坞亭山路并康龄监工任劳”。这些例子有力地说明，士绅或以个人，或是带动集体力量建设地方社会。[④] 士绅兴修公

① 道光《歙县志》卷九《人物志·义行》。

② 康熙《徽州府志》卷十五《人物志·尚义》。

③ 道光《徽州府志》卷十二《人物志·义行》。

④ 同治《黟县三志》卷七《人物志·尚义》。

共设施，有的是替政府监修，如监生方良堂，在明朝崇祯年间，被乡人举荐去监修由政府主修的渔梁坝，后期又督修紫阳书院。还有官员叶康龄，他负责监工造龙东坞亭山路。有的是身体力行，“独力”修建，如叶日华，太学生，凭自己力量重造东亭石梁，还发起倡议修建汪文毅公忠臣祠。还有程珙尝，“独力重修村后石桥，构亭烧茶济渴”。叶绍涛“独力捐造山路”，后又修建亭台。

士绅兴建公共设施，在明清徽州具有普遍性。为了更为直观而具体地显示士绅在这方面的行为，以歙县为例进行更为细致的探讨。清代武英殿中书程大功，“孝友，能以令德汲引后进，缮宗祠、筑石堤、建岑山寺、修渔梁坝，输饷助边。倪文正公荐任度支，力辞不受”①。清代光禄署丞叶世祥，“累举乡饮宾，歙始筑城，世祥捐建三十丈，盖紫阳门也，紫阳输费六十六人而作者七人，世祥与焉。于时赵村人叶义亦以捐助造城，督府旌曰：尚义之第”②。程大功功勋卓著，虽修缮祠堂、建造寺庙、修渔梁坝，却淡泊名利，真有侠士之风范。叶世祥捐赀筑歙城，其善行有目共睹，官府赐字褒奖。清代太学生汪昉，捐赀重建普济桥，“侧有通济桥为溪水冲激将倾，昉独力重建，他如修岭路、新社庙、整祠墓，善举甚多”。清代贡生谢光麟，“倜傥不群，平生多义行”，“乾隆二十五年（1760），造乐济桥，三十五年（1770），造悠远桥，四十一年（1776），造双津桥，又甃往来大路，凡贫不能自存者，周恤终无倦色”。兵部主事许日舒，“谦谨逊顺，见义必为”，不论是“修桥路、施茶水”，还是“岁饥出资以周急”。总之，受惠者众，感恩者多。并且德行高尚，“岁庚午（1750），郡县公举孝廉方正，坚辞不就，病中检诸借券百余纸悉焚之”，为世人景仰。武庠生程兆龙，“敦本好义”，“乾隆六年（1741），邑中尚贤祠倾圮，龙倡议重建，郡守何达善筹积贮教纺绩，兆龙襄助经营，规制尽善，居恒好购良方制药施人，丧不能敛、鳏不能婚者助之，至再三不倦”。③ 此类事例，在民国《歙县志》中不胜枚举，勿提其他文献资料。

值得关注的是，文献中还记载部分子承父志的事迹。汤口程氏父子是典型，父子致力于公共设施兴建，其事迹为世人津津乐道。太学生程文

① 乾隆《歙县志》卷十三《人物志·义行传》。

② 道光《歙县志》卷九《人物志·义行》。

③ 民国《歙县志》卷九《人物志·义行》。

璧，“字易城，赠奉直大夫。孝友睦姻，力行善事，尝捐千金造石井源桥、黄丝党桥，又修乌泥岭路”①。其子程正孝，字行先，太学生，赠奉直大夫，“乾隆四十三年（1778），独力建鹅鼻石桥，费千余缗，修复先世所造水冲，颜曰：继祖。又捐重金，甃芹岭大路，构亭以憩行旅，又建汤溪逍遥山亭。邻里以缓急告者，必推诚周恤。夏月施茶汤于村左右，他如丹药、棺椁随时施舍，不遗余力”②。汤口程氏父子有“先天下之忧而忧”的胸怀，造桥修路，构亭施药，其善行天人共鉴。此外，钱塘籍的许承基是候选詹事府主簿，其父（许）鼎钧官至知州，“以学行著称，承基善承先志，乾隆十六年（1751），岁歉，出粟平粜。二十一年（1756），复倡议施振，先后全活甚众，又捐义田百亩以恤族人，又以千金生息为文庙岁修费，他若拯困、焚券、浚河、筑路，义行甚多”③。实际上，明清徽州子承父志的例子很多。其原因有以下几点：首先，在中国传统社会，若要从事公共事业，要几代人共同努力。其次，传统的家训能劝诫子女，规范行为，引导其“崇正道，遵学问”。再次，封建社会后期，强调“以孝治天下”，不忤逆父母为之孝，子女“踵父志”成为必然。最后，儒学成为官学，科举名额增多，知识下移，文化渗透，士绅觉悟提高。此外，诸如官府号召宣传，士绅价值实现也是其原因之一。

此外，佘华瑞纂的《岩镇志草》有记，在《绮园吴菘：重修同济桥记》一文中，述说道：“（岩）镇为六邑都会，车马往来之所辐辏”，根据山川发源，分为上街、下街，然而其中受到颍水的阻隔，故“是桥之兴所为利涉者广也”，由于年久日衰，通行不便，汪氏之族孙汪仲光“募而治之”，但未成功。其子州同知宏佐、明经宏任遵从母意，“伐石取材，不数月而成”。汪仲光修同济桥未果后，其子不辱使命重修通济桥，在两代人的努力下终于实现。在《上川明经胡氏宗谱》有记载，如邑庠生志珙公，“性孝友，质且好义于村中，倡建文会以兴士类”。邑庠生兆材公，“司宗祠事，终身不苟，捐腴田五亩入毓英文会，以为学者会文之资……”④ 志珙公、兆材公，都倡建文会，而文会的兴建有益于文人墨客

① 民国《歙县志》卷九《人物志·义行》。

② 民国《歙县志》卷九《人物志·义行》。

③ 民国《歙县志》卷九《人物志·义行》。

④ 胡祥木等：《上川明经胡氏宗谱》上卷之中《善行》，宣统三年（1911）刻本。

的交流，促进当地学术文化传播。从这些事例中，我们只揭开士绅“义行”一角，至于士绅兴修公共设施的义举在诸多文献中都有记载，真是难以尽述。可以说，在兴修公共设施上，士绅的积极性绝不输于商贾，这点是肯定的。

在家谱、方志记载中，士绅参与社会慈善事业，呈现出级别低、人数多的特点，值得一提的是，部分士绅是通过捐献而获得头衔。士绅作为知识群体，未能直接参与到更高层次的管理，也就失去展现自我价值的平台，士绅为了生存为了理想，虽上未“观文察理体国经野之事”，然下可“事神治民明农察物之理”，在地方社会贡献一丝绵薄之力。士绅在基层社会，是联系官府与民众的枢纽，能“上传民情，下达命令”，辅助官府工作，引导社会风气，团结闾里族人，构建和谐社会，有难以估量的价值。倘若忽视这个群体，那么，地方社会机构难以更好运行。人员流动是一面镜子，从中能看到社会机构的运转。不可否认的是，在封建社会晚期，士绅的慈善行为，应该解读为：通过维护地方安宁，从而维护国家稳定，“家天下”得以继续。但不管怎么说，士绅的义行“真足以激顽懦风后进”，实现地方社会“化民成俗”的美梦。

三　积极参与文化事业

（一）参与地方志的编修

作为士绅构建自身文化权力的重要部分，地方志的编纂起到了举足轻重的作用。其原因即在于，地方志的内容是当地地情资料的直接反映，是不同时期国家统治需要下的一种正统化学术活动。在地方志的编修上，国家往往是文本制造的规范者，对方志的编纂思想进行规定，而地方士绅则是文本本身的创造者，对方志的编纂内容和体例进行创制。这一点在徽州地方志的编纂中也不例外，从宋罗愿《新安志》至民国时期，徽州地方志的编纂者大部分都属于士绅阶层，其中有进士功名者占据了绝大多数，以府志、县志为例（见表1-3）：

表1-3　现存宋至民国徽州府志、县志的纂者信息

编号	朝代	区域	志名	编纂者	身份	籍贯
1	宋	徽州	《新安志》	罗愿	进士	歙县

续表

编号	朝代	区域	志名	编纂者	身份	籍贯
2	明	徽州	《徽州府志》	汪舜民	进士	婺源
3			《徽州府志》	汪尚宁	进士	歙县
4			《新安志补》	方信	生员	歙县
5		歙县	《歙志》	谢陛	生员	歙县
6			《歙志》	刘振世	教谕	蒙城
7		休宁	《休宁县志》	程敏政	进士	休宁
8			《休宁县志》	吴宗尧	进士	歙县
9			《休宁县志》	李乔岱	进士	洋县
10		祁门	《祁阊志》	黄汝济	贡士	祁门
11			《祁阊志略》	程昌	进士	祁门
12			《祁门县志》	谢存仁	进士	祁门
13		婺源	《婺源县志》	冯炫	知县	不详
14		绩溪	《绩溪县志》	何棠	教谕	不详
15	清	徽州	《徽州府通志》	高晫	进士	襄陵
16			《徽州府通志续编》	林国柱	荫生	不详
17			《徽州府志》	赵吉士	举人	休宁
18			《徽志补正》	邵棠	不详	绩溪
19			《徽州府志》	夏銮	优贡	上元
20			《徽州府志辨证》	黄崇惺	进士	歙县
21		歙县	《歙县志》	吴孔嘉	进士	歙县
22			《歙县志》	吴苑	进士	歙县
23			《歙县志》	刘大櫆	副贡	桐城
24			《歙县志》	沈伯棠	举人	德清
25			《歙县采访册》	曹光洛	不详	歙县
26		休宁	《休宁县志》	汪晋征	进士	休宁
27			《休宁县志》	方崇鼎	举人	桐城
28		祁门	《祁门县志》	张瑗	进士	祁门
29			《祁门县志》	桂超万	孝廉	贵池
30			《祁门县志》	汪韵珊	进士	休宁
31			《祁门县志补》	倪望重	进士	祁门

续表

编号	朝代	区域	志名	编纂者	身份	籍贯
32	清	婺源	《婺源县志》	詹养沉	进士	婺源
33			《婺源县志》	戴本长	举人	婺源
34			《婺源县志》	潘继善	副贡	婺源
35			《婺源县志》	洪腾蛟	举人	婺源
36			《婺源县志》	董国英	不详	婺源
37			《婺源县志》	董桂科	进士	婺源
38			《婺源县志》	张贵良	进士	婺源
39		绩溪	《绩溪县志》	赵继序	举人	休宁
40			《绩溪县志续编》	曹有光	进士	绩溪
41			《绩溪县志》	席存泰	副贡	昆山
42		黟县	《黟县志》	徐道昌	贡生	华亭
43			《黟县志》	尤何	举人	长洲
44			《黟县志》	刘大櫆	副贡	桐城
45			《黟县志》	俞正燮	举人	黟县
46			《黟县续志》	韩正翔	教谕	贵池
47			《黟县志》	程鸿诏	举人	黟县

说明：1. 本表先按府、县志编纂区域进行块状划分，区域内部的地方志则按编纂时间先后进行排序。

2. 由于地方志的编纂者往往有多人，这里的纂者选取书中直指的那一位。

资料来源：刘道胜：《徽州方志研究》，黄山书社 2010 年版；熊帝兵：《论清代徽州府县志的纂修特点》，《中国地方志》2016 年第 9 期。

由于明清时期地方志的编纂的一个通行模式是由地方长官挂名编修者，而志书的实际纂写者则是另有其人，从表 1-3 来看，在现存宋至民国徽州府志、县志的实际纂者中，进士者为 20 人，举人者为 9 人，共 29 人，占总数中的六成以上，同时籍贯为徽州 1 府 6 县者为 31 人，同样超出了六成，兼具两者的为 24 人，则也已逾半数。仅从这一点即可看出，徽州士绅阶层，特别是高级别的士绅阶层在徽州地方志编纂上的积极性。同时，其中的部分人物还身居高位，在明代表现尤为明显，如汪舜民曾任右副都御史，程敏政曾任礼部右侍郎，谢存仁曾任云南巡抚，程昌曾任四川按察使等。这些高官的参与在展现徽州士绅参与地方志编纂热情的同时，还在一定程度上提升了徽州地方志的影响力。还要注意到，这些士绅往往交游广泛，在当时全国范围士绅阶层内都具备一定的知名度。除上述高官外，一些较为低级的官吏同样因才华而被时人所闻，如赵吉士，其人与当时文人赵士麟、梁清标、戴名世交游，戴名世认为赵氏，“先生前之千律，是江河之大观也……其植，基也厚，故其为诗从于心而注于手，百思不竭，愈出愈奇，人皆惊其敏，服其工又叹羡其富”①，朱彝尊还为之作墓志铭，称其“智勇不可及者，而又详于政典”②。更为著名的是俞正燮，仅从其为他人编校书籍一事来看，与他交游者就有大学士彭元瑞、编修刘凤浩、户部给事中叶继雯、湖南提督杨芳、户部侍郎程恩泽、南河总督张井、礼部侍郎陈用光、两湖总督林则徐、吏部侍郎祁寯藻、山东督粮道孙星衍等人③。在这些人中，不仅有高官，而且有著名文士，翰林戴熙就与其有所交，并评价他：

> 理初先生，黟县人，予识于京师，年六十矣，口所谈者皆游戏语，遇于道则行无所适，东南西北无可无不可。至人家，谈数语，辄睡于客座。问古今事，诡言不知，或晚间酒后，则原原本本，无一字遗，予所识博雅者无出其右。④

即使这些主纂者无法在全国范围内都具有影响力，但其至少在徽州地方士林具有一定的声望，以谢陛为例，在当时徽州名士汪道昆的指导下，与方元素、汪道贯、汪道会、汪仲淹等结丰干社，在明末徽州具有一定的影响。

事实上，在这些主要纂者之外，徽州地方士绅还从多方面贡献了自己的力量。首先是在地方志的资料提供上。地方志对于地方资料的要求很高，“其博采详摭，条分件系，并省增益皆有据”⑤。主纂者往往会花费大

---

① 赵吉士：《林卧遥集》，齐鲁书社 1997 年版，第 179 页。

② 朱彝尊：《曝书亭集》卷七十七《朝议大夫户科给事中降补国子监学正赵君墓志铭》，吉林文史出版社 2009 年版，第 723 页。

③ 俞正燮：《俞正燮全集（三）》，于石、马君骅、诸伟奇校点，黄山书社 2005 年版，第 244—254 页。

④ 戴熙：《习苦斋笔记・俞正燮》，参见俞正燮《俞正燮全集（三）》，于石、马君骅、诸伟奇校点，黄山书社 2005 年版，第 216 页。

⑤ 道光《徽州府志》曹振镛序。

量的时间与精力在资料收集上，以前述赵吉士为例，“遍购邑乘家谱、典故、艺文，与致之京师，日与其乡之公卿大夫暨贡举于辇下之文学士考求讲论。于事则采其信者，而阙其疑者；于人则传其可传者，而逸其不必传者”①。这些类型的材料大部分是徽州士绅所提供，如弘治《绩溪县志》，“程大尹佐时取予所录而增修之，以稿见示；又得冯驾部时鸣、张节判性之暨新举子程静夫，各出家藏有关志事者，参互考订”②。乾隆时期所修《绩溪县志》则“举四隅十五都之结报者因其类而附书之”③。又如康熙《婺源县志》修纂，“敦请绅士名儒取旧志重续之，仍其部署益以新事，宁核无疏，宁苛无滥，不数月而二十余年之文献瞭然如指掌”④。

其次，徽州地方志在编纂过程中，往往会延请地方士绅参与进来，而士绅同样会积极同修、参修，各司其职，踊跃地贡献自身力量。典型的如弘治《徽州府志》，“先檄六县贤令乐清朱君谏，猗氏翟君敬、平原聂君瑄、江夏韩君伯清、文安张君伟、鄱阳胡君汉，博采事迹，各有报章，又召教授黄君湜，教谕郑君宏、王君杰、江君鈇，训导唐君鼎、车君文昌、韩君洪卿、徐君炯、王君介及庠生汪诉、杨瑄、程敏亨、程堂、汪木、汪潮、胡相、任荣俱在，开局紫阳观”⑤。府志如此，县志亦不例外，试举二例如下：

1. 万历《休宁县志》：乃简郡邑诸弟子金生世忠、俞生王言、程生涓、金生鼎铉、邵生辉，胡生九皋斗玑、范生槲，凡皆行宜高等，素称为博洽。⑥

2. 康熙《婺源县志》：礼延郡大夫，大涵谢君斐篁、李君孝廉养默、胡君诸二三文学相与左右而壹取裁于谢君。⑦

---

① 康熙《徽州府志》丁廷楗序。

② 弘治《绩溪县志》戴骝序。

③ 乾隆《绩溪县志》陈锡序。

④ 康熙《婺源县志》蒋璨序。

⑤ 弘治《徽州府志》汪舜民序。

⑥ 万历《休宁县志》金忠士序。

⑦ 康熙《婺源县志》詹养沉序。

从徽州地方志的长时期修纂过程来看，这种士绅直接参与的编纂形式实际上是有着一定持续性的。以歙县为例，从最早者直至清代最后一部志书，均有着徽州士绅，特别是歙县士绅的支持。具体情况如表 1-4 所示。

表 1-4　　现存各版本《歙县志》中的部分参修人员信息

<table>
<tr><td rowspan="4">万历《歙志》</td><td>总裁</td><td>张涛（黄陂人、进士、知县），方弘静（歙县人、进士）</td></tr>
<tr><td>分裁</td><td>陶埏（黄岩人、教谕），董模（贵池人、训导），陈一敬（青阳人、训导），罗应鹤、洪文衡、鲍应鳌、毕懋良、吴中明、吴士奇（俱为歙县人、进士），程元瑜、曹士鹤、方时化、程子铎、黄愿素、吴之俊、鲍观光、吴逵（俱为歙县人、举人），汪道会、潘之恒、吴文龙、黄校（俱为歙县人、太学生）</td></tr>
<tr><td>督阅</td><td>潘高梅（梓童人、县丞），浦朝辰（登州人、主簿），陈复初（江夏人、典史）</td></tr>
<tr><td>分校</td><td>余受丰、洪凤岐、吴德鉴、李春逢、黄龙旗、吴登贤、汪从先、许试奇、胡仁守、方一薇（俱为歙县人、邑庠生）</td></tr>
<tr><td rowspan="4">天启《歙志》</td><td>与修</td><td>江文润（景陵人、训导），邹邦寅（永丰人、训导），罗应鹤、程寰、吴士奇、程子鳌、汪元功、毕懋良、汪元标、江秉谦、方有度、方道通、吴国仕、毕懋康、唐晖、汪应元、黄愿素、仇梦台、方一藻、汪德元（俱为歙县人、进士），江宗岷（歙县人、贡生）</td></tr>
<tr><td>参校</td><td>崔佩玉（盖州卫人、县丞），连启耀（不详、典史）</td></tr>
<tr><td>参阅</td><td>柳州（具体信息不详）</td></tr>
<tr><td>阅梓</td><td>程一纬、胡守明、胡国杰（具体信息不详）</td></tr>
<tr><td rowspan="3">顺治《歙志》</td><td>总修</td><td>吴孔嘉，姚宗衡（俱为歙县人、进士）</td></tr>
<tr><td>副总修</td><td>胡尔俊（不详、教谕）</td></tr>
<tr><td>分修</td><td>王文企、罗蚧、王泰徵、仇秉忠、洪明伟（俱为歙县人、进士），许志古、许志才、汪观光、汪康运、程樌（俱为歙县人、贡生），吴德鉴（歙县人、复社成员），洪时曦（不详），汪瑶光（休宁人、不详），吴圣楫（歙县人、拔贡）</td></tr>
<tr><td rowspan="5">康熙《歙县志》</td><td>总修</td><td>吴苑、许承家、阮尔询、汪薇、程浚（俱为歙县人、进士），郑为旭（歙县人，拔贡）</td></tr>
<tr><td>副总修</td><td>王辂（句容人、教谕），邢日如（繁昌人、训导）</td></tr>
<tr><td>分修</td><td>唐鸿举（歙县人、进士）、吴圣修（歙县人、岁贡）、吴之碌、汪士铉、黄珀、汪洪度（俱为歙县人、诸生），王棠（歙县人、著书颇多），吴秋士、吴菘（俱为歙县人、贡生），吴瞻泰（歙县人、诸生）</td></tr>
<tr><td>参订</td><td>夏骃（乌程人、不详），茅兆儒（钱塘人、不详），钱柏龄（华亭人、不详），杨廷显（华亭人、不详），苏轮（钱塘人、不详）</td></tr>
<tr><td>绘画</td><td>吴逸（歙县人、画家）</td></tr>
</table>

续表

乾隆《歙县志》	倡修	吴华孙、金长溥（俱为歙县人、进士）
	同修	刘观我（崇明人、教谕），彭碹（丹阳人、训导）
	分修	吴宁（歙县人、召试廪贡生），汪肇龙（歙县人、副榜贡生），胡赓善、程瑶田、程启祐（俱为歙县人、举人）
	校刊	徐本增（歙县人、候选道），徐本仪（歙县人、候选知府）
	督缮	赵其璇（河间人、县丞）
	监局	俞道（山阴人、典史）
	参核	阖邑绅士
	总校	程光国（歙县人、庠贡生）
	绘图	许蠊（歙县人、画家）
道光《歙县志》	同修	钱元熙（太仓人、教谕），侯云松（上元人、教谕），景浚商（高邮人、训导），曹德林、潘同章、汪烽、唐世勋、潘承恩（俱为绅士）
	校对	汪林、江馥（歙县人、邑附生）
	同修	谢广运（山阴人、典史）
	参核	阖邑绅士
	绘图	郑逢年（歙县人、监生）

资料来源：表中数据主要来自王经一《歙县志书志》，《徽州社会科学》2010年第6期。

从表1-4中可直观地看出，除各时期歙县官员外，歙县县志的主要修纂者均是歙县士绅。这一点即可展现出长期以来歙县士绅在这一过程中的贡献，可以说，如果离开了歙县本地士绅，仅凭歙县地方官府是无法长期高效编制自身县志的。

最后，就徽州地方志的编纂资金而言，特别是其中的府志和县志中，明清时期同样出现了士绅的身影。从相关史料来看，有“施圭锡……佐父业木，比父归里，孳息倍于前，悉均兄弟，不以自私。生平慕义好施，凡郡邑修志及造文庙、书院、考棚、河西桥，均挥金襄助”①。另据王振忠教授考证，清末歙县修志时，资金就来自“云塘程氏”，而之后民国《歙县志》的完成也是在歙县旅沪同乡会的支持下完成的②。从唐力行教授的研究来看，虽然旅沪同乡会人员来源广泛，但其主要构成是旅居上海

① 光绪《婺源县志》卷三十五《人物·义行》。

② 王振忠：《从〈歙县修志私议〉到民国〈歙县志〉——有关徽州方志史家许承尧的新史料之研究》，《徽学》，黄山书社2008年。

的歙县士绅，资金主要是来自其中的商人等。[①]

在府志、县志之外，徽州士绅在乡镇志展现出更大的影响力，从作者群到记录的内容无不体现出士绅的力量。特别是乡镇志和专志在资金来源上主要来自士绅与家族，借此士绅能够充分参与其中，展示自身对于乡土社会的理解。首先是作者群，现存乡镇志的作者大都为徽州地方士绅，如乾隆《橙阳散志》，江登云辑，江绍莲续编，其中江登云为乾隆十三年（1748）武进士，江绍莲为优贡生，赐国子监学正。又如乾隆《沙溪集略》为乾隆二十四年（1759）歙县沙溪村邑庠生凌应秋纂。《岩镇志草》为清歙县人，康熙诸生，选授桐城训导的佘华瑞纂。《善和乡志》为清祁门县太学生，赐封奉直大夫的程文翰纂。其次是徽州乡镇志的内容，在内容上乡镇志往往以人物为重心，将大量篇幅花在了记录乡镇士绅行为上，如《沙溪集略》：

> 卷一为序、凡例、目录、源流、舆地、山川、古迹、建置。卷二为桥梁、水利、祠庙、丘墓、里甲、岁时、风俗、祥异。卷三为科甲、国学、庠序、仕宦、吏材、武职、封荫。卷四为忠节、文行、艺苑、列女。卷五、卷六、卷七为艺文。卷八为诗赋。[②]

又如《善和乡志》：

> 卷一为：志境、志居、志山、志水、志宅、志制、诰敕、祖德、最高祠记。卷二：山居 图记、世居说、风水说、渔隐图序、十景记、十景诗并序、忠谏、表启、修报慈庵记、增祠田记、河南夫子祠记、黄陂夫子祠记、乡贤考、孝友实录。卷三：儒林、隐逸、孝友、义行、寿考、方伎、贞节。卷四：寿文并序、游赏、游梧冈亭、四记会记、堂馆书舍、松岩记、碧泉记、五山歌、游雁山记、六桥记、衍庆录诗、驱棚除害记、光烈义学合文、告示薄叙。卷五：赠墓图。卷六：哀挽序诗、墓志。卷七为：仁山遗稿序并诗、列祖诗稿、先达诗

---

① 唐力行：《徽州旅沪同乡会与社会变迁（1923—1953）》，《历史研究》2011 年第 3 期。

② 凌应秋：《沙溪集略》，江苏古籍出版社 1992 年版。

稿。卷八为：世坟记、四府君分迁、墓图。①

又如《岩镇志草》有元亨利贞四集，分别为：

元集：原始、山水、建置、古迹、桥梁、祭祀。亨集：道院、名园、贤良坊题名和人物传。利集分为人物续传和艺文（上）。贞集分为艺文（下）、贡元坊题名、汇编、仕宦、封典、巷道、逸事。②

从这些内容来看，徽州士绅所编纂的乡镇志有着明显的倾向，主要集中于记录士绅名录和事迹。总的来说，由于乡镇志的独特特性，徽州士绅积极参与其编纂就不言自明了。

（二）投身地方教育事业

1. 明清徽州官学的日常维护依靠士绅

徽州官学的经济来源主要以学田为主，就其来源而言，大多是由士绅所捐献的。如康熙《徽州府志》载婺源县学的学田来源为：原田一十八亩五分，又溪潭五厘，掌县事通判蒲宗启置田二亩，武举生程以忠输田一百亩四厘，乡官江一皋输田七十亩五厘，按院宋焘置田六亩九分六厘。学院项下田一十亩，学院金□置田一十八亩三分三厘零，生员汪珊、程寅兄弟共输田一十亩一厘三毫，生员洪钟声、汪邦宁共输田（缺文）。③ 从材料记载看，婺源县学田的经济收入主要依靠的便是在此任职的官员和本县士绅阶层共同设置的学田来提供的。明清徽州一府六县的学田，大体都是由士绅们来提供的。又如道光《徽州府志》载，“胡璋，字卜男，郡城人，康熙甲辰武进士，事亲孝性尤独……又设义田义学，人多赖之，晚筑补松书屋以见志。”④

在民国歙县志同样有对清代士绅设学田建学宫的记载，例如清代诸生江金黼，“与弟金海，贫而好义，因县学圣殿山被邻近民居侵削，于乾隆五十一年（1786），贾儒学前当字七号地捐入文庙，岁输粮以卫学宫，呈

① 程文翰：《善和乡志》，江苏古籍出版社1992年版。

② 佘华瑞：《岩镇志草》，江苏古籍出版社1992年版。

③ 康熙《徽州府志》卷七《学产》。

④ 道光《徽州府志》卷十二《人物志·义行》。

请府县立案。郡守朱思仁、县令冯履丰俱嘉奖之”①。道光休宁县志中也有相关的记载，“方春熙，字麟伯，曾祖兆迁常熟之梅里，春熙登乾隆丁丑（1757）进士，授吏部文选司主事，甲午补考功司，越二年卒。春熙家素贫而好行其德，创书院，修舆梁，分金助贫，馈赆劝试，孜孜不倦。其文章喜务实而去绮靡，有《侍耕梅诗文稿》藏于家”②。同样，在嘉庆绩溪县志中有提及，清顺治庚子武举曹六行，“以孝义称，立远祖墓碑八所，置义冢地，建施茶庵，造育英堂，置膏火田数十亩以兴斯文，邑旧苦里役，虽奉革犹行科派，六行建白当事免之”③。不论是造学堂，还是捐学田、膏火助官学，都反映出士绅对地方教育的重视和认同，也都会促进地方教育更好发展。

上述方志中有关于士绅捐学田的史料，其实在家谱中也有类似记载。在《上川明经胡氏宗谱》中，邑庠生兆材公，“司宗祠事终生不苟，捐腴田五亩入旈英文会，以为学者会文之资”。议叙盐运司知事余德公，“道光八年，合邑议建东山书院，公捐银一千余两以为之，倡设开文墨业于休城”。布政司理问祥善“捐大买并顶田五亩一分入毓英文会为士子劝，修竦岭路十馀丈，光绪末捐钱四十千改造宗祠头门”④。在宗谱上记载士绅捐学田行为很多，像上川胡氏宗族捐田兴文会，这是对胡氏家族教育的重视，反过来又会促进家族教育进步。

除此之外，官学设施也因年久日衰而不断地修葺，其日常维护多依赖当地士绅。如《徽州府志》中记载清代太学生程亨嘉，修建“紫阳书院两廊书社一十八间，种种义举难以悉数焉”⑤。清代监生方良堂也有着同样的表现，“德才具优长，族党公事多身任之……复督修紫阳书院，太守有实效勤劳之奖，敦本睦族，周急济危，终无德色”⑥。不难看出，士绅对地方教育事业的维护与支持，不仅为学校提供学田，而且努力维护地方教育设施，使徽州教育能够持续下去。士绅对教育的支持，不仅府志上有记载，在县志上也有涉及，以歙县和休宁县为例，即可见一斑。乾隆

① 民国《歙县志》卷九《人物志·义行》。

② 道光《休宁县志》卷十五《人物·尚义》。

③ 嘉庆《绩溪县志》卷十《人物志·尚义》。

④ 胡祥木等：《上川明经胡氏宗谱》上卷之中《善行》，宣统三年（1911）刻本。

⑤ 康熙《徽州府志》，《人物志四·尚义传》。

⑥ 道光《徽州府志》卷十二《人物志·义行》。

《歙县志》对各大书院的建制沿革有详细的阐述，例如为世人知晓的紫阳书院，“在紫阳山，宋韦斋朱先生学于郡时所游地，后居闽犹刻印章曰：紫阳书堂，怀归也……嘉靖四十三年（1564）知府何东序修，万历二十六年（1598）知府沈再荣修，三十年（1602）知县方承郁修，三十七年（1609）知县张涛修，顺治七年（1650）知府祖建衡修，康熙八年（1669）知府曹鼎望修，三十一年（1692）吴日慎等修……斗山书院，在府东城斗山上，元明间姚琏、唐仲等作精舍讲学，嘉靖十年（1531）知府冯世雍葺为书院，万历十九年（1591），大学士许国、按察使凌琯重建……天都书院，在府西城外，崇祯十六年（1643），知府唐良懿兴书院，贡士吴经邦倡建。康熙十二年（1673），知府曹鼎望重建，有紫阳天都两书院义田碑。问政书院，在县学东江家坞，乾隆三十五年（1770），知县张佩芳以名宦祠后规制不称无以容学者，将卜地为之，附贡生程光国等捐建。崇正书院，在堨田竺溪寺，知府冯世雍建，以祀宋五子”①。以上对书院源流的记载，不难看出，除了徽州主政官员外，徽州本地士绅也积极投入到书院的修缮过程中去，典型如紫阳书院的修建，历经明清两代，从明嘉靖年间，徽州知府何东序，到知府沈再荣、知县方承郁、知县张涛、知府祖建衡，再到清康熙年间知府曹鼎望等等，在这100多年里，平均不到20年就由政府官员出面修葺官学设施，最久的大约40年一次，最短的仅四年一次。可见，士绅对官学的日常维护是很用心的。士绅对官学维护，对社会参与度，显示对权力的支配程度，既有传播儒学的目的，也有回馈社会情结，对徽州教育的发展是百利而无一弊。

需要注意的是，还有些书院的建成主要是依靠徽州本地士绅，而非地方官府，如清代休宁士绅刘启伦等就集体建造了海阳书院，刘启伦个人无力完成所有的设施建造，便“遍告邑之乐善者量力捐助”，并与邑人国子生程元槐，“参画尅期鸠工，为今海阳书院”，此外，“增膏火，其余地复构考棚”。考虑到“邑之应省试者多艰资斧”，刘启伦又号召并得到邑绅汪国柱、徐名进慷慨捐赀，并且“悉心部署，为酌章程行之久远”。② 又如前述问政书院。在乾隆三十五年（1770），由知县张佩芳牵头，附贡生程光国等捐建，问政书院方才得以落成，在此过程中，歙县士绅程光国扮

① 乾隆《歙县志》卷二《建置志（上）·学校》。

② 道光《休宁县志》卷十五《人物·尚义》。

演了重要的角色，其人除了捐助问政书院外，还积极投身于多种地方活动，在民国《歙县志》中有着清晰的表述：

> 程光国，字虚谷，邑城人，府庠生，幼倜傥，读书能见其大，郡守何达善、紫阳书院山长方棨如，见其文亟称之，累荐不售。输军饷，奉旨以主事即用，庚子南巡恩赐御书，甲辰南巡赐燕赐福字，篁墩程朱阙里祠奉旨敕建，年久就圮，光国独力修葺，增置祀田以垂永久。言于邑令张佩芳，倡建问政书院，捐赀添助城南紫阳书院膏火，又偕曹文敏公修复古紫阳书院。悯里人客死江浙，归其旅榇，其家力不能葬者，于潭渡买高原为广阡，标碣以志。邑北箬岭路倾圮重修以便行人，洪亮吉为作记。他如设义学、置义冢、修两城大路、施棺、施药、收养遗弃婴孩、振恤孤贫诸义事不可枚举，里人感其德义，附祀两紫阳书院卫道斋，嘉庆十年（1805）奉旨崇祀乡贤祠。①

程光国并非徽州士绅中的个案，与其行为类似的还有不少，例如两淮盐商鲍志道次子鲍勋茂，“由举人、内阁中书历官至通政使司、通政使，在台谏时，数陈天下大计。生平慷慨好义……郡中紫阳书院学舍甚众，捐银千两，增卷烛费。江南会城，地广人稠，特立崇义堂以资诸生课读，集英堂以教贫家子弟”。事实上，这类侨寓在外的徽州士绅还会在侨寓地展现对教育的重视，如王震，字敏功，“候选布政司理问，不仕侨居常州”，“以好义著声，倡修宗祠，敦睦宗族，族人之茕独无告者，悉衣食之，遇歉岁，出藏粟以振，在常在歙无以异。尝倡建紫阳书院于常州，以祀朱子。导其乡人之秀而贫者，资之使学。兄弟五人，食指以百数，待之如一，虽千里外无异”②。在建设教育设施的同时，还为之延请名师，进行教学，如清代附贡生吴继祺，“性好义……侨寓汉口，醵金重立紫阳书院，崇祀朱子……并立义学、聘名师、立教条，乡人子弟就学焉，至于惜字有会、施药有局、槥椟有助、漏泽有园，义举不可胜数”③。除贡献力量建设书院外，徽州士绅还积极投身倡修文会等。清代国学生程用康，字

① 民国《歙县志》卷九《人物志·义行》。

② 民国《歙县志》卷九《人物志·义行》。

③ 道光《休宁县志》卷十五《人物·尚义》。

象丰，封朝议大夫，“性坦易，与人无纤介之嫌，父廷槐尝欲恢家祠修秩祀，用康成之，复建文会设义学，立乡社，置邮亭，甃孔道，偕弟杏芳、永庚、永序修葺黄墩祖墓……”① 传统社会教育的终点在参加科举，徽州士绅对于本地教育的扶植还体现在为徽州学子提供科考支持。如清代郡邑乡饮大宾黄大顺，得知“旧无考棚，士子每就试旌德，顺念跋涉艰难”，于是“慨然捐赀创建”，“郡伯为之檄行七学，博集诸生议请于上宪，迨允而已捐馆”②。不难发现，明清徽州士绅对官学设施维护，其人数之多，用心之深，效果之好是能预见的。这些士绅不仅重视官学设施维护，还关心学生前途命运。从建造书院到学生科举，考虑十分周全，他们通过捐学田、设学宫、修考棚、增膏火等方式，建立一整套维护地方教育的体系。可以说，这些行为对地方社会教育发展大有裨益，同时又会促进徽州士绅规模的扩大。

2. 书院教育有赖士绅

明清时期徽州书院教育十分发达，康熙《徽州府志・凡例》有言，“新安讲学书院较他郡为多”。以婺源县为例，“闻诸故老，婺在昔四郊书院常相望，乡先正集徒讲学声相闻”③。书院发达首先就体现在数量上，据李琳琦教授统计，以徽州方志为资料，查出明清徽州书院约有93所④。其次是书院规模，以紫阳书院为例，最鼎盛时，房屋建筑“周通四达，就山势高下缭以垣，如雉堞焉”⑤。具体的情形在民国《歙县志》中有着清晰表述：

> 中为朱子堂，以蔡黄二公配享。近北东西两舍，以为山长绅士栖息之所。后堂为韦斋祠，祠旁两舍分奉“卫道”“衍绪”神主。堂上堂下两旁分作四舍，曰“志道”、曰“据德”、曰“依仁”、曰“游艺”，以为生童肄业寝食房间。大门南向外有围墙，以为标榜之地，嗣又于墙围之下作一考棚，分上下堂以为会课之区。⑥

① 民国《歙县志》卷九《人物志・义行》。
② 道光《休宁县志》卷十五《人物・尚义》。
③ 民国《重修婺源县志》卷二十三《人物志・学林传赞》。
④ 李琳琦：《徽州教育》，安徽人民出版社2005年版，第61页。
⑤ 《紫阳书院志》卷二，第23页。
⑥ 民国《歙县志》卷二《营建志学校》。

明清徽州书院的兴盛是与地方士绅紧密联系在一起的，在这93所书院中，仅十余所为官方出资修建，其余者均为士绅出资修建的。前述紫阳书院即是典型，为书院建设，清代两淮总商鲍志道前后捐资白银近万两。此外还有“李天祥，字润芳，歙东关人，读书好义，宗族贫乏者恒周之，又置义田，凡丧葬嫁娶饥寒无资及有志读书者，皆取给焉。又助义学，创紫阳书院以祀朱子”[①]；“程亨嘉，字本善，婺源城西人，太学生……建紫阳书院两廊书室一十八间”[②]。不仅是紫阳书院，明清徽州士绅还创办了大量其他书院，如碧阳书院，史载：“胡尚熷，字如川，一字昆泉，西川人，候选道。嘉庆十一年（1806），捐万五千金，倡造碧阳书院”[③]；“吴肇，字廷献，横冈人，国学生。笃厚乐善……嘉庆十四年（1809）尝捐豆坦助建碧阳书院地基”[④]。前文提到的问政书院，在乾隆三十五年（1770），由知县张佩芳牵头，附贡生程光国等捐建，问政书院方才得以落成。在此过程中，虽然知县张佩芳牵头此事，其实歙县士绅程光国扮演了重要的角色，使问政书院的建设具有民间性。除了参与创建这些有名书院外，更多的是一些士绅参与创建的书院，未有具体名称，“朱光宅……捐职州同，邑修学宫，建书院、考棚，光宅皆捐赀，又助膏香火，乡会试盘费”[⑤]；“朱辂……岁贡生，候选训导……邑建书院、考棚，辂均乐输”[⑥]。

除了出资创建书院外，徽州士绅还会捐输金银膏火以维持书院的日常运行。如当时比较著名的东山书院，据《祁门县志》载“方兆鑰，字汉望，居城西崇善坊。援例从九品衔……生平好读书，临终命子孙将所遗金输五百入东山书院，没后其子孙遵遗嘱如数输焉”[⑦]；“冯光泽，名智，字希训，行三，居西乡中泉，国学生……利济桥捐造石栏杆，东山书院输膏火银五百两”[⑧]，方兆鑰、冯光泽都有功名在身，他们对东山书院的捐输，可见其对书院发展的重视。又如还古书院，“吴继良，字君遂，休宁商山人，尝构

① 康熙《徽州府志》卷十五《人物志四・尚义》。
② 康熙《徽州府志》卷十五《人物志四・尚义》。
③ 康熙《徽州府志》卷十五《人物志四・尚义》。
④ 康熙《徽州府志》卷十五《人物志四・尚义》。
⑤ 康熙《徽州府志》卷十五《人物志四・尚义》。
⑥ 同治《黟县三志》卷七《人物・尚义》。
⑦ 同治《祁门县志》卷三十《义行》。
⑧ 同治《祁门县志》卷三十《义行》。

义屋数百楹，买义田百亩，建明善书院，设义塾，置郡邑学田八十七亩，输还古书院讲金四百。葬戚属之无主者，赎还人鬻子女，乳活草间遗婴，表扬贞烈，赈济饥民，独建邑之小溪石梁二，建浙之九里、太阳、朱柳、双溪、五圣石梁五，甃歙查坑、浙朱柳路数百里。结辙所至，好义不倦”①；碧阳书院“朱光谦……监生……见义勇为，修平道路，费巨资无靳，捐助碧阳书院膏火”②；不难看出，士绅对书院发展的重视。士绅捐输以维持书院发展，在徽州方志的记载中，也有一些材料并没有具体注明书院名字，再如“许炳南，字夔堂，例贡生，居仙源……平生医药济人、乐善不倦。如考棚、书院及族里公费，均踊跃输将”③；“汪正诚，字于民，号和轩，居芦溪，从九品衔……书院捐银六百两以培士林”④ 等，如“郑士昌，字鲁山，奇峰人，例贡生。孝亲敬兄，抚侄若子。少贫，后稍裕。道光间独捐钱二千缗入书院。生息津贴阖邑乡试卷费，士人德之他”⑤；“朱承圭，字采文，捐职都司……补捐邑书院费及乡会试盘费，助修紫竹庵”⑥；又如“谢正仪，字坤友，居城西，乾隆时人。壬辰朱子祠灾，书院亦倾圮。众议新之、正仪输金二百以倡”⑦；“胡衍虞，字瑞洲，号石樵，居北街，增贡生……同治三年（1864），皖南道张凤翥兴复东山书院，费缺如。虞慨然捐金二百以倡，众皆踊跃输”⑧；再如“许麟，字云青，居仙源，监生。生平乐善不倦，本邑书院及修造平政桥，首先捐输以成”⑨，正是有了这些士绅的捐输行为，明清时期的徽州书院体系才能如此发达。

以上李天祥、朱辂、吴继良、郑士昌、冯光泽等人都曾创办书院或者捐输金银给各个书院，这些人在当时的徽州都有一定的官职在身，可见明清时期徽州士绅对书院教育是非常重视的。除了捐输金银支持书院发展外，还有相当一部分士绅对于明清时期徽州书院的修葺作出了很大的贡献。

---

① 康熙《徽州府志》卷十五《人物志四·尚义传》。

② 同治《黟县三志》卷七《人物·尚义》，第124页。

③ 同治《祁门县志》卷三十《义行》。

④ 同治《祁门县志》卷三十《义行》。

⑤ 同治《祁门县志》卷三十《义行》。

⑥ 同治《黟县三志》卷七《人物·尚义》，第123页。

⑦ 同治《祁门县志》卷三十《义行》。

⑧ 同治《祁门县志》卷三十《义行》。

⑨ 同治《祁门县志》卷三十《义行》。

《太函集》有《歙县重修紫阳书院记》，略云："郡中特建紫阳书院，祠事徽国文公。其地屡迁，递有兴废。其一在歙儒学之右，文公裳衣在焉。建自国初，西向。成化庚子（1480），郡丞张公，改而南向，面紫阳山。正德壬申（1512），郡守熊公，迁废寺以都形势，增置堂庑斋舍，凡若干楹。为台为池，莫不具备，乃简七校之士，讲业其中，一时人文愈益斌斌矣。岁久一切就圮，迄今垂五十年。嘉靖丙寅，县大夫林公由进士领县事，始谒祠下，周视而叹曰：'元立闽人也，闽之俎豆文公者，视阙里有差，至盛矣。此中盖文公父母之国，而祠事不治，谓有司何？'乃鸠工程材，葺其旧者，咸若更始。复度台前馀地，增置讲堂，堂外为垣，树桃李若竹箭。垣之南为亭，奉世宗皇帝敬一箴。堂之东为门，揭宋理宗赐额。其兴事自十一月至于正月。其财用出公帑若干缗，工不告劳，民不知役，都人士莫不欣欣然喜也。"① 此为紫阳书院的几次修葺情况。

又如《徽州府志》记载："嘉靖四十三年（1564）甲子知府何东序修葺……国朝顺治七年庚寅太守祖建卫重修，令六邑诸儒遵文公遗规，讲学于此；康熙八年（1669）己酉太守曹鼎望修……乾隆十三年（1748）戊辰歙绅徐士修"，② 此为紫阳书院在明清时期的建置情况。据《徽州府志》记载，紫阳书院在嘉靖、万历、崇祯、顺治、康熙、雍正、乾隆年间等都进行过修缮，且修缮之人多属于士绅阶层。

此外，其他徽州书院也多有类似的记载："还古书院在古城万安山。明万历壬辰知县祝世禄邑人邵庶倡建，为讲学之所……崇祯改元奉旨，准复邑绅汪先岸命侄姬生偕生员吴侃等募修。"③ 据载，还古书院在清顺治、康熙、乾隆、嘉庆年间均有重修，且修葺之人也多属士绅阶层。

"斗山书院，在府东城斗山上，元明间姚琏、唐仲等作精舍讲学，嘉靖十年知府冯世雍葺为书院，万历十九年（1591），大学士许国、按察使凌琯重建"，④ 此为斗山书院在明清时期的建置沿革情况。

"明崇祯八年知县王佐即县前街西南之良安驿旧址为之……国朝康熙

① 汪道昆《太函集》卷七一《歙县重修紫阳书院记》。
② 道光《徽州府志》卷三《营建志·学校》。
③ 道光《徽州府志》卷三《营建志·学校》。
④ 道光《徽州府志》卷三《营建志·学校》。

间知县廖腾煃重修。”① 据《徽州府志》记载，明清时期海阳书院的建置也多由士绅主持倡导。

“明正德末郡守留志淑与知县洪晢更为祠……嘉靖九年知县陈光华即东山旧址重建为崇贤堂……更曰‘环谷书院’”②，此为东山书院的建置情况。据《徽州府志》记载，东山书院在嘉靖、万历、乾隆、嘉庆年间均有重建、重修之举，且大多为士绅所重修。

“天都书院，在府西城外，崇祯十六年（1643），知府唐良懿兴书院，贡士吴经邦倡建。康熙十二年（1673），知府曹鼎望重建，有紫阳天都两书院义田碑。问政书院，在县学东江家坞，乾隆三十五年（1770），知县张佩芳以名宦祠后规制不称无以容学者，将卜地为之，附贡生程光国等捐建。崇正书院，在堨田竺溪寺，知府冯世雍建以祀宋五子。”③ 这些对书院的源流的记载，不难看出，除了徽州主政官员外，徽州本地士绅也积极投入到书院的修缮过程中去

翻开明清时期徽州各个地区的地方志，可以看到很多书院的修缮情况，除以上所提到的紫阳书院、还古书院、斗山书院、海阳书院、环谷书院、天都书院、问政书院、崇正书院外，还包括竹山书院、桂岩书院、明经书院、福山书院等，可见这一时期徽州的书院是非常之多的。根据各种方志记载，这些书院在明清两代都有不同程度的修葺情况，且其主持倡修之人大部分都是属于士绅阶层。他们依靠自己在社会上的影响力，极大地调动了人力、物力对书院进行修缮，促进了这一时期徽州书院的发展。

明清时期徽州的书院除了是由士绅阶层主持倡修外，其经费来源也主要是靠这些士绅的捐输。这些士绅不仅有一定的权势，且其大部分还是富商。这些“贾而好儒”的大商人利用其地位和经济实力，投资家乡的教育事业，满足徽州众多读书人的求学需求，为明清时期的徽州书院提供了雄厚的物质基础和广阔的发展空间。

3. 私塾义学依靠士绅

私塾和义学是中国古代地方较为基础的两种教育机构。明清时期，徽州的士绅大都致力于设置义学私塾，以助乡族子弟进行教育。私塾又称塾

① 道光《徽州府志》卷二《营建志·学校》。

② 道光《徽州府志》卷三《营建志·学校》。

③ 乾隆《歙县志》卷二《建置志（上）·学校》。

学、塾馆、书塾，是中国古代一种最为基础的启蒙教育形式。在明清时期的徽州，是由私人广泛设立经办的蒙养教育机构。在徽州的地方志和文献中，有关士绅设置创办、资助私塾的记载是非常多的。众多的私塾大致可以为分两各类型，一类带有公共性质，为一族或更大范围子弟学习之用；另一类则是规范较小，局限于家庭范围之内。比如祁门“郑华邦，字国彦，居奇岭，乾隆时邑增生。为学务敦实行，居丧一遵家礼，在族兴立塾学，嘉惠寒儒，永垂为例”[①]；“郑于第，字士魁，居奇岭，乾隆时人……尝与族人华邦等兴立塾学”[②]；又如“姚成凤，字德勋，溪南人，监生。修村中大路百余丈及村前木桥，建溪南书屋畀族人肄业”[③] 等，此种私塾形式即属于族塾。家塾则有两种：其一是塾师在自己家里设馆，或借他人房屋等设馆招收子弟就读，如“汪授甲，字龙门，附贡生。汪家驹，字千里，州同衔，俱宏村人……任事每遇善举，协力成之，劳瘁不辞。嘉庆中造以文家塾，二人之力居多”[④]；又如明黟县汪文宗“建光德楼读书其中……常手录先贤格言以训乡邻子弟，一时志学之士，咸就正焉”[⑤]。其二是富裕人家聘请塾师至家，专门教授其家子侄，如明末清初歙县江之鳌“课子延名师，朝夕敬礼”[⑥]，即为此类。以上郑华邦、姚成凤、汪授甲、汪家驹等人都属于出资出力创办私塾者，而在当时的徽州，捐资扩建私塾的情况也是非常多的。如“康周铨，字列三，号浩寅，居礼屋，从九品衔……除存立家塾外，捐租谷五十秤入明光化县尹江峰公义塾，又捐租谷五十秤入明诸生豸山公义塾”[⑦]；“孙士楷，字雅题，古筑人，附贡生。祖洪维、父思爽并乐善好施，士楷慷慨有祖父风……扩家塾，建祠寝，订支谱，敦本好义类如此”[⑧]；“石承模，字廷嘉，旺山人，太学生，仗义疏财。独建文昌阁于村口，以励族中子弟读书，给以膏火，成就甚众”[⑨]；“舒大信，屏山人，州同衔，性好

① 同治《祁门县志》卷三十《义行》。

② 同治《祁门县志》卷三十《义行》。

③ 同治《黟县三志》卷七《人物·尚义》。

④ 同治《黟县三志》卷七《人物·尚义》。

⑤ 嘉庆《黟县志》卷七《人物志·尚义》。

⑥ 江淮椿等：《济阳江氏族谱》卷九《清故处士之鳌公传》，乾隆四十二年（1777）刻本。

⑦ 同治《祁门县志》卷三十《义行》。

⑧ 同治《黟县三志》卷七《人物·尚义》，第126页。

⑨ 嘉庆《绩溪县志》卷十《人物志·尚义》，第607页。

善……修东山道院，旁置屋十余楹为族人读书地。邑人议建书院，大信存两千四百金助之”[①]，康周铨捐资入义塾，孙士楷扩建家塾，石承模给膏火鼓励族中子弟，这些人则都属捐资以助私塾发展者。

义学则是为贫穷子弟设立的学习场所，其性质在于资助贫困，无须求学子弟提供上学费用，甚至还会为其求学提供经费支持。如明代婺源县的太白精舍，是太白潘氏合族所建，其设置义田百亩来资助孤寒子弟学习。又如清代谭渡孝里黄氏宗祠也从祠产中“开支脩脯，敦请明师”，以开设学堂教育无力读书子弟。明清时期徽州义学有民办和官办之分，民办义学多是依靠士绅。士绅不仅创办义学，而且还捐资助其发展。如清胡璋“字卜男，郡城人，康熙甲辰（1664）武进士……又舍义田义学，人多赖之”[②]；清歙县吴景松“创崇文义塾，斥万金购市屋七所，收其租直以资族中子弟读书”[③]；又如黟县汤永懿“字步皋，白干人，监生，议叙八品……又成父志，造松山书屋，为族人肄业……置产以祀，余为义学”[④]；清婺源汪思孝“十岁失恃，艰苦备尝。迨长，痛兄不禄，扶孤侄、事继母，樵渔贾贩，拮据以供抚养。逾四旬，家稍裕，遂慷慨仗义……置十五亩开义塾，延师以训贫子弟之不能教者”[⑤]；再如清休宁吴继祺“字任文，大斐人，附贡生，性好义……醵金重立紫阳书院，崇祈朱子，为乡人尸祝之所。并立义学，聘名师、立教条，乡人子弟就学焉”[⑥]；清婺源程世杰“早岁由儒就商，往来吴楚，稍赢余，推以济众……念远祖本中曾建置安义塾，置租五百亩，久废，杰独力重建，岁以平粜所入延师，使合族子弟入学，并给考费。有余，即增置田。二举经费不下万余金”[⑦]。为族人肄业，延师训贫子弟不能教者，可见士绅创办义学多是为了方便族人及乡人子弟就学。士绅捐修资助义学发展，在徽州的各类文献中也有很多记载。如休宁程守基“字永孚，兖山渠人，贡生，见义必为……里中旧有义塾，具脩脯聘师，俾子弟多所

---

① 嘉庆《黟县志》卷七《人物志·尚义》，第225页。

② 道光《徽州府志》卷十二《人物志·义行》。

③ 民国《歙县志》卷九《人物志·义行》。

④ 同治《黟县三志》卷七《人物·尚义》，第134页。

⑤ 道光《徽州府志》卷十二《人物志·义行》。

⑥ 道光《休宁县志》卷十五《人物·尚义》，第362页。

⑦ 道光《徽州府志》卷十二《人物志·义行》。

成就”[①]；又如清休宁程子谦“字益仲，率口人。少孤，事继母王氏以孝闻。修建宗祠、编辑家谱；捐赀置文萃会以给族之应举者；置敦本会以赈族之贫困；又置府县学义田为诸生科举之费；修葺府县学宫……举郡邑乡饮大宾崇祀乡贤祠”[②]。程守基、程子谦等人都曾修葺义塾、学宫，且都资助族中子弟就学，可见这些士绅对于乡族子弟的教育是非常重视的。

郑华邦、程子谦、舒大信等人大力兴办私塾义学，捐助私塾义学发展，帮助族里贫困子弟学习入仕，提供膏火之费，培养了大批科举人才。除此之外，在书院中也有一批属于私塾义学性质。如休宁县程氏创建的率溪书院就是程氏家塾，据《徽州府志》记载“率溪书院在率口。明成化己丑里人程希建为程氏家塾”[③]；又如清咸丰年间婺源县周溪人为帮助乡里子弟肄业所建的玉林书院，也属于私塾义学性质。这类书院更侧重于对乡族子弟进行儒学教育。

私塾义学作为徽州的基层教育单位，在徽州的教育体系中发挥着重要作用，在明清时期的徽州遍及各乡各村，涉及家家户户。除以上所列举的徽州士绅外，明清徽州许多商人也参与其中，包括明末歙县新馆鲍氏商人设塾立教，如鲍继登以盐业起家，曾经创办建德文堂为书塾，延请名师益友为其家族子弟讲学；明歙县呈坎人罗元孙曾经购买百亩田地建设义塾，以帮助族中贫困子弟学习；清歙县人洪世沧曾捐助大笔资金到宗祠中，并且还设立了两个义塾，等等。徽州这些士绅广兴义学私塾并不是毫无理由的，如鲍柏庭“教子也以义方，延名师购书籍不惜多金。尝曰：‘富而教不可缓也，徒积资财何益乎！’”[④] 正是由于“富而教”思想的影响，明清时期的士绅阶层才会如此重视教育事业的发展，才会如此积极地参与文化事业建设。

明清时期徽州的地方教育体系是非常发达的。徽州的士绅阶层为了更好地建构其文化权力，积极参与地方文化的建设，积极支持地方教育事业的发展，这是当时徽州教育体系发达的重要因素之一。中国古代历来倡导“学而优则仕”，明清时期的徽州，其发达的教育体系培养了大批的人才，

---

① 道光《休宁县志》卷十五《人物·尚义》，第364页。

② 道光《休宁县志》卷十五《人物·尚义》，第361页。

③ 道光《徽州府志》卷三《营建志·学校》。

④ 张海鹏、王廷元：《明清徽商资料选编》卷三《歙县新馆鲍氏著存堂支谱柏庭公传》，黄山书社1985年版，第143页。

这些人大部分都走向科场入仕之途，他们进入官场之后，身份进一步转化为士绅，再继而继续支持家乡教育事业的发展。正是这样一种层层的发展，使明清时期的士绅阶层在社会上得到了大众认同，得以实现其权力的建构。

（三）积极宣扬朱子之学

明太祖朱元璋曾说："朕惟淮泗集群圣之大成，新安为文公阙里，先后相望，斯文盛昌。"①

太祖赞朱子如此，无怪乎新安学者"一以郡先师朱子为归"，"小儿都诵晦庵书"。"凡六经传注，诸子百氏之书，非经朱子论定者，父兄不以为教，子弟不以为学也，是以朱子之学虽行天下，而讲之熟、说之详、守之固，则惟推新安之士为然。"这是明初休宁人赵汸之语。② 徽州士绅对六经传注，诸子百家之书，没有经过朱子论定的，不教也不让学。能将朱子之学讲得透彻、说得详细、坚守得牢固，新安士绅堪称楷模，故有"我新安为朱子桑梓之邦，则宜读朱子之书，服朱子之教，秉朱子之礼，以邹鲁之风自恃，而以邹鲁之风传若子孙"③ 之语。

徽州士绅们不但积极宣扬朱子之学，而且将朱子之学付诸实践。"文公著为《家礼》，炳如日星矣……《家礼》一书，若衣服饮食，不可一日离焉耳。"④ 士绅实践朱子之学，在日常生活方面表现为对《家礼》的尊崇，而在宗族事业方面则表现为：尊祖定修谱、敬宗定建祠堂修坟墓、睦族定集有族产。

康熙《徽州府志》儒硕传记载的就是对朱子之学传播的主要人物，其中到明代时有汪克宽、赵汸，这两人虽然在科举中没有取得大成就，但在当时确为一代名儒。府志载汪克宽"程学士敏政赞其像曰：此考亭世嫡门生第四人也，此龙兴史局布衣第一人也，六经皆有说，而《春秋》独盛"。朱升在元时曾任池州学正，明太祖下徽州时"参密议，一切典礼章程悉预裁画"，"吴元年授侍讲学士"，亦为声名显赫之人。范准"洪武戊午（1378）以明经举本邑训导，辛酉（1381）召为葭川吴堡令"。汪循为"弘治丙辰（1496）进士，历官顺天府通判"，汪应蛟为"万历甲戌

① 朱升：《朱枫林集》卷一《翰林院侍讲学士朱升诰》。

② 赵汸.《东山存稿》卷四《商山书院学田记》。

③ 吴翟等：《茗洲吴氏家典》，雍正十一年（1733），木活字本。

④ 吴翟等：《茗洲吴氏家典》，雍正十一年（1733），木活字本。

（1574）进士，除南兵部主事”，范涞为“万历甲戌（1574）进士，知南城县”，余懋衡为“万历壬辰（1592）进士，知永新县”。这一群体，是明代朱子之学传播的中坚力量，也反映士绅阶层在传播朱子之学的主体地位。正如赵吉士所言“自朱子出而群贤辈兴，新安一郡号东南邹鲁焉，猗欤盛矣”，这与士绅的作用是分不开的。

四 士绅与商人群体

（一）士商迭相为用

细究徽州士绅群体，其中有很大一部分兼具商人身份，士绅与商人合流的情况是明清时期徽州士绅的明显特征之一。对此，清末徽州士人许承尧就有所发现，“商居四民之末，徽俗殊不然。歙之业鹾于淮南北者，多缙绅巨族。其以急公议叙入仕者固多，而读书登第，入词垣跻朊仕者，更未易仆数。且名贤才士往往出于其间，则固商而兼士矣”①。事实上，就长时段的情况而言，士商“迭相为用”已经成为徽州士绅群体的行为模式。这种行为模式呈现出多种不同状态，有的先儒后贾，有的先贾后儒，有的贾儒贾，有的儒贾儒，有的兄贾弟儒，有的弟贾兄儒，有的父贾子儒，有的父儒子贾，没有定式。以生员群体为例，检索《明清徽商资料选编》就可明显看出这一点（见表1-5）。

表1-5 《明清徽商资料选编》中的生员/商人群体②

序号	类型	地域	原 文	文献来源
1	监生	歙县	许大沐，监生，幼孤，家贫，服贾养母	民国《歙县志》卷八《人物志·孝友》
2			鲍蜀瑞，字次玉，（明歙县）蜀源人。监生。性倜傥，以济人利物为心……客汉皋……郡邑重其德，举为乡饮大宾	民国《歙县志》卷九《人物·义行》
3		黟县	郑嘉莲，字濂若，（黟县）上轴人。监生……尝于桐城金山墩卖米，自江西运之	嘉庆《黟县续志》卷七《人物·义行》
4			王立本，字培滋，（黟县）城东人。监生……贸易湘潭、芜湖两地	嘉庆《黟县续志》卷七《人物·义行》
5			俞正馥，字见初，（黟县）北隅人，监生。……正馥服贾江西	同治《黟县三志》卷六（下）《人物·质行》

① 许承尧：《歙事闲谭》卷十八，黄山书社2001年版。

② 张海鹏、王廷元主编：《明清徽商资料选编》，黄山书社1985年版。

续表

序号	类型	地域	原　文	文献来源
6	监生	黟县	许爵，字殿传，监生。（清黟县）屏山人。幼贫而孝，长商于楚，家稍丰	同治《黟县三志》卷七《人物·尚义》
7			汤永懿，字步皋，（黟县）白干人。监生……永懿经商祁门，家稍裕	同治《黟县三志》卷七《人物·尚义》
8			汪琴，字声和，（清黟县）十一都岭下人。监生。……客广东	同治《歙县三志》卷七《人物志·尚义传》
9		绩溪	公讳泰邦，字式南，国子监生……故长乃去之贾	《盘川王氏家谱》卷三《式南公家传》
10			公讳绪毓，字子英，姓章氏……甫冠，师端木，法计然，贸易徽浙，持筹屡中，不十数年遂起其家。后以赀为国子监生	绩溪《西关章氏族谱》卷二十六《国子监生章公绪毓墓表》
11			君讳健德，字镇州，姓章氏，绩溪城南人……弱冠偕仲叔二兄贾于宣城……弟兄三人相继以赀为国子监生	绩溪《西关章氏族谱》卷二十六《国子监生章君健德墓表》
12		婺源	程炳彰，字嘉言，监生……游粤生理	《婺源县采辑·义行》
13			詹泰圭，字永锡，庐源人，监生……贾余杭	《婺源县采辑·孝友》
14			张启明，字德新，（婺源）尚源人。监生……比长服贾江北	光绪《婺源县志》卷三十三《人物·义行》
15			朱有方，字允升，（婺源）西源人。监生。浑厚朴诚，随父就商，备尝艰苦	光绪《婺源县志》卷三十五《人物·义行》
16			余文芝，字瑞田，（清婺源）沱川人。监生……尝至休西货茶	光绪《婺源县志》卷三十五《人物·义行》
17	国学生	歙县	（程）永洪，字涵度，国学生……行尚信义，善于商贾，贸易豫章数十年	歙县《程氏孟孙公支谱·永洪公传》
18			（程廷柱）字殿臣，号埋斋，永洪公长子也。国学生。……随父侧奔驰江广，佐理经营……创立龙游典业、田庄，金华、兰溪两处盐务，游埠店业，吾乡丰口盐业，先绪恢而弥广焉	歙县《程氏孟孙公支谱·程廷柱传》
19			（程廷伯）永洪公次子也。国学生……早岁随父兄之侧，居贾行商，无不练达	歙县《程氏孟孙公支谱·程廷柏传》
20			（程廷梓）永洪公三子也。国学生。年少老成，籍先人之荫庇，循长兄之规模，奔驰江湖，数十年不迩声色	歙县《程氏孟孙公支谱·程廷梓传》
21			（程廷桓）永洪公四子也。国学生。为人勤谨朴实虽中年处丰厚之时，衣食犹以淡泊自甘。随父兄奔驰浙江，即弃服芒鞋，不辞劳瘁	歙县《程氏孟孙公支谱·程廷桓传》

续表

序号	类型	地域	原　文	文献来源
22	国学生	祁门	先大父讳人才，字兼三，国学生。……陶于江右之景德镇……父辉远公，字君表，国学生……缵承旧业	《祁门倪氏族谱》卷下《人才公暨辉远公两世传略》
23		婺源	董邦直，号古鱼，国学生……奉父命就商	光绪《婺源县志》卷二十九《人物·孝友》
24			汪源茂，字学川，（清婺源）大坂人。国学生。素业儒。因秉家政，就里经商	光绪《婺源县志》卷三十四《人物·义行》
25			俞俊锦，字绣轩，（清婺源）西谷人。国学生。商于丹徒之图山	光绪《婺源县志》卷三十四《人物·义行》
26			黄振甲，号春谷，（清婺源）潢川人。国学生。自少运木毗陵	光绪《婺源县志》卷三十四《人物·义行》
27			吴宗淦，字冽川，（婺源）花桥人。国学生。重信义，笃孝友，经理祖业，栉沐任劳	光绪《婺源县志》卷三十四《人物·义行》
28			詹隆梓，字怜望，（婺源）庐源人。国学生。随父营昌江瓷务……弟楫，字汝舟，国学生。贾襄垣	光绪《婺源县志》卷三十四《人物·义行》
29			潘光余，字尔昌，（清婺源）桃溪人。国学生……嗣贩木业	光绪《婺源县志》卷三十四《人物·义行》
30			胡孔昭，（清咸、同间?）清华人，国学生……比长，就鲍某聘，委以重赀，远涉施南、黔江等处经商，会计悉当	光绪《婺源县志》卷三十五《人物·义行》
31			符文炽，字秉中，（婺源）长滩人。国学生……木业生理	光绪《婺源县志》卷三十五《人物·义行》
32			汪光球，字美嗒（清婺源）官坑人。国学生。初家贫，习缝工，嗣业木苏州，勤慎笃实，人多贷以赀本，经营数年，渐丰裕	光绪《婺源县志》卷三十五《人物·义行》
33			程金广，字以成，（清婺源）长径人。国学生……父与亲友合伙业茶……经营有年，赀饶裕	光绪《婺源县志》卷三十五《人物·义行》
34			朱文灿，字锦光，（清婺源）官桥人，国学生。以父年迈，服贾业茶，家益裕	光绪《婺源县志》卷三十五《人物·义行》
35			朱文炜，字锦明，（婺源）官桥人，国学生……家业茶，常往来珠江	光绪《婺源县志》卷三十五《人物·义行》
36			詹添麟，字玉书，（清婺源）秋溪人。国学生……比壮，贾地粤，家道饶裕	光绪《婺源县志》卷三十五《人物·义行》
37			俞盛，字郁文，（清婺源）西冲人。国学生……业木金陵	光绪《婺源县志》卷三十五《人物·义行》

续表

序号	类型	地域	原　文	文献来源
38	国学生	婺源	詹荫梧，字士高，（清婺源）察关人。国学生……贸易平湖	光绪《婺源县志》卷三十五《人物·义行》
39			詹谷，字式诏，（清婺源）庐源人。国学生……贸易崇明	光绪《婺源县志》卷三十五《人物·义行》
40			董昌瑗，字于玉，（清婺源）城东国学生……壮趋姑苏，益贷金商江右	光绪《婺源县志》卷三十八《人物·质行》
41			李章发，字秩明，理田人，国学生。幼随父贸易粤省	《婺源县采辑·义行》
42			程启诜，字郄芳，国学生……弃儒服贾	《婺源县采辑·孝友》
43			查世祈，字引年，国学生，凤山人，性纯厚……初家贫，经商江北	《婺源县采辑·义行》
44			潘涟，号锦溪，国学生，（婺源）坑头人……始业儒，后念贫无以养，遂服贾。	《婺源县采辑·孝友》
45			程焕铨，字景廷，石岭里人。国学生……尝与兄弟业茶	《婺源县采辑·义行》
46			（孙）公讳大峦，字萃峰（婺源人）。援例入国学生，有异质，气量恢宏……尝持筹吴越，生计渐裕	婺源《湖溪孙氏宗谱》卷一《萃峰孙公传》
47	贡生	歙县	汪嘉树，字滋荣，古城关人。贡生……年十六服贾以养亲	民国《歙县志》卷九《人物·义行》
48			汪之机，字锦文，岩镇人。贡生……服贾襄樊间	民国《歙县志》卷九《人物志·义行》
49			方士□，字右将，号西畴，（歙县）石壁下人。仪征籍附贡道理……聚族之商于扬者	民国《歙县志》卷九《人物·义行》
50			庠贡程国光，倡同邑业鹾于浙之鲍清等	民国《歙县志》卷十五《艺文·问政书院记》
51			公姓吴氏，讳之骏，字瑶骖，号捐斋，徽之歙人……以贡入成均，非公初志也。是时公甫弱冠，继兄之邗江，综理鹾务	《丰南志》第5册《皇清诰封中宪大夫、大理寺寺副加五级岁进士捐斋太老姻台吴公行状》
52			肇岷公，字源长，……服贾瓜渚……康熙戊寅，贡成均	歙县《济阳江氏族谱》卷九《清候选经历肇岷公传》
53			鲍立然，字廷表，歙县贡生，以捐饷议叙州同。立然弱冠失怙，弃举子业，与兄业鹾于杭	《歙县新馆鲍氏著存堂宗谱》卷二《人物》

续表

序号	类型	地域	原 文	文献来源
54	贡生	休宁	李庭芳，字彼诒，附贡生，（休宁）甲椿人……旋因父连年远贾，往代其劳	万历《休宁县志》
55		祁门	先大父，邑庠生，讳应瑞，字德滋，号静斋（清人）……始则贷金作贾……生子三，长吾父讳魁奇，字征和，号左垣，岁贡生；次叔父讳伟镰；季叔父讳伟鉴。二叔父均业商，吾父业儒	《祁门倪氏族谱》卷下《静斋公暨左垣公两世行略》
56			族耆附贡生倪公讳炳经，遂良其字……公少承父业，窑栈云连，畎亩鳞接	《祁门倪氏族谱》续卷《少辉公行状》
57		黟县	汪辅，字公旦，黄陂人……服贾金陵淮海间嘉庆	《黟县志》卷六《人物·孝友》
58			苏源，字于泉，（黟县）赤岭人。贡生源……经商都昌	嘉庆《黟县志》卷七《人物·尚义》
59			汪燮，字容若，宏村人。附贡生。以浙鹾议叙主簿	嘉庆《黟县志》卷七《人物·尚义》
60			程君尚隆，字绪三，黟县人……（父死，兄业儒）。君以家政自任，年十四就贾，使兄得一意为学，游庠贡成均	同治《黟县三志》卷十五《艺文志·人物类》
61		婺源	吴荣森……贡生……森以贸易起家	光绪《婺源县志》卷三十四《人物·义行》
62			叶上林，字启文，（清婺源）朗湖人。贡生……中年贸易岭南，家渐裕	光绪《婺源县志》卷三十五《人物·义行》
63			李广璧，一名得春，字延田，（清婺源）理田人。贡生……后弃儒服贾，往泰州海门厅业木，艰难起家	光绪《婺源县志》卷三十五《人物·义行》
64			施圭锡（婺源人）……佐父业木……次子煌，字亦宜，国学生……道光己酉，贡入成均	光绪《婺源县志》卷三十五《人物·义行》
65			李焯春，号胜祥，（清婺源）理田人。贡生。少居贫，嗣贾金陵，创兴产业	光绪《婺源县志》卷三十五《人物·义行》
66			王世勋，字伯琅，（清婺源）阳村人，贡生……后业茶粤东，赀渐裕	光绪《婺源县志》卷三十五《人物·义行》
67			余鼎瀡，字蕴高，贡生，沱川人……遂弃儒服贾，家渐裕	《婺源县采辑·义行》
68			李登瀛，字亘千，理田人。职贡生……尝业茶于羊城	《婺源县采辑·孝友》
69			詹腾，字耀明，贡生，庐源人……因家贫就贾	《婺源县采辑·孝友》
70			公讳大诗，字全万，贡生……后营金陵木业，囊渐充裕，因居于白下	婺源《敦煌洪氏通宗谱》卷五十九《檀溪全万公传》

续表

序号	类型	地域	原　文	文献来源
71	庠生	不详	处士讳（汪）明德，世昭其字也……事商贾每倍得利，归父兄娱其心。厥考遣世行补邑庠生，处士则丰其资给，勉其专业以成功名，可谓养亲之志矣	《汪氏统宗谱》卷四十二《七十六代世昭墓志铭》
72		歙县	姚际恒，字立方，又号首源主人，歙人。居仁和，为商籍庠生	《歙事闲谭》第5册
73		休宁	王周广，字元济，行巨十五。性倜傥不羁，弱冠补邑庠弟子员……晚岁折节遨游大同、甘肃，输边为巨商	歙县《泽富王氏宗谱》卷四
74			翁（汪应浩，明休宁人）方舞象……值数奇，邑郡邑屡试高等，蜀褰裳泮宫一水。家素事盐策，值开中法更，乃鼓箧闽越，远服贾，业以日拓。	《休宁西门汪氏宗谱》卷六《光禄应诰公七秩寿序》
75		婺源	董嫌照，号藜轩，（清婺源）城东人。邑庠生……与兄合赀业木姑苏	光绪《婺源县志》卷三十三《人物·义行》
76			吴山南（清婺源人）……弱冠，游庠……江宁上新河旧有徽商会馆，年久就圮，南谋新之，捐赀倡首，不辞劳瘁。	光绪《婺源县志》卷三十三《人物·义行》
77			江缵绪，号湘生，商籍邑庠生，（清）江湾人。乐善好施，入湖北盐道幕二十余年	《婺源县采辑·义行》
78			程发奎，字应文，郡庠生，（婺源）上溪头人。兄弟四，季弟扬州典业	《婺源县采辑·孝友》

除生员这类低级别士绅在身份上与商人有所重叠外，徽商还通过多种方式使自身及家人获得了更高级别的官员身份。其中最为典型的手段就是捐纳，此类史料清代尤其多，仅举数例如下：

君讳胜隆，字有朋，姓姚氏，系出西汉龙骧将军衮。其后有讳刚者十世孙仲迁黟双溪南，十四传而生修职郎，讳宗佑，即君之父也。娶汪氏，有子四人：伯勇、仲远、季高、叔即君也。君幼而歧嶷，举动若成人，父母爱之，乡里器之。及长，事亲孝，事兄弟居家理。谦己笃实，乐善不倦，有古人风。乾嘉之际，发著于浙江之常山县，其地有芳村之桥路则修之，捐金以倡其事；有炉山之祠宇则葺之，输地以广其基。施金而不吝，有劳而不伐。举世所不能为、不肯为之事，而吾君毅然为之，非其向善之笃亦乌能是！又在常买桐桑岗之地，在黟买料儿窟之地，以为义塚，其贫不能葬者，更量力赀助之，昔范忠宣之麦舟犹依故旧，君此举岂出忠宜下耶？君细行美不胜书，姑述一二以为当世风焉。卒年七十有五，以赀授州同衔，阶儒林郎。

嘉全字瑞武，幼聪敏，性纯谨，雅好勤俭，不尚浮华，遇事乐善好施能如其父。终身事亲，未尝有疾言遽色，寡兄弟视从兄弟如手足。少长，随父贸于常山，规矩、动作无违。嘉庆初，常邑荒，偕弟嘉庭与邑绅襄办赈饥事，全活无算，邑之人甚德之，浙抚黄公奖额曰“雅谊足嘉”，常邑侯罗公赠嘉庭额曰“惠周里党”。十六年（1811）复大饥，君又出米六十余石白、金三百余以赈，弟嘉允复同彼地绅商力筹平粜，并输金二百接济，浙抚乌公奏闻君，议叙九品，嘉允加盐知事衔。其后，甲戌（1814）乙亥，天灾叠告，君又屡赈之，久益不懈，于是其地无有远迩、无间贤愚，闻君名者皆知君之为好善人也。呜呼！如君者可谓善继人之志者矣。卒年公三十有六，未竟所为，知者惜之。以孙同知衔加级，貤赠朝议大夫。①

江灵裕，字淦川，（清咸同间?）江湾人，国学生，捐职州同。重义好施，幼失怙恃，兄负多债，析居时裕悉偿之。兄殁，携侄经商，客中寄财物常先嫂氏，并为侄完婚。族有负裕赀者，殁后，其妻将田偿，裕念薄田数亩，孤孀且不能度活，坚不受。尝贾于温州，总理茶务。有恒泰银号沿市籍未销，误兑四千金，裕悉返之。②

公讳元奎，字世勋，清国子监生，后以捐赈授布政司理问衔。生而明敏过人，遇事善谋能断，尤精会计。幼即偕其兄元烛随父经商于浙之淳安。乃兄生有异行，好为清静虚无之说。淡于世味，不慕荣利，商业事一倚于公。洪杨之役，公侍其父偕兄随湘阴左文襄营。后经商、避乱二者并行，以为可保无虞。不意公父年迈衰颓，素负气节，遇匪竟以身殉。是时东南各省，群盗如毛，信息梗阻。公以家人离散，父又死难，痛不欲生，誓死杀贼，以报父仇。既思徒死无益，因勉节哀思，勤理旧业，冀以承先人之志。厥后乱平归里，萧条四壁，不复成家，仰天大痛。幸以半生辛苦，营业大裕，组织家庭，尚非难事。生平善使酒，有先见，每吐露于杯酒纵谈之中。尝谓洪杨为

① 民国《黟县四志》卷十四《杂志·文录》。

② 光绪《婺源县志》卷三十五《人物·义行》。

革命首领，鄙曾左诸公为满奴云。①

汤永懿，字步皋，（黟县）白干人。监生，议叙八品。父嘉盈，例贡生。先世服农，代皆耕读食贫。永懿经商祁门，家稍裕。父子始贡监，植其弟读书。父命析爨，与诸弟实产，谓永懿能自殖，与以先世所佃之田。黟俗：凡田有租，有佃租，曰实产。其佃曰典首，交租而食佃入者也。永懿忻然受之。又成父志，造松山书屋，为族人入肆业所。抚弟遗孤，教养无懈。资助族人嫁娶，集金权奇赢，将为义庄，年荒折阅，因就支祖各祀会，复旧扩新，节冗置产，以祀余为义学。邻村世嫌，自永懿待以诚信，尽感孚。在祁门时，浮梁船户争埠头，聚众到湖，将斗，永懿访其谋主，动以利害，晓以大义，事解。佥议所报，永懿曰："我黟粮食仰给江西，不杂沙水，受赐多矣。"由是积弊皆已。道光壬辰，旱，江西遏籴，黟、祁市断米。永懿诣府陈状，持文书告籴饶州，米乃通。又集修祁门至渔亭石路六十里，监造如法，人便之。祁门建考棚，永懿与有力，得诉叙，并"为善最乐"额。居乡为族里宰不平，仁而有术，谓平旦时，天良发见，正言易入，深得名理。喜吟咏，与祁门姚勋、马豫，同邑胡成浚，俞正禧唱和，有《春草轩诗稿》。②

这种行为在太平天国运动期间表现得更为明显，徽商不仅直接向清政府捐献资产，同时还通过组织人力等方面进一步以帮助清政府，进而获得较高的官职，典型者如黟县余大庆，婺源胡家尧、俞粹宾：

公讳大庆，一名长庆，字积堂，黟城名贤里人。捐职江西试用县丞。父尚标，以谨厚闻。公性爽直，与弟长龄俱有名于时。咸丰六年（1856），发匪窜黟，公与绅耆规画防御，得奖六品顶戴。九年（1859），办团出力，张都堂保以本班侭先即补。曾爵相督大军驻祁，进取宁国，黟与宁、太接壤，知公道路熟悉，又营米业，委与卞姓者会同采办军粮，藉侦匪踪，其后叙功，又赏加五品衔。终以母老绝仕进念，足见公之天性纯厚者矣。军兴以来，县设练局，筹饷办团以辅

① 王德藩等：《盘川王氏宗谱》卷三《元奎公家传》，民国十年（1921）刻本。

② 同治《黟县三志》卷七《人物·尚义》。

官力之不逮，公朝夕从事，不避劳怨，与贵势不相阶，而贵势亦卒不敢侮。同治癸亥（1863），大兵之后，野无青草，室如悬磬，公措资至江西南河购米回籍平粜，每斗较原价减钱百文，受惠者奚止万家？公其黔敖之流亚欤？地方善举，必踊跃捐资，不稍吝惜，德本财末之旨公其有合乎。居乡规行矩步，疾恶若仇，强暴亦所不畏，而对于端人正士，无论老幼，必接以礼貌。乡里恶少有所敬惮而改过者，盖不可胜数焉。①

（胡家尧）性颖悟，幼从师，工制艺，屡试前列。父殁，家中落，弃儒业木，复遭折阅，投笔从戎，于中州佐外舅金世祥大令剿土匪，议叙五品蓝翎。居恒善吟咏，谙绘事，通星命堪舆诸学。性磊落，仗义疏财，与人交际无面从心违。闾里有争，直言排解，乡人德之。②

（俞粹宾）客江西，性憨直，慎取与。少习武略，清咸丰初，发匪扰婺，婺邑绅洪修政命督勇剿匪得力，保五品军功。后客江西，赒贫济急，修宗谱，理祠务，清介自矢，乡里称善。③

除捐纳外，徽商还通过在盐业上的专门性才能，获得官府认可，成为较高等级的官员，典型的有“汪燮，字容若，宏村人。附贡生。以浙鹾议叙主簿”④，“余逢盛，字际虞，（清黟县）西隅人。监生。试不中，以淮鹾议叙卫千总”⑤。此外，徽商中同样还有通过考试等方式以为上升者：

程兆枢，原名兆逵，字宸中，上溪头人。少业儒，年十五失怙恃，弃砚就商，业木，奉宪委航海采办材料，入河套、赴都门，由监生考授州同。归家，创祠宇、助祀田、建义仓，督造水口桥梁及文昌阁，勤劳六载，敬兄抚侄，人无闲言。邑侯吴颜其堂曰“孝友”。妻汪贤淑，年六十以戚友祝仪醵资集会生殖，修源头百丈冲岭并石栏

① 民国《黟县四志》卷十四《杂志·文录》。
② 光绪《婺源县志》卷三十五《人物·义行》。
③ 光绪《婺源县志》卷四十一《人物·质行》。
④ 嘉庆《黟县志》卷七《人物·尚义》。
⑤ 同治《黟县三志》卷十五《艺文志·人物类》。

杆。乾隆甲戌，邑侯俞聘邑绅修志乘，公举枢总理，坚辞未就，后以内翰王京函特荐，复请，乃偕子台奎在局襄校。辛酉得元孙如榦，五世一堂，享年九十有三。①

洪国桥……少习举业，试列前茅，未售。嗣受延川聘，总理如皋质库，其间平讼累、厘清宿弊，建会馆、立义阡，置腴田拜扫，皆赖桥筹划襄成。咸丰癸丑，发贼窜金陵，从各宪台襄办团防，地方藉以安靖。是时，大江以南难民麇至，饥莩相望，桥与绅董劝捐筹款，设立粥厂，灾黎获全。至若居乡修祠寝、立文社，凿月池，建亭庙，善行累累，难以缕述。②

程其贤，字思齐，歙岩镇庙前人。四龄失怙，事节母汪以孝闻。总角就外傅，恂恂礼法，举动悉如成人。时家中落，弱冠弃儒服贾，勤苦以供家给。……生平耽经史，重伦常，崇尚朴俭，远近推为典型。家政严肃，迪后有子，倬、佶、傣，克遵庭训，绍书香焉。晚年，由国学考授州司马。③

汪錞，字钟如，号愓斋，西门人。性颖悟，过目终身不忘。年十七，随父雅会游楚，为高汇旃先生首拔。已，以父卒，家中落，弃儒服贾走四方，供母甘脂者十余年。复习举子业，读书江汉书院，癸卯、庚戌登两榜，甲寅考授中翰。……乙卯分校京闱，称得士，升户部主政。督京仓亲加厘剔，奸胥不敢欺，报最，擢吏部文选司主政，历考功验封司员外。……冢宰称之曰贤，特荐由验封郎中超调掌选。……生平忠厚和蔼，周贫济急，虽隆贵不忘商贩交，乡人钦为长者。④

程鱼门编修晋芳，新安人。治盐于淮。时两淮殷富，程氏尤豪侈，多畜声伎狗马，先生独愔愔好儒，罄其赀购书五万卷，招致多闻博学之士，与共讨论。先生不能无用世心，屡试不售。亡何，盐务日折门，而君舟车仆游之费颇不资，家中落，年已四十余。癸未，纯皇帝南巡，先生献赋，授内阁中书。再举辛卯进士，改吏部文选司主

① 光绪《婺源县志》卷三十五《人物·义行》。

② 光绪《婺源县志》卷三十五《人物·义行》。

③ 程之康：《程氏人物志》卷七。

④ 康熙《休宁县志》卷六《人物·宦业》。

事。未几，上开四库馆，诸大臣举先生为纂修官，议叙改翰林院编修，大喜过望。先生耽书史，见长几阔案心辄喜，铺卷其上而事不理。又好周戚友，求者应，不求者或强施之。付会计于家奴，一任盗侵，公不勘诘。以故虽有佽助，如沃雪填海，负券山积，势不能支。乞假赴陕中，将谋之毕中丞沅，为归老计，至冒暑喝至署，未半月卒，人争惜之。①

(江) 公讳演，字次义，号拙庵，徽郡歙县人……托迹淮海间，播迁之余，家亦中颓，而公之志气不少衰……再游邗上，竭蹶营造，无一宁息处……由太学生考授州同知，敕封征仕郎、内阁中书。②

除徽州士绅自身所具备的商人身份外，徽州士绅与商人间的血缘联系更为广泛，这种联系的形成既是当时社会科举所需经济实力的表现，也是徽商积极向士绅靠拢的展示。如果从家庭层面来考量，士商“迭相为用”的现象表现更为明显。试举数例如下：

(明中叶) 终慕公者，歙溪南里人也。名才，字大用，父曰浩生，公甫三岁而卒。公少则茕然，从其兄为小贾，长乃独游青齐梁宋之间，赀日起，为大贾。益治第宅田园，寖盛矣……始公盖贾于钱塘也，中官毕真者，宁庶人之党，包藏不轨，肆其荼毒，公谓乡人曰：“是可居乎?”亟去之。其后留者往往被祸，乃多公之先识。于是公年四十余矣，长子爬、次绊，壮可任也。乃遂归课子衿、珍习举子业，不复出。二子为邑庠诸生，日有名。嘉靖庚子 (1540)，珍举于乡，甲辰登进士第，授知江西高安县，至里省公，公谓曰：“吾先世奕叶衣冠久替矣，其引之勿替是在汝，勉之哉！毋要名，毋希上官之旨，惟廉惟勤，镇之以静，抚之以宽，其庶几乎!”珍为高安三载，声称甚著。戊申，征为礼部主客司主事，公所以敕之行，又移书戒之者，皆森然法语也……殁后，珍为南京兵部车驾司署员外郎主事，满

① 昭梿：《啸亭杂录》卷九《程鱼门》。

② 江维椿等：《济阳江氏族谱》卷九《清诰赠光禄大夫演公原传》，清乾隆四十二年 (1777) 刻本。

考，赠公如其官。①

府君姓吴氏，讳鈵，字岘山，号嵩堂，歙之丰南人……年二十八，受之于督学李公，补邑诸生，每试辄高等。受业于乡先辈叶丽南先生，读书问政山中，手披口吟，寒暑无间。武进秦龙光先生，不轻许可，见府君所诣，推为国器。府君亦慷慨激扬，谓一第可捩契致。会大伯父早卒，而王父治鹾汉皋。府君曰："嘻！余不能事事，碌碌羁塾门，乃以家口贻亲忧乎！"遂与三叔父分任其事。府君来扬，犹不忘举子业，往往昼筹盐策，夜究简编。迨棘闱屡踬，府君始绝意名场。自此遂总持家政，勤靡遗劳矣……府君自少留心经世之务，经史子集，环列几前，至老未尝释卷。遇事辄明于大体，能持公议……两淮之人咸倚以为重，士大夫来扬者，每从而决所疑。事关鹾政，大宪偶有咨询，府君亦尽言无隐，时蒙采纳焉……训诸侄必以礼，遇臧获宽而有制，而督不孝等则一主于严……长不孝绍汸，敕授儒林郎，候选布政司理问……次不孝绍洁，庚寅恩科举人，乙未科进士，内阁中书，武英殿行走，充《四库全书荟要》总校……次不孝绍波，国学生……次不孝绍浣，庚寅恩科附贡，甲午科举人，内阁中书，充《四库全书》分校，戊戌科进士，钦点翰林院庶吉士，加一级……次不孝绍洮，国学生……康熙戊子科举人，癸巳恩科进士，覃恩诰授中宪大夫，刑部福建清吏司郎中，加二级……次不孝绍溁，国学生……次不孝绍洋，国学生。②

细究这种家庭中既有士绅又有商人的情形，不难发现其背后是家庭乃至家族的刻意选择，就明清时期徽州家训而言，此时的士商分野已十分模糊，"士农工商各有本业"③，"事务本业：民之业有四，民之职有九"④，"四民所业不同，皆是本职"⑤。从徽州家庭对于其子弟职业选择的实际情

① 江珍：《溪南江氏族谱·明赠承德郎南京兵部车驾司署员外郎主事江公暨安人郑氏合葬墓碑》，隆庆三年（1569）刻本。

② 吴吉祜：《丰南志》卷六《皇清附贡生诰授资政大夫候选道加四级恩加顶带一级又恩加一级议叙加六级显考嵩堂府君行述》。

③ 不详：《重修休邑城北周氏宗谱》卷九《家训》，万历年间刻本。

④ 汪搢如等：《古歙义成朱氏宗谱》卷首《祖训十二则》，宣统二年（1910）刻本。

⑤ 黄治安等：《休宁古林黄氏重修族谱》卷首下，乾隆二十二年（1757）刻本。

况也可看出这种情形：

> 朱次公者，名模，字子范，休宁鹤山人也……从伯兄贾淮楚间……忽遇乞食者……谢曰："君峨呰巨舰蔽江而来，各有标帜，请所以易其名者。"……次公故事伯兄如父，兄逾壮未举子。事让而执劳以佚其兄。而弟贾武林，武林人巧说少信，仰机利而食，以此折阅，一无所问。因策曰："……吾阅天下广矣，莫如棠邑，是襟带维扬真州，其俗俭啬，畏罪远邪，矜已诺，可以居。"择诸子姓可使者，割赀令佐弟贾，久之，赢得过当，悉以付弟，身不名一钱矣。兄既育两子而卒，长甫胜冠，幼者提孩也，以属次公，次公为经纪者十八年。次公亦有子三人，其可贾者与兄之子贾，其可儒者与兄之子儒……（次公）初服贾，击楫渡江中流而矢之："昔先人冀我以儒显，不得志于儒，所不大得志于贾者，吾何以见先人地下，吾不复归。"已而贾乃数十倍于旧，伤其父不及见也，而筑亭于室之畔，颜父之别号曰"竹亭"，以志思云。①
>
> 春帆胡君名际瑶，字美堂，安徽黟县人也。其先世出唐宗室，育于婺源胡氏，遂从其姓。宋元丰间，迁黟之西川，至胡君二十有六世矣。胡族旧多名儒，以经学传家，所务惟耕读二事。然徽处万山中，少平畴，故商于外者亦所在多有。君家自曾祖创业江右，传至君凡四世弗坠也。君虽业商，然于诗书皆能明大义，舟车往返，必载书箧自随。每遇山水名胜之区，或吟诗，或作画，以寄兴，著有《浪谈斋诗稿》一册。又工笛，善音律，饶有雅人深致，与庸俗市侩不类。……子三，长朝贺，为兄后，即予视学时所选择士也；次朝贯，随君习商；三朝赞，随长习儒。盖君晚年虽援例捐职，生平实以不习儒为憾，因以二子就儒业，属望甚殷，每诫子曰："古人云：'非关因果方为善，不为科名始读书。'吾家世明经，苟不能上承家学，虽得科名不贵也。"居家持躬皆尚节俭，无鲜衣美食，惟从师买书之费一无所靳。过通圜见书肆，必入观书，能辨优劣，遇佳者辄购归与子，凡数百卷。②

---

① 李维桢：《大泌山房集》卷六十九《朱次公家传》。

② 同治《黟县三志》卷十五《艺文·人物》。

倪氏慕麟公，伊川止斋翁仲子也。名一圣，化之其字……（公）习儒不得志，废书叹曰："男子生桑弧蓬矢六以射天地四方，不贵则富，安事毛锥子终老乡井乎？"寻仿鸱夷猗顿术，遨游江湖。一日抵荆涂，见其地为江北要区，可贩盐鹾。直走淮阴，运筹以鬻诸市，不数载辄拥素封。止斋翁奇之，曰："此儿一不为少，百不为多。"……子三：长宗魁，少异敏，弱冠知名，寻入泮，克冠多士……次宗典，慷慨明大义，绍父志贩盐养亲……三宗章，幼嗜经史，后弃儒而业盐江淮，尝与缙绅、贤士、大贾、高人游，莫不钦其豪举……宗魁二子……仲国昌……常偕二叔业盐濠淮间，协力营谋，为举家图生计。①

上述三段资料，描述了三个徽商家族的职业观。朱氏家族的朱次公择业观十分明确，就是"可贾者"服贾，"可儒者"业儒，是依据个人的条件来确定的。胡氏家族的胡际瑶二子习儒，一子习商。倪氏家族的倪慕麟则称"男子生桑弧蓬矢六以射天地四方，不贵则富"，不仅自己"贩盐鹾"，其子、其孙皆有"业盐"者，亦有业儒者。从中不难看出，徽商家族职业选择确有精心设计之情形。

（二）士商互相支持

在共有身份的同时，徽州士绅与商人长期处于互相支持、互相合作的状态。分开来看，徽州士绅有庇护徽商在外的经营成果，而徽商则支持徽州士绅在外的施政。这种双向的支持不仅在个体层面上有所表现，更多地则是在群体层面展现。就个体层面而言，史料显示徽商会利用自身力量帮助徽州士绅处理政务：

（金大坤）业木金陵，为众推重，后改业茶，以诚信著，发捻迭起，佐从弟世祥帮办河南唐县团练，奖蓝翎。嗣主管如皋石庄质库，襄办义仓，输助善后。邑侯刘赠额"乐善不倦"。卒年八十四。金世祥，号积庵，延川人，两次署唐县、苍台县丞。值发捻窜扰，祥与绅民奉檄团练御，寇退，该处莠民山东东山土匪势复鸱张，祥亲督团勇剿平，地方安堵。事竣，保五品蓝翎。后代理汜水县，清积案数十，

① 倪望重等：《祁门倪氏族谱》卷下《慕麟公纪略》，光绪二年（1876）刻本。

民怀吏畏。①

（章必林）一名玉琳。明练庶务，通大义。家故贫乏，偕仲兄佐伯兄外贸，寓于杭。暇时即讲韬略，习骑射，年二十二遂获中隽。晚复循例为国子生，往来杭嘉间。然诺不欺，亿每多中，族叔盐经历公需次浙江，坐补原缺，历署诸场务，宦邸相从，时与数晨夕，以故得名鹾政。嗣是绩之业盐者，半出其手，而于艰难兴替之会，皆为经划得宜，感其恩者不一而足。仲兄三娶无子，以鲜财产，隐不言嗣，林揣其意，心悬许之。厥后次子生，抚育长成即令承仲兄嗣，仲兄未之强也，且以己租及租本分给，人咸称其义。四都原有祖遗庄田，后各自转变仅余祀产，林恐祖制就湮，矢志恢复。曰："若置田业必于是乎先。"竟得遂其所愿，而祀田之为佃侵匿荒芜者，皆兴复如初。②

余文彬，字自英，市南人。太学生。父雅好义乐施，文彬继之。有族叔落魄在外，五子已鬻其三，彬闻遣人觅归，并割己资与之抚养。……贾于衢，值岁饥，民相抢夺，总戎闭城，将授甲，时宰西安者歙人执中，彬急见之，谓速赈平粜可弥变，愿先出粟二百石为诸商倡，许题之言与总戎。后果以平粜帖服。又于航埠造渡济人，捐田为经久费，衢人德之。③

上述案例中，第一、二例的情况并不常见，在个体层面上，徽商更多的是采用第三例的模式，即通过捐献自身资产，解决家乡和经商地的社会问题，来帮助徽州以及经商地士绅的政务处理。这一点在两淮盐商鲍氏家族三代传承中体现得尤为明显：

（鲍肯园，乾嘉时歙县人）生平好施，独不喜建佛堂道院。其乡有两书院，一在城内曰"紫阳"，一在城外曰"山间"，并垂废矣。公慨然与乡士大夫作新之。以状白盐使，请援扬州安定书院例，出库金增诸生膏火，自以私财白金三千两益之，于是城内之紫阳书院成，又出白金八千两自置两淮生息，以复城外之山间书

① 光绪《婺源县志》卷二十《人物·宦绩》。

② 章尚志等：《西关章氏族谱》卷二十四《家传》，民国四年（1915）刻本。

③ 嘉庆《绩溪县志》卷十《尚义》。

院。……嘉庆三年（1798），独力捐赀筑水射以当其西南障之，使东藉湍悍以刷久淤之沙。……扬州至康山以西，至钞关北，抵小东门地彭下，街衢水易积，为之易砖为石。淮之盐艘涉江湖，不幸遭风沉溺者，例责其人补运。公建议一商舟溺，则群商攒助，谓之津贴。当事者义之，下其法为令。公前后义举及所置力盐务中事，非可一二数，大率类此。①

鲍志道，字诚一，（歙县）棠樾人。幼习儒业，以家贫就盐筴。怀独行君子之风，矫革盐商侈汰旧习。敦本好义，捐银八千两，增置城南紫阳书院膏火。偕曹文敏公倡复古紫阳书院，出三千金以落成之。建鲍氏世孝祠，增置祀田，以奉祭祀。为族中诸节妇请旌。倡设淮南津贴法以利众商。筑东河水射，修造古虹桥。筹男女两惠济堂经费。置义塚、义学。其他诸义行甚多。歙人感其德，祔祀紫阳书院卫道斋。嘉庆十年（1805），奉旨崇祀乡贤祠。②

鲍漱芳字席芬，志道（即鲍肯园，乾隆时为两淮总商）子。幼随父扬州理盐筴，寖寖有声。父病疡，衣不解带者累月。父殁，佥举甲商。嘉庆八年（1803），川楚陕三省贼平，漱芳集众商输饷。奉旨，从优叙盐运使职衔。十年夏，洪泽湖涨，决车逻、五里诸坝，灾民嗷嗷待食，漱芳集议公捐米六万石助赈。得旨俞允，遂于各邑设厂，并赴泰州恭亲督视。是年，淮黄大水，漫溢邵伯镇之荷花塘，漱芳倡议仍设厂赈济，并力请公捐麦四万石展赈两月，所存活者不下数十万人。方议圳决时，高堰抢险，护坝甚急，秋后全河溜，势将改由六塘河从开山归海，漱芳集众输银三百万两以佐工需。又芒稻河为洪泽湖之委，制府铁保，亟谋疏浚，漱芳捐银六万两以济工用，又捐银五千两助浚沙河闸。漱芳于运盐水道暨诸水利孜孜讲求，洞悉利弊，以屡次捐输，迭奉恩旨，从优议叙，加十级。家居敦本尚义，修里社、筑水堨、置义学、修新岭、修王干、阳溪、清水塘、丛山关诸道路，益惠济堂义冢地，周助婚葬，义行不可枚举。并遗命其子均捐修府学，创

① 鲍琮：《棠樾鲍氏宣忠堂支谱》卷二十　《中宪大夫肯园鲍公行状》，嘉庆十年（1805）刻本。

② 民国《歙县志》卷九《人物·义行》。

建府学西偏久圮之忠烈祠。[①]

这种行为表面上看是徽商的慈善行动，但从他们的资金流向看，这些问题如教育、水利和赈灾等均是地方官员需要直接面对的政务和社会事务，这样一来，徽商的这些行动就具有了帮助地方士绅进行社会管理的色彩。仅选择《明清徽商资料选编》中徽商支持地方教育和赈灾的行为以佐证这一行为的普遍性（见表1-6）。

表1-6　《明清徽商资料选编》中徽商对地方教育与赈灾的支持行为

序号	类型	地域	原　文	文献来源
1	教育	歙县	鲍蜀瑞，字次玉，（明歙县）蜀源人。监生。性倜傥，以济人利物为心……又兴义学以训邑人之客汉阳而不能从师者	民国《歙县志》卷九《人物·义行》
2			庠贡程国光，倡同邑业鹾于浙之鲍清等，捐输广厦十余间于问政山麓，以为诸生肄业之地。而侯因以为问政书院。凡紫阳所不及收者，咸得归之问政	民国《歙县志》卷十五《艺文·问政书院记》
3		祁门	李秀，（明祁门）严源人。性好义，少操奇赢术，为贾真州……邑学宫圮，议修复，秀捐金佐用	康熙《祁门县志》卷四《孝义》
4		绩溪	章必泰……隐于贾，往来吴越间……东山书院鼎建，自备资斧，襄蒇其事，名邀嘉奖，邑建考棚，捐银二百两以助	绩溪《西关章氏族谱》卷二十四《家传》
5		黟县	舒大信，（黟县）屏山人……经商江右……邑人议建书院，大信存二千四百金助之	嘉庆《黟县志》卷七《人物·尚义》
6			程君尚隆，字绪三，黟县人……年十四就贾……而黟之善举事业必踊跃捐资，若书院、军饷、义冢掩骼之类，或共为之，或独为之	同治《黟县三志》卷十五《艺文志·人物类》
7		婺源	程世杰（清婺源人）……早岁由儒就商，往来吴楚，稍聚赢余，推以济众……邑建紫阳书院，捐金千两	光绪《婺源县志》卷三十三《人物·义行》
8			孙有朏（婺源人）……弃儒就贾，赀渐饶……置租兴社课文及襄建本都书院，京师文明会，均领袖捐赀。道光乙酉、丙戌修邑志及造文庙、考棚，倡输千金；工告竣，费缺，复捐五百金	光绪《婺源县志》卷三十五《人物·义行》

① 民国《歙县志》卷九《人物志·义行》。

续表

序号	类型	地域	原文	文献来源
9	赈灾	歙县	黄以正,字缃成,潭渡人,雍正四年(1726),建立盐义仓。捐赀独建一所得邀议叙	民国《歙县志》卷九《人物志·义行》
10			鲍峻,字清誉,新馆人。家贫好义,后业浙鹾,赀渐裕……乾隆甲子(1744),洪水,田禾漂溺,岁饥,魁捐粢以济乡里,全活甚众	民国《歙县志》卷九《人物志·义行》
11			汪嘉树,字滋荣,古城关人……年十六服贾以养亲……二十一年孝丰饥,倡捐设厂煮粥以赈	民国《歙县志》卷九《人物·义行》
12			陈启元,字乾若,(歙县)石门人……乃长服贾茗荈,家业稍裕……乾隆五十三年(1788),霉雨兼旬,米价腾贵,出谷平粜,全活甚众	民国《歙县志》卷九《人物·义行》
13			罗福履,字绥来,呈坎人,迁(歙县)岩镇。乾隆末治商业于如皋……乾隆四十九年,江北大旱,建工赈之策,躬督之,活饥民数千。嘉庆十九年(1814)又旱,平价出所储麦,捐二万余金	民国《歙县志》卷九《人物·义行》
14	赈灾	歙县	程德基,字时履,(歙县)槐塘人。贾于江西……嘉庆三年(1798),广信饥,德基捐赀倡议平粜,全活无数……其年秋旋里,复倡赈里中饥,发米独赢	民国《歙县志》卷九《人物·义行》
15			嗣于乾隆十七年(1752)内有在扬徽商程扬宗感沐圣化,念切桑梓,乐输银六万两,以一半先为买谷积贮,以一半交典生息为将来增贮之计	民国《歙县志》卷十五《艺文志·惠济仓题疏》
16			吴钟,字方繇,丰南人……业鹾汉阳,……乾隆十六年(1751)饥,郡守何达善劝谕平粜,有余粟贮仓。明年多逋赋,钟请于邑令,以其粟代输民逋	《丰南志》第3册《人物·义行》
17			承炳江公,字云岭……经营竭蹶……岁己未,丹徒岁大歉,运米六千石,开厂放赈。……壬戌,淮右水患,饥民流徙至扬者数千人	歙县《济阳江氏族谱》卷九《清诰授通议大夫按察使司付司晋赠资政大夫承炳公传》
18			(许芳,明天顺嘉靖间歙县人)知伯子滋善治生,乃命商游荆襄,营业庐州……会庐州民大饥馑,即命滋发廪赈贷,人于是感恩刻骨	歙县《许氏世谱》第5册《明故处士许君德实行状》
19			君姓吴氏,名荣,字惟禄,别号仰山。……君幼警敏,惧陨越,甫十四,能从商贩不后时……先是嘉靖甲申(1524),户部奉恩例召义民输粟以救灾,荣以冠带。君如例入粟……岁甲辰、乙巳连凶歉,都移文府县谕富民出银分赈饥户,君即应召,盖性乐于施非假以荣名也	《古歙岩镇镇东磡头吴氏族谱·仰山吴君行状》
20			(程)应辰,字仲台,(清初)郡城(歙县)南市人……遂弃儒服贾……商居维扬,时值水潦,民大饥,输粟以赈,全活多人	《程氏人物志》卷七

续表

序号	类型	地域	原　文	文献来源
21	赈灾	休宁	张弘治，字汝助（清初休宁）南街人。六龄失怙，从兄贾吴楚……丙子，岁饥，减粜价，施糜粥	康熙《休宁县志》卷六《孝友》
22			方安栋，字国柱，（清休宁）珊溪人。贸易湖北……乾隆丙午（1786），蕲水县饥，燧捐赀赈济，活人甚众	嘉庆《休宁县志》卷十五《人物·乡善》
23			朱继楫，字汉骞，（休宁）长丰人。太学生……尝游商于濑水。乾隆丙申（1776），值岁大饥，邻境阻籴，楫独力呈请大宪出示开禁，复首捐赀平粜助赈	嘉庆《休宁县志》卷十五《人物·乡善》
24		祁门	倪望铨公，字锦河，……因弃举子业，改为就商……光绪甲申（1884），本里洪水为灾，公运米于西江……不屈平粜之名，受惠者众	《祁门倪氏族谱》卷续《望铨公启垣公两世合传》
25		黟县	舒大信，（黟县）屏山人……经商江右……乾隆十六年（1751），岁歉，在籍买米平粜	嘉庆《黟县志》卷七《人物·尚义》
26	赈灾	黟县	姚嘉全，字瑞武，（黟县）城西溪南人。贾于衢之常山，嘉庆甲戌（1814）、乙亥（1815），迭赈岁饥。道光中，衢饥，捐银三百助赈。浙江巡抚奏给九品	同治《黟县三志》卷七《人物·尚义》
27		婺源	戴公选，字尔善，婺源桂岩人。少习举子业，长贾湘汉间。顺治丁亥（1647）岁大祲，输赀运米以赈	康熙《徽州府志》卷十五《尚义》
28			胡继芳，字联卿（明末婺源）清华人，弟继薰，字和卿…… 兄弟牵车服贾，竭力事亲。天启甲子（1624）岁，遇水荒，煮糜以济饥者三阅月……平粜、赈粥卒以为常	光绪《婺源县志》卷三十一《人物·义行》
29			王一泗（清婺源人）……商江右……癸亥（1803）大饥，又力襄平粜，经理详慎	光绪《婺源县志》卷三十三《人物·义行》
30			程世杰（清婺源人）……早岁由儒就商，往来吴楚，稍聚赢余，推以济众。尝置义田三百余亩，立义仓，丰年积贮，遇凶耸减价平粜	光绪《婺源县志》卷三十三《人物·义行》
31			郑炳……少读书，以家计艰，遂就商贷裕。道光壬辰（1832），岁大耸，西江遏籴，炳倡捐，集成白镪数千两	光绪《婺源县志》卷三十四《人物·义行》
32			孙有毗（婺源人）……弃儒就贾，赀渐饶……遇岁荒，赈饥平粜。	光绪《婺源县志》卷三十五《人物·义行》

资料来源：张海鹏、王廷元主编：《明清徽商资料选编》，黄山书社 1985 年版。

必须说明的是，就徽商的这种行为模式而言，实际情况往往是多种行动共同结合而成的，即徽商会在捐资教育的同时，参与赈济，这也从另一个侧面看出徽商对于地方士绅进行社会管理方面的支持力度，典型者除前述鲍氏三人外，还有汪应庚：

> 汪应庚，字上章，（歙县）潜口人。业鹾于扬，遂籍江都。富而好礼，笃于宗亲。雍正九年（1731），海啸成灾，作糜以赈伍佑卞仓等场者三月。十年、十一年，江潮迭泛，州民仳离，应庚先出橐金安定之，随运米数千石往给。时疫疠继作，更设药局疗治。十二年，复运谷数万石，使得哺以待麦稔。是举存活九万余人。又于邻邑之丹徒、兴化并输粟以济。大吏上其事，特授光禄少卿。郡邑屡举乡饮宾，辞不赴。又尝出五万余金，建府县学宫，以二千余金制祭器、乐器。又出万三千金，购腴田，归诸学，以所入供岁笨。又助乡比试士资斧，至今永著为例，士人称为“汪项”。乾隆三年（1738），岁饥，首捐万金备赈，及公厂煮赈。期竣，更独力展赈八厂一月，所赈至九百六十四万一千余口。又兴复平山堂、栖灵寺，建五烈祠，并为请旌表其墓。在城贞节祠亦增修焉，见《淮海英灵集传》。按：上章名不甚著，而博施如此，其行谊以超江、鲍诸商之上矣，应表而出之。①

在个人行为之外，作为商帮团体的徽商集团，在外也展现出对徽州士绅的群体性支持。这种支持的模式有二：一是个人行为的集体整合，这种行为的组织性不强，同时也并非经常性行为，试举两例如下：

> 惠济仓，在府城天宁寺前，乾隆十六年（1751）旱饥，太守何达善劝阖邑绅士醵金籴运济民，又札募歙人士之商于淮者输其力之所及，得六万金，买谷积贮，建仓六十间，遴才干之士经纪之……②
>
> 黟邑碧阳书院，嘉庆十六年（1811）前令吴君甸华谋于邑中人士，裒费建成，并以余银六万两分发盐典生息，计岁入息金三千六百，以为延请山长脩金、生童住院膏火，而邑中之应乡会试者于此中

① 许承尧：《歙事闲谭》卷十三，黄山书社2001年版，第453页。

② 道光《徽州府志》卷三《营建志·仓局》。

给以资斧，其他诸用亦各条分缕析，预防流弊。①

就当时商人参与赈济这类行为本身而言，实际上也起到了很好的作用，以前述惠济仓为例，实践证明徽商参与能够使它的运转更为有效。“按：乾隆三十一年（1766），知府李嵩禀称，现管各董事均已届满，间有家道消乏势难管理，久经饬令举报，并无愿管之人出为承认。窃查惠济仓存有原本三万两有余，详定发典生息，周年七厘起息，其利本轻，典商又系家道殷实之人。应请将仓谷三万担，即令领本典商各照银数多寡分管谷仓，以利息之轻余，补谷仓之折耗，自难推诿。奉督宪高、抚宪冯、藩宪富俱批准如议办理。自此以后仓谷三万石，俱系典商经理，较之绅士更加妥协矣。”②

二是徽商通过会馆渠道展现自身对于士绅的支持，由于有着会馆平台，商人支持便有了强大的组织性，同时也能够在长时段内表现自身对于士绅的支持。典型的就是这些会馆对于科举的支持，从中即可看出徽商的支持往往是组织性和长期性的。③ 除此之外，更为典型的是徽商会馆为士绅所提供的多种服务，以北京的歙县会馆为例，从其中的三次规条就可以看出这一点：

嘉庆十年公议条规

一 会馆房屋除大厅及兰心轩上下为同人公叙之所，不便居住外，其余房间由内及外、自左达右，以到京先后为序，每人住房一间，不可多占，并不可拣择，如各房业已住满，方可于兰心轩暂住。

一 会馆原为公车及应试京兆者而设，其贸易来京自有行寓，不便于会馆居住以及存贮货物，有失义举本意。

一 本籍外籍皆属同乡，但吾邑寄籍者多，凡乡会试之年，先尽本籍及名隶外籍而家住本邑者居之，其余外籍须房间实在有余，询明乡村族属，确有可凭并京官作保者方得居住。

---

① 道光《黟县续志》卷十五《艺文· 碧阳书院复旧章记》。

② 道光《徽州府志》卷三《营建志· 仓局》。

③ 张小坡：《明清徽州科举会馆的运作及其近代转型》，《安徽大学学报》（哲学社会科学版）2016 年第 4 期。

一　会馆为乡会试习静之所，下榻诸公敬业乐群，所带家人及看馆人等，不得征歌选伎、酣酒呼卢，违者议究。

一　非乡会之年，谒选官及来京陛见、并京官未觅有寓所者，均听于会馆作寓；外官每房一间，每月出租钱大钱二百文，京官每房一间，每月出大钱一百文，按月交司年收贮。惟将届应试之期，务须早为迁让，不得占踞。其他因公差役、并各衙门供事书吏，以及无事闲游者，概不留住，如司年徇情，公议重罚。（上镛按：此项租钱于嘉庆十九年公议蠲除）①

嘉庆十九年续增条规

一　本籍乡试诸公向无元卷，今拟每人送元卷六两，其帮项则惟会试致送。

一　乡试向无接场，今拟照会试之例添设举行。

一　会试接场酒席，照团拜之例给价。

一　会试向例，除接场公宴外，本籍诸公各送元卷二金，今拟加增数目，除旧例二金照给外，每本籍一人送帮费三十两、外籍十两。

一　会馆公车到京解装之日，每位开支饭食银五钱，交馆使预备，以当洗尘。

一　乡、会试接场，届期照例传知齐集，不必仍输分金。

一　本籍同乡，乡、会试后，实在无力归里者，查询确实，酌送川费若干。

一　本籍乡、会试，留京无馆、薪水不继者，酌送帮费若干。

一　司年除科甲出身外，惟拔贡特用之小京官暨由贡监援例六品以上、家业殷实者得与焉，此外无庸滥及。

一　本籍同乡京官四品以下，科甲出身暨拔贡特用之小京官，每年以二千五百两为率，于岁暮分送炭资；三品以上暨外任官员则不致送，其家业殷实者皆不致送。

一　京官炭资于邗项寄到之次日，照现在人数按股均分，其业经告假者概不致送。

①　徐上镛辑：《重续歙县会馆录》上册《新集·嘉庆十年公议条规》，大东图书公司1977年版。

一 试差回京本年不送炭资，次年减半致送，下年照例全送。

一 学差回京俟二年后照例致送炭资，如又出差则不送。

一 本籍同乡在京病故无力殡殓回里者，酌送赙仪若干，京官另行公酌。①

道光十年（1830）续议条规

一 查岁入房租，历年公帐内俱系一年仅敷一年之用，甚少赢余。所有乡会试各费，定于每年寄到邗项内酌拨。

一 查邗项三千两，原议以二千五百两为帮贴京官以资办公之用、余五百两原议乡会试元卷及会试帮费一款，均于此内支销。近年乡会试留京人数众多，各项开支日渐增加，遂致公项绌乏，是以己丑年会试元卷帮费系挪借认利，始得按照旧规居期致送。现在邗项又减至二千四百两，益形支绌，今议定本籍会试元卷帮费以一百六十两为率、乡试元卷以八十两为率、乡会试留京炭资以三百二十两为率，无论人数多寡，照数摊分，余作同乡京官帮项。

一 外籍会试向来每位致送帮费十两。查吾乡迁居客籍者无处无之，其会试诸公来赴会馆者一科多于一科，所有帮费若按照每位致送十两之数，逐渐增加，其势难行。今议改为每位致送元卷二两。

一 本籍乡会试诸公无力归里及留京无馆者，旧议酌送帮费。现在经费不敷，暂行停止，日后充裕，再议酌行。②

从这些规条即可看出，徽商会馆对于官员有着明显的优待，而且这种优待被证明是专属的。通过会馆，商人可以有组织并长期地向士绅进行利益输送，尤其是上述“邗项”是两淮盐商所提供的专项资金，更能直接体现这两大特征。③ 除此之外，还要注意到在这两大特性之外，徽商会馆及相关事务还为商人与士绅合作提供了一个有效的平台，以汉口紫阳书院为例，在保护书院相关产业方面，徽商就与徽州士绅实现了紧密合作：

① 徐上镛辑：《重续歙县会馆录》上册《新集·嘉庆十九年续增条规》。

② 徐上镛辑：《重续歙县会馆录》上册《新集·道光十年续议条规》。

③ 具体可参见邹怡《善欲何为：明清时期北京歙县会馆研究（1560—1834）》，《史林》2015年第5期。

特授湖北汉阳府正堂加五级纪录十次又军功加一级纪录二次明为呈簿请印给示勒牌，以便稽查，以垂永久事。据新安书院绅商士庶汪湘、汪相、余兆昆、余大晶等呈称“窃汉镇新安书院，供奉文公，历为徽郡士商公所，置有基地、市屋，司事轮年承管收取租息，以备春秋二祀之需。自康熙七年（1668），至乾隆六十年（1795），先后买置公产契约六十七纸。唯恐年代久远，契约繁多，碾转流交，或有遗产散漫，无凭稽核。谨将各契汇录成簿，呈请钤印发执，俾有稽查。并恳给示勒牌，用垂久远。庶公产无虞废失，客民永戴鸿慈”等情，据此，除将呈到抄簿印发外，合行给示。为此，仰该书院绅商士庶人等知悉，嗣后书院公产契约，遇有司事交替，均须按簿点收，秉公承管。如有遗失散漫，许即执簿鸣官，以凭查究。各宜凛遵毋违。特谕。

嘉庆四年（1799）六月二十日示

特授湖广汉阳府正堂纪录六次钟，为书院公置义冢，吁请给示勒石，以广宪仁事。据江南徽州府六邑士商程璋、吴元抡、余劻、吴宗熟、吴浣、程日朗等呈前事。呈称“窃惟民胞物与，孰非天地之身；存顺没宁，共此生死之理。圣朝叠沛泽枯之典，荡荡难名；草野争推乐善之心，孳孳不倦。汉镇商民杂处，直省通衢。旅榇未封，独吾徽为更甚；贫棺相望，岂抔土所能藏？璋等目击心伤，用是捐赀，公买宪治十里铺紫霞观前刘参生户内麦地一大段，地势平衍宽厚，可葬千百棺，以为新安义冢。四围钉界明白。窃恐无知恶棍，觊觎异乡公业，藉端渔利，或纵放牛羊，或暗谋侵盗。非邀宪恩给示，勒石严禁，难以垂久。为此公吁台前，伏乞慈嘘彩笔，弗至侵害于豪强，庶泽逮黄泉，永沐奠安于域兆矣”等情，据此，除行汉阳县查明申覆外，合行示禁，为此，示仰附近居民，以及保甲人等知悉，示后敢有不法土豪地棍，在于义冢界内，藉端渔利，纵放牛羊，暗谋侵盗等事，许保甲人等，扭赴该管衙门，以凭法究，决不姑宽。倘保甲人等通同徇隐，一并究治不贷。各宜凛遵毋违。须至碑示者。

乾隆五年（1740）九月　日立

湖北汉阳府汉阳县正堂加三级纪录五次刘　为公置义阡恳恩锡示

勒石。以永宪仁事。据徽郡六邑士商程璋、吴继祺、佘勍、吴元抡、汪朝录、吴浣等呈，前事。词称："窃惟掩骼埋胔，明王之钜典；停棺露朽，功令所首严。璋等生逢盛世，身沐宪恩。窃念汉镇黔黎，多半异乡赤子。或客游物故，久淹萧寺之中；或贫榇无归，渴殡荒郊之外。以致朽棺遍野，堪怜孤旅之魂；暴骨成丘，谁覆一抔之土？用是六邑桑梓，捐赀两契，公买宪治十里铺紫霞观前刘姓麦地一段，东至西计一十六丈，南至北计三十六丈，照契册载，麦粮共四斗四升半，在玉二里又五甲刘参生、大兴、运生户内起割。另呈过入新安书院内完纳。四围钉界明白，筑以土堑，前立墓表，颜曰：'新安义阡。'自上而下，分定层列编号，挨次而葬。葬从书院给票，将死者乡里姓名注簿，方许凭票前往照号扦埋，弗致紊乱。倘本人子孙昌盛，后有愿迁回故土者，或力有不能，不愿轻举者，俱可按簿查考，知在几列几冢，立碑封志，逢时祭享，不致错认。窃恐无知地著，欺凌异孤，藉端阻挠。或日久侵占耕种，或纵放牛羊践踏，以及土豪听信阴阳，暗谋盗葬等情，均不可不先事预防。为此公吁台前，伏乞彩笔生春，恩准锡示严禁，勒石永垂。庶幽魂下奠于北邙，仁政上跻乎西伯。结草衔环，存殁均感。"据此，查捐置义冢，收埋客旅尸棺，善行可嘉。合行给示禁谕。为此，示仰附近居民保甲人等知悉，凡书院给票在于界内安葬，如有藉端阻挠，以及侵占耕种，纵放牛羊践踏者，许即指名赴县禀究，各宜遵照毋忽。须至碑示者。

乾隆七年（1742）三月　日立①

事实上，在会馆资产的建设过程中，就已然有徽商与士绅的合作，而且这种合作还是一个较为长期的过程，如北京歙县会馆附有义庄"北京歙县义庄，在永定门外五里许石榴庄，旧名下马社。规制甚宏，厅事高敞，周垣缭之，丛冢六七千，累累相次。盖亦经始于明嘉靖四十年（1561），与创设会馆同时。主其事者州倅江龙、卫幕仇自宁及杨忠、许标、江昙诸人。至隆庆中，郑楫、江世充、江同仁议设寒食、中元二祭。万历丙辛间，程文德、张汝黉、俞文美更拓其地。后吴之启、方时用、徐拱辰诸人，募建厅堂，见隆庆三年（1569）江西抚州推官黄愿素、万历

① 董桂敷编：《紫阳书院志略》卷八《杂志》，嘉庆十一年（1806）刻本。

四十六年（1618）南户部郎中汪元功二记。许文穆公亦与其事甚力，见云塘程景伊碑记。至清初则杨监正光先，曾重加修整，其后世守之。曹、潘二相俱曾资助。捐款则可取于茶商为多。据黄记，则隆庆中歙人聚都下者，已以千万计。乾隆中，则茶行七家，银行业之列名捐册者十七人，茶商各字号共一百六十六家，银楼六家，小茶店数十。其时商业之盛，约略可考”①。还需要看到，会馆建设本身就是一种联系士绅与商人的纽带，仍以前述汉口紫阳书院为例，其倡修者为时任湖广总督毕沅：

募修汉镇新安书院序

汉镇为楚省通衢，远方士商，辐辏云集。于此一大都会也，向建有新安书院，奉祀徽国文公栗主。凡我同郡之士，往来过从，即次如归。非独团聚乡井，且以寓羹墙先哲之意。盖肇自康熙甲戌（1694），乡前辈捐资共创。阅丁酉有西厅之举，辛丑有义学讲堂之设，至乾隆乙未（1775），复开康衢以通商旅，并置市屋十馀椽，取给租赁，以足春秋二祀之需，固井井有条。第历年久远，风雨飘摇，栋梁剥落。且地形坎窞，积水漫溢，岁次戊申，遭汉镇水患，水积数月，后檐墙垣，又复颓塌。若不及今修葺，难免前功隳毁。余自戊申奉命持节来楚，于今七载。幸得岁物丰成，而民气恬宁。今年春，乡人汉临衡士等集同人为请曰：“此书院之议修举久矣，顾筑室道谋不成。且以物力维艰，又各因他故未暇。今幸明公屏翰三楚，惟此福曜所临，莫非天作之合。念此工程浩大，非撮土可成，必赖众擎则易举，且北构文昌阁，西开宴射轩，前人已立成格，空馀基址，有志未逮。某等公议襄此钜役，愿公赐一言弁首。”余惟江汉名区，南北往还，会馆之设，所在多有。而新安之以书院名者，独以文公之乡而重也。余世家新安，而通籍于吴，念乡人之为此举，无非充其好意乐善之怀，而为维系桑梓之本。且其所以恪守文公之道谊家法者深矣。余特述其所以谋始之意，如此惟冀同乡诸老，体昔前贤缔造之难，为后起观型之劝，交相乐助，共破悭囊，鸠工庀材，刻期告竣。俾馆舍如旧，规式一新，往来者有于处之安，而免琐尾之叹，则余于诸君有共乐焉。是为序。

① 许承尧：《歙事闲谭》第11册《北京歙县义庄》，黄山书社2001年版。

赐进士及第诰授荣禄大夫、兵部尚书、兼都察都院右都御史，总督湖广等处地方军务，同郡后学毕沅撰。[①]

而参与捐修者自然通过此事与毕沅联系起来，以首事者徽商汪衡士为例，其人就曾有言，“此合郡公事，人人思诿，夫谁肯任者？余既承制军之命，及同乡之举，余不敢辞。兹事之成，余与诸君共任之”[②]。通过这类言语及其实践，可以清晰地看出会馆在联系徽商与徽州士绅之间的作用。

① 董桂敷编：《紫阳书院志略》卷八《杂志》，嘉庆十一年（1806）刻本。
② 董桂敷编：《紫阳书院志略》卷八《杂志》，嘉庆十一年（1806）刻本。

第二章　明清徽州的家谱

第一节　明清徽州家谱的规模

明清徽州地区素以“文献之邦”著称，保存有数以万计的文书，数以千计的家谱和数以百计的方志，其中的文书是徽学兴起的重要支撑材料，而数以千计的家谱资料正成为推动徽学研究进一步深化的文献宝库。

徽州地区家谱的编修在宋代时已经开始，从现今留存的资料来看，早在北宋时期就已有徽人编修自身的家谱。这也与北宋以来中国家谱编修的趋势相符，对此，南宋著名史学家郑樵有过较为准确的判断，他认为宋代是中国家谱编修的分水岭，即家谱由官修向私人修谱的转变，他在《通志·氏族序》中说：

> 自隋唐而上，官有簿状，家有谱系，官之选举必由于簿状，家之婚姻必由于谱系。历代并有图谱局，置郎令史以掌之，仍用博通古今之儒知撰谱事，凡百官族姓之有家状者则上之官，为考定详实藏于秘阁，副在左户。若私书有滥则纠之以官籍，官籍不及则稽之以私书。此近古之制以绳天下，使贵有常尊，贱有等威者也。所以人尚谱系之学，家藏谱系之书。自五季以来，取士不问家世，婚姻不问阀阅，故其书散佚而其学不传。①

而在北宋著名学者欧阳修编写“欧氏谱图”和苏洵编写“苏氏谱图”，不仅代表了私人修谱的兴起，而且还创立了对后世产生深远影响的

---

① 郑樵：《通志·氏族序》，文渊阁四库全书史部第373册，台湾商务印书馆1982年版，第254页。

“欧苏谱法”。徽州地区的修谱活动也是在这一时代背景下展开的。至今留存下来的宋元时期徽州家谱并不多见，有研究者经过调查，得出结论约有9部宋元的徽州家谱。因此，徽州家谱主要以明清时期为主，依据王鹤鸣《中国家谱总目》可以对明清徽州家谱数量作一个统计（见表2-1）。

表2-1 明清徽州家谱存世数量统计表

年号	洪武	正统	天顺	成化	弘治	正德	嘉靖	隆庆	万历	天启	崇祯
存世谱数	3	3	3	13	7	11	70	16	78	11	23

年号	顺治	康熙	雍正	乾隆	嘉庆	道光	咸丰	同治	光绪	宣统
存世谱数	9	69	9	140	45	68	14	36	157	24

此外还有77部明代谱无法确定确切的编修年代，合计存世明代徽州家谱有315部。

另还有100余部清代家谱无法确定具体年代，总计清代家谱有700余部。

又据《北京图书馆古籍善本书目·史部·传记》可知，现国家图书馆所藏明代徽州明谱达202部之多。而近年来，经学者亲赴国家图书馆考证，国图所收藏徽州家谱至少有345种，其中善本有215种①。一些地方图书馆也藏有不少徽州家谱，如安徽省图书馆，不完全统计有徽州家谱200余种②；本地的黄山学院图书馆，据其馆工作人员统计，共有徽州家谱279部，其中明代14部，清代154部，民国104部③。可据《中国家谱联合目录》对现存徽州家谱的区域分布进行探讨，虽然此书成书较早，收录徽州家谱并不完备，但仍有一定的参考价值。其情况如表2-2所示。

表2-2 《中国家谱联合目录》所载徽州家谱的分布情况

区域	徽州	歙县	休宁	婺源	绩溪	祁门	黟县	总计
存世谱数	188	209	127	105	93	35	21	778

当然，以上统计是不全面的，由于明清徽州家谱不仅在各大图书馆、

① 谈家胜:《国家图书馆所藏徽州家谱的特点与价值》,《历史档案》2009年第2期。

② 彭红:《安徽省图书馆家谱读者及其阅读情况的统计分析》,《图书馆学刊》2008年第6期。

③ 陈玲、冯剑辉:《黄山学院图书馆馆藏徽州家谱简介》,《黄山学院学报》2012年第1期。

档案馆中有收藏，在徽州民间亦有大量收藏，因此，对明清徽州家谱数量保守估计在 1300—1500 部。

第二节　明清徽州家谱的特征

现今存留有数以千计的明清时期徽州家谱，纵观这些谱牒，不难看出其具有体例完善、内容丰富，连续性强和总结宗族理论等特征。这些特征的背后是徽州士绅力图通过纂修家谱来构建社会权力及社会认同的努力。

一　明清徽州家谱体例完善

从徽州家谱发展史来看，明嘉万之后，徽州家谱体例已逐渐走向成熟，这种体例成熟的背后意味着徽州家谱在纂修方面形成了统一的制作形态和丰富的内容取材，是徽州家谱纂修者在继承传统的基础上创新而成。首先是统一的制作形态，从现今留存的早期徽州家谱凡例来看，这一时期的徽州家谱在家谱书法上就已经形成了一定的固定形态。第一是在家谱世系上，他们大都接受了欧阳修、苏洵创立的体例，在世系编制上大都采用五世一图：

> 列图当以小宗法及欧阳公集《谱图》为例，而前祁公不以世次为规，但随朝代之修短以立图，凡一朝为一图。今不欲改，为自总谱后，各派所续，一依小宗法五世为图，满五世后，复起。但于前图末注云“后图接”，标以次第，后图首借前图末起，旁注云“接前图”，或某公下，其后次第而列，庶几易为寻检。①
>
> 世系自汉太尉尤下至郁文，凡四十六世，仅系本支。迨伯六公而下，支派浸蕃，叙世于前，派注于内，五世一宗，准欧谱例。事实详载《别纪》。②
>
> 世系，五世为图者，盖以礼之小宗，则五世而迁。然祖迁于上，则宗易于下。其递迁者，但悬其名，不编其世次。无传者，亦不

① 程孟：《新安程氏诸谱会通》卷首《凡例》，景泰二年（1451）刻本。

② 叶志道：《休宁陪郭叶氏世谱》卷首《凡例》，弘治十一年（1498）刻本。

复书。①

但此时仍然有与此不同的编制方式，“毕氏自憬公至今，凡三十一世。今以五世为一宗，凡六宗世系之叙，必尽书五世之名，而后书第二宗之五世。宗之上，为小圈，书曰‘某人长子’、‘某人次子’，欲人便于观览，与欧谱异矣”②。嘉万之后，徽州家谱在这一方面的形式已然成为定式，几乎未见挑战欧苏体例者，无怪乎学者认为“宋代欧阳修创立的五世图式体例，构成了徽州谱牒的基本框架，可谓之‘徽州谱牒之体’”③。第二是在族人信息撰述上，也形成了一定的范式，一般均记载有排行、生卒年月、婚配和丘墓等。值得注意的是，部分徽州家谱尤其重视其中的排行记载：

> 行序，实彝伦之重，昭穆所系，不容或紊。本氏族属之众，长幼之列，不以行序编之，无所称述。统谱以留侯为一世，始取千字文为行序，使知某字为祖行，某字为父行，某字为兄弟行，某字为子侄行，则彝伦叙而百世之昭穆定矣。④
>
> 派世次，盖以定远近、明传代也。今从唐八伯承节翔公为一世始祖，余以次承接。例谱图，盖以叙尊卑、分疏戚也；书世次，序昭穆也；统于仲集公，昭大宗也；著始迁之祖，明小宗也。⑤

除此之外，徽州家谱在何人不可书上也形成了一定的范式，具体表现为在家谱中除名行为失范的族人，典型的有：

> 谱牒之作，所以尊祖宗、崇孝敬也。间有弃祖墓、鬻谱牒、作过恶，三犯不悛，贻辱祖宗者，孝敬何存？摈而不书，所以惧后人也。⑥

① 罗汝声：《歙县罗氏宗谱》卷首《凡例》，正德二年（1507）刻本。

② 毕济川：《新安毕氏族谱》卷首《凡例》，正德四年（1509）刻本。

③ 王鹤鸣：《中国家谱体例概说（二）》，《寻根》2009 年第 2 期。

④ 张宪、张阳辉：《张氏统宗世谱》卷首《编谱凡例》，嘉靖十四年（1535）刻本。

⑤ 曹诰：《曹氏统宗世谱》卷首《凡例》，万历四十年（1612）刻本。

⑥ 张昶：《新安休宁岭南张氏会通宗谱》卷首《凡例》，嘉靖十二年（1533）重修刊本。

子孙有败伦伤化，盗卖祖坟、祭田及家传、先人手泽，并结婚姻于非族者，即削去其名，永不许预会。①

一支众领者，填注某支领、支下某人经收，使责有所归也。倘或不肖盗卖，即将领谱者议逐出族，下次修谱，不得复入。②

同时，对于继嗣导致出现血缘紊乱者，家谱同样有着明确的书法规定，大多较为类似③。某些行为，家谱中同样也会有所表扬。这些行为主要表现在两个方面：一是为家族作出较大贡献，“谱内略书事实，所以表美。有不书者，惧溢美也。懿行宿望必书，重彰善也。若勤劳祖庙，收族归宗，振兴祀事，则详书之，尚典型而嘉茂绩也”④。二是行为符合儒家道德观，“扬善类盖以昭先德，示激劝也。故有福寿俱全、德位兼备及忠孝节义，并诸聪明豁达、异才异行及膺旌奖者，略纪实本名之下，以便观览。若行不足以激劝，则不敢徇私妄书，以从其例”⑤。最终形成的是家谱内容“书善不书恶”：

谱书与国史无异，史录一国之事，褒忠良，贬奸逆，善恶俱见；谱载一族之事，明支派，别亲疏，书善而不书恶，为亲者讳也。善有可纪，片言不遗，其湮没不存者，则不能录。⑥

谱书与史无异，史录一国之事，谱书一家之事。其贤愚不肖，举世有之，今书善而不书恶者，亲亲之道则然耳！善有可纪，片言不移。凡五十以上事实则书之，未及五十者太［汰］，概功业未定，宜待后人。⑦

徽州家谱在体例上逐渐成熟统一的同时，在内容上也出现了创新，这

① 程尚芳：《新安休宁古城程氏宗谱》卷首《凡例》，隆庆二年（1568）刻本。

② 孙家晖：《古筑孙氏家谱》卷首《凡例》，嘉庆十七年（1812）刻本。

③ 陈瑞：《明清时期徽州宗族内部的血缘秩序控制》，《中国社会历史评论》，天津古籍出版社2007年版。

④ 方善祖等：《歙淳方氏柳山真应庙会宗统谱》卷首《凡例》，乾隆十八年（1753）刻本。

⑤ 李晖等：《三田李氏统宗谱》卷首《凡例》，万历四十二年（1614）刻本。

⑥ 卢乾等：《黟北卢氏族谱》卷首《凡例》，嘉靖年间刻本。

⑦ 程沔：《歙托山程氏族谱》卷首《凡例》，万历元年（1573）刻本。

种创新的重要表现就是丰富了自身的取材。但这一过程并非一蹴而就，而是有着自身的创造过程。欧阳修、苏洵等宋儒订立的私修家谱内容，主要有五项，旧谱序文、姓氏源流、门第郡望、世系图表、行实传记①。自15世纪开始，徽州家谱编修者就开始有意识地扩充家谱的内容，首先将部分家族族人文章和墓地图像纳入家谱：

> 旧谱不收辞翰，今以家所有名卿诗文附谱以传，名曰《遗芳录》。上世辞翰载于简册者，尚赖博古君子采之，以登是录，而后世来者宜绳继焉。辞翰凡备众体而播诸庆颂、哀挽者，宜各以类编。今所取不多，仅以诗文为别而赞附诗末，厘为二卷。后增入浩瀚，当以类分之。②
>
> 丘墓之图，所以重遗体、寓孝思也。故于先世之墓，各图其形象、经理、方向、土名及某之墓，以诏后世。文翰之录，所以纪遗迹、发幽光也，故行实、墓志、序传、诗记别为一卷，以附其后，见文献之足征。③

观察嘉万时期的徽州家谱，可以看出，家谱内容再次出现了扩充，已经超出了族人文章和家族墓地的范围，这一时期新出现的内容有，有关祠堂的内容，“墓有墓祭，祠有祠祭，皆孝子慈孙尽志而又尽物之谓也”④。其中包括如祠堂选址⑤、祠堂功能⑥、祠堂管理⑦和祭祀礼节⑧等内容。有关家法族规的内容，如“苟戒之以言而不思乐受，绳之以罚而不思乐出，是自外于规矣！夫规也者，正也；违正法则不得为正人。今有人焉，名为俭邪，则孰有不赧然其容，悖然其色者。然蹈俭邪之行，而欲辞俭邪之

① 王鹤鸣：《宋代谱学创新》，《安徽史学》2008年第2期。

② 叶志道：《休宁陪郭叶氏世谱》卷首《凡例》，弘治十一年（1498）刻本。

③ 张昶：《新安休宁岭南张氏会通宗谱》卷首《凡例》，嘉靖十二年（1533）重修刊本。

④ 范涞：《休宁范氏族谱》卷六《谱祠》，万历二十一年（1593）刻本。

⑤ 不详：《翠园胡氏宗谱·翠园祠宇图引》，万历二十九年（1601）刻本。

⑥ 汪道昆：《汪氏十六族近属家谱·唐模宗汪忠烈祠记》，万历二十年（1592）刻本。

⑦ 郑之珍：《祁门清溪郑氏家乘·祀产条例》，万历十一年（1583）刻本。

⑧ 葛文简：《绩溪积庆坊葛氏族谱》，嘉靖四十四年（1565）刻本。

名不可得已。吾族之人，焉可不加深省而以正法自律”①。还有祭田等家族资产的内容，如“祭田祭事所出，故以附于明宗宗祭篇下。然着存观专为祖墓及仕宦祠设，而田之在着存者，最多举其祭田，而并及赡给田者，事体相因也，且卫其赡给田正以卫，吾祭田也”②。更将与资产相关的契约记录进去：

故于苍空之下，洗心祷告，誓以无私，立此文约，其承祖田产银两、栽种木植，毋得怀私，照人分散。其续置田产银两、看守木植。毋得怀私照分，分散务宜和同，各守定分。□亦不津贴。又各处坟茔山地前后左右，毋得盗葬盗卖，及所买相连□占。各处田产租息，务宜和同召种收贮，毋得私召私种私取。其该领社银者，每人必得保人，方可给与，其交纳要依定期，不许推捱，其各项银两照旧入众，子子孙孙遵守。如违前项等约事情，只系不孝不义之人，许族诸人以家法惩之。仍许赍此文约经公以子孙败墓罪论，甘罚白银五十两入官公用，仍以此约为据。今恐无凭，立此合同文约，永远为照。嘉靖二十年二月十五日立文约合同人：葛以昭、葛彦臣、葛彦高、葛彦明等立。③

此外，还出现了专门记录领谱相关的领谱字号内容：

衍公 仁德公派，双溪里东坑口中段武进县 来召等收谱十八部，定以“天地玄黄，宇宙洪荒，日月盈昃，辰宿列张，寒来”字号；仁彦公派，曹溪石碾头碣石、汪村 世芳、泽孙、岩魁、显祐等收谱十八部定以“暑往，秋收冬藏，闰余成岁，律吕调阳，云腾致雨”字号；仁智公派，严镇大塘 琼枝等收谱十部定以“露结为霜，金生丽水，玉出”字号；仁清公派，三汊大坦 廷瑞等收谱一部定以“昆”字号；仁海公派，梅村 元润等收谱一部定以“冈”字号；仁安公派 芳村 宣梓、尚亿、可承等收谱十八部定以“剑号巨阙，珠称

① 葛文简：《绩溪积庆坊葛氏族谱》，嘉靖四十四年（1565）刻本。
② 金瑶：《珰溪金氏族谱》卷首《凡例》，隆庆二年（1568）刻本。
③ 葛文简：《绩溪积庆坊葛氏族谱》，嘉靖四十四年（1565）刻本。

夜光，果珍李柰，菜重芥姜，海咸”字号；仁喜公派，丰乐里镀等收谱三部定以“河淡，鳞”字号；琪公派田川得膏等收谱八部定以“潜羽翔，龙师火帝，鸟”字号；炫公，讳公派，伦堂、君恩等收谱五部定以“官人皇，始制”字号。谱成编号，定名收执，异日倘有不肖、嗜利、私售者，知属某支其号，众共呈举，究惩追谱，仍罚本宗银一百两公用，庶各村岁时稽查为之珍重云尔！①

这些内容被后世徽州家谱所继承，成为徽州家谱内容丰富的象征。需要看到的是，这些内容都有一个共通的特点，就是它们均属于家族事务的直接资料，而这些资料又是家族管理的体现，最终反映的是徽州士绅加强自身家族建设的努力。

二 明清徽州家谱具有连续性

明清时期徽州家族普遍存在续修自身家谱的意愿，以致出现“三世不修谱，则为不孝”的习语和“十年小修，三十年大修”的规矩，但家谱续修仍然具有很多困难，并非每个家族可以克服。有关实践情况，如绩溪胡氏乾隆七年（1742）第七次修谱，同治十三年（1874）九修，民国六年（1917）再修。婺源庆源詹氏宗谱，明代嘉靖间、万历间两度编修，清代雍正十三年（1735）三修，乾隆五十年（1785）多次修纂。这些续修情况会在家谱中展现出来，其中典型的即是婺源清华胡氏，据其家谱记载，共有十次②：

北宋治平元年（1064），胡氏后裔胡仁昉始修统宗谱系，至南宋隆兴二年（1164），胡誉官河南，得先祖行实并像以归。开僖年间（1205—1207），胡文靖与胡正臣旁搜遍采，光复谱图，此为一修。元至元十三年（1276），复罹兵火。第二年，胡定庵协助胡文靖后裔胡庆龙，易图缮册，此为再修。至元二十九年（1292），胡修存又按胡定庵所藏，增修博访，厘而跋之，胡一桂为之作序，此为三修。明景泰二年（1451），胡汝器、胡天民兄弟二人，戮力鼎新，纂成十

① 谢廷谅：《古歙谢氏统宗志》，万历三十二年（1604）刻本。

② 下述记载来自家谱本身记载，并不代表其族就真实存在这些纂修的历史情形。

> 本，此四修也。胡宜、胡良乾等于嘉靖三十年（1551），担任编次，纂成二十五本，此为五修。清康熙十八年（1679），胡德良、胡永弼、胡余庆三人担任编次缮书，此为六修。乾隆二十七年（1762），胡光辉、胡光树、胡士晃等五人七修。八修在嘉庆六年（1801），由胡大义、胡家熊等十三人共同完成。九修在同治十三年（1874），胡锦标、胡光熊、胡文耀等人历经三年而告成。民国二年（1913），在胡鸣鹤等人的担纲下，三年后告成，此为十修。[①]

虽然明清以来，续修家谱的实际行为可能并非严格按照“十年小修，三十年大修”的规矩来进行，但续修的努力和实际行为一直存在于明清时期徽州家族当中。典型的就是徽州程氏，在明代中期，程孟和程敏政就分别续修过程氏统宗谱，之后，清代程氏又屡次续修，至少产生了《新安程氏统宗补正图纂》《重编新安程氏统宗补正图纂》和《新安程氏世谱正宗》[②] 三个版本。在这一时期的徽州家族当中，士绅群体还对家谱续修进行了体系化阐述，在清代徽州家谱中表现尤为明显。

首先就是对于重修重要性的论述，康熙十二年（1673），歙县槐塘程氏续修本支谱时就说道：“程之先有三世不修谱更为小人之戒。”[③] 士绅往往将家谱续修与家族传承联系起来作为论点，如康熙三十六年（1697）程天叙的言论：“盖闻源远者流长，根深者叶茂，凡氏族之寖昌寖炽于千万世后者，罔非祖德宗功有以绵延勿替也。”袁炜也说道：“大凡巨家望族必有伟人递相继述，而后祖德宗功永传不替……纠合族而奠世系，萃群英而辨昭穆，俾上而千百世祖宗之灵爽于焉式凭，下而亿万代子姓之纷繁秩然有序，岂不谓伟人递相继述而祖之德益彰、宗之功益显哉？”[④] 这些论述虽未直接提及续修，但却明确阐述了这一论点。太平天国运动之后的

① 胡鸣鹤：《清华胡氏宗谱》卷首《谱序》，《修谱世次》《续修六公宗谱序》《重编世系录》《重修宗谱序》等文，民国五年（1916）刻本。

② 程士培：《新安程氏统宗补正图纂》，康熙二十四年（1685）刻本；程惠：《重编新安程氏统宗补正图纂》，乾隆十二年（1747）刻本；程浩明：《新安程氏世谱正宗》，嘉庆十七年（1812）抄本。

③ 程启东等：《槐塘程氏重续宗谱·槐塘程氏显承堂重续宗谱序》，康熙十二年（1673）刻本。

④ 程梦诏等：《程氏族谱》卷首《续修老序》，同治十三年（1874）刻本。

戴济修在《续修宗谱序》中将两者间的联系说得更为直接：

> 自咸同间兵燹相乘，我族之散处四方者固不知凡几也。况济生也晚，距当年重修宗谱之时将七十载，迟之又久，而宗谱失修者又念余载，迁延愈久，放佚愈甚，即凡所以为继祖于上、合族于下之谋者，亦因之愈迫。倘祖宗纂修于前而子孙不续修于后，势必昭穆无序、谱牒无存，不至无亲无本而不止。此虽非一二人之咎，而要之有承先启后之责者，皆不得辞其咎也。①

其次是续修的时间断限，虽然前述已有相关的断限规矩，但在实际的家族生活中，续修行为很难固定，一般来说，士绅认为在三十年到六十年之间为宜。受宋儒三世一修谱的影响，部分士绅即认为当以三世为限，“尝闻一族之事莫重于修谱，而修谱之要，迟不过三世。夫三世，第祖孙父子之间耳，考其生没娶葬及迁徙居处，犹有见而知、闻而知者，何至湮没无稽，不能因流而溯源乎？”② 而实际上，三世是一个模糊的时间段，因此许多家谱进一步明确了年限，“谱牒之设所以明世次、联疏远也，宜效康节公三十年重修一次，庶免遗佚之患”③。“谱牒之作，所以明世系……世之人苟无宗谱，则不知身所自出，即有谱者越三十年而不修者，必至遗忘多矣，愈久愈湮，后来不得其实，故重修之为贵。凡子孙有贤达者宜勤修辑，近则三十年远则四五十年，慎勿视为故牒而不加意以干不孝之罪。”④ 但就实际情况而言，很难保证三十年一修，受社会环境和家族条件限制，往往经过数十年乃至百年方才得到续修，如婺源查氏：

> 若非谱牒详明，随时修订，则大小世族里居迁徙，与夫嘉言懿行之大、山川人物之美，何能开卷了如指掌也。故近或二三十年而修之，远或四五十年而修之。今则自道光壬午修后已越六十八年矣，其中兵燹流离，避难不暇，几二十年，及至大难削平之后，屡议未成，

① 戴国忠等：《礼村戴氏统宗谱》卷首《济修序》，光绪三十四年（1908）刻本。

② 戴鸿儒：《绩溪东关戴氏宗谱》卷五《失考序》，光绪十五年（1889）刻本。

③ 邵玉琳等：《华阳邵氏宗谱》卷首《新增祠规》，宣统二年（1910）刻本。

④ 程步云等：《绩溪璜上程承启堂世系谱》卷首《家礼杂仪》，宣统三年（1911）刻本。

族之人咸以是为急。[①]

又如黟县古筑孙氏，修谱间隔达到百余年：

我族始祖师睦公自唐时由广陵迁黟，传至本梓公复迁古筑，手定家谱，历年久远，聚族而居，支分派别，已载于明万历之谱。自后阙然未修百有余年，国朝康熙时，我曾祖象豫公惧一本之亲等于行路，于是重编旧谱，续以近代，缮写成秩藏于家。迨乾隆乙未岁，族人以国家承平日久、生齿日繁，且先人生没娶葬散而不纪，渐至遗忘，倘再因循不修，恐世远年湮，子孙涣散，至有不知祖父之名字者，心窃伤之，爰集族人议修家谱。[②]

最后是续修准备问题，除保护旧谱外，徽州家族往往还会置草谱为预修文献，这种文献一般包含新生族人的个人信息，大都是在家族内部祭祀时一并进行，如前述古筑孙氏：

族向有清明会，支丁祭扫祖茔者，照筹给胙。兹议立冬至会，届节合族人祭始祖。设添丁簿，祭之日，各支添丁者报名并年庚登簿，出丁钱四十文入会，会中给清明胙筹二根，庶后日重修家谱无遗无讹。[③]

这些信息也多是由宗祠保管，如绩溪上川明经胡氏，“阅世生人，阅人成世，子孙绳绳，设有不承，何以善后？乃仿《系姓》《世本》之属，分男妇为昭穆，立稿二本，于各主祔庙之时，凡生卒年月、姓氏、某处以及所育子女为人后者之类，无不详问而备书之”[④]。这种草谱在个人信息

① 查荫元等：《婺源查氏族谱·序》，光绪十八年（1892）刻本。

② 孙家晖：《古筑孙氏家谱》卷首《乾隆丙申谱序》，嘉庆十七年（1812）刻本。

③ 孙家晖：《古筑孙氏家谱》卷首《凡例》，嘉庆十七年（1812）刻本。

④ 胡祥木等：《上川明经胡氏宗谱》上卷之下《文苑·宗祠新立谱稿序》，宣统三年（1911）刻本。

的编排上与家谱并无二致，同样会有维护长幼尊卑之意：

男子之生各有名行，所以辨尊卑、别长幼也。近有重犯祖讳者，有越次取行者，其乱宗无礼甚矣。以后宗祠应立谱系一总册，各房立分册，各择读书明理者司之，每岁冬至日汇入总册一次。凡子生三日抱见司谱者，书名并年月时，残亦如之，应送书谱者每名五十文以为酬劳。其犯祖讳重名行者，悉为改正。凡我宗人，遵行不怠，将来修谱既易集事，又无遗误。①

家谱续修与家谱编修的核心意义相同，有所不同的是续修不仅可以使宗族“本固枝茂”，更加强盛，同时还能够补遗正讹，更好地服务于家族传承。

三　明清徽州家谱注重总结宗族理论

明清徽州家谱在长期发展中形成了总结宗族理论的传统，使家谱成为士绅阐述自身对于家族发展理解的平台，这一点在家谱谱序中表现得尤为明显。典型的是明清徽州士绅通过家谱展现了自身对于家族存在伦理基础的理解深度。首先是家谱谱序中对于“一本”问题的相关阐述，② 早在元代徽人唐元在所撰《李氏族谱序》就有论证：

天地有初乎？曰函三为一是已；生民有初乎？曰气化而孩是已，由气化而形禅。前乎千万世，其孰知为吾祖耶？后乎千万世，其孰知为吾子吾孙耶，然其初一本而已，知其一本则知吾所自出，推之为吾同出，可不敬欤？吁！因生赐姓，皆也神明之后。③

明末休宁人金声同样是在家谱谱序中以此说为基础，对“一本”论进行了深入阐述：

---

① 邵玉琳等：《华阳邵氏宗谱》卷首《新增祠规》，宣统二年（1910）刻本。

② 徐彬：《徽州家谱的理论与方法研究》，安徽科学技术出版社 2017 年版，第 27—38 页。

③ 唐元：《筠轩集》卷九《李氏族谱序》。

> 予学道空山，尝终夜寂坐静念，生人之始自父母，祖父母而上以溯于上古，才有天地未有人之时，而知万物之原本于一气也。气则生，生则无穷，木之有枝叶而必荫蔽本也，水之有流派而汇于星海也，人之有异氏族而同在宇宙也，一理也，即一气也。气本无异，则外附者而无异，异地者而亦无异总之厚其本原，不致两间淳固之脉削弱于一枝一川，所以培气也，实气自培也。外附者何？葛累之萦樛木而高也，沱潜之会江汉而大也。易地者何？兰芷离幽谷而庭阶不失其芳馨也，江河之流由西而东不失其浩荡也，二者皆气之使然也，何独于人而疑之……夫胡氏系出考川，而考川胡氏以明经著者，实始于李唐昌翼公，公之义祖胡清以臣也……如曰外附者而有异气，天地不始乎一人乎？……其在小溪也，犹其在考川也，而本支原派昭昭井井，此继志述事之善谋也，如曰易地者而有异气，万国当聚于块土乎……总之明于一气之说，虽天地一宗，何彼何此，苟不明于一气之理，则一室秦越，安能保世亢宗哉。①

金声的理论核心在于他阐明了重视“一气”的缘由，认为只要知道宗族之内众人“一气”相通、“一本”相同，则无论何地、何时，皆能够不分彼此，反之则宗族不宁。实际上，传统徽州宗族从效用方面来阐述“一本”论之重要者，并不少见：

> 俾后裔知吾族之居古筑者为一本之亲，而使内外有别，长幼亲疏有序，有无相赒，吉凶患难相助，岁时伏腊祭享饮食相周旋，如此，则宗族之序明，而相保相爱各安本俗，咸期于德行道艺之归。②
>
> 上之则出于一本，旁而推之则分为群枝，虽百世之远而祖考不忘，宗族不散，尊祖敬宗之心将油然而兴矣。③

另外，徽州士绅通过家谱谱序阐述自身对于小宗宗法的理解，成化年

① 胡陆秀等：《考川明经胡氏统宗谱·明经胡氏海阳小溪桥族谱原序》，道光九年（1829）刻本。

② 孙家晖：《古筑孙氏宗谱》卷首《明嘉靖丁酉谱序》，嘉庆十七年（1812）刻本。

③ 不详：《绩邑杨溪王氏宗谱·王氏族谱叙》，民国七年（1918）刻本。

间休宁文人苏景元就在其所编家谱中尝试融合大宗小宗，并从当时现实情况出发，提出了理论依据：

> 大传曰：别子为祖，继别为宗，继祢者为小宗。有百世不迁之宗，有五世则迁之宗，有小宗而无大宗者，有大宗而无小宗者，有无宗而亦莫之宗者。继别为宗，天子之倅子为诸侯，诸侯之倅子为大夫，皆为别子之嫡，继别子为大宗，所谓百世不迁者也，继祢者为小宗，大宗之弟之嫡子继祢为小宗，传及五世即祢为高祖，其别有四，继祢者兄弟宗之，继祖者从兄弟宗之，继曾祖者从祖兄弟宗之，继高祖者族兄弟宗之，服尽则不为宗，所谓五世则迁者也。有小宗而无大宗者，谓君无嫡兄弟，使庶兄弟一人为宗以统公子也。有大宗而无小宗者，谓君有嫡兄弟使之为宗以统公子，不复著庶兄弟为宗也。有无宗而亦莫之宗者，公子一己，无公子所宗，亦无公子宗之也。别子之嫡子世继别子为大宗，小宗尽于高祖，服远则忘之矣。大宗以义立族人，五世外皆合宗子家，序以昭穆，皆服齐衰三月，敬宗而尊祖，所以维持族姓使不散也。《礼书》曰，百夫无长不散则乱，一族无宗不离则踈。先王因族以立宗，故吉凶有以相及，有无得以相通，尊卑有分而不乱，亲疏有别而不惑，贵贱有繁而不简。然后一宗如出乎一族，一族如出乎一家，一家如出乎一人，此礼俗之所以型，人伦之所以厚也。东坡曰：秦汉以来，大宗之法不可复立，其可以收合天下之亲者，有小宗之法存而莫之行，今天下所以不重其族者，有族而无宗也。有族而无宗，则族不聚，人虽欲亲之，无由也。族人而不亲，忘其祖矣，今世公卿大夫贤人君子之后，所以不能世其家，如古之久远者，族散而忘其祖也。呜呼！五教既远，风俗日下，贵不亲贱，富不怜贫，高者自满，穷者益滥，人伦何自而厚乎？礼俗何自而型乎？宗法安得而复乎？因编宗谱，乃作是说，读者其亦有感也夫。①

之后徽州谱学家程敏政则进一步提出了大宗是由小宗组成的，大宗宗法唯有靠小宗才可实现的理论，“封建之制不行，大小宗之法不立，天下无世家久矣。然小宗之法有非令甲之所禁者，衣冠之胄、诗礼之族往往忽

① 苏大：《新安苏氏宗谱》卷首《大宗小宗说》，乾隆元年（1736）重刊本。

而不之讲焉，何哉？今有人焉，订千百年之异同于一书，合千百人之昭穆于一家，见者必骇，闻者必疑，彼诚以为事有所不可诘，势有所不可齐，而安于久俗之不可骤变也”①。汪道昆则从“亲亲”为人道根本出发，认为小宗宗法就是建立在“亲亲”宗法伦理基础之上，“系之以姓而弗殊，其自亲近始”②，以此来强调小宗之法的理论基础。同时期的徽人还认为，小宗之法并不违背“一本”观的宗法精神，“小宗之制以辨其异，一则报恩之仁，一则崇本之义，二者并行不相悖”③，并认为唯有融合运用两者，才能满足宗族建设的需要，“窃叹古昔先王垂训齐家睦族而防微之有道也，惧其众之或淆也，类之以姓氏；惧其远之或忘也，本之以大宗；惧其支之或散也，联之以小宗”④。

事实上，徽州士绅并非单一论述他们关于家族存在的理论，他们还会通过阐释家谱功能的方式来佐证自身理论，特别是这些士绅还是家谱的直接编修者，从而使家谱本身成为他们践行这些理论的载体：

> 入其里而不识其为吾之族，遇于途而不识其为吾之宗者，此比皆尔也，尚芳深为之惧，究心有年。嘉靖丙辰，春阳村挨侄惟时来祠祭宴，言谕所及适得我心同然。于是悉会群族，且得诸后彦以辅翌之，订其支系，序其昭穆，纪其生亡，联其婚姻，彰其行迹，载其坟墓；词畅而理明，事著而实核。笃一本之亲，不限远近于其地；兴同气之念，不择贫富于其人。总计数千余丁，编为一十一卷。⑤
>
> 而弗虞其漏一本散为万殊，万殊仍归一本，脉络分明，渊源有自。是殆如山之奇特，莫不祖昆仑；水之停蓄，莫不祖天一。知其合即知其分，可以涣即可以汇，由近而远、由亲而疏，雍雍乎不几普一族之众于大同，而非徒各祖其族、各宗其宗，以联为一体也哉？此可知收族之至意，究未始不寓于尊祖敬宗中也！其敢或忽乎仁与孝与尽

---

① 程敏政：《篁墩文集》卷二十三《新安程氏统宗世谱序》。

② 汪道昆：《灵山院汪氏十六族谱·本宗谱序》，万历二十二年（1594）刻本。

③ 王應仕等：《祁西若溪琅琊王氏宗谱·重修王氏统宗世谱序》，光绪二十一年（1895）刻本。

④ 程尚芳：《新安休宁古城程氏宗谱·柳塘程氏续谱序》，隆庆四年（1570）刻本。

⑤ 程尚芳：《新安休宁古城程氏宗谱·休宁古城程氏重修宗谱序》，隆庆四年（1570）刻本。

追远之义，与余又何能焉？夫亦惟念一脉相承。①

第三节 明清徽州家谱发达的原因

现存明清徽州家谱的规模自然意味着在这长达近600年的时间里，徽州家谱是十分发达的，由于家谱并非如文书资料是人们在社会生活中自然产生并留存的，而是经历了编纂程序，故而这种发达现象是有着特殊原因的。具体来说，首先是明清时期徽州宗族的兴盛，构成了家谱发达的社会基础；其次是徽商的财力支持，使徽州家谱的发达获得了足够的资金保障；最后是明清徽人重视谱牒，是明清徽州家谱发达的内在动因。

一 明清徽州严密的宗族组织是家谱产生的基础

对于明清时期徽州宗族的由来及发展情况，明代徽人胡晓在《新安名族志》序言中有着较为清晰的描述：

> 新安……山峭水厉，燹火弗惊，巨室名族，或晋唐封勋，或宦游宣化，览形胜而居者恒多也。其故家遗俗，流风善政，宛然具在。以言乎派，则如江淮河汉，汪汪千顷，会于海而不乱；以言乎宗，则如泰华之松，枝叶繁茂，归一本而无二；言乎世次，则尊卑有定，族居则闾阎辐辏，商贾则云合通津；言乎才德，则或信义征于乡间，或友爱达于中外，或恬退著述，或忠孝赫烈。至于州里之镇定，六州之保障，诸儒之大成，宗庙血食，千载不磨，又名族之杰出者。②

正是在这种宗族发展的状况下，明清时期徽州才会有如此多的家谱出现。从宗族数量来看，仅据《新安名族志》一书的记载，就有名族124个，涉及姓氏78个。《新安名族志》的主要资料来源就是家谱，“各族先达，称名者，遵家谱也”③，如果从这个角度出发，明代中期徽州家谱的数量就已经不少于百部了。这里所说的“名族”属于在地方上有一定影

① 程耀：《程氏族谱·源流序》，道光十二年（1832）敦睦堂刻本。

② 程尚宽等著，朱万曙点校：《新安名族志·胡晓序》，黄山书社2007年版，第4页。

③ 程尚宽等著，朱万曙点校：《新安名族志·凡例》，黄山书社2007年版，第15页。

响，且具备一定组织化程度的家族，正是这些家族成为明清徽州家谱纂修的主体。至清代，这类徽州家族的数量更是有大幅增长，龚自珍就认为应当在府志中专列一表，以为记述，“徽之大姓，则固甲天下，粲然散著，靡有专纪，是故削竹而为之表”①。现在虽未能见到这一张表，但仍可通过相关统计估算清代徽州宗族数量。一般认为，宗族组织应有如宗祠、家谱等有形象征，这样一来，便可以通过这些有形象征来估计宗族组织的数量，特别是宗祠，其代表性很强，考察县志中的相关记载，至少可以查出清代不同时期，祁门、休宁和黟县的宗祠数量。其中道光年间休宁县有宗祠 295 处②，同治时期黟县有 102 处③，祁门有 55 处④。仅此 3 县的宗祠数量就已达 400 处以上，推至整个徽州，可以估计出其宗祠数量绝不算少，由此可观之清代徽州宗族的规模之大。

明清时期徽州宗族除了规模较大之外，其组织化程度也较高，宗族除持续编修自身家谱外，还普遍建造宗祠并有着固定的宗族活动。首先是建造宗祠，明清时期徽州宗族极为重视宗祠，“举宗大事，莫最于祠，无祠则无宗，无宗则无祖，是尚得为大家乎哉？”⑤ 正是在这种意识下，明清两朝徽州宗祠林立，数量极多，这种特点在当时编修的家谱中就有所记载：

> 新安居万山之中，民淳而俗厚，敦本务实，惟宗祠、家谱为兢兢。自五代以迄于今，民生不见兵革。聚族而居，或累数十世，祠宇之绵亘连云者，远近相望，不可枚举。先儒之遗教有自来矣。⑥

明清时期徽州宗族宗祠不仅数量众多，而且有些祠堂的规模还十分宏大，据赵华富先生考证，明崇祯年间重建的休宁古林黄氏祠堂，“有正堂五间，两庆五间，回廊五间，仪门五间，前仪门五间，后寝楼五间，前门

---

① 龚自珍：《徽州府志氏族表序》，载《龚自珍全集》第三辑，上海人民出版社 1975 年版，第 231 页。

② 道光《休宁县志》卷二十《氏族》。

③ 同治《黟县志》卷十一《祠堂》。

④ 同治《祁门县志》卷九《祠宇》。

⑤ 程一枝：《程典》卷十二《本宗列传第二下》，万历二十六年（1598）刻本。

⑥ 胡培翚：《金紫胡氏家谱·嘉庆重修家谱序》，嘉庆二十四年（1819）刻本。

楼三间，公厨一所。共占地四亩八分有零”①。又如清乾隆二年（1737），歙县东门许氏宗族重建自身宗祠，内有诰敕楼、拜堂各五大间，“四载告竣，计此拜堂可容千人跪拜”②。

其次是宗族活动，明清时期徽州宗族活动繁多，特别是如元旦团拜、春祭、秋祭、冬祭和标祀等礼仪类活动，徽州宗族往往要求全员参与，具有一定的强制性。这些活动往往以朱熹《家礼》为蓝本，强调活动的仪式性，以歙县新馆鲍氏元旦团拜为例：

> 黎明，管年者令人满街鸣锣一次。凡老少冠者，俱着吉服诣祠。到齐，祠内鸣钟三次，礼生二人，一东一西，唱序立，行谒庙礼。四拜毕，行团拜礼，循世次名分列东西，排班序立，行二拜……至巳时，各家妇人止许髻替尾冠青布衫，齐赴祠，行谒庙礼。四拜毕，行团拜礼，二拜。③

此外，定期祭祀也是明清徽州宗族的重要活动之一，“今夫家必有庙，庙必有主，礿祀蒸尝，时必有祭”④。这种祭祀活动，宗族同样要求全体成员必须参加，“祠祭日，凡派下子孙在家者，俱要齐集；如无故不到者，罚银三分。六十以上者，不论。管祭者稽查”⑤。“凡祭祀，春以春分日举行，冬以冬至日举行……有无故不到及怠慢失仪者，罚。”⑥ 在这种要求之下，明清徽州宗族活动往往呈现出相当的规模，明崇祯年间徽州黄氏的一次祭典就体现出了这种态势，“各派至黄墩，肇兴祀典。于是缙绅文学五十余人，仆从车舆阗骈一市。祭奠礼仪森备，炫煌睹听，观者云集”。⑦

---

① 赵华富：《论徽州宗族的繁荣》，《东方论坛》2010 年第 2 期。

② 许登瀛：《重修古歙东门许氏宗谱》卷八《规约·宗祠新置义田规约》，乾隆二年（1737）刻本。

③ 鲍会章：《歙新馆鲍氏著存堂宗谱》卷三《祠规》，光绪元年（1875）著存堂活字本。

④ 黄茂待等：《新安黄氏大宗谱》卷二《溪西叙伦堂记》，乾隆十七年（1752）刻本。

⑤ 鲍会章：《歙新馆鲍氏著存堂宗谱》卷三《祠规》，光绪元年（1875）著存堂活字本。

⑥ 胡祥木等：《上川明经胡氏宗谱》下卷之中《新定祠规二十四条》，宣统三年（1911）刻本。

⑦ 明黄元新修，黄臣槐校补等：《潭渡孝里黄氏族谱》卷五《祖墓》，雍正九年（1731）刻本。

从上述情况来看，明清徽州宗族不仅数量众多，规模较大，而且组织程度也较高，正如绩溪县志载，“深山大谷中人，皆聚族而居，奉先有千年之墓，会祭有万丁之祠，宗祏有百世之谱”①，正是在这种社会背景下，明清徽州家谱才具有如此的规模。

二　明清徽人修谱意识是推动家谱成形的动力

明清时期徽人普遍重视自身家谱编修，这种重视的原因在于家谱不仅可以为宗族族人提供“报本追远”的平台，更在于宗族可以使用家谱充分践行儒家的思想以维持尊卑等级秩序，加强宗族内部的人际规范，如明休宁人汪大章曾有言：“家之谱犹国之史也，国之史所以记其圣君臣制作辞命之典实，家非谱不能记其人之贤愚不肖，孝悌忠贞之美恶。”② 歙县溪南吴氏对于家谱的这种作用阐述更为具体：

> 家之有谱，犹国之有史也。国而非史，则君臣之贤否，礼乐之污隆，刑政之臧否，兵机之得失，运祚之兴衰，统绪之绝续，无由以纪；家而无谱，则得姓之源流，枝派之分别，昭穆之次叙，生卒之年月，嫁娶之姓氏，出处之显晦，无由以见，国何以治，而家何以齐哉?③

显然，仅从功能上，明清徽人便认为家谱有着重要的作用，在此基础上，在明清徽州还存在将家谱视为族内“宪章”式文献的认识，绩溪洪川程氏就是如此，“国无国之道，而后国乱；家无家之道，而后家乱。故礼乐纲纪者，国之道也；宗法谱系者，家之道也”④。正是在这种认识的影响下，出现了认为家谱编修不可缓的态度，“谱者，家之大典，姓氏之统于是乎出，宗祖之绩于是乎章，子姓之绪于是乎传，宗法于是乎立，礼义于是乎兴，胡可缓也”。⑤ 而缺少了家谱的家族，其后果对于宗族而言，也是十分严重的：

① 乾隆《绩溪县志·序》。

② 不详：《梅林汪氏族谱》不分卷，天启六年（1626）抄本。

③ 吴起凤：《歙西溪南吴氏世谱·萧迁叙》，乾隆十二年（1747）刻本。

④ 程兰：《洪川程氏宗谱·洪川程敦睦堂世系谱序》，民国十二年（1923）本。

⑤ 程一枝：《程典》卷十二《本宗列传》第二下，万历二十六年（1598）刻本。

> 无之，将见贵不齿贱、富薄其贫，吾恐昭穆不分、尊卑失序。宗法不立，嫡庶奚明？势不至等，亲又为陌路，而视陌路为亲亲者，几希矣。吾知谱之所系匪细也。然则家之无谱，不犹国之无史乎？国无史无以纪历代，无以征文献；家无谱，无以明世系，无以溯渊源。①

除了儒家宗法观念使家谱变得十分重要之外，还有就是明清徽人对于家谱本身的史籍地位的重视，其重心就是如前述引文中的“家之有谱，犹国之有史也”。这类言论在明清徽州家谱中有很多，如明嘉靖十六年（1537）绩溪人舒朝旸曾说：“家之谱牒犹国之史书，国无史书则帝王历数莫考，家无谱牒则宗族源流莫辨，即爱敬之心无由而生，然则族谱可轻乎哉。”② 万历十年（1582）休宁人程涓作《程典序》曰：“夫家之谱，犹夫国之史也。”③ 崇祯年间吴文班说：“家之有谱，犹国之有史也，史纪世代兴亡，承祚继统，褒贬抑扬，以昭来世，谱系姓氏源流，序次昭穆，聚宗收族，以贻后昆。史非玉堂硕彦弗克纂修，谱非博学隆望不能编辑。故国史则推班马，家史则称欧苏，应斯任者必待其人。”④ 清乾隆二年（1737）歙县人许登瀛同样有言：“国不可以无史，家不可以无乘，乘与史相为表里者也。”⑤ 这种话语的多次重复出现，说明这种认识属于明清徽人较为普遍的认识。

可以说，正是明清徽人对于家谱的这种认识，使明清徽人有着强烈的修谱意识，这种具有共识性的认识成为徽人修谱的内在动力。

三　明清徽商资本是家谱形成的保障

明中叶后徽州人经商之风日炽，出现歙县“业贾者什，家而七”⑥、祁门“服田者十三，贾十七”⑦ 的局面，进而催生了规模巨大且取得雄厚财力的徽州商帮，时人谢肇淛说：“富室之称雄者，江南则推新安，江北

---

① 吴维东：《海阳吴氏族谱》卷首《序》，崇祯抄本。

② 舒安仁：《华阳舒氏统宗谱序》卷首《续序》，同治九年（1870）叙伦堂活字本。

③ 程一枝《程典》卷首《程典序》，万历二十六年（1598）刻本。

④ 吴元孝：歙县《临溪吴氏族谱·吴文班序》，崇祯十三年（1640）刊本。

⑤ 许登瀛：《重修古歙东门许氏宗谱》卷首《重修家谱自序》，乾隆二年（1737）刻本。

⑥ 汪道昆：《太函集》卷十六《兖山汪长公六十寿序》。

⑦ 万历《祁门志》卷四。

则推山右。新安大贾，鱼盐为业，藏镪有至百万者，其他二三十万则中贾耳。"[①] 到清代时，徽商实力仍然十分强大，据道光时人李澄在《淮鹾备要》中说记载："闻父老言，数十年前，淮商资本之充实者，以千万计，其次亦以数百万计。商于正供完纳而外，仍优然有余力。"[②] 生活于清嘉道年间的王赠芳也说："向来商力充裕，办运者百数十家，有挟资千万者，最少亦一二百万。"[③] 至于"百万以下者，皆谓之小商"[④]。

这些取得成功的商人，多表现出对编修家谱的热心。据董家魁统计，明清时期徽商大量捐资修谱，不仅单人捐资数量巨大，且捐资人数也有相当规模。部分情况如表 2-3 所示。

表 2-3　　明清徽商捐资修谱一览表

序号	徽商姓名	捐资修谱事迹	资料出处
1	许登瀛	尝捐数千金修宗祠、创义学，更捐万金置义田，俾群族之人日有食、岁有衣。……兹又举百余年缺修之谱牒而续修之，其间世系远近之校雠、锓版装潢之资费靡不仔肩而独任。	《重修古歙东门许氏宗谱》卷首《新安许氏族谱序》，清乾隆十年刻本。
2	方善祖	其剞劂纸张、工价，皆善祖独立肩之。	《歙淳方氏柳山真应庙会宗统谱》卷二十《县给编号印照》，清乾隆十二年抄本。
3	鲍起元	宗谱之续与有劳焉，及在汴，闻族议付梓，喜不自胜，乐捐多金，从事其襄，建义塾，不落人后。	歙县《重编棠樾鲍氏三族宗谱》卷一百〇一《希圣公派》，清乾隆二十五年刻本。
4	宋学仁	为人质直端重，喜施与，重然诺，远近人咸仰其德望，如笃水源木本，则因会宗而置祀产，而开局修谱，皆不惜重资费。	《歙西金山宋村宋氏族谱》卷十二《惟贤公传》，版本不详。
5	程信	葺宗祠，修谱牒，表前修，翼后学，重建孙公桥，其费以万计，阅九年乃成。	（清）刘大櫆：《海峰文集》卷七《墓志·中书舍人程君墓志铭》，清刻本。
6	朱耀华	翁念报本返始为重也，因捐资修宗祠、理旧谱。念社庙为一乡庇荫也，捐银百两修治之。	《重修古歙义成朱氏宗谱》卷终《朱耀华翁家传》，清宣统刻本。

① 谢肇淛：《五杂俎》卷四《地部二》，上海书店出版社 2001 年版。

② 李澄：《淮鹾备要》卷七，道光三年（1823）刻本。

③ 葛士浚：《皇朝经世文续编》卷五十一《谨陈补救淮盐积弊疏》，台北文海出版社 1972 年版。

④ 小横香室主人编：《清朝野史大观》卷十一《清代述异》，上海文艺出版社 1990 年版。

续表

序号	徽商姓名	捐资修谱事迹	资料出处
7	詹天松	凡续修宗谱及前届志乘……均量力捐资。	民国《重修婺源县志》卷四十二《人物十一·义行八》，民国十四年刻本。
8	胡德墉	资稍裕，族修宗谱，即踊跃输金。	民国《重修婺源县志》卷四十《人物十一·义行六》，民国十四年刻本。
9	俞悠琫	尝业木维扬，赀颇饶，辄喜施与。……他如捐赀修谱、市米平粜、好义勇为，不一而足。	光绪《婺源县志》卷三十五《人物十·义行八》，清光绪九年刻本。
10	吴永钥	后往汉镇业贾，值水灾，钥雇舟救援，全活甚众。尤笃根本，修祀厅、葺宗谱，所费不下五百金。	光绪《婺源县志》卷三十五《人物十·义行八》，清光绪九年刻本。
11	孙有爔	幼读书，以父抱疾，弃儒就贾，赀渐饶。建祖祠、立圭田、修祀典、葺宗谱，族之贫乏者周之。	光绪《婺源县志》卷三十五《人物十·义行八》，清光绪九年刻本。
12	吴起当	遇岁祲，数四买米减价平粜，费不下二百余金。年跻八秩，属子勿称觞冗费，捐金修补村外道路数百丈。至于理祠叙谱，周急排患，善行尤多。	道光《徽州府志》卷十二《人物·义行》，清道光七年刻本。
13	程兆达	族葺谱，例计丁输赀，贫弗给者皆达输。祖庙成，达更输金五百裕祀典。	道光《徽州府志》卷十二《人物·义行》，清道光七年刻本。
14	夏荣圳	仗义好施，尝捐赀新祖庙，葺族谱。	道光《徽州府志》卷十二《人物·义行》，清道光七年刻本。
15	孙徽五	尝贩木湖南，抵寻江，木尽火，计耗数千金。……居里捐金八百，倡建家庙。……余如修家乘，造桥路，义举必先，至今称德。	光绪《婺源县志》卷三十三《人物十·义行六》，清光绪九年刻本。
16	胡正鸿	成童后，父命服贾。……若修谱谍，葺祖茔，费皆独任。	光绪《婺源县志》卷三十四《人物十·义行七》，清光绪九年刻本。
17	胡鉴镕	家祠蠹坏，谋葺之，费金六百余。……文庙、县堂、邑志，皆捐巨金。至于修谱牒、造桥路，其佽助盖不胜书也。	婺源《重修清华胡氏宗谱》卷末《鉴镕胡公暨德配赵宜人传》，民国刻本。
18	胡清烈	严毅敦谨，少服贾，精筹算。……壬午修县志，捐金百余两。丁亥修家乘，担任输金，贫难纳丁费者，皆烈代偿。	民国《重修婺源县志》卷四十二《人物十一·义行八》，民国十四年刻本。
19	查森	生平清介自守，族中养生、禁赌、兴文会、修宗谱，凡诸义举，无不赞助。	民国《重修婺源县志》卷四十八《人物十二·质行九》，民国十四年刻本。

续表

序号	徽商姓名	捐资修谱事迹	资料出处
20	施风章	好施与，乡里姻朋穷困者恤之，遇节烈为之显扬，乏传者为立后，复出巨资倡修宗谱。	民国《重修婺源县志》卷四十八《人物十二·质行九》，民国十四年刻本。
21	施斌	少贫，商江西乐邑，家稍裕。好义轻财。三抚人之孤，皆婚教两全，出巨资倡修统谱，又常暗贴金钱为人排纷解难，乐善好施如此。	民国《重修婺源县志》卷四十八《人物十二·质行九》，民国十四年刻本。
22	潘鸣钟	童年失怙恃，弃儒就商。督修统宗祠、督建祖祠，五年不辞劳瘁。修造通景镇大路，慨输四百金。重修族谱亦输数百金。凡遇善举，无不乐输。	民国《重修婺源县志》卷四十八《人物十二·质行九》，民国十四年刻本。
23	王世贵	壮为毗陵木商，生计稍裕，即捐银百两倡修族谱，旋又捐银百两劝族之殷实者集成善谊会，置田数十亩，育婴、救溺。	民国《重修婺源县志》卷四十八《人物十二·质行九》，民国十四年刻本。
24	洪昌	竭数载之精神，捐一己之囊橐，独力出而修之。	休宁《江村洪氏家谱·跋》，清雍正八年刻本。
25	程光祥	为人宽厚，有犯不校。有借贷不能偿者，辄焚其券。有戚属负债于外不能归者，厚赠之得还里，并供给其全家。尤笃族谊，修谱牒，捐赀不吝。	道光《休宁县志》卷十五《人物·乡善》，清道光三年刻本。
26	叶良沐	居沙堤，康熙年间，南京统修家谱，族中贫乏，费无从筹，沐典质家产，捐资千金，襄成其事。	同治《祁门县志》卷三十《人物·义行补遗》，清同治十二年刻本。
27	姚联达	性纯孝，年十三随父贾汉口，先意承志，奉养如成人。生平见义必为，葺宗祠、复祀会、修谱牒、置高墙、庵义冢，莫不慨然乐助。他如重修渔亭石桥，费繁工巨。筹办阖邑积穀，责重事艰，联达亲往各埠劝捐，咸重其人，踊跃赀助。	民国《黟县四志》卷六《人物·孝友》，民国十二年刻本。
28	胡定祥	后与建平旅次同乡汪君积功友善，集腋设行贩运粮食，汪君素慕公才推为经理，惨淡经营，商业日盛而公之家亦因以裕。自是乡人羡之，多于郎溪继续开行，公实为先导也。……公生于道光十七年（1837）十一月二十九日亥时，卒于宣统三年（1911）四月二十日未时，享年七十有五，元配冯氏生二子，长位寮，次位滨……位寮旅居郎溪，今为合族修谱，倡捐银一千五百圆，又来书属余为公撰传刊入谱内，永留纪念。	绩溪《遵义胡氏宗谱》卷八《定祥公传》，民国二十四年铅印本。

可以说，财力雄厚的徽商是徽州家谱纂修经费的最主要来源，正是有徽商的财力支撑，方才使徽州家谱最终得以成形。典型的如《槐塘程氏重续宗谱》，“谱赀：前此各派捐输，惟江村派槚公居多，后此移梓扬州，辑录三年，缮写镂刻四年，为版一千一百，积字八十余万，计用白镪盈二千余金，皆岑山派量能、槚嗣度渊、起周合力供应。至公所中撤而适馆授餐诸费，则又量能所独任者也”①。其中提到的程量能、程槚都是徽州盐商，不夸张地说，若无此二人的财力，徽州槐塘程氏家谱是无法修成的。又如徽州左台吴氏家谱的修成也是有着徽商的保障，清人吴阀有言，“复念一鸠厥工，费用浩繁，窃恐力不能支，难以岁月计”。在此情况下，求助于族内徽商吴秉宏，“越异日，以事昭石桥族弟秉宏，因述先人之业，欲竟而不得也。秉宏乃慨然许助三百金为倡……夫然非秉宏弟乐助于其始，诸同人协辑于其终，其何以复遗命，奏厥功哉”②。徽商为本宗族家谱的修成提供了财力的主要支撑，正是这些付出，有效地保证了他们所在宗族最终可以顺利完成家谱的纂修。

① 程启东等：《槐塘程氏重续宗谱》卷首《凡例》，康熙十二年（1673）刻本。

② 吴絜华：《左台吴氏大宗谱》卷首《序》，民国二十三年（1934）铅印本。

第三章　明清徽州士绅的家谱编修活动

第一节　明清徽州士绅修谱的基本情况

士绅作为四民之首，在基层社会具有特殊的地位。这种特殊地位的由来并不仅是因为士绅拥有诸多特权，更为重要的是，在传统中国社会生态中，士绅能够发挥巨大的作用。就明清时期而言，皇权并无能力直接统治地方民众，唯有通过与士绅的“合作”才能有效控制地方。而士绅阶层以其掌握的社会资源和社会地位，在基层社会长期深耕，发挥巨大的作用，成为与地方政府共同管理当地事务的地方精英。他们作为非正式权力的代表，以不同于地方政府的方式行使着自己的权力。

> 徽俗士夫巨室，多处于乡，每一村落，聚族而居，不杂他姓。其间社则有屋，宗则有祠，支派有谱，源流难以混淆；主仆攸分，冠裳不容倒置。至于男尚气节，女慕端贞，虽穷困至死，不肯轻弃其乡。女子自结缡未久，良人远出，或终身不归，而谨事姑嫜，守志无怨，此余歙俗之异于他俗者也。乡村如星罗棋布，凡五里十里，遥望粉墙矗矗，鸳瓦鳞鳞，棹楔峥嵘，鸱吻耸拔，宛如城郭，殊足观也。①

在如此稳定的宗族社会情境下，士绅便可充分利用宗族渠道实现有效构建和行使自身权力。而对于宗族渠道的有效利用离不开对于宗族的控制，明清时期，在徽州士绅的主导下，徽州各族编修了大量家谱，通过修谱加强了对宗族的控制，从而施加对地方社会的影响力。家谱在一定范围内可以说是士绅的文化特权与宗族统治相结合的产物。

---

① 许承尧：《歙事闲谭》，黄山书社 2001 年版，第 160 页。

一 士绅的特殊地位决定了其是修谱的主力军

明清时期徽州私人修谱十分兴盛，多数宗族均编有自身家谱，作为族内掌握知识的阶层，士绅所具备的特殊地位，使他们能够在能力上满足宗族修谱的需要，自然也就成为宗族修谱的主力军。

首先是士绅在地方上具有一定的声望，受地方百姓的推崇。如“双溪郑先生佐，以江右大参致仕家居，尽息公府之交，殚心乡闬之事，凡有裨益里门者，靡不筹划详密”。“梅庄佘先生文义，弱冠行贾……中年积著累数千金，居乡以长厚闻。”① 其中典型的郑佐就曾为《新安名族志》写序，肯定家谱之功效。家谱作为乡邦文献，不仅属于族内，也会在地方上产生一些影响，如若家谱编修者为这些相当声望的地方士绅，必将提升家谱的影响力。

除了在地方上具备声望外，明清徽州士绅往往还有着雄厚的经济基础。特别是此时徽州出现了一大批资产雄厚的大商人，即“徽商”，这些大商人通过多种途径被士绅阶层所接纳，从而跻身徽州本地士绅之列。典型的有明代休宁商汪起前，“公仅十龄，值家中落，安人命仲下帷，属公偕季挟箧游湖海间……竟以赀雄闾右……公念赠公（父）背早，丈夫不以儒成名，逐逐泉刀之末，未能以泽及民，乃通籍主幕。莱州豪有力为奸，绳以法……公故恬澹寡营，迨移襄阳暮随返初衣”②。

《休宁西门汪氏宗谱》卷六载有明天启年间休宁商汪起英为其父汪应亨纳赀求得的《京兆应亨公暨金安人敕命》，其文如下：奉天承运皇帝敕曰：“……尔汪应亨乃南京应天府通判起英之父。大隐隐市，良贾贾仁，雅有儒风，惟尔少工儒业，绝无利习，惟尔原薄利谋，急人急，以能周人，用归如流水……兹特赠尔为承德郎，南京应天府通判。”③

明清时期，像汪起前、汪应亨这类“资而郎者”的徽商是非常多的。因此，在基层社会有特殊地位的这类士绅，他们不仅有雄厚的财力，而且

---

① 佘华瑞：《岩镇志草》元集《里祀乡贤纪事》。

② 汪立正：《休宁西门汪氏大公房挥佥公支谱》卷六《参军麟英公行状》，乾隆四年（1739）刻本。

③ 汪立正：《休宁西门汪氏大公房挥佥公支谱》卷六《京兆应亨公暨金安人敕命》，乾隆四年（1739）刻本。

还有一定的权力，财力与权力一旦相结合，就必然决定了士绅会成为编修家谱的主力军。

二　士绅的文化自觉促使他们在修谱中发挥主导作用

在宗族需要士绅修谱的同时，士绅群体自身往往还具有相当程度的自觉，认为自身应当修谱，正是这种宗族情感和文化自觉，促使士绅在实际行动上践行修谱，从而在修谱过程中起到了主导作用。这种文化自觉自明代起就已在徽州士绅群体中出现，如万历间进士、贵州按察司按察使程大宾在《槐塘程氏续会通谱序》中即阐述了他对于士绅修谱职责的理解：

> 若稽谱牒，汉晋隋唐有宋存焉，然南北两宗支谱不相及，诚若风马牛者。我朝文实公尝会通之，陪郭公广为统宗谱，考证异同，览者当自论定。由会通以来至于今已三世矣，族之生齿死徙者日遐逖而无纪，久则疏，疏则忘，将至于涣散而不可合。每与弟司徒共慨之，方奔走简书，彼此尚未遑。既予谒告在里，族弟出续派一图，于心戚戚。顷司徒得归，因以自任。谓予曰：往君子搜摭见闻，殚思阐例，庶几克完家乘。兹溯先民之绪，弘来裔之摹，为高而因丘陵，尔视会通用力，纤钜何如哉？且以布衣之士能润色名行，设立法约，统治其族，此亦豪杰特立之行，矧今昆弟在事，通仕籍上太常博士诸生，绳绳不乏，乃弗明本支以收族，又何以语于仁孝之途，崇惇叙之化乎？①

程大宾显然对前代统宗谱并不满意，特别是针对陪郭公程敏政所修的《新安程氏统宗世谱》，他委婉地指出“览者当自论定”，那么至今三代未尝修谱，宗族涣散疏离，虽会通之谱“用力纤钜何如哉”！布衣之士尚能“统治其族”，程氏宗族“通仕籍上太常博士诸生，绳绳不乏”，这些士绅更应具备修谱之意识，认为如此方能实现敬宗收族，以至于推行仁孝。正是在这种意识的作用下，其族士绅，进士出身，历任通议大夫南京户部右侍郎前奉敕总督粮储等职的程嗣功续修了《槐塘程氏宗谱》，他自己描述了这种心态：

① 程启东等：《槐塘程氏重续宗谱·程大宾序》，康熙十二年（1673）刻本。

> 迨至于今，时逾百年，世更四代。稽厥有生计已数倍于昔，而究所分散，又杂然四出，莫可尽诘。谱牒不修，将漫无所统。匪值族之疏远者联之无由，即求诸一家，亦且愈久而愈失其传，将视若路人弗恤矣。吾为此惧，不揣僭越，谋诸按察兄，取会通谱，自槐塘一派偕里中文学，续而成之。旧稿所存，言或繁衍，稍加删削，凡可示训，悉存不废。若今续书，则自年月生娶之外，善可为法，量为裁定，多止数语，少则不过三四言，非敢妄加评骘，亦聊以纪一时之闻见。①

从上述例子可以看出，明代徽州士绅对于修谱的自觉认识来自这种意识，即士绅应主动利用家谱以达到家族敬宗收族目的。事实上，在家谱本身内容上，若是编修不够完整或是错误很多，非但无法达到敬宗收族的目的，反而还会对士绅构造宗族认同产生很大的负面影响。有些明代徽州士绅即是有鉴于此，才产生了强烈的修谱意识，如《安徽歙县重修汪氏家乘》是明代进士，历任嘉议大夫、都察院右副都御史春坊等职务的汪奎等倡议编修的，其编修原因如下：

> 《汪氏家乘》，洪武庚戌我高祖贞一先生修辑之。由亲及疏，统宗毕具，于今四世矣。间有为人冒其名、破其例、讹舛疏甚者。不肖窃有心重修而奔走官辙，未暇及此，从弟陕西□方伯希颜已请同年进士长沙李东阳为序，有志未就。而不肖间归林下，蒐辑遐迩而重修之，曰《汪氏家乘》。并□编其文翰为垂范集，祗告于家庙。谨拜手而序之曰乘。②

因旧谱有人冒其名、破其例、讹舛疏甚，因此汪奎才主动重修家乘。并请同年进士作序，为编修家乘奔走官场，可见其对于编修家谱的重视程度。此外，明代徽州士绅还认识到在宗族迁徙环境下，必须修谱，不然不能达到“敬宗收族”的效果。典型者就是进士出身的程国维，“国维于是惕然念之，聚族而谋，与小阮润力肩期举，仿欧苏之例，依世家之体，纂为表图以序昭穆……国维于成化丁酉（1477）岁，自都门散馆归，思吾

① 程启东等：《槐塘程氏重续宗谱·程嗣功序》，康熙十二年（1673）刻本。

② 汪奎：《安徽歙县重修汪氏家乘·重修汪氏家乘序》，正德年间本。

结林一族，迁于外郡者比比，使无谱以联属之，不将涣散而难稽乎”①。入清之后，徽州士绅同样是在“敬宗收族”的观念驱动下，具备了较强的修谱意识。试举数例如下：

> 虽有旧谱，未免残缺。不加纂修，吾恐尊卑失序，亲疏无别，冠婚丧祭之不相通，贫穷患难之不相恤，一本之诏，何可兴？诸族彦采辑各房图系，重加考订，有善者必书，有德者必扬。纪其功烈，表其节义。是吾族者，虽贫贱不弃；非吾族者，虽富贵不攀。庶几源流支派灿若列眉，远近疏戚了如指掌。谱系序，宗族收，而一本之义以敦，其为尊尊亲亲也大矣……皇清康熙丙申岁孟冬月上浣之吉二十二世裔孙邑庠生冕沐手百拜书。②
>
> 瑞阅历代谱志，姓原世系，前贤论之详矣；祖功宗德，先哲述之备矣，瑞安敢妄置一辞。奈房分年久，谱牒不无遗漏，苟弗复修集，真其狼獭不如。于是邀集宗族，勉力支修。谨汇先人之遗规以为后人之成法。注某祖生于某年殁于某日葬于某处迁系某方官系某职，昭穆以分、次序以列，令后之见者闻者触发天良而报本返始之思，渟然不可遏。至斯谱告成，全赖祖先之灵宗族之力，瑞何助之有焉？时瑞共襄谱务，嘱瑞作序……皇清嘉庆九年岁在甲子孟冬月吉旦栗里裔孙邑庠生应瑞百拜敬撰。③

值得注意的是，由于咸同兵燹对清代徽州宗族的影响很大，在战争结束之后，一些宗族士绅意识到有必要对自身家谱进行重修，以确保敬宗收族目的的达成。这一点在诸多家谱中都有所反映，如：

> 我族宗谱修自咸丰八年（1858），经先考辈经之营之，历数寒暑而蒇事，图像、赞传、世系、年表，尽美尽善，至备且详，可望万世流传矣。不意粤匪肇乱、滋蔓天下。斯时生民涂炭、玉石俱焚，是以

① 程国维：《新安程氏宗谱·新安宗谱序》，正统四年（1439）刻本。

② 周冕：《祁门周氏宗谱·宗谱叙》，康熙五十五年（1716）刻本。

③ 王应瑞等：《新安琅琊王氏四房思茂公统宗谱·统宗谱序》，嘉庆九年（1804）三庆堂活字本。

宗庙被毁，而族谱云亡。同治中兴以来，历承诸公倡，首将庙堂次第重建，族谱接踵续修。①

自咸丰二年（1852）采修世系，越三载，续修稿成。十年，粤匪入寇，桑田赤地、梓里沙场，黎民百免二三，白屋十焚八九。我宗祠亦为所毁，士培补正图纂，列宗字九十号，与续修谱稿偕亡。宪在京供职，感念及此，窃叹我族世系不可续矣。独怪谱成有年，何以未梓？②

隆自束发受书，则闻诸先君，吾门有修谱之议……今则兵燹余遗，合族搜罗，仅存两本。前之序文以缺，后之坟图不全。假诸林门一本而互订之，始能无恨……大清光绪三十年（1907）岁在甲辰夏仲之吉尚书公三十四世孙际隆沐手谨述。③

从这些实例来看，徽州士绅对于修谱一事具有很强的意识，特别是当家谱失修或是遭到破坏时，这种意识就表现得更为强烈，正是这种主观上的文化自觉促使徽州士绅群体积极主动得参与到家谱纂修中来。

三 以家族为例的士绅修谱行为

正是家族需求与士绅动因的结合，使大量徽州士绅参与家谱的编修，具体从每个宗族出发，将部分士绅所修家谱制成表 3-1。

表 3-1 部分明清士绅所修家谱情况

序号	宗　族	修谱姓名	修谱者身份	修谱经过及版本
1	璜源吴氏	吴铨	雍正时为江西吉安太守	万历本之前曾有三次纂修，但未梓行，均为草谱，到万历七年（1579）时始雕版印刷，此康熙六十年（1721）本为五修
2	祁门桃源洪氏	洪钊	光绪乙酉科举人同知衔大挑教职	雍正前悉归婺邑统修，乾隆戊子（1768）汇入总会，光绪初有志合纂，癸巳春决议修支谱，清光绪二十六年（1900）

① 程希贤：《绩溪锦谷程氏宗谱》卷一《重修宗谱序》，光绪三十年（1904）本。

② 程常宪：《绩溪大谷程氏宗谱》卷一《大谷程氏修谱序》，光绪三年（1877）本。

③ 程际隆：《祁门善和程氏仁山门支修宗谱·经修谱述》，光绪三十三年（1907）本。

续表

序号	宗　族	修谱姓名	修谱者身份	修谱经过及版本
3	绩溪大谷程氏	程常宪、程其珏、程夔；朱福基、廖寿丰、华冕臣、姚凯元、李鼎铭	兵马司副指挥程常宪；翰林院庶吉士程其珏；翰林院庶吉士程夔；山西学政翰林院编修朱福基；翰林院编修廖寿丰；刑部主事华冕臣；光禄寺署正姚凯元；举人李鼎铭	咸丰年间续修稿亡，此为清光绪三年（1877），刻本
4	祁门方氏	方盛昱	茂荣字达州号月樵学名力申光绪戊戌科邑庠生	清光绪三十四年（1908），崇本祠木活字印本
5	歙县新安程氏	程国维	赐进士出身累官怀远将军	此为明刻本
6	歙县新安程氏	程佐衡	光绪十九年岁次癸巳秋七月朔无为州廪生遇缺即选教谕	
7	祁门中井河东冯氏	冯光岱、冯学谦、冯树、冯正请	冯光岱、冯学谦、冯树均为邑庠生，冯正请为国学生	此为清嘉庆九年（1804），木活字本
8	新安琅琊王氏	王应瑞	邑庠生	
9	歙淳方氏	方善祖	国学生授州同职加五品项带	清乾隆十八年（1753），木活字本
10	安徽祁门周氏	周冕	邑庠生	清康熙五十五年（1716），刻本
11	江西婺源桐川朱氏	朱元奎、朱锡祚、朱德沂、朱腾凤	朱元奎：廪膳生，朱锡祚：庠生；朱德沂、朱腾凤均为监生	清，木活字本
12	江西婺源槐溪王氏	李东华	廪膳生	清光绪十九年（1893）世贤堂木活字印本
13	江西婺源仁里明经胡氏	董桂敷	诰授奉政大夫、文渊阁校理、国史馆总纂、全唐文馆纂修、翰林院编修加七级、记录八次	清道光四年（1824），木活字本
14	祁门善和程氏	孙际隆	尚书公	清光绪三十三年（1907）木活字本
15	江西婺源仁里明经胡氏	王吉人	贡生	清同治八年（1869），享叙堂木刻活字印本
16	江西婺源萧江江氏	江庚	候选布政司理问	清道光三十年（1850），敦伦堂刻本

续表

序号	宗　族	修谱姓名	修谱者身份	修谱经过及版本
17	祁门胡氏家谱	胡廷琛	五品衔拣选知县举人胡廷琛；监生胡凤台、胡国杰；光禄寺署正衔加二级贡生胡廷钰；邑庠生胡荣、胡昌俊、胡兆祥、胡焕文；邑庠武生胡標；增贡生胡光礼；即选教谕拔贡生胡辑伊；从九品胡光宠；候选主簿邑庠生谢承业	清光绪十四年（1888），木活字本
18	婺源新安武口王氏	王文进	诰授中宪大夫署贵州按察使司事分巡贵西兵备道加三级、记录四次	清乾隆，刻本

此外，在徽州一姓之中，也存在大量士绅编修家谱的情况，以明清时期歙县程氏与汪氏为例，选取《中国家谱总目》中所搜集的家谱进行统计，即可看出这一点。

第二节 士绅参与家谱编修的具体形式

明清以来，大量徽州士绅参与了自身乃至别族的家谱纂修，但他们的参与形式并不统一，在修谱过程中所扮演的角色也并不相同。他们从倡议家谱编修、组织家谱编修到个人独自撰写家谱，多种参与形式也使明清徽州家谱展现出多样色彩。

一 士绅倡议修谱

家谱在明清徽州社会生活中占有重要地位，清代休宁人汪灜在《考川明经胡氏统宗谱》中云：

> 有百世之宗族，斯有百世之坟墓，有百世之坟墓即有百世之谱牒，此新安风俗所以美也。而坟墓赖宗族以守，宗族赖谱牒以联，则联谱序牒用以萃疏远，而相亲相爱之势成，谱之所系亦綦重矣。况夫儒者有以阐先圣之心，簿宦者有以赞历代之政教经术治道，为史职学

臣所乐闻者哉。①

从中可见宗族、祖墓及谱牒三者共同构成了徽州地区美俗的三个元素，其中谱牒居于核心位置。修谱是徽州宗族维持宗族延续与发展的基本方式，明清以来，徽州地方社会长期保持着稳定发展的局面，正是有赖于徽州士绅参与家谱编修，徽州士绅凭借自身威望与影响力，积极倡议并指导家族编修其谱。

徽州士绅周赟，同治三年（1864）举人，颇有文名，以其字蓉裳传世。周赟曾出任宛陵知县一职，他在任职期间，曾倡议并指导绩溪望族高氏编修自身宗谱。高氏先祖高士廉曾因著《氏族志》而闻名天下，然而咸丰年间，因粤匪之变，宗谱多毁坏，宗谱亟待编修。周赟考其姓氏来源，历述高氏宗族史，高氏簪缨不绝，代有闻人，进而指出今之宗谱未修，乃千余年一大缺陷，倡议高氏宗族续修其宗谱，以厚当地之风俗。据《梁安高氏宗谱》序中记载：

昔高士廉著《氏族志》，直合天下之谱而修之，则高氏之自修其谱，其郑重分明不待言矣。夫谱法备于宋而盛行于徽宁，徽宁之人聚族而居，虽迁徙久远而不失其宗，有祠堂谱牒故也。仰惟圣朝以孝治天下，平章百姓本于亲睦九族，山陬海澨，靡不姻睦成风，况高氏在徽宁素推望族哉。高氏自迁绩千有余年，簪缨继起，然有分修钞本之谱，而未尝有统修印本之谱。及咸丰间，粤匪之变而旧稿复凋残于兵燹之余，此则高氏之修谱为尤亟者也。同治壬申（1872）夏，余过梁安，晤高氏诸君，咸欲修谱，而以旧稿残缺为忧。余谓旧稿残缺，则修之更不容缓，于是善养茂才慨然倡其首，长老泳江、国学宪卿，毅然董其事，云甫、履吉在玑、汉卿诸茂才翕然赞其成焉。光绪丁丑（1877），余自春官报罢南旋，诸君因出其新旧二系图稿见商，遂不获辞其湔鄙，考《风俗通》，天地初立，惟有六姓，高居其一，仓颉姓高，神农姓姜，是高之为姓，已与姜姓并见于上古，然齐太公实神农之苗裔，以吕为氏，太公六世孙文公子高孙傒，以王父字为氏，此

① 胡陆秀：《考川明经胡氏统宗谱·明经胡氏迁休邑小溪谱序》，乾隆二十二年（1757）刻本。

高氏之始也，则高之出于吕者，与古高姓迥别。春秋时子皋子，则敬仲十世孙也。汉以下名儒硕辅，史不绝书。北朝高氏国亦号齐，明其为齐后也。唐宪宗朝，高崇文以讨刘辟功，封南平君王，其次子补缺，公曾孙戬令于绩，子孙家焉，遂为绩望族。宋元间，兄弟六人，五居教职，是分六派。兵后遗民，男女尚近二千人，爰按别子为祖之义，图忠武王统宗于前，提二公为一世祖，至隋唐以前之名望，其世次与史不孚，旧稿虽有其系而不敢信也。择其可信者列于前，祠墓所得之名氏，其世次无由查考，新稿虽无世系而不容泯，则存其可疑者附于后，乃为之表其懿行，录其幼殇，图其庐墓，叙其迁徙，纪其家政，共成十二卷，规模粗备。至散见诗文，虽或见赏，要皆润色余事，不足重也。惟高氏宗谱，乃千余年一大缺陷，诸君子一旦举而修之，是士廉志他族所有，而诸君修本族所无，由是追远报本，兴仁讲让，以扬栩圣化，将厚一族之风俗，使他族咸取法焉，则其功视士廉为何如也。

皇清光绪三年（1877）岁次丁丑十月既望 拣选知县宛陵周赟子美甫撰并书①

昌溪太湖吴氏宗族，为徽州歙县望族，吴氏本族士绅吴均若认为本族旧谱难以久存，近百年来，阙而不讲，忧心宗族传之后世，世系更加散乱不明，于是与同族士绅吴麟士以及两位友人，共同倡议修谱，以明纲纪，历经四年，宗谱始成。对此，《昌溪太湖吴氏宗谱》序中有记载：

吴君均若念自太湖肇造，族故有谱，代亦屡修，然未付杀青，难以持久，近且渐及百年，阙而不讲，恐传兹来许，益复纪散众乱。慨然发念，偕其族人麟士、友琦汉、友又坚等倡议修族，有众咸造，询谋佥同，而余友倬云生平最留心谱牒，属以纂修纲纪其事，庚辛壬癸四阅寒暑，而谱始告成。②

同样的情况还发生在徽州善和仁山程氏内，宗族士绅程登瀛，因忧程

① 高富浩：《梁安高氏宗谱》，光绪三年（1877）木活字本。

② 吴如彬：《昌溪太湖吴氏宗谱·昌溪太湖吴氏重修族谱序》，乾隆三十年（1765）刻本。

氏宗族世系紊乱，名分不清，于是倡议编修仁山门本支谱，《善和程氏仁山门支谱》序中记载：

> 嗣是而后世近百年，朝更六代，值运遭阳九，甲第乏人，无有缙绅与议续谱者。夫君子之泽，五世而斩，不及今厘正缵修，则老成凋谢，文献无征，将来派系必致湮灭失传矣。堂堂大族致使名分乖张，称谓错乱，不几贻笑大方乎。予年古稀既弃举子业，考之《记》云七十老而传，老而不传将焉用老，遂不揣谫陋，有志于斯。倡议三年，竟而寡和，人情难与虑始，大都然也。迩来族中文学贤达辈，慨然有笃宗睦族之意，非祖先有灵、天牖其衷乎。①

程登瀛在谱序中明确表达其观点，缙绅倡议续修谱，可见修谱是缙绅不可推卸的职责。经其倡议，家族中文学贤达辈，共同续修本支宗谱，于崇祯三年（1630），宗谱始成。明清徽州士绅不仅凭借自身影响力倡议宗族纂修谱牒，而且时常还会在倡议之后直接参与到本宗族家谱的编纂中。据《休宁戴氏族谱》的《续族谱序》中记载：

> 盖士君子外则奉国家之令甲，辅世匡时，考明一代之宪典，以隆至治；内则修宗祊之遗范，重亲厚族，论次一家之谱牒，以振颓风。二者虽有大小之殊，乃若仰承百世之神明，俯定本支之轨物，而以孝友为政于家，则谱尤为切要矣。绅于仪陶弟之续族谱有征焉，吾家自仲杞、比玉、尚清诸公绍明先德，修辑是书，及今文百有余年，诗书缨从之业，项背相望于鄣山率水间，称鼎族焉。迩来生齿日繁，比庐而居，至有毕世不相识者，洵《诗》所诵"其丽不亿"者耶。吾弟举进士，以省觐得请归里，惧先世之遗久且轶也，遂禀命于庭，偕其宗老躬为编纂。于是披故乘、集群议，以世别其源，以人核其派，湮没者搜之而罔所或遗，阙略者政之而无所失绪。门阅世系，昭穆云仍，一寓目而犁然，皙若指掌，彬彬乎为信史矣。夫宋之庐陵、眉山、东莱三先正各著家谱，当世学者至尊之为挈令，亦以其人与言足重也。弟以英茂之年，文章行业取重一时，长发之祥允自今濬之矣，

① 程澄：《程氏支谱·善和程氏仁山门支谱序》，乾隆十二年（1747）。

他日缵先世之业，以光昭史册，则所以重吾族于天下，端有出于谱之外者，若杨雄之家牒，殷敬之世传，陆宗之系历，岂得擅美于前哉。绅闻先王胙土赐姓，宗法与治法常相提衡而天下治，及后世宗法废弛，数世以后或相畔而为秦越，或相轧而为戈矛，弊也久矣。非有谱以萃其涣，合其离，是蹶根拨本之行，人人皆是也。是谱也者，又以持宗法之衰矣。今续谱成，而族之人莫不相率而听命，有不联疏远而兴仁让者，非夫也，则吾弟为政于家者，不既弘且远哉。绅出入掖庭十余年，不能有所补益于家国，今幸吾弟之能亢吾宗也，不辞固陋，为举其大者书之简端，以为宗人劝。

时崇祯五年（1632）岁在壬申冬十月既望　奉直大夫鸿胪寺右少卿　裔孙积绅敬撰①

休宁戴氏士绅戴积绅认为“政于家则谱”，谱牒于家政尤为切要，其弟戴仪陶高中进士，因为省觐得以归故里，恐先世家谱遗失，于是与本族宗老共同续修戴氏宗谱，厘订舛误，以正昭穆世系，实乃为政于家者也。戴积绅称赞其弟续修宗谱之举，实可亢宗，因而书于序中。同时他也强调自己也是有志于修谱的，只不过“出入掖庭”，忙于公务而无暇及此，但对其弟修谱则是赞赏有加。

又如，方氏宗族士绅方善祖于乾隆十二年（1747）向分布于歙县、淳安两县的方氏十八个支派发出会宗小启，倡议宗族会修统宗谱。方善祖出自方氏宗族环岩派的徽商世家，其本人为监生，属于异途士绅。据《柳亭山真应庙方氏会宗统谱》卷十九《墓志》可知，自五十四世方文辉弃儒入贾，“捐儒术懋迁吴越间”算起，五十五世方道显即“以盐筴寓维扬”，直到五十九世方善祖“行游禺筴”，其家族先后六代为儒商。方善祖既拥有士绅地位，又有着雄厚的经济实力，时常慷慨行义，多行收族之举，因而发起纂修同宗统谱的倡议。《会宗小启》全文如下：

吾鼻祖受封方山，因以为氏，于诸姓为最先。迨后望河南，衍江左，至汉黟侯储公凡百十二世，谱牒昭然，人世可考。嗣是而下，本根茂则枝叶繁，其蔓延于歙睦间者，或以功德，或以文章，或以宦

① 戴尧天：《休宁戴氏族谱·续族谱序》，崇祯五年（1632）刻本。

业，称世家，成巨族。屈指而顿，遽数之不能终其物矣！然皆各自为谱，迄无统系，亦缺典焉。代有贤哲，何竟若罔闻知也？意者苦其繁琐而艰于荟萃欤！愚谓水发昆仑，滥觞有自。《礼》曰：尊祖故敬宗，敬宗故收族，为人后者何可不共溯本源。其自黟侯以上历有纪传，不复具论。若各派始迁之祖，仅注黟侯某世孙，初未统辑世系，会通谱牒，敦本之谓何？而乃如秦人视越人之肥瘠，良可喟矣！虽然嘉靖乙卯，星源平盈族倡修统会一谱，然简而未详，同本异枝，概多舛谬。不揣固陋，欲广集诸宗，比而合焉，特敢先将所自出之祖系，图成一帙。其始迁以下既已各有专牒，尚待踵此分修。兹惟附录分支巅末，编辑成书，用为程式。幸冀各派志笃宗盟者，悉如此法，分而集之，余乃统而会之，宁详毋略，宁备毋阙，都为若干卷，俾论世知人，开卷可得，斯亦溯本穷源之一助也。若夫非我族类，概摈弗录，不使如诸胡带令，甘父冒堂，则余更有望焉。因书数语，遍告吾宗。

大清乾隆十有二年（1747）岁在疆圉单于余月　钢山路口黟侯后裔善祖棔林氏拜手书①

这无疑是一宗典型的士绅倡议修谱的案例，因方善祖的倡议与组织，方氏会宗统谱最终得以顺利完成。

二　士绅组织家族成员修谱

明清徽州士绅普遍重视对于本宗族宗谱的编修。然而，宗谱的编修实属宗族中的重要事项，工程量庞大，需要凝聚宗族众人之力才能够完成。士绅往往在倡议并参与之外，还会成为家谱纂修的组织者，不仅亲自参与，还会对族内人力、财力进行组织以为修谱服务。因而，在明清时期的徽州，诸多家谱都是由士绅组织本宗族众人来共同完成的。观察这些家谱的修谱名单即可看出这一点。

如光绪十二年（1886），祁门胡氏宗族编修《胡氏族谱》之时，由五品衔拣选知县举人胡廷琛纂修，经理人员则有监生胡凤台、蓝翎盐提举衔即选县丞胡学惇、光禄寺署正衔加二级贡生胡廷玨、邑庠生胡庸圭、监生胡开详、石邑庠生胡荣，参与缮校的则有邑庠生胡昌俊、邑增生胡兆祥、

① 方善祖等：《歙淳方氏柳亭山真应庙会宗统谱·会宗小启》，乾隆十八年（1753）刻本。

文童胡日升、邑庠武生胡标、增贡生胡光礼、廪贡生胡光林、附贡生胡启宗、邑庠生胡树棠、邑庠生胡冀英、即选教谕拔贡胡辑伊、邑庠生胡联翩、邑庠生胡荫槐、邑庠生胡尚文、文童胡衍傅、邑庠生胡锡徽、监生胡云梯、监生胡云桂、文童胡开万，修谱群体中仅有三个人是没有学阶与功名在身，即胡邦遐、胡昌炳、胡景禧。[①] 从祁门胡氏宗族这份修谱名单中可以看出，胡氏宗谱是在士绅胡廷琛的组织下，由族内不同士绅分工合作，最终才得以完成的。

又如光绪二十二年（1896）恩贡生任期教谕汪立铭率汪氏宗族士绅共同纂修的《仙源岑村汪氏族谱》，据《仙源岑村汪氏族谱》中《跋》记载：

> 谱以传信，不容假借一词。我族世谱修自康熙二十六年，距今已历二百年之久，天道转移，人事变迁，逮咸同间，又经兵燹，人丁星散，欲使信而有征，查稽良非易易。壬辰冬，祠落成，合族公议重修世谱，命铭总纂。窃思事关重大，难再稽迟，不得不引为己任，于是遍为查考，广为搜罗。旧谱历时久远，大半遗失，即仅存者，亦多剥落。幸而各分支谱，汇有成帙，因为继续之、编辑之，信者传之，疑者阙之，支派脉络、亲疏昭穆，分明不紊，阅三载而事竣。然渗漏之处，恐有不免，惟冀后起者，更加详慎焉，以代赎其咎戾，则幸甚。至于基地来脉，祖宗历迁，旧跋已详言之，兹不复赘。谨跋。
>
> 时光绪二十二年（1896）七月吉日　裔孙立铭顿首拜识[②]

由于年代久远，世系不明，清代战争频繁，修谱之事成为当务之急，经过合族士绅商议，汪立铭为汪氏宗谱总纂修，负责具体编修事务，经历三年而族谱始成。据家谱中《光绪丙申年续修族谱名目》纂修可知，编修族谱的具体人员信息，主编人员有汪立铭、汪鹏、汪元炘、汪世煌，总司事人员则有汪上达、汪铭祥，司事人员有汪守廉、汪灯球、汪观旺、汪隆典、玮公分汪庆豪、贞生公分汪庆棐、汪庆斌、汪嘉辰、贞生公分汪观林、汪炳元、棐公分汪允清、汪钧钺、应生公分汪松龄、汪永椿、汪允

① 胡廷琛：《祁门胡氏族谱不分卷》，光绪十二年（1886）木活字本。

② 汪立铭等：《仙源岑村汪氏族谱·跋》，光绪二十二年（1896）木活字本。

芳、汪允燦、汪世钦。可见汪氏宗族士绅大多都参与了族谱编修活动。

有些家谱则是未有直接的组织者，而是通过族内士绅自身集体组织完成的，这一情况在统宗谱中表现明显，如同治八年（1869），方氏士绅太学生方金声组织三族所修统宗谱《方氏宗谱》四卷，据太学生方金声《智泳公秩下三支合修宗谱序》记载：

> 今夫道之大纲，族之谱牒，其义一也。盖道无大纲，则众理纷杂，莫能求其本；族无谱牒，则宗支纷易，难以探其源。彼族之不修谱牒者何？弗思道之大纲乎。自我方氏始祖太子雷公食采方山，以方为姓，历自三皇五帝，唐虞夏商，由周而汉，由汉而来，以及唐宋元明，其间忠臣义士，贞节孝廉，代有簪缨，世多显宦，前序历历载明，可以无庸殚述矣。第观燮公由方山迁于曲阜，叔公由曲阜迁于河南平陵，纮公避莽乱，由平陵迁于睦州鸬鹚源，初公又由鸬鹚源迁于南昌新建县白云源是居焉，噫！似此迁延苟继。明时我鳌峰祥公罢职归来，约集徽池饶信诸宗，合修统谱，使远者近之，疏者亲之，虽欲不相视如途人者难已。迨及智泳公复由白云源迁于祁门县竹溪墩，建直桥于水口山下，其孙圭公宦归重建此桥，而硃之因改名曰赤桥是也。传至禀三公由赤桥徙池阳石埭雷湖，转迁祁北六都伟泾，厥后德五公自柯源复由路桥发绩而受宗，公由路公桥至北门七都栅木林，因遭回禄至于德宁公自栅木林转迁于本都中村开基。且我始祖得俊公亦由路公桥迁于西乡二十都，著族营前，自明至今又两百余年矣。当此之际，若不合修谱牒，收见，世远年湮，支分派别，欲不失一本之亲，其可得乎？用是仰绍前修，遵循旧制，会同柯源、中村诸宗，各收草稿，据实开明，齐赴予营前崇本堂，依稿镌刊，编成无紊，三支合为一谱，虽不能谓集大成，亦可俟后世子孙，方氏之名字坟茔庶不至于有失，是以后人之盛，如瓜瓞之绵绵也，实由于本支百世焉，是为序。
>
> 时同治八年（1869）岁次己巳春月　营前崇本堂本考公秩下三十八世孙太学生金声熏沐敬撰①

① 方金声等：《方氏宗谱·智泳公秩下三支合修宗谱序》，同治八年（1869）刻本。

方氏宗族追溯本求源，经过多谱考证，详细地梳理了方氏宗族的世系传承，并对于支祖智泳公以下三个分支的世系进行了仔细考证，其中的种种工作均是由士绅所完成的，据《国朝选举方氏支宗文武贡监封赠绅衿》一目可以看出方氏宗族士绅的规模十分可观。具体包含人员如下：雍正癸卯年（1723）恩赐修职郎方本教，乾隆壬申（1752）科邑庠生方起鸿，嘉庆丙辰（1796）钦授登仕郎方起泮、方起湧，道光辛巳（1821）钦授修职郎方维楹、方维权，道光辛巳（1821）钦授登仕郎方维本、方维栋、方维枡、方维柄、方士谦，同治壬戌（1862）钦授登仕郎方士誌，同治乙丑（1865）年由国学生加捐例贡生方士諴，道光辛丑（1841）科邑武生方士详，同治己巳（1869）准授九品方国逑，咸丰戊午（1858）军功六品方国运，咸丰己未（1859）国学生方国进、方正嵩，咸丰乙卯（1855）加捐从九品方国迓，同治丙寅（1866）国学生方正岳，同治壬戌（1862）科武生方正崧，乾隆丁酉（1777）邑庠生方庆稷，道光辛巳（1821）钦授登仕郎方允福、方兆燐，道光庚寅（1830）科邑武生方麒亨，道光辛巳（1821）敕补参将方麒全，道光乙未（1835）任山东泰安守备府方世爵，共二十七人。从中不难看出，在方氏族人看来，由现职官员、国学生、邑庠生、邑武生、捐纳及恩荫人员，编修者特别强调了该谱是宗族士绅集团的共同成果，称为“阖宗绅士校阅”。而这部族谱中有大量篇目编写，也正是以上绅士群体所为，特别是例贡生方士諴、准授九品方国逑和国学生方国进出力最多，用力最勤。

五年后，同样是徽州方氏，又以同样的方式编修出另一部家谱。同治十三年（1874），方氏士绅国学生恩授八品顶戴方炽昌所修纂的《方氏宗谱》八卷是由宗族内部士绅人员集团修纂。据宗谱中《重修方氏宗谱记》记载：

> 新安多望族，族皆有谱，所以昭先德利后嗣，文献赖以足征焉。吾宗自智泳公由桐庐白云源始迁赤桥，历唐宋元明以迄于今，山水钟灵，人文蔚起，散处而分迁者不可胜数，旧有谱牒相传，继起而续修者，凡四举，迨明万历间，一鸣公驰浮与福建宪伯鳌峰公统修，而后二百余年之中，或支修，或族修，间亦有之。第生齿日蕃，四方散处，名乃未登于谱牒，源流莫考所从来，甚至相逢而不相识，亲由一本，疏若路人，文之不明，情将焉属，岂细故欤？先严君德麟公夙负

厥志，慨然以纂修为先务，曾辑本族支系为异日会修张本，余每发箧展读，无不掩卷而长叹者也。咸丰戊午春，间取先严君手辑与明修之统谱，参互考证，编集成帙，并叙其颠末载诸谱端，是惟成一家之书也。于统宗则有志未逮，思欲克绍前徽，有同志者共起而图全焉，岂犹留为遗憾也乎。兹幸于同治癸酉之春，智泳公八世孙盛公偕次孙细二公，卜居黄杨之派，属诸宗台负谱而来，欲合各族派而修辑之，出其旧本及嘉庆支修之谱牒，与余所辑源流统系至族编，翻阅校对，如出一辙，且喜十数年来，于兹大备，各披肝膈，共惬夙怀，余窃意此举甚美，可谓先得众心之同然也。于是计议重修，设局于黄杨之敦义堂，为各派会修就近之处，以煌远宗丈为首事，黄杨、里邨、稠源、葛源、南门，暨余族诸宗彦为赞襄，复集同宗自始祖智泳公秩下愿来协修者，补缀遗珠，佥议尽扫絮文，诸从简约，自是年季夏之初，至甲戌盛夏间，越十月而谱事告成，祖功宗德，粲若日星，木本水源，了如指掌，诸宗彦大有功于吾宗，即先严君生平之用心，与余素蓄之殷意，藉以无憾矣。庶几承先人之手泽，续前代之贻谋，仁人孝子固有同心，余虽列于副事，又乐于图成，因述其大略而为之记。

大清同治十三年（1874）岁次甲戌孟夏日　赤桥裔孙炽昌拜撰①

该谱为全面记载“得姓以来冠盖鳞次，勳业蝉联而显，甲第登仕籍者代不乏人”的盛况，特立《世纪小传》，记录了“承恩儋爵”的远祖，“奕世簪缨”和“经济鸿猷”的先贤，而“黉馆俊髦”则详载邑庠生七十八人、国学生六十四人、补廪生五人、武庠生四人、增生四人、监生一人，

由此可见，方氏宗族在明清时期，以低级功名为主的士绅阶层规模是十分可观的，这些人大多参与了此次编修活动。从“多派会修”，可知合族士绅在此次修谱中的参与与组织程度。

三　士绅个人修谱

编修者在家谱修撰中起着重要作用，从家谱编修的人员方面来看，明清时期徽州不仅有一大批“秉德不回”“不畏艰大”“身列缙绅”的士绅

① 方炽昌：《方氏宗谱·重修方氏宗谱记》，同治十三年（1874）活字本。

参与了家谱的编修活动，还存在一些士绅个人自身独自完成家谱编修的情况。他们往往具备了较高的素质与条件，一是“仁孝刚明”与“己见不参、俗情不系”的道德修养，即“德”，需要修谱者大道为公之心，要求修谱者贤且达，保证了家谱的公正客观；二是“坚忍之力”，也就是意志品质，家谱诸事烦琐，耗费极大，历时弥久，非有志者不能至，保证了家谱的连续完整；三是权位与材名，虽然程廷显更钦佩“德”与“毅力”，但他并没有否认“权位材名”的作用，在徽州人的观念中，“三世不仕宦，三世不修谱，即为庸人矣”。[1] 权位在家谱编修中起着重要的作用，由此可见徽州士绅为家谱编修提供了有力的保证。[2] 兼具三者的情况并不多见，但也有数人，在此仅列举致力于宗族编修的徽州士绅中杰出的代表人物。

（一）程敏政的家谱编修[3]

程敏政（1445—1499），字克勤，号篁墩，安徽休宁人。《明史》本传称他：“（十岁）以神童荐，英宗召试悦之，诏读书翰林院”，“成化二年进士及第，授编修，历左谕德，直讲东宫。翰林中学问该博称敏政，文章古雅称李东阳，性行真纯称陈音，各为一时冠”[4]。“学问该博”是他治学的显著特点。对此，四库馆臣也有着几乎同样的评价，在针对程敏政所修《皇明文衡》的提要中称：“敏政本淹通赅博，以文章名一时。故鉴别持择较明代他家选本终为有法。”[5] 作为十分重视文献的学者，程敏政对于家谱十分关注，他不仅亲自参与家谱编修活动，还在家谱理论方面多有总结。

1. 参与家谱编修活动

程敏政长期以来一直留意自身家谱的编修，从其亲撰的《新安程氏统宗世谱序》即可看出，据谱序记载：

---

① 程涌来：《率东程氏家谱·谱序》，万历二十二年（1594）刊本。

② 徐彬：《谱之废与兴，人也——徽州学者的家谱编者论》，《史学史研究》2009 年第 2 期。

③ 徐彬：《程敏政的家谱编修及其影响》，《淮北师范大学学报》2011 年第 6 期。

④ 张廷玉：《明史》卷二八六《文苑·程敏政传》，中华书局 1974 年版。

⑤ 纪昀：《四库全书总目提要》卷一八九《皇明文衡提要》，河北人民出版社 2000 年版，第 5164—5165 页。

宋绍圣中鄱阳都官祁著总谱，历世因之，分合本其族，繁简系其人，卒未有会之者。我朝正统中歙处士文实尝会之而未尽。敏政不揆，盖尝有志于是积之二十年，颇尽得诸谱异同之故，因定著为谱辨三十七条，凡例十条，犹未敢自足也。①

因早先同族族人程文实会谱未成，程敏政便有志于继承文实遗志，历经二十载，考证诸谱，著谱辨、凡例，并向程氏宗族发出会谱的倡议：

成化壬寅春，先公之服除，乃发书以告诸宗人，诸宗人是之，各以其谱来会，理淆伐舛，将六逾月始克成。编为卷凡二十有畸，会者四十四支，名之登于谱者逾万人。先墓之可以共业者五十三世，相与告之先庙，而命之曰《新安程氏统宗世谱》。②

从统宗谱的纂修过程与修成后的成果来看，无不显示出程敏政所付出的心血。首先是纂修过程历时长，程敏政为修谱进行了长时间的准备，历时达二十年之久，正式编修的时间也达六个月的时间。修成之后的统宗谱更是规模较大，卷帙有二十卷，参与的宗族支派四十四支，录入谱中的族人逾万人，先墓五十三所，可谓“订千百年之异同于一书，合千百人之昭穆于一家”。统宗世谱以程伯符为始祖，以程元潭为新安始迁祖，谱内有谱序、谱辩、墓图，主体部分为谱图。

其次，在亲自编修自身家谱之外，程敏政还通过撰写大量谱序、谱跋的方式来参与徽州家谱编修。在《篁墩文集》中共收录程敏政为徽州程、汪等十三姓撰写的二十五篇序、跋。其中为休宁、歙县的程氏支派所作谱序最多，也表明他对程氏家族修谱活动的关心、关注与支持。在谱序、谱跋中他不仅为程氏家族及其姓氏的修谱活动进行了评价，也阐述了他自己对家谱编修的理解与认识，是他修谱活动的重要表现之一。

此外，程敏政参与家谱编修的另一表现是在文献整理中重视对家谱文献的利用与收集。在《新安文献志》中，他引用了大量的家乘文献，表明了他对家谱的重视。程敏政在这次大型的徽州文献资料整理与保存活动

① 程敏政：《篁墩文集》卷二十三《新安程氏统宗世谱序》。

② 程敏政：《篁墩文集》卷二十三《新安程氏统宗世谱序》。

中，共收录了十八篇直接源于家乘的资料。这十八篇人物传记资料撰者名下都直接题名为家乘，表明这些传记是程敏政直接从家乘中采集而来的。这些资料进入《新安文献志》这类乡邦文献集成，可以有效提升这些家谱的史料价值。此外，这种选取也反映了他主动保护文献的强烈意识。这一点在他收录的第一篇家乘传记的注释中可见一斑，在《长史程公通传》后他注释说：

> 公没世既久，其遗事绝无知者。敏政尝从故老问之，得其概。又见公从孙上林苑监署丞于京师。因掇拾为传如右。噫！公与方希古、周是修二公同时友善，今希古之文梓行于世，是修又得杨文贞公为之表章，独公事湮没而无闻，此远宗后学所不能自已者欤。①

收录此篇的缘由是“公没世既久，其遗事绝无知者”，因此在家乘中收录，目的是让后人能从中了解关于程通的相关信息，体现了明确的历史意识与文献保存意识。当然，这种意识也是可以适用于其他 17 篇家乘传记的。此外，在《新安程氏统宗世谱》中，程敏政精选了 39 篇历代有关程氏家谱的旧序列于篇首，同样也体现出他的这种意识。

2. 对家谱编修理论的认识

程敏政作为在成化、弘治年间有影响的学者，通过编修家谱的实践，展现了较全面的家谱编修理论与方法的思考。下面对较为集中的几个方面进行一些阐述。

（1）对会通谱的认识

程敏政编修的《新安统宗世谱》是新安程氏的会通谱，在撰修该谱的过程中，他提出了一些关于会通谱的认识。在当时，纂修会通谱通常不易被人理解。他在《新安程氏统宗世谱序》中云：

> 封建之制不行，大小宗法之不立，天下无世家久矣。然小宗之法有非令甲所禁者，衣冠之胄，诗礼之族往往忽而不之讲焉。何哉？今有人焉，订千百年之异同于一书，合千百人之昭穆于一家，见者必

① 程敏政辑，何庆善、于石点校：《新安文献志》卷六十七《长史程公通传》，黄山书社 2004 年版，第 1651 页。

骇，闻者必疑，彼诚以为事有所不可诘，势有所不可齐，而安于久俗之不可骤变也。①

从中可以看出，程敏政认为统宗谱的修撰失去了其赖以存在的宗法基础，加上“事有所不可诘，势有所不可齐，而安于久俗之不可骤变也”，人们认为修会通谱是令人“必骇”“必疑”之事。此外，会通谱编修还需要多种因素共同作用。在为黄氏会通谱所作序中，程敏政于《五城黄氏会通谱序》中云：

自宗法不明于后世，凡通都大邑之间号巨室，能仅谱其家者盖不多得矣，若进而能谱其族则加鲜焉，况又能推而谱其所同原异流者哉。是非其心之仁，志之远，力之健，固不能有此。而或一二见于吾乡，则亦以其居之僻，俗之厚，用能保其典籍丘垄于兵革之余乃克尔。②

在此序中，程敏政认为会通谱的编修需要修撰者个人具备一定的素质，就是“心之仁、志之远、力之健”，从道德、意志和体力三个方面作了要求。另外还与文献保存有关，“居之僻，俗之厚，用能保其典籍丘垄于兵革之余乃克尔”，指那些地处偏远，又有保存文献意识并幸免于兵革的家族，才有条件进行会通谱的编修。正因如此，程敏政说编修会通谱是“或一二见于吾乡”，说明在当时修统宗谱不像后来那样普遍，同时也反映了程敏政对自己修会通谱感到很荣耀。

正是由于修会通谱包含的内容较多，纂修难度大，程敏政对会通谱编修行为评价也较高。他就十分满意自身所修的统宗谱，他在《新安程氏统宗世谱序》中有言：

故以敏政之不肖而得众族众之贤者辅之，遂使统宗之志可充，而谱可成，岂非幸欤。凡我宗人其因是而毋忘水木本原之思，笃尊祖敬宗睦族之义，守其世业，诵其遗书，保具体魄之藏而不失，谨其名分

① 程敏政：《篁墩文集》卷二十三《新安程氏统宗世谱序》。

② 程敏政：《篁墩文集》卷三十四《五城黄氏会通谱序》。

之称而不紊，宗法既立则彝伦益明、风教益兴，可诘者虽久而弗晦也，可齐者虽多而弗离也，若然又岂独一宗之幸而已。骇者安，疑者释，天下后世之有家者将不取于程氏也哉。①

此外，他对同时期休宁黄氏所修的《五城黄氏会通谱》同样赞赏有加，通过其所撰的《五城黄氏会通谱序》即可看出：

至天顺壬午（1462）�九世孙曰云苏，续作一览图，逮弘治辛亥（1491）同其族弟曰禄曰濩大会诸黄为通谱……自天顺以至今兹几三十年，所谓心之仁、志之远、力之健，若云苏者殆非其人欤？然求之四方，他姓岂无其心及其志与力，而处孔道之下，经蹂躏之交，典籍荡于烟烬，丘垄陷于芜没，顾欲联其族而合其同原异流者于一旦，岂非事之甚难者哉。②

对黄云苏用时30余年，且在文献丧失、丘垄不保的情况下能够完成会通谱的编修十分赞赏。

可见他不仅认为统宗谱的修成对家族有重要影响，同时也会对其他家族有重要的示范作用，如其所言“天下后世之有家者将不取于程氏也哉”。正是由于程敏政认识到撰修会通谱修成的不易，所以对会通谱的后续收藏与保存十分重视。他在《书程氏统宗谱后》中就有所规定：

凡各族得谱之后，祀先扫墓之时，宜相觉察，不昧其本，不杂其流，则庶乎祖德不坠，而宗盟可续也。或守奉弗虔而失之，或贪慕势利而鬻之，为族长者声其罪于众，追还原本，乃罚白金二十两入忠壮行祠，或始迁祖祠，或膳茔公用，不服者声其罪于官，追还原本，付族长收执，而黜其名于谱，生不得入先祠，没不得入先墓。有悔过自新者，族长录其善于众而还之。呜呼！立法之严者，立爱之深也。③

① 程敏政：《新安程氏统宗世谱序·自序》，成化十八年（1482）刻本。

② 程敏政：《篁墩文集》卷三十四《五城黄氏会通谱序》。

③ 程敏政：《篁墩文集》卷三十六《书程氏统宗谱后》。

（2）对家谱体例创新的认识

程敏政对家谱体例十分重视。这一点在他所撰写的诸多谱序中即有所反映，如在汪氏族谱序《书究山汪氏族谱后》中：

> 予观世行之谱以兖山邑南为内纪，而桃溪万安之派附焉，登源、大畈、西门、潜口、黄坡诸汪，与越国公弟宣城公派为外纪，凡祠墓所在，金石所铭，赠颂吊挽所得，悉以类附，有目有图，崇孝敬、别亲疏，而订前人之得失，又微寓史法其间，诚有志于究本合族以作范于将来者矣。①

虽然他没有明确汪氏族谱的体例，但依然可以看出该谱有内纪、外纪及各种文献资料，且有目有图，应该说体例较为丰富，且程敏政评价说是“订前人之得失，又微寓史法其间，诚有志于究本合族以作范于将来者”，认为其体例是较成功的。正是程敏政对家谱体例较为留意，所以在编修《新安程氏统宗世谱》之时，他提出了10条凡例，对家谱体例提出了自己的设想与创见。其中有三条值得关注：

> ——旧谱六世为图，失小宗之义；小传各系本宗图后，失统宗之义。今图五世，准欧谱例；下注事实，准《史记》年表、《唐书》世系表例，旁注世次，明传代也；朱注迁居及派名，谨其自出也。
>
> ——各派订误，其所从出，其所取证，别为谱辨，置编首以备参考。
>
> ——各派所得制命公移，及赠颂、哀、史传、金石、诗文，别为贻范集，辅谱以传。②

从该谱凡例中，可以看出程敏政对谱学体例的设想。首先，他对欧阳修谱图有继承，也有创新。《新安程氏统宗世谱》五世一图是“准欧谱例”，这是继承。在五世一图中加入“下注事实”则将《史记》年表、《唐书》世系表例加入其中，这是对欧谱的创新。其次，将谱辨置于篇

① 程敏政：《篁墩文集》卷三十八《书究山汪氏族谱后》。

② 程敏政：《新安程氏统宗世谱·凡例》，成化十八年（1482）刻本。

首，这是程敏政的一大创新，也是他较为满意的地方。再次，将程氏家族的文献资料编排为《贻范集》，辅谱以传，开创了记载家族资料的新形式。这一做法与其重视文献保存的思想是一致的。事实上，这种编纂方式还直接对徽州程氏后来所修家谱提供了便利。如在休宁陪郭程氏本宗谱修成后，程敏政在《书本宗家谱后》中云：

> 右陪郭程氏本宗谱三卷，首世系，次小传，次附录，凡有涉于地望祠墓及订误垂远之大者，若通族别支已具统宗谱，祖德先业已见贻范集者，皆不更出也。①

介绍了陪郭程氏宗谱体例有三：世系、小传和附录，同时也说明了支谱与统宗谱在内容与体例上的互补性。正是因为相关内容在《统宗谱》中可以直接看到，故而陪郭程氏在编选自身家谱时自然就可以将此部分内容省略。

（3）对家谱考辨的认识

程敏政重视考证是其治学的特点，这在他的家谱编修中也有体现。他重家谱考辨源于他认为家谱中存在较多问题。他于《绩溪坊市程氏族谱序》指出："余不佞，尝有志大会、新安诸程，发其所藏，参互考订，以为一族之定谱。宗法之废已久，势不能合，盖每有望洋不及之叹……余见程氏各族之谱多，其间脱误讹舛，亦往往而是。"②

可见程敏政认为，程氏族谱中存在着大量的"脱误讹舛"，需要进行具体的考证。他在具体编修过程中进行了认真考订，并称"颇得诸谱异同之故"，"理淆伐舛，将逾六月始克成"，他在考辨方面的成就集中在谱辨中。他"定著为谱辨三十七条"，这实际上是细目，从编目上来看是11篇，篇目如下：

> 1. 辨祁谱世次自周秦迄五代了无一阙可疑；
>
> 2. 辨祁谱称汉历简侯黑至晋新安太守元谭世次太远，纪述太详可疑；

① 程敏政：《篁墩文集》卷三十八《书本宗家谱后》。

② 程敏政：《篁墩文集》卷二十三《绩溪坊市程氏族谱序》。

3. 辨祁谱不知程氏初迁江南出吴都亭侯普之后，误据元和姓纂以为出魏安乡侯昱，欧阳文忠公碑铭亦从其误；

4. 辨祁谱书新安太守元谭以下世次绝与陈留谱不同及书忠壮公二十二子可疑；

5. 辨祁谱不知元皓与皓为一人，误分沧州、中山为二房，及谬增荆杞一人为河南房祖；

6. 辨祁谱行褒以上世系讹舛当正，行褒以下世系明白当从，及祁续谱所载者诸房多不之见或误加增损亦略辨之；

7. 辨龙山谱称 公始迁开化及所载诸错误；

8. 辨仲节徙居歙之古城山非休宁休宁古城岩；

9. 辨德兴祖琮即唐忠臣宗楚，诸谱更置之误；

10. 辨婺源种德坊、海兴海口、乐平东湖及湖州四程皆自西北来迁，非忠壮公后；

11. 辨河南程氏新居休宁、建康、陪郭程氏旧居及迁徙承继之由。①

程敏政谱辨的贡献不仅体现在其对程氏家族历史的辨析，还在于他对谱辨这种形式的使用，虽然不能确切地说他是这种家谱考辨形式的创造者，但他作为一个重要的提倡者是无疑的。他的谱辨不仅保存在《新安程氏统宗世谱》中，还保存在其文集中并得到广泛传播。在家谱考辨中，程敏政较为满意的考辨方法和考辨结论是他利用李邕碑推翻了宋代程祁所构建的程氏家族世系。他《新安程氏统宗世谱》中有言：

按饶之景德镇有宋都官程公名祁者，尝撰程氏世谱三十卷，起得姓之初，而终于五季。其系次分合，履历详简，最号精密。盖自宋以来，凡程氏有谱者必以此为按。本之者进以为是，不本之者斥之以为非。其说之得行于一宗如此。敏政每阅之，亦叹其有功程氏，而独疑其自晋以上抵于周末，事不见于经史，何所稽凭，而能历历书之，使其昭穆分明，了无一阙一至是哉。然又疑魏晋以来用门第取人，凡大

① 程敏政：《新安程氏统宗世谱·谱辨》，成化十八年（1482）刻本。

家巨室必有谱牒，副在官府，而祁生汴宋之时，恐及见之，不可知也。①

对程祁所修《程氏世谱》提出了怀疑，但也认为其可能是有依据的。直到他在李邕碑中发现了祁谱的失误之后才正式确定了对祁谱的认识。他在《书李北海所撰先长史府君碑后》中对此事进行了探讨：

按李邕此碑作于开元十六年（728），而林宝所著《姓纂》在宪宗元和之际，相距百有余年尔，不见此碑。碑称重安侯响即忠壮之孙响，响生育，育生皆，皆生弘，弘生大辨，而《姓纂》乃谓大辨居中山，虽言五世祖忠壮，而不知其所从出，疏脱如此。郑夹漈谓宝不自知其姓之所从来，其不深考，无足怪者。宋太宗厌馆阁所贮六朝暨唐人文集浩瀚无统，命学士宋白等选为一千卷，赐名《文苑英华》，其间所取李邕之文甚多，而此碑在焉。下至仁宗至和初，上距太宗之朝不过七八十年，而欧阳公作文简公父冀国公碑止据《姓纂》，不见此碑。又下至哲宗绍圣间，上距太宗之朝亦仅余百年，而宗人都官祁撰《程氏世谱》三十卷，其定著中山谱亦止据《姓纂》，不见此碑……独以此碑沉埋秘伏数百年，当其本朝如林宝者，号通姓氏之学而不及见；当宋之时如欧阳公者，以谱牒名家而不及见；如都官祁者，定著一宗信谱果于必传而不及见。沿至于今，上距此碑世愈远而言逾淹。如敏政孤陋本无所知，而乃于馆阁之下获见于翻阅之顷，是岂独文章之显晦，固自有时，而家世之真赝遂由此决，谓非一宗之大幸不可也。②

程敏政利用李邕碑的记载考证了程祁世谱的失误，从而为自己的会通谱世系构建寻找到了依据，也确立了家谱考辨的典范。此后程氏宗族中对程敏政的统宗世谱虽时有批评，但其依据李邕碑的考证结果却一直没有动摇，正说明了其家谱考辨的成就。

（4）对家谱功能的认识

作为究心家谱二十余年的学者，程敏政对家谱的功能有独到的认识。

① 程敏政：《新安程氏统宗世谱·谱辨》，成化十八年（1482）刻本。

② 程敏政：《篁墩文集》卷三十六《书李北海所撰先长史府君碑后》。

他在《文昌坊程氏族谱序》说："谱之于人大矣。然岂独以昭门阀博昏宦，以夸世俗如魏晋隋唐之际所为哉？"① 指出家谱的功能不是"昭门阀博昏宦"。关于谱学的功能，程敏政在《城北汪氏族谱序》中进行了阐述：

> 夫谱也者，所以合众体之离，昭众名之晦，而示夫众心之劝惩者也。……略所疏，详所出，括之以例，证之以图，附之以行录，开卷之顷粲乎秩然，诚可以昭继续于先世，示劝惩于后来者。②

可见他认为家谱的主要功能还是"劝惩"作用。家谱具备劝惩作用在许多家谱中都有论及，一般都强调通过"扬善隐恶"来实现这一功能。程敏政在承认这种方式的同时，还有新见解，这一点可以在《休宁流塘詹氏家谱序》中看出来：

> 族之有谱，非徒以录名讳、备考实而已，一家之礼乐实系焉。世降俗漓而知其为重者鲜矣。孔子曰：乐乐其所自生，而礼反其所自始，谱之作其缘于斯乎？又曰：乐者为同，礼者为异，同则相亲，异则相敬，故曰礼乐之说管乎人情矣。夫谱成而族之位奠，秩然彪分可谓异矣，异而后有敬，曰此诸父也，此诸兄也，不敢忽也。谱行而族之情睦，熙然春洽可谓同矣，同而后有亲，曰此当爱也，此当恤也，不敢戾也。一家之礼乐既兴，推之一乡可知也，进而推之邦国可知也，夫是以尚谱谓其有益世教也。……仁近乐，义近礼，又曰礼乐不可斯须去身。然则求以无愧斯谱者，必自其身始，身修而后一家之仁义可崇，仁义崇则礼乐几矣。不然所谓录名讳而备考实者在在有之，谱之实何如哉？③

可见，程敏政认为家谱的重要性在于"一家之礼乐实系焉"，也就是说家谱通过礼乐来实现其教育功能，并进而说："一家之礼乐既兴，推之

---

① 程敏政：《篁墩文集》卷二十四《文昌坊程氏族谱序》。

② 程敏政：《篁墩文集》卷二十七《城北汪氏族谱序》。

③ 程敏政：《篁墩文集》卷三十四《休宁流塘詹氏家谱序》。

一乡可知也，进而推之邦国可知也”，家谱的功能就从对一家的影响，上升到对一乡并最终对邦国产生作用。

（二）汪道昆的家谱编修①

汪道昆（1525—1593），徽州歙县人，是明代著名戏曲家、学者，抗倭名将，《明史》有传。他在居乡之时，不仅亲自主持编修了自身汪氏家族的家谱，还为徽州其他宗族撰写谱序等，以多种方式参与到徽州家谱编修中。在这种编修过程中，汪道昆同样也总结出他对家谱编修的理解。

1.《灵山院汪氏十六族谱》的内容及编修过程

万历《灵山院汪氏十六族谱》题为“后裔司马道昆纂修”。全书由周本纪略、鲁世家略、越国世家、龙骧以下世表、本支世表、分支世表、世系小传、列传、丘墓志和典籍志十部分构成。在正文之外，篇首有李维桢写的《汪氏十六族谱序》和汪道昆写的《本宗谱序》和《小序》②，篇末有汪道晖撰写的《十六族谱跋》。

当今可见最早提到汪道昆修十六族谱的是其死后十年，俞均在所作的墓志铭中称“至其复始祖墓考，迁祖庙，修十六族之谱，凡以崇本始、广孝敬、联亲疏，靡不刳心焉”③。另外，徐朔方在《汪道昆年谱》中记汪道昆在万历十九年（1591）修谱。在这些记载中，只提到汪道昆修族谱一事，对其是否完成，是否为其独立完成则语焉不详。依据《灵山院汪氏十六族谱》记载，则可对该谱编撰时间和编修者有明确的认定，该族谱是汪道昆及其族弟汪道晖共同编修的。

该谱载万历壬辰年（1592）汪道昆开始着手编写《灵山院汪氏十六族谱》，但由于疾病发作，只完成了其中的部分内容。汪道晖称“岁在壬辰，始杜门首事，作大小序，略本纪世家，曰世表，曰丘墓，曰典籍，仅启其端，若世系若列传未遑品陟，奈何疾作，功用弗成”④。这段信息表明汪道昆只完成了族谱的体例设计和族谱序、本纪、世家部分，世表、丘墓、典籍志刚开了头，而世系、列传则因病发作没有动手。在《列传第

① 徐彬：《万历〈灵山院汪氏十六族谱〉的编撰特点及其价值》，《池州学院学报》2014年第1期。

② 汪道昆：《太函集》卷二十六《本宗十六族谱序》，黄山书社2004年版，第554页。

③ 俞均：《山居文稿·卷七》，万历刻本。

④ 汪道昆：《灵山院汪氏十六族谱》，万历二十二年（1594）刻本。

八》中，汪道晖记载，“按余兄司马序列传，盖举质行较异者分类特书，今兹未遑，使后死者妄加评骘，是谓侵官，弗敢也”，进一步言明汪道昆未能完成列传的撰写。

此外，从该谱《典籍志·叙》中亦可见“今是籍也，帝命王章畀首简，诸所论著类多海内宗工，若北地、若琼台、若历下弇州，斌斌著盛，而吾家司马又鼎足参之，郁郁乎文哉，虽百世可征已”，从文中称“吾家司马”，已非汪道昆自撰。这一点在李维桢所撰的谱序中也得到了证明，李序称“故家谱牒信而有可征者，宜无如新安，新安右族宜无如汪氏，今汪氏之贤而显者宜无如司马伯玉昆季。司马伯玉昆季之谱其族也，其义数十，其凡有三”①。文中称“司马伯玉昆季”，亦说明该谱是汪道昆兄弟所为。汪道昆自己的记述，也表明了该谱是由其族弟协助完成的。他在赠汪道晖的《寄园修谱似吉甫士能诗》中称“近属开盟府，名园作禹（寓）公。披襟飀溽暑，隐几卧薰风”，诗名直接使用“修谱”一词，而“吉甫”就是汪道晖的字，表明汪道晖是修谱的直接参加者。②

以上这些情况，在汪汝鹏的《十六族祭司马公文》中得到了更明确的说明，该文称：“合为十六，惟近与亲，考谱会盟，郊文宗鲁，勒成一家，用垂千古，胡功伊载，而公中瞑，龙门之义，未睹厥成”③，清楚地说明了汪道昆未能完成家谱的编修，而中途病逝的事实。综上，《灵山院汪氏十六族谱》是汪道昆于万历二十年（1592）开始创修，因病未完成，由其族弟汪道晖协助续修的一部汪氏族谱。

2.《灵山院汪氏十六族谱》的编修特点

《灵山院江氏十六族谱》的编修正处于徽州家谱体例不断创新、不断走向成熟的阶段，不仅反映了徽州家谱编修的时代特点，也反映了汪道昆对家谱体例的认识。

（1）体例上继承《史记》并有所创新

上文提到“龙门之义，未睹厥成”，实指汪道昆对《史记》体例的继承，并将正史体例运用到族谱编修之中。而汪道昆心仪司马迁也时有表

① 李维桢：《大泌山房集》，《四库全书存目丛书》集部第150册，齐鲁书社1997年版，第661页。

② 汪道昆：《灵山院汪氏十六族谱》，万历二十二年（1594）刻本。

③ 汪道昆：《灵山院汪氏十六族谱》，万历二十二年（1594）刻本。

露，他《太函副墨》中云："古人成一家言，必以名山为藏"。据《太函副墨》记载，其侄汪康运亦云："研阅取照，还凭寸心，逖稽龙门，司马自叙其集以藏名山。"① 因此在纂修族谱时，汪道昆尤重对《史记》体例的继承。他在《十六族谱小序》中自称：

> 故略周本纪而举文王之概，始后稷而迄周公，作《本纪略》第一。略鲁世家而举周公之概，始鲁公而迄成公，作《鲁世家略》第二。……龙骧而下，著代犹沿颍川。历十四世为长史公，则王祖父也。作《龙骧以下世表》第四。…… 德昌、德暹二公以还，分为十六族……表凡五世一图，复以第五世标其上，准前法，自六世至十世为一图，以后仿此，作《分支世表》第六。沿世各为小传，著字爵、生殁、婚嫁、丘墓之概，不及誉言，是为小传第七。其有德善功烈、勳劳文章质行较著者，则各立传，表而出之，作《列传第八》。丘墓自周至汉可考者若而封，自汉末处唐，世守者什七八。别祖思立公而下，则有世墓户，庶几世世守之。迄于分支，则各为守。附之小传，作《丘墓志》第九。……内之表疏论著，外之赞述传志，择其雅驯者录之，则宗祏之典籍也，非核实者不预，溢美不预，芜不预，将以传信而示之法也，作《典籍志》第十。②

可见，《灵山院汪氏十六族谱》是由本纪、世家、世表、列传、小传和志六类体例构成，前四种直接承袭《史记》，表明了《史记》对家谱编修的影响。将《史记》的体例用于家谱编修在明代还不多见，李维桢便称其是"此三者司马氏所独裁而特起者也"。汪道昆在承袭《史记》体例的同时，也依据家谱的特点作了创设，在本纪、世家后面均撰有"志"以明其意图，又作丘墓、典籍二志以记载家族祖墓信息及宗族文献。

（2）重视家族文献资料的收集整理

《灵山院汪氏十六族谱》的另一特点是重视家族资料的保存。从全谱分量上看，《典籍志》占了全谱三分之二。其中《敕》17 篇、《表疏》10 篇、《传》19 篇、《记》23 篇、《序》17 篇、《约》5 篇、《行状》15 篇、

① 汪道昆：《太函副墨》，万历二十七年（1599）刻本。

② 汪道昆：《太函集》卷二十六《本宗十六族谱序》，黄山书社 2004 年版，第 555 页。

《志铭》17 篇、《墓碑》2 篇、《墓表》5 篇、《祭文》17 篇、《赞诔》6 篇、《诗》40 余首（按：因该部分有缺页，统计不全）。族谱保存了从唐到明万历年间，汪道昆近支家族“内之表疏论著，外之赞述传志”的宗族文献。这些文献有三个明显的特征：一是文献类型丰富，分类明确；二是文献时间跨度长，从唐初直至明万历年间；三是以汪道昆为中心，体现了他在家族文献整理中的主导作用。

（3）重视正史资料与家族史料的结合运用

直接将正史史料引入族谱是该谱编修的另一显著特点。族谱的《周本纪》主要依《史记·周本纪》节略而成，汪道昆也说：“吾汪文之昭也，食采于鲁本于姬，史迁故有本纪，余略之。”谱中《鲁世家略第二》则是依据《史记·鲁周公世家》节略而成。从《越国世家》以下，主要是汪氏家族史料。在徽州家谱中，将正史史料直接运用到家谱中，再与家族史料结合使用的，并不多见，反映了汪道昆对正史资料的重视，也体现了汪道昆以正史的公信力衬托家族史料可信度的用意。

3.《灵山院汪氏十六族谱》的编修丰富了家谱体例

自欧苏谱法问世以来，逐步成为修谱的主导，进入明代后，家谱内容不断丰富，体例也在不断创新。如成化年间，徽州士绅程敏政修《新安程氏统宗世谱》时就进行了体例创新，被后人评为“古今修谱之例有三变，始如道统图体者；中如欧、苏谱体者；至程篁墩谓欧、苏谱体，一图一传，不见统宗之义，乃变为《汉书》年表、《唐书》相表体”①。说的是程敏政将《汉书》年表和《唐书》宰相表结合运用到家谱的创新，这里说的创新，还主要是指世系表方面的。

汪道昆则更重视家谱体例的整体创新，他在家谱中运用了本纪、世家、世表、列传和志的形式，将正史体例直接运用到家谱编修中，这无疑是要尝试，反映了家谱编修对正史的借鉴，也反映了家谱编修体例的丰富。汪道昆的这一做法，也被汪氏家族成员接受。如修于万历二十九年的《岩镇汪氏家谱》在体例上完成继承了《灵山院汪氏十六族谱》，特别是前三篇《周本纪略》《鲁世家略》和《越国世家》完全相同。② 在乾隆十二年汪纯粹修《弘村汪氏家谱》时卷一即为“世家”，名为《周本纪》

① 许象先：《新安许氏世谱》，万历刻本。

② 汪尚齐：《岩镇汪氏家谱》，万历二十九年（1601）刻本。

《鲁世家》和《越国世家》，实际就是汪道昆撰写的三篇内容，不过将原文篇末的“志曰”改为“南溟志曰”，最后还特意以按语的形式解释道：“南溟名道昆，字伯玉，歙松明山裔”①，表明清代汪氏族人对其体例的认可。又如咸丰二年（1852）所修的《越国汪公祠墓志》将《越国世家》载入②，同样表明汪氏家族对汪道昆所记内容的认可和对其体例的认同。

汪道昆的家谱体例不仅影响了汪氏家族成员，对徽州其他家族修谱也产生了影响。如程一枝在万历二十六年（1598）修《程典》时就采用了这种体例，“乃取世本为系牒之目有三，取史诸表为年表、世表之目有四，取彰大记之事为志有七，诸为世家为列传为图为录，莫不本于史学”③。尽管没有直接的证据证明程一枝是直接受到汪道昆的影响，但从历史记载看，汪道昆与他是有交往的，而且对其也很看重，《徽州府志》称他“博极群书，一意著述，王元美、汪道昆及海内名家，咸折节重之”。因此，他们之间相互影响是有可能的。④

此外，《灵山院汪氏十六族谱》还为研究徽州士绅利用徽州家谱构建绅权，进行乡村社会治理，并得到地方社会认同问题提供了重要的史料。

总之，汪道昆《灵山院汪氏十六族谱》在体例上义仿龙门，这在家谱编修史上是一大变革，产生了重要影响。而在族谱中保留的史料，不仅起到考辨、存佚的作用，也为认识明代徽州社会、了解明代徽州社会的经济情况提供了重要的信息。

第三节 士绅阶层修谱动因

明清徽州社会的基本组成单元是宗族，而家谱是宗法血缘关系的见证，修谱则关乎宗族传承，是明人伦、辨世系的根本依据，是宗族大事。同时，时易世变，族繁派衍，散处四方，战乱频仍，家族世系大多已失考，欲理淆伐舛，修谱为当务之急，而士绅在家族中有着崇高威望和巨大

---

① 汪纯粹：《弘村汪氏家谱·卷一》，乾隆十二年（1747）刻本。

② 汪云：《越国汪公祠墓志》，咸丰二年（1852）刻本。

③ 吴子玉：《大鄣山人集》，《四库全书存目丛书》集部第141册，齐鲁书社1997年版，第366页。

④ 赵吉士：康熙《徽州府志》，成文书店1985年版，第2017页。

的号召力，为组织家族修谱合适人群，士绅也将修谱视为自身义不容辞的责任。在光绪己丑年（1889）恩贡生胡肇龄因郡庠士戴鸿儒所请，于为戴氏宗族撰写《绩溪东关戴氏续修宗谱序》中，就明确地指出修谱是宗族首要之事，士绅不可不尽力为之。其文如下：

士为四民之首，读书明理则当思他日者，如其达而在上，而职守一官，凡吾职分所当为者，皆不可以不尽其力，即或时际其穷而优游乡里而果事之，外关乎一邑，内关乎一族，幸值时势可行之会，亦皆得以少行其志而为所当为，若一族之事则较之一邑之事而尤切且近，其尤不可置身局外而推诿焉者也。我邑东关戴氏，世称望族，代有闻人，其世系源流则有旧存之谱牒在，有昔贤弁言简端，备极详细，兹不复赘。第念戴氏之旧谱，自前明太守应和公手修，后入我朝，又阅二百数十年，族繁派衍，散处四方，以粤匪之乱，尤难会其同而究其异。乱平后，祧主于光绪丁丑（1877），各派世系已多失考，若不乘此时而急为综理，恐谱牒不明，浸久而失考者且日益多。戴氏合族于是乎以重修家谱事集而议之，条议既定，众咸踊跃，而其族人名鸿儒字聘卿者，实司笔墨，董厥事。余闻聘卿任事以来，矢慎矢勤，不辞劳瘁，其旧牒之具存者，重加叙述，其未修者，考核详明，阙疑昭信，续增图系，条理井然。越两载谱成，将付梓而属序于余，余惟修谱一事，最为一族切要之图，乃人伦之根本，家政之极大者也。况寇乱久平，此事尤关急务，果其阻于时限于势，则亦无可如何而莫能有为，今戴氏之族人，既同心协力，愿相与赞成其事，而聘卿值其时其势之足以有为，遂出而竭力为之，卒能承前人之志，告成功以贻后人，绪是足以动旁观之羡慕也已。聘卿尝从余读书，郡庠士，今年力尚壮，而其能为所当为，于一族之中者，其见端已如此，他日庸可量乎。聘卿其加勉旃，士之乘可以有为之会，而其所当为者，尚不止此也，是为序。①

事实上，明清徽州士绅所具备的这种自觉性，其由来并非只简单是因为修谱乃是“一族切要之图”和“其所当为者”这两点，其背后还有着

① 戴鸿儒：《绩溪东关戴氏宗谱·绩溪东关戴氏续修宗谱序》，光绪十五年（1889）刻本。

较深层次的原因。

一　修谱以明确士绅特权地位

在传统中国，“四民社会”构成社会的基本形态特征，以此区分的士农工商四大社会集团成为社会主体。其中士作为四民之首，成为传统社会中具有特定身份地位与权势的阶层。这种超然的社会地位与影响力，更随着科举制的长期延续而变得愈加巩固。正是凭借对儒家文化知识的占有与解释，及与政治权力的结合，士逐渐成为社会的重心。[①]特别是明清以来，科举文化盛行不衰，随着上升渠道竞争的激烈化与士人居乡的机会增加，底层士绅群体规模愈发扩大，而相应的士绅权力与影响力则并未随着规模扩大而相应增强，特别是受到商品经济的冲击，士绅阶层内部也出现了分化，同样会对士绅阶层权力带来冲击。在这种情况下，当地士绅往往会通过多种手段巩固他们的权力与影响力，编修家谱即是其中的重要一环。明清徽州族谱的编修，从形式到内容皆体现着程朱理学思想，在族谱里注重忠、孝、节、义的思想与相关事迹，并大力弘扬，使徽州地区成为程朱理学的天下。如《歙风俗礼教考》中指出：

> 徽州独无教门，亦缘群居之故，非惟乡村中难以错处，即城中大姓，亦各分段落。所谓天主教礼拜之寺，无从建矣。故教门人间有贸易来徽者，无萃聚之所，遂难久停焉。……徽州不尚佛老之教，僧人道士，惟用之以事斋醮耳，无信崇奉之者。所居不过施汤茗之寮，奉香火之庙，求其崇宏壮丽，所谓浮屠老子之宫，绝无有焉。于以见文公道学之邦，有不为歧路途惑者，其教泽入人深哉。[②]

又如《明经胡氏重修宗谱·序》：

---

① 余英时认为，“士”这一阶层最早起源三代的封建制度，属于贵族阶层中最低的一级。其后随着封建制度的解体，士逐渐沦为“四民之首”。而作为社会流动的制度化渠道，科举制的出现保证了士在传统中国社会中的特殊地位。参见余英时《古代知识阶层的兴起与发展》，《余英时文集》（第四卷），广西师范大学出版社年版，第 1 页；罗志田《近代中国社会权势的转移：知识分子的边缘化与边缘知识分子的兴起》，《开放时代》1999 年第 4 期。关于科举制的具体研究，可参见王德昭《清代科举制度研究》，香港中文大学出版社年版。

② 许承尧：《歙事闲谭》卷十八《歙风俗礼教考》，黄山书社 2001 年版。

易简居士师夔，亲受业朱子之门，郡志称其通五经，尤精于《易》，其子孝善先生斗元，其孙云峰先生炳文，三世皆以《易》名家，为东南学者之宗，与易简同世次者为玉齐先生方平，方平受《易》于董梦程、沈贵珤，而沈则勉斋门人，董则盘涧从子，盘涧则亲受业朱子之门，故宋史称方平学精于《易》，得朱氏源委之正传，其子双湖先生一桂与休宁陈寿翁，皆以讲明道学见重于时，在先儒中双湖与云峰名最著其时……①

除了在家谱编修中体现忠孝等级思想外，徽州家谱还存在明确规定士绅特权的情况，如祁门《方氏宗谱·族规》有《励士风》条，指出士居四民之首的特殊地位，并对士提出了德行上的要求：

士居四民之首，禔躬行与庸众不同。予族祖先凡登仕籍者，虽崇卑异秩．皆能尽当官之职。今后仕者当以前人为鉴，不可贪财坏法，有玷祖先。其举监生儒等当居家时亦必修德励行，以端其本，访寻益友，以观厥成。切不可虚闲岁月，淫朋嬉戏，以堕士风，以贻非笑。②

《重斯文》条强调士绅是宗族的维持者：

宗族所赖维持而勿替者，斯文而已。重斯文则族日盛，薄斯文则族寖衰，此古今之明验也。今族中子弟苟有出人头地者，富则优以礼节，贫则资以钱财，名曰灯油。此皆作养育之意，切不可自己无人读书遂生妒忌。盖诗书不负三代，其人敬重诗书人，其家即生诗书子也。③

宗族通过培养家族子弟读书从而进阶仕途，子弟获取功名后，进而成为士绅，反之新晋士绅们则加以维护宗族制度，得以巩固宗族。

① 胡陆秀等：《考川明经胡氏宗谱·卷首》，道光九年（1829）木活字本。

② 方金声等纂修：《方氏宗谱·族规》，同治八年（1869）刻本。

③ 方金声等纂修：《方氏宗谱·族规》，同治八年（1869）刻本。

二 士绅通过修谱功能维持社会秩序

就明清时期而言，士绅在国家权力与地方基层社会之间，发挥着重要的沟通作用。明清两朝借助科举取士的人才选拔制度和文官制度给予士绅功名、特权以及地方精英的地位。对士绅而言，晋升官僚系统，成为一方官员，掌握国家权力，是确保其地方精英地位的方式之一。然而，士绅群体不可能完全脱离地方基层社会，特别是部分士绅长居乡里，对基层社会运行有着很大的影响，他们当中存在维护基层社会秩序与利益者。特别是在日常地方和宗族事务的处理过程中，士绅群体具备了掌握基层社会权力的威望。以明清时期徽州社会为例，宗族组织在基层社会运行中发挥了重要作用，而宗族的维系有赖于士绅所采取的多重手段，其中修谱是徽州宗族维持家族延续与发展的基本方式之一，所以士绅重视修谱，以期通过修谱来维持社会秩序。士绅群体在纂修家谱之时，首先要讨论并加以确定的是纂修家谱的体例，即编写凡例。凡例又称谱例，是关于家谱体例的具体说明，通过发凡起例，阐明家谱的纂修准则和体例，阐述修谱者的基本思想，凡例是家谱中不可或缺的部分，也是士绅参与社会秩序构建的基本路径。谱例规定了族谱编纂所必须遵守的准则，各大宗族的凡例中的具体准则虽有差异，但是在修谱基本准则上大体一致。凡例中对族人是否可入家谱有基本的规定，宗族据此约束族人的基本行为。如祁门《方氏族谱·凡例》中有云：

> 支蕃派衍，长幼紊无可辨，故立行第以序之，庶几长幼秩然有序。至一派之中，有出家为僧道者，则削其行，为其忘乘不孝也。女子不入行第，内夫家而外父族也。又有原系本枝在外散落，后考果系嫡派，亦许标名书入。若非系真派，不许用计伪托附合。①

又如《潭渡黄氏族谱·祠祀·附公义规条》中有记载："公议宗祠规条，计三十二则，乃八堂尊长（八个支派的族长）暨文会诸公（士绅）于康熙甲午仲春下浣七日议定，自当永远遵守。"② 又如绩溪仙石周氏宗

① 方金声等纂修：《方氏宗谱·凡例》，同治八年（1869）刻本。

② 黄臣槐等：《潭渡黄氏族谱·祠祀·附公义规条》，雍正九年（1731）刻本。

族，特请当地郡学教授周赟先生制定谱例，要求本宗族子孙后裔世代予以遵守。由此可见，各大宗族的凡例原则上大体一致，只是准则详略、表述方式略有差异而已。这从前述方善祖所编纂的《歙淳方氏柳山真应庙会宗统谱·凡例》可以更好地体现出来，其凡例共有十六条，首先是对参与编纂会宗统谱的士绅提出要求，使其所修方氏谱牒世系脉络清晰，以期家族血缘传承的纯粹。家族世系的排列需以“五世为图”，“蝉联而下”，并且分为原始世系、统宗世系、分派世系三个层次。分派世系以分布在歙县、淳安二邑的十二个支派为范围，要求士绅在编纂宗谱时严加考证，以此作为方氏宗族会聚的依据。

其次是掌握书写“善”的权力，以程朱理学的伦理观为基础，奠定地方社会的基本价值观。例如谱图后通常附有小志，表彰对象大多为士绅与节烈妇。“书封爵，书乡宾耆宿，书科贡太学生，书庠生、儒硕、书生，书卒，书享寿，书娶某氏继娶某氏，妾之有子者书和侧室，书孝弟节烈，书葬地某向。”前面四书中，三书是士绅，有资格列志者，首先就是士绅，而乡宾耆宿之类亦多为绅商。对于“兹谱分支、分门以下未续后图，不及尽载，统作《科第录》与《节孝志》，用彰既往，以励后来”。凡例之中还特别强调，“学而入政，名登金榜，闺闱挺秀，巾帼完人，并为家国所重，宗舫之光”。书写宗族祖先之中的入朝为仕者和金榜题名者，使族人读此尊祖敬宗之心油然而生，此举利于收族。又有“素封沿义利物”，素封即富商，素封家族中的部分族人凭借自身财力通过捐纳入仕，成为异途士绅。此类士绅家产丰厚，时常慷慨行义。他们或出资修缮祠堂、纂修族谱、收购族田，或资助当地书院，或架桥铺路，或怜贫恤老，因其义行为乡人村民所称赞，对地方社会的稳定大有裨益，所以其义行善举大多被记入族谱，以此表彰。由此可见，位于四民之末的商人，作为异途士绅，在徽州地区亦拥有较高的社会地位。

再者士绅掌握黜削大权，可以制定谱牒“不书”的标准，以程朱理学的伦理观维持地方社会的秩序。在徽州宗族社会中，所有人均处于宗族组织之下，生时获取功名，荣耀故里，殁后牌位入家族祠堂、名留族谱，是徽州人毕生之夙愿。因而，“不书”是宗法社会中对族人最为严厉的惩罚。如祁门《方氏族谱·凡例》中记载有“六不书条”，列入“不书”之罪的有“弃祖”“叛党”“刑犯”“败伦”“背义”，若是族人犯了此类辱没先祖的大罪，最终结果就是开除族籍，以至于“不书”。

然而，家族族谱的涵盖面仅及某一族，即使统宗谱亦然，影响力有限。因此士绅对基层社会的控制，不仅仅表现为对宗谱的纂修，还表现为编纂超越血缘关系的地缘性村志、镇志等地方志，诸如休宁县的《孚潭志》，歙县的《岩镇志草》《橙阳散志》《沙溪集略》《丰南志》《西干志》，祁门县的《锦城纪略》，等等。从某种意义上说，这些地方志都是徽州士绅群体的联合家谱，具有对地方社会宗法控制的功能。在徽州地区最有特色的则是区域性的名族志。从元顺帝至元丁丑（1337）陈栎始编《新安大族志》起，直至明世宗嘉靖庚戌（1550）戴廷明将《新安大族志》最后核定成书，这一过程共215年；后刊行的《新安名族志》是由程尚宽据戴廷明《新安大族志》一书续补而成的。参与编纂区域性名族志的人员都是地方士绅，现将参与编纂《新安大族志》《新安名族志》《新安休宁名族志》的士绅名单开列如下：

> 元延祐丙辰（1316）：陈栎，字寿翁，号东皐，学者称定宇先生，延祐元年（1314）乡闱中选（休宁陈村人）。明嘉靖己酉（1549）：郑佐，字时夫，号双溪，嘉靖甲午（1534）进士，历任江西布政司参政（歙县岩镇人）。嘉靖辛亥（1551）：江垣，字峻之，号觉山，嘉靖壬辰（1532）进士，历任山东道监察御史（婺源官源人）。万历己卯（1579）：曹浩，字仲宣，号北海，隆庆辛未（1571）进士，历任礼部祠祭司郎中（休宁曹村人）。
>
> 同校诸生
>
> 嘉靖己酉（1549）：戴廷明，号和溪（休宁人）；汪孟沚、叶本静（祁门人）；程子璿，号阳谷，方德卿、王克和。嘉靖辛亥（1551）增补：程尚宽，号中泉（歙竦口人）；吴让天，号古冈（黟县人）。天启乙丑（1625）续补：曹嗣轩，字叔明（祠部季子）。同校：曹嗣乾，字健伯（祠部从子）。率梓 胡维元，字善庭（休宁县人）。

由名单可知，参与修纂的士绅都是有功名在身的读书人，最低一级的功名也是诸生。从参加编纂者的身份可以看出徽州社会对地方名族志编修的关注与重视。得以入选名族志，是对宗族在地方上的实力与地位的极大肯定。

徽州宗族为了保持名族地位，又或为了跻身名族之列，势必整顿宗族组织，加强宗族的建设，特别是在宗族子弟的儒学教育尤为突出，这一点在明清徽州家谱当中也有所体现。如休宁茗洲吴氏《家规》中记载："族中子弟有器宇不凡、资禀聪慧而无力从师者，当收而教之，或附之家塾，或助以膏火。"[①] 如歙县潭渡黄氏《家训》中记载："子姓十五以上，资质颖敏，苦志读书者，众加奖劝，量佐其笔札、膏火之费，另设义学以教宗党贫乏子弟。"[②] 士绅凭借自身的文化权力，将培养家族后学，通过宗法制度固定下来，确保家族书香延续。此外，徽州士绅在编修家谱的基础上，还引申出地方社会舆论评价的权力，许承尧在《歙事闲谭》卷十八《歙风俗礼教考》中赞美徽州农村社会秩序："里仁之美，不信然哉！"究其根本原因则为：宗族社会"大憝巨猾，绝未之闻，间有作慝者，乡党共耳目之，奸诡不行焉，则非其人尽善良也，良由聚族而居，公论有所不容耳"。[③] 而此"公论"即是士绅纂修宗族族谱、名族志等宗族文献，掌控地方社会舆论导向所形成的结果。

此外，士绅还会通过文会形式来进行相关社会秩序引导，在徽州，文会的建立同样有赖于宗族的建设，成为与宗族相辅相成的地方社会秩序引导模式。

通过数例可知：

> （章）有元，一名瑞，尊祖敬宗。豁达慷慨，尝输己田倡立文会，鼓励后进。独出己赀建造敦伦堂，为小宗家庙。宗祠椅桌亦其所置。以鹾业客维扬，遂家焉。[④]
>
> 凌晋，字锡蕃，太学生。生平敦厚诚一，能敬承先志，虽经营阛阓中而仁义气蔼如。与市人贸易，黠贩或蒙混其数以多取之，不屑屑较也；或讹于少与，觉则必如其数以偿焉。然生计于是益殖。本里水口亭，当北源要道，岁久将坏，君独捐资整之，行旅往来始复有所憩息。文会辅仁堂草创未就，亦首倡捐资以底于成……厥考永吉公以建

① 吴翟等纂修：《茗洲吴氏家典·家规》，雍正十一年（1733）木活字本。

② 黄臣槐等：《潭渡黄氏族谱·家训》，雍正九年（1731）刻本。

③ 许承尧：《歙事闲谭》卷十八《歙风俗礼教考》，黄山书社 2001 年版。

④ 章尚志等：《西关章氏族谱》卷二十四《家传》，民国四年（1915）刻本。

祠著勤，而锡蕃公复以捐修底绩。父析薪而子克负荷，可谓世济之美矣。①

程世德，字明友，（清婺源）溪头人。幼贫。长贸易江右，勤俭成家，见义不吝。祀厅被毁，慨输五百金襄成。族中创立文会，输租数十称资助。②

史世椿，字延龄，（黟县）九都金钗人。少清贫，商皖起家。勤俭好义，重建家祠，兴文会，造本村路，助修溪桥，施棺助葬，散赈济荒，输书院考棚建费……靳年逾八十，连举二子，人谓德极。③

通过这些实例不难看出，士绅们通过文会这一形式，与家谱编修结合，为地方社会秩序的构建贡献了积极的力量。

三　士绅通过家谱内容引导地方风俗

士绅首先是通过家谱中的一些硬性规定来规范族人的行为。家谱内载有一些家训家规，这些内容是宗族治理的基本法典，其制定者就是士绅群体。士绅对于家训家规类文献十分重视，北齐颜之推所著的《颜氏家训》，成为传统社会家庭教育、宗族教育的范本。宋人赵鼎所著的《家训笔录》、陆游所著的《放翁家训》、袁采所著的《袁氏世范》，都是为后人所称道的家训专著。随着明清时期祠堂的发展，著述训诫也有所增加，如《桂林洪氏宗谱》《华阳舒氏统宗谱》《余氏族谱十卷》《上川明经胡氏宗谱》等都有明确的家规记载。

此外，祠堂在组织宗族祭祀活动之时，统一的规章制度与明确的宗族规约，非常必要。如《馆田李氏宗谱·家法引》于此有着详细的论述：

且今一邑之治乱兆于官，一乡之治乱兆于长，一家之治乱兆于主，家一人其人贤则寓情于法之中，法不苟而情不滥，弱者怀德，暴者畏刑，家之兴也日可俟也，否则纵子弟以乱法，则国法必至，国法

① 凌应秋：《沙溪集略》卷四，江苏古籍出版社 1992 年版。

② 光绪《婺源县志 》卷三十三《人物·义行》。

③ 同治《黟县三志》卷七《人物志·尚义传》。

至则非与家等矣！①

由此可知，家法是国法的必要补充，是宗族社会的重要环节。因而徽州宗族族规大都名目繁多，诸如宗约、宗规、宗禁、族规、族约、族范、祠规、家规、家训、家礼、家诫、家法、家箴、祖训、先训、训诫、条诫、规条以及编写族谱的规例、义例、条例等，都有着详尽的规定与阐述。

家法内容庞杂，主要注重族人为人处世的道理与行为规范，以及越轨的惩罚办法，同时还规定宗祠的组织管理制度以及与政府的关系。族规推崇程朱理学的道德伦理观念，大力宣扬忠孝节义，使其成为封建伦理的体现、士绅行使权力的主要依据。刘王瑞成在《中国传统的宗族统治》中有言："（宗规家训）将道德说教和人的悟性结合起来，把社会伦理与宗族信仰结为一体。在叙述伦理的真谛、风习和法规时，族规将这三者寓于其中，使之成为浑然一体的约束工具。"②

族谱除了记录宗族世系传承、建构宗族历史、实现"敦宗睦族"等致力于宗族自身建设的基本文化功能之外，还与当时社会管理制度相结合，衍生出具有服务于基层社会治理的其他功能。诸如在协助户籍人口管控、充当法律审判依据、参与地方文化建构等方面发挥了重要作用。在宗族建设过程中，族谱在地方社会上是有相当公信力的家族文献，由于宗族族谱是以宗族名义集体修纂，承载了宗族的历史传承、规定了家法族规，因此在宗族内部具有相当的公信力。族人通常以宗谱记载为依据，寻找远祖的坟茔所在之处，最终以宗族集体名义确认祖先墓地，此举在伦理道德上更易得到地方官府的支持与肯定，同时也与地方官府无法明确掌握部分土地的归属权有关。以此类推，当人们进而发现族谱还是绝佳的文献载体后，宗族众人又主动将与重要利益诉求的有关事项，在族谱中作了或虚或实的记录，常以族谱作为证据在司法纠纷得以出示。

士绅掌控地方秩序，致力于将朱子的桑梓之邦建设成江南的邹鲁之地。但是在地方社会中，理念与私利充斥则是在所难免。宗族理念与现实矛盾尖锐，冲突不断，当矛盾来自于异姓异族之时，祠堂与文会也难以调

---

① 李嘉宾：《馆田李氏宗谱·家法引》，光绪三十一年（1905）木活字本。

② 刘王瑞成：《中国传统的宗族统治》，纽约：亚洲研究协会，1959 年。

节，争讼之风从而炽起。争讼作为法律手段，既是为了保护宗族的利益，又是为了维持程朱理学为主导的徽州地区的稳定秩序，所以在府衙公堂之上，争讼激烈不休。前文所提及《柳亭山真应庙方氏会宗统谱·歙南柳亭山真应庙纪事》载有方氏真应庙祀产遭到守寺僧人侵盗与“恶佃”抗租，为保护祀产，从万历二十四年到二十七年，家族中的五 50 士绅多次联名状告守寺僧人至歙县府衙大堂。士绅群体的联名起诉，极大地增强了方氏宗族的力量，最终方氏士绅的诉讼取得了胜利，保住方氏宗族真应庙的祀产。方氏各支派之间也因家族诉讼增强了宗族凝聚力，通过士绅群体集体参与诉讼，也增强了对宗族秩序的控制力，也印证了“宗族所赖维持而勿替者，斯文而已”①。“邑中大族有宗祠，有香火堂，岁时伏腊、生忌荐新皆在香火堂。”“故邑俗宗祠最重。”② 庙产之争，事关祖先，悠悠万事，唯此为大，由此引起的诉讼在徽州地区更是屡见不鲜。

据绩溪《上川明经胡氏宗谱》中记载，胡氏乃徽州名族，其始祖胡昌翼系唐昭宗之幼子，因唐末朱温篡乱，昌翼避难婺源考川，冒义父胡三公姓。后唐同光年间，昌翼登明经进士，其后裔遂称明经胡氏，以此为荣。昌翼子延政，宋初自婺源考川迁居绩溪胡里。延政于北宋开宝八年(975) 任绩溪县令，赐居胡里（在今绩溪县临溪镇境内）。延政子孙又先后分支，迁往上庄、宅坦、杨林等地。胡氏子孙虽散居各处，并且在各处都多建有家族宗祠，但是胡里的中王庙仍是胡氏家族心目中的圣地。当是时，中王村的所居之姓氏，主要是周姓与王姓。此二姓认为中王庙并不是胡延政的专祠，而是纪念越国公汪华的第九个儿子九相公的祠庙。九相公即为唐朝越国汪华第九子汪宪。汪宪死后，自唐至宋有五位皇帝对其进行敕封，使其成为忠义的象征。周、王两姓因此推倒了该庙中原有的胡延政塑像，为汪华第九子汪宪重塑的神像，占据胡氏中王庙并将其变为属于中王村周、王两姓的神庙。胡氏族人因知悉宗族祖庙被无理占据，更兼先祖胡延政的塑像以及画像均遭毁坏，均是义愤填膺，因此合族而起对周、王两姓发起诉讼。

据此事征引诉讼双方各自诉状，基本阐明这一事件的详细脉络。“三月二十八日，府投讯具禀，职员胡位中、五品军功胡尚成、耆民胡文瑞、

① 方金声等:《方氏宗谱·族规》，同治八年（1869）刻本。

② 乾隆《绩溪县志》卷一《方舆志·风俗》。

恩贡胡沅、廪生胡贞照、胡玠、附生胡国琇、抱呈胡顺海禀为遵饬投到环叩，催提查核原卷究令复旧事。缘职二世祖讳延政，以唐宗室宋封中王为绩始令。有功于民，卒葬古溪野，居民立庙墓后，塑像画像祀之，凡历九百余年无异。王寿海等胆敢毁神改庙，前经控奉县宪讯明，断详在案，乃王含贞等抗不遵断，复敢控词上控。沐奉批宪亲提，窃职祖墓庙载之志乘、谱序，凿鉴可据，与王姓并无干涉，贞等何得狡执贪谋。一沐查核原卷，虚实自明。为此遣抱投叩。"禀文的上诉者胡位中、胡尚成、胡文瑞、胡沅、胡贞照、胡玠均系乡绅，其中胡玠即胡玠如，乃胡适之叔。他与胡沅、胡贞照、胡国琇共四人均为上庄人，绩溪《上川明经胡氏宗谱》之《学林》有记载。胡氏上庄的始迁祖即延政的第十九世孙。[①] 据此再征引一段王姓的禀文：

> 生员王含贞等禀为业，不由主税，莫为凭抄呈恩鉴业还原主事。生等世居绩东中王村，合村于村首共建九相公庙由来已久，该庙基系柒字一千四百三号，计基税三分九厘八毛，粮归周社旺户完纳税。谱鳞册确核庙前有胡姓祖坟，离庙二十余丈，胡姓久怀谋占。前于咸丰七年（1857）因生村王善庆造屋结讼，蒙中调处，庙神照旧，各照契税管业。去岁九月间开光塑像，悉遵古制。不料胡文翥、胡位中纠率势豪胡沅、胡运昌、胡贞照、胡玠等假生等村名冒伊祖封号，控称伊祖延政公宋封中王，肆行混争并毁神像，又复串通江西补用道胡光墉越控抚宪。谎控诬控即行批发排单到县。县宪即传讯断令胡姓出洋一百元作为庙基业价。生等不遵，谕书当堂割税庙归胡姓执管，反将生等三人均押在□。泣思朝廷以粮税为凭，百姓以执业为主。生等数百年之庙，一旦被胡姓占去万难甘休。有县府案卷并胡延政公考，确核为抄粘，伏乞学宪大人垂怜，鉴主赏赐钧批府提讯，严究占毁，业还原主。戴德上禀。

王姓推出生员王含贞等签署的禀文，在这一诉状中，我们可以看到面对胡氏强大的士绅与异途士绅组成的具禀人队伍，势单力孤的王含贞把他们称为"势豪"。并且指出，胡姓的另一大"势豪"，江西候补道胡光墉

① 赵吉士：《寄园寄所寄》，周晓光、刘道胜点校，黄山书社2008年版。

参与此案，越控抚宪。胡光墉即赫赫有名的红顶商人胡雪岩，祖籍绩溪胡里，[①] 他因辅助左宗棠有功，授江西候补道，是个亦官亦商、富甲江南的异途士绅。从胡、王两姓的禀文中，可以得知尽管双方都振振有词，言之凿凿，但是地方官府具体处理的过程中，还是倾向于士绅集团势力强大、位高权重的胡氏宗族，并且最终作出了有利于胡氏的判决。关于这一诉讼的是非缘由及其曲折过程，主要重心在于士绅与官宦势力相交，参与中王庙诉讼事件的被告方王姓宗族，在其诉讼文书之中清楚地披露了此点。

此外，家谱是以特定的人群——宗族祖先为主要叙述对象的家族传承兴衰史，无论是世系中的简明扼要的人物传记，还是墓图中的诸多墓主的墓志铭，都是以人为中心而展开叙述。而族谱中的人物传记，更是专门记载本族内部对宗族有贡献的人物生平事迹，而区别于记载普通宗族成员简略事迹的“世表”。人物传记的名称不一，比较基本的是家传、行状、墓志铭等，这些内容大量记载了族中士绅等名人的生平事迹，以期为族人树立楷模，确立行为规范。家谱为这些士绅立传扬名，这一点在徽州家谱中表现明显。

如《绩溪西关章氏族谱》中记载：“兹西关之族兴礼让、敦行义，家学渊源，蜚英敷藻相继，贡于卿、官于朝、廪于校者，彬彬翼翼，方进未已，且以明经世为儒绅，所宗则郇国，诗书之泽其能引于勿替，抑又可知矣。陟降南峰，昼锦在望，世其业者，能无图复之思乎哉？昔晋范宣子历叙其祖氏世族，以为不朽，鲁穆叔则对以立德为上，立功次之，立言又次之。夫观穆叔之所云，则笃先烈而永世族者，其道端有在矣。木庵修兹家谱，义例严谨，纪录有法，且笃学尚行，向往直前，其志固以不朽事业自期待者。余故溯其祖德之所由来，而因以大其光复之望也。”[②]

由此可见，在传统宗族社会中，上至朝廷公卿，下至校学诸生，家谱中据立德、立功、立言为要旨，加以记载。以期追念先祖，体现家学渊源，为族人之表率。

① 唐力行：《论徽商与封建宗族势力》，《历史研究》1986 年第 2 期。

② 章乔：《绩溪西关章氏族谱》，万历年间刻本。

中篇
徽州士绅阶层以修谱构建社会权力

第四章　对“正统”的宣扬

——士绅社会权力的伦理基础

第一节　明清家谱所反映的核心正统思想

一　对《圣谕广训》的传播

《圣谕广训》作为清代官方颁布的官样书籍，是清代民间教化的重要文献之一。《圣谕广训》源于明代朱元璋的“圣谕六言”，这在明代的家谱中流传较广。早在刊印于明代的《休宁范氏族谱》中，《宗规》第一条即是：“圣谕当遵：孝顺父母，尊敬长上，和睦乡里，教训子孙，各安生理，毋作非为，这六句包尽做人的道理，凡为忠臣，为孝子，为顺孙，为圣世良民，皆由此出，无论贤愚，皆晓得此文义，只是不肯著实去遵行，故自陷于过恶，祖宗在上，岂忍使子孙辈如此。”①这里所引乃是朱元璋颁布的“圣谕六言”。入清后，顺治九年（1652），将朱元璋的“圣谕六言”钦定为“六谕文”：“孝顺父母、恭敬长上、和睦乡里、教训子孙、各安生理、无所非为”，康熙时，将“六谕文”结合当时需要，扩充为“圣谕十六条”，雍正即位后，将“圣谕十六条”衍为长达万言的《圣谕广训》，雍正二年（1724）颁布并发行全国。此后，《圣谕广训》影响进一步扩大，定期宣讲圣谕成为士绅的责任和义务，因此不难理解家谱中对《圣谕广训》的宣扬，这既是士绅阶层向族人进行教化的需要，也是出自国家对士绅阶层的要求。

修于光绪元年（1875）的《安徽休子阳程氏支谱》与修于宣统三年（1911）的《绩溪璜上程承启堂世系谱》，将《圣谕广训》立于谱首，内容为：“敦孝弟以重人伦，笃宗族以昭雍睦，和乡党以息争讼，重农桑以

① 范涞：《休宁范氏族谱·宗规》，万历二十一年（1593）刻本。

足衣食，尚节俭以惜财用，隆学校以端士习，黜异端以崇正学，讲法律以儆愚顽，明礼让以厚风俗，务本业以定民志，训子弟以禁非为，息诬告以全善良，诫匿逃以免株连，完钱粮以省催科，联保甲以弭盗贼，解仇忿以重身命。”[①] 两谱开篇虽名为《圣谕广训》，实际内容却还是康熙年间颁布的“圣谕十六条”，在家谱的卷首即书“圣谕广训”，并饰以龙纹，体现了家谱的主要编修群体——士绅对官方正统思想的弘扬，将之奉为撰修谱牒的首要准则和基本思想。对《圣谕广训》的积极传播，反映了上层伦理对地方社会的影响，而这种影响是通过士绅阶层来宣扬与实施的，而家谱则是重要的载体。

徽州家谱如此重视《圣谕广训》，与《圣谕广训》大力宣扬宗族建设密切相关。“圣谕十六条”和《圣谕广训》第二条均为“笃宗族以昭雍穆”，明确了加强宗族建设的路径。不论是“圣谕六条”“圣谕十六条”还是《圣谕广训》，都是以规范社会伦理道德，尤其是对下层社会的教化为主要内容的，这就与家规家训的不少内容相一致。这在许多家谱中都得到体现，其中在《汪氏宗谱》中表现较为突出，该谱中《圣谕广训》出现在家训之前，虽名为《圣谕广训》，其内容却是“圣谕十六条”和大清律的结合：

圣谕六条

孝顺父母

人生在世上，圣贤皆可作，须从孝上作起，顺上行去，这孝顺二字是人所最要紧的事，若是人能孝顺就是好人，若不孝顺便有法惩治他了。

看大清法律上有云：

子孙违犯祖父母、父母教令及奉养有缺者，杖一百。

子孙骂祖父母、父母，及妻妾骂夫之祖父母、父母者，并绞；殴者斩；杀者凌迟处死。

居父母丧而身自嫁娶者，杖一百，离异。

闻父母丧不举丧者，杖六十、徒一年；丧制未终释服从吉，及居丧男女混杂，饮酒食肉者，各杖八十。

---

① 程步云等：《绩溪璜上程承启堂世系谱·卷首》，宣统三年（1911），木活字本。

弃毁祖宗神主比依弃毁父母死尸者，律斩。然则人可不孝顺父母哉！

尊敬长上

尊以礼言，敬以心言，礼从心出，不是虚文。人凡遇尊长在上，一切称呼、拜揖、坐行、言语之间，都要事事尽礼，实实敬让，才是个好人，若不尊敬长上，便有法惩治他了。

看大清律上有云：

弟妹殴兄姊，杖九十，徒二年；伤者杖一百，徒三年；死者斩。

侄殴叔伯父母姑，外孙殴外祖父母，加殴兄姊罪一等，故杀者凌迟。

凡骂尊长以上加等杖笞。

凡奴婢骂家长者绞，殴者斩，杀者凌迟，过失者绞。

各处刁军、刁民挟制官吏，陷害良善，起灭词讼，结党捏词诬告，把持官府不得行事等项，重者发边卫充军，仍于本地方枷号三个月。然则人可不尊敬长上哉！

和睦乡里

凡乡村城市同街共井都是乡里，既谓之乡里，则与我田里相连，房屋相比，切不可因些须小忿构成大衅，失了同乡共里的和睦，必须出入相友，守望相助，疾病相扶持。凡冠婚丧祭之事，俱要致敬尽礼，这才是好人，若不和睦乡里，便有法惩治他了。

看大清律有云：

凡骂人者笞一十，互相骂者，各杖一十。

殴人吐血杖八十，折人齿指髡发者杖六十，徒一年；折肋、瞎目、堕胎及刃伤者，杖八十，徒二年；折肢瞎目者杖一百，徒一年；瞎二目损二肢以上并杖一百，流三千里，将犯人财产一半养赡，仍引持凶事例充军。

凡共殴致死，下首（按：当为手之误）者绞，元谋者杖一百，流三千里，余人俱杖。

将田宅重复典卖者，以所得价银计赃，准窃盗论，田宅从原典买主。

盗卖冒认并虚钱实契，典买及侵占他人田宅者，杖八十，徒三年；朦胧投献官豪势家，与者受者各杖一百，徒三年；投献之人仍引例充军。然则人可不和睦乡里哉！

教训子孙

人家子孙宗支，要他接续家业门户，要他承立养生送死，要他周旋子孙，一身关系匪轻。为父兄者必须要教训他，敦请严师设立规矩，敛其性情，使之知礼识义，士农工商各归一业，这才是个好人，若不教训子孙，听那子孙所行之不善，便有法惩治他了。

看大清法律上有云：

凡子孙故违祖父母、父母教令者，杖一百。

房舍服器之类，各有等第，若违式僭用者，笞五十，罪坐家长。

许嫁女已报婚书，及有私约而辄悔者，笞五十；若再许他人，未成婚者杖七十，已成婚者杖八十，后娶者知情，与罪同。财礼入官，女归前夫，前夫不倍追，财礼给还，然则人可不教训子孙哉！

各安生理

生理二字，生即是营生之生，理即是天理之理，顺理营生，头头是道，凡人只要存个天理良心，士农工商都要安自家本分，这才是个好人，若不各安生理，便有法惩治他了。

看大清律上有云：

私放钱债，取利不得过三分，年月虽多，不过一本一利。若强夺人孳畜产业，杖八十，追还。以债准折人妻妾子女，杖一百，强夺者加二等。因奸而占妇女者绞，人口给亲债免追。

田地无故荒芜者，应课种桑之类，而不种者，杖八十。

脱漏版籍差役者，杖一百；欺隐田粮诡计洒派等项，杖一百，其田入官，所隐税粮征纳。

私铸铜钱者，绞；伪造金银者，杖一百，徒三年。

教唆词讼，及为人作词状增减情罪诬告人者，与犯人同罪；若受雇诬告人者，计赃以枉法，从重论；投匿名文书告言人罪者，绞。然则人可不各安生理哉。

毋作非为

凡人做那不好的事，便是作非。为试看世上的人，那个没有天理良心？只因后来或为物欲遮蔽，或为嗜好牵引，便不肯学好，作那不当为的事了，你一作那不当为的事，一旦发露便有法惩治他了。

看大清律上有云：

斗殴杀人，不问手足、他物金银，并绞；故杀者，斩；同谋共殴人致死，下手者绞；元谋者杖一百，流三千里；共殴之人执持凶器发边卫充军；戏杀误杀各有斗殴论抵。

谋杀人，造意者，斩；从而加功者，绞；不加功者，杖一百，流三千里。伤而不死，造意者绞；从而加功者，杖一百，流三千里。

强盗得财，不分首从，分赃、窝主、造意皆斩；窃盗掏摸得财，刺配，三犯者绞；知盗后分赃，及接买寄藏，俱发边卫充军；盗牛马畜产以窃盗论，刺配；盗田野谷麦菜果准窃盗论。

和奸杖八十，有夫者杖九十，刁奸杖一百。强奸者绞，未成者杖一百，流三千里，奸幼女十三岁以下者，虽和同强论。赌博财物者杖八十，摊场钱物入官，若沿街酗酒撒泼，开张赌博坊者，枷号三个月。

师巫假降邪神，书符咒水，及妄称白莲等教，烧香聚众，佯修善事，煽惑人民，为首者，绞；为从者各杖一百，流三千里；造妖言妖书者，斩；里长不首者，笞四十。然则人可作非为哉！①

从该谱对于《圣谕广训》记载来看，有以下特征：一是“圣谕”在家谱编修中具有神圣性，处于引领的地位；二是对“圣谕”的宣扬与传播具有继承性，其中有朱元璋所提的“圣谕六条”，又含有雍正“圣谕广训”的意思，还有则是大清律的直接引用；三是对“圣谕”的宣扬具有通俗性，强调与下层民众的结合，语言直白易懂。总之，该谱先列“圣谕六条”的内容，再以极通俗的语言陈述要怎样做好人，之后再引大清律，如不做好人会面临什么样的刑罚，再次体现了家谱中所载《圣谕广训》的受众是广大普通下层人士，对他们的教化以通俗的语言和直陈利害是有必要的。这也更好体现了士绅阶层正是通过家谱来宣扬、倡导正统思想的。

该谱另一个值得关注的地方是《圣谕广训》与《家训》的结合，共同形成一个完整的有层次的教化体系。《家训》从宗族的角度出发，更侧重于伦理和道德层面的约束，“前老谱肇修，载家训十余条，合族凛为龟鉴。昔之人务为可传可法，今之人宁不是训是行。义不过深，期于易晓；

① 汪凤五：《汪氏宗谱》，民国十四年（1925）本。

语不必华，期于便读。事不越日用伦常之外，道已具身心性命之全，始于事亲，中于立身，终于事君，悉在于此，智而贤者所宜俯而就，愚与不肖者亦可跂而及，俾族人览之，触目警心，并各教诲其子弟”①。族人“事亲”“立身”“事君”之根本“悉在于此”，是教诲子弟的龟鉴。可以说《圣谕广训》是更高层面国家对宗族的要求，不仅处于指导地位，更是具有法律强制性，而家训所载的“尚节义”“辨尊卑”“务勤俭”则是宗族内部带有自律性的要求，二者的统一是士绅对族人宣讲教化的需要。无疑，家谱成为士绅宣扬正统思想的重要载体，也是主要的阵地。

除上引汪氏族谱典型地宣扬“圣谕”外，其他家族所修家谱也多类此。如范涞所修的《休宁范氏族谱》中有“右宗规十六款，总之皆遵圣谕之注脚。我族中贤父兄，必不肯以不善望其子弟，各须叮咛遍戒，每听圣谕后，洗心向善，尽作好人”，② 强调了“圣谕”的作用。黄文明在《休宁古林黄氏重修族谱》中有“右祠规一十六款，非明臆说，皆推圣谕之遗意也”，③ 可见《圣谕广训》对家规的订立具有重要作用。

二 宗法思想

宗法自秦汉不行分封而失去经济支持，自此周代典型的宗法制已不存在，但有关宗法的建设依然延续，大体来说，历经三次重建：第一次在汉晋时期，第二次在宋元时期，第三次在20世纪80年代以后，这三次宗法的变异各有特点。④ 汉晋时期的宗族建设以皇族为中心，涉及宗法思想的主要是对孝的推崇，为后世的宗族建设起到奠基作用。

影响明清士绅及家谱中所体现的宗法思想，主要来自宋元时期的改造。宋元时期，世家大族退出历史舞台，官绅地主自此兴起，宗祠、族谱、义庄等层出不穷，以祭祖权的下移为标志的宗族的民间化和大众化成为这一时期的特色，这一变化也体现在对宗法思想的阐述上。张载对此有清晰论断：

---

① 汪凤五：《汪氏宗谱·家训引》，民国十四年（1925）本。

② 范涞：《休宁范氏族谱·宗规》，万历二十一年（1593）刻本。

③ 黄治安等：《休宁古林黄氏重修族谱·祠规》，乾隆二十二年（1757）木活字本。

④ 参见冯尔康《秦汉以降古代中国“变异性宗法社会”试说——以两汉、两宋宗族建设为例》，《天津社会科学》2008年第1期。

> 宗法管摄天下人心，收宗族，厚风俗，使人不忘本。须是明谱系，世族兴，立宗子法。宗法不立则人不知统系来处。古人亦鲜有不知来处者。宗子法废，后世尚谱牒，犹有遗风。
>
> 谱牒又废，人家不知来处，无百年之家，骨肉无统，虽至亲恩亦薄。
>
> 宗子之法不立则朝廷无世臣，且如公卿一日崛起于贫贱中以至公相，宗法不立，既死遂族散，其家不传。宗法若立，则人人各知来处，朝廷大有所益。或问朝廷何所益？公卿各保其家，忠义岂有不立，忠义既立，朝廷之本岂有不固？今骤得富贵者，止能为三四十年之计，造宅一区及其所有，既死则众子分裂，未几荡尽，则家遂不存，如此则家且不保，又安能保国家夫。①

这里张载指出，要“管摄天下人心，收宗族，厚风俗”，就要“明谱系，世族兴，立宗子法”。“明谱系”与“立宗子之法”的作用，张载是从两个层次来论述的：从宗族的角度，谱牒使人知所由来，“一本”的观念得以贯彻，宗子之法使宗族内秩序井然并得以传承下去；从国家的角度，则是朝廷有世臣，忠义有保，家国俱安。宋以后各类宗谱、族谱、家谱的增多，与身为理学家的张载这番论述是有关的。

明清时期徽州以程朱阙里自居，受理学思想影响很大，二程对宗法思想也有阐述：“管摄天下人心，收宗族，厚风俗，使人不忘本，须是明谱系，世族与立宗子法”②；又说：“宗子之法不立则朝廷无世臣，宗法须是一二巨公之家立法，宗法立则人人各知来处”③。这段话与前面张载所阐述的观点十分相似。特别是《朱子家礼》更是对徽州宗族的建设和巩固有重要作用，对于礼的论述，是朱熹宗法思想的一大特色。其人有言：“右古今家祭礼，熹所纂次，凡十有六篇。盖人之生，无不本乎祖者，故报本反始之心，凡有血气之所不能无也。古之圣王，因其所不能无者，制

---

① 张载著，朱熹注：《张子全书》卷4《宗法》，商务印书馆1935年版。

② 程颐、程颢著，朱熹编：《二程遗书》卷六，景印文渊阁四库全书，台湾商务印书馆2008年版，第698册，第73页。

③ 程颐、程颢著，朱熹编：《二程遗书》卷十七，景印文渊阁四库全书，台湾商务印书馆2008年版，第698册，第143页。

为典礼，所以致其精神，笃其恩爱，有义有教，本末详焉。”① 朱熹纂辑的《古今家祭祀》与《家礼》二书，集中表达了朱熹对于如何遵守礼的看法。在《家礼》中，对冠昏丧祭四礼，作了详细的规定。这对徽州宗族产生了很大影响，士绅在宗族建设中，往往会以此为依据，为宗族制定合乎时宜的礼法。

至明清两朝，在地方社会与国家的整合过程中，地方社会对国家的认同感不断增加。具体而言，理学家们将理论主张自觉地融入地方宗族权力的构建过程中，即理学家将其思想通过指导修谱等活动下沉到基层社会，从而构建地方规范与国家正统相关联的社会秩序。可以说，在这种经理学家阐述后的宗法制指导下的宗族建设，就是这种过程的体现。

明清时期徽州家谱中，关于宗法思想的阐述是丰富而普遍的。明代万历年间曹嗣义在《休宁曹氏统宗谱序》中说：

> 作谱者何？睦族也。支世穷则泽熄，亲尽则服疏，导以追宗，宜莫良于谱牒。盖谱立则宗法明，人知循礼蹈义而族斯联矣。此有志敦睦者，所以汲汲于修谱也……千载而下，使流派愈远，宗法愈明，诵曹氏名宗不衰。即不敢追踪往贤，亦庶乎成一代之文，以俟后哲于不替也。不揣鄙拙，聊序数语于篇首，其详则有本谱。②

就是把修谱与宗法紧紧地结合了起来，指出修谱对于“宗法明”的重要作用。谱牒的纂修使世系不穷，亲疏既辨，这就使宗法的确立有了基础，反过来“宗法明”又使曹氏宗族得以“名宗不衰”，“成一代之文”“后哲于不替也”，清晰阐明了谱法与宗法之间的关系。

到了清代，随着谱牒修撰的愈加频繁，徽州谱牒中关于宗法的记述有增无减，以《礼村戴氏统宗谱》为例，谱序中留存了大量清代不同时期对于宗法制度的表述：

> 续修宗谱序
>
> 余之所不能默默而已者，则惟是敬宗睦族之意愿与吾侪共相劝

① 朱熹编：《古今家祭祀》跋。

② 曹诰：《休宁曹氏统宗谱·序》，万历四十年（1612）刻本。

勉，以底于仁厚之族已矣。昔范文正公尝谓其吴中宗族甚众，于后人视之固有亲疏。而自祖宗视之则均是子孙，固无亲疏。斯言也，真能笃九族一本之谊，而可为凡处宗族者取法焉。独奈何世之处宗族者，多不尔也。无论远自宗祧以来，情不之相接，谊不之相联，即近自一传再传，亦若秦越人相视，不加喜戚于心，又其甚者，强凌弱、众暴寡，小加大，富欺贫，族之伦也，往往如此。呜呼！其亦未尝体同源之意，深恤族之情，以至此耳！

康熙四十六年（1707）裔孙思源

修戴氏谱序

夫谱之修也，岂徒以联宗族、别亲疏、序昭穆已哉？诚以祖功宗德，如天如地而扬休著美，未可恝置者，惟是穷其根本、溯其源流，庶几后人浏览之余，得指而溯之，追而羡之，曰：某也，闻人；某也，杰士；某也，功名著于前朝；某也，德泽流于后世。其激昂奋发，感慨而争效之，自有不能已者矣。非特祖宗之光，抑亦吾族之荣也。而谓是谱不与国史同一，永传于无穷也哉？故曰天地间有二大帐簿：国史与家谱是也。

康熙丁亥年（1707）裔孙若珠

重修戴氏宗谱序

窃维天下之治成于社会，基于家族，故必保族而后强种，乃可得言焉。古者，宗有长，长以齿与行，而家必有塾、族必有师，故三代盛时无一人不出于学，而乡举里选之法以行。自宗法废而家族塾师亦不立，乃至礼失而求诸野。彼世所谓白种者，几于无人不学，其比例得百之九十七，彼惟以家族观念与社会观念融合，而推暨之，故能如是也。方今朝廷宣布立宪，用乡举里选之法而谋地方自治。凡由家族观念推而动社会观念者，莫要于兴族学。族学兴而后可备社会之选举，所以保族者在是，所以强种者亦在是。

光绪三十四年（1908）裔孙邦桢①

① 戴国忠等：《礼村戴氏统宗谱》，光绪三十四年（1908）刻本。

从戴氏族谱中所收录的谱序中可见，该族士绅对宗法与家族关系、宗法与族谱的互动的认识是不断变化的，在康熙年间，强调的重点是家谱能够“笃九族一本之谊”，备陈宗法对于家族的重要性和家谱对维护宗法的重要作用。这种认识到晚清时有了新的变化，在保族强种的压力下，期望通过“兴族学”“由家族观念推动社会观念”，认为古代因有宗法制度而乡选里举得以推行，现世“族学兴而后可备社会之选举”，这就赋予了宗法思想在社会新形势下的新的内容。

可以说在家谱中强调宗法思想，突出宗法思想下的“一本”观是家谱编修的主要宗旨之一。当然，在这种宣扬中，也进一步强化了宗法思想对家谱编修的指导作用。

三　尊尊、亲亲与忠孝思想

弘扬尊尊、亲亲的孝道思想，是家谱纂修的另一主旨。“同一血缘集团的世系人物一一列举出来就是一个简单的家谱”①，按世系列举家族人物是家谱这一形式成立的基础要件。明清徽州家谱亦是依此进行编修，不过内容更加丰满，对世系的对认识也较深刻，如休宁曹氏族谱中就说世系是“辨世次昭穆”，“使亲疏之别了然指掌”，② 可以达到敬宗收族的目的，“尊祖敬宗，不忘所自出，可谓善矣，其后之人苟能究夫祖宗成立之难，兢兢业业，力于为善，以无忝于所生而保其世业，则为程门之孝子顺孙”③，不忘祖先草创之难，是祭祀和尊祖的需要，也是对后世子孙的激励和期许。能够“尊祖敬宗”“保其世业”，方为“孝子顺孙”，这种强调尊尊、亲亲，且宣扬忠孝观念的思想，也是明清徽州家谱普遍所追求的。

对孝道的理解，冯尔康说：“孝道有多层次的理解，最低程度的是在家孝敬父祖，与族人和睦，有无相济；最高境界是立身扬名，在为祖宗、宗族争光的同时，尽忠报国，实现忠孝结合，也达到君主‘移孝作忠’的要求，做个忠臣、顺民。”④ 这就将宗族对孝道的要求与宗族外的尽忠

① 张海瀛：《明代谱学概说》，《谱牒学研究》第一辑，书目文献出版社1989年版，第94页。

② 曹诰：《休宁曹氏统宗谱·序》，万历四十年（1612）刻本。

③ 程景珍：《休宁率口程氏续编本宗谱·序》，隆庆四年（1570）刻本。

④ 冯尔康：《秦汉以降古代中国“变异型宗法社会”试说——以两汉、两宋宗族建设为例》，《天津社会科学》2008年第1期。

的要求结合了起来：在宗族内部是以血缘为伦序，以孝道为中心的秩序；在宗族外部则是对尊长上级尽忠，家谱则是作为士绅通过宗族教化族人、构建内部秩序的重要手段。

孝道是尊祖敬宗乃至收族和祭祀的根本，自欧苏创谱法传世，而使“水源木本之思”有所托；家谱记载因忠孝廉节而“载诸郡志，传诸史册”的先祖，“惟愿后之仁人君子读是谱而孝悌之心油然生焉”，这里的“孝悌之心油然生焉”，在宗族内的表现是尊祖敬宗，在宗族外是忠孝廉节而能史册留名，孝悌之心是根本所在。族谱对先祖忠孝廉节的记载，通过孝道这一思想，而对后世子孙的尽孝作了敬宗收族之外的要求，光耀先祖是更高层次的尽孝。“宗谱之修，所以教孝悌也，所以教亲睦也。孝悌亲睦之道立，则家可裔，国可治，而天下可平矣……盖深欲孝悌亲睦之教洽于宗族，使宗族子姓一望而知为一体所生，百世而下无一倨傲不恭之人也。中间若靖州公之两次重修，介休公之续修，黄陂公及孝廉公之重续，虽其世代久近不同，然所以殚精竭思，斟酌□善者要莫非心侍御公之心，善继善述而以孝悌亲睦之道待吾宗族也。”① “孝悌亲睦之道立，则家可裔，国可治，而天下可平矣”，概括出了孝道与家国的关系，在方氏家谱的累次编修中，皆是以“以孝悌亲睦之道待吾宗族也”。

传统中国家国同构的理念下，尽忠作为尽孝的更高形式，在家谱中体现得很是充分。作为编修主体的士绅更是深谙“修身，齐家，治国”的思想，对家族中忠孝之人记载详备，专门立传书之；对于受朝廷敕封的显宦节烈，尤其是对旌表其父母的敕文，因体现了“忠孝”思想，则多于家谱文献中收录，下录汪氏族谱，以见一斑：

宗华公夫妇敕命文

奉天承运，皇帝制曰：资父事君，臣子笃匪躬之谊；作忠以孝，国家宏锡类之恩。尔汪宗华乃捐职布政司理问汪栋之本生父，善积于身，祥开厥后，教子著义方之训，传家裕堂构之遗。兹以尔子遵例急公，封尔为儒林郎，锡之敕命。於戏，殊荣必逮于所亲，宠命用光夫有子，尚宏佑启，益励忱恂。

制曰：奉职在公，嘉教劳之有自；推恩将母，宜锡典之攸隆。尔

① 方智松：《问政方氏宗谱·续修宗谱序》，民国二十六年（1937）木活字本。

洪氏乃捐职布政司理问汪栋之本生母，壸范宜家，夙协承筐之孅；母仪贻榖，特昭画荻之芳。兹以尔子遵例急公，封尔为安人。於戏，彰淑德于不瑕，式荣象服；膺宠命之有赫，益贲徽音。①

该敕文中所说“资父事君，臣子笃匪躬之谊，作忠以孝”，强调的就是对“忠孝”的宣扬，而家谱更是将此类敕文作为传播“忠孝”思想的重要载体了。

尊祖敬宗更能明伦理、厚风俗。“子孙览之，必指而曰是为本之所自出，是为支之所由分，而各致夫尊尊亲亲之义，则伦理明而恩义笃矣。”②有益于教化是明清时期编修家谱的特色之一，士绅在深受理学伦理观影响和明清全国范围内“孝治”影响下，在家谱的编修中处处能看到孝道思想的身影。

四　对程朱理学的传承

士绅作为儒学的主要倡导者和践行者，肩负着儒家文化传承的职责。明清徽州作为深受程朱理学影响的地区，朱子之学的作用不可谓不大。特别是，明清徽州士绅把对儒学理想世界的临摹和对现实世界秩序的构建，都纳入家谱当中。以朱熹所做《朱子家礼》为例，葛兆光认为：“意在将日常生活中的重要环节，诸如出生、婚礼、丧葬以及祖先祭祀，都纳入儒学的领域之内”，对于“宋代理学家怎样试图在行为领域，而不仅是在思想领域占据主导地位，他们强调这套符合儒学传统的生活秩序，还试图抵制佛道二教在日常生活中的影响”③。此外，还存在利用修谱这一行为本身传承“朱子之学”的情况，“朱子谓三世不修谱为不孝有以哉”。④徽州有不少家族，其先辈曾拜于朱子门下，对于“朱子之学”的传承有更深刻的理解，其对尊祖的理解亦表现最为明显。明经胡氏即是其中之一：

胡氏望出安定，而吾徽婺邑明经胡氏则李唐帝室之胄，更姓避乱

① 汪云溟等：《磻溪汪氏家谱》，道光元年（1821）刻本。

② 戴尧天等：《休宁戴氏族谱》卷一，崇祯五年（1632）刻本。

③ 葛兆光：《中国思想史》第2卷，复旦大学出版社2000年版，第334页。

④ 周启海：《绩溪周氏重修宗谱》卷首，民国元年（1912）木活字本。

于考水，至今号曰李胡，亦犹江氏，望出济阳，而吾徽有所谓萧江者，亦萧梁之帝胄也。胡氏始祖昌翼公以明经擢第，称明经公，其子孙遂以为氏。八传至国子司业伸，与吾家先内翰藻齐名，宋元符太学中所称江南二宝者也。二十传而为易简居士师夔，亲受业朱子之门，郡志称其通五经，尤精于易，其子孝善先生斗元，其孙云峰先生炳文，三世皆以易名家，为东南学者之宗。与易简同世次者为玉齐先生方平，方平受易于董梦程、沈贵珤，而沈则勉齐门人，董则盘涧从子，盘涧则亲支业朱子之门，故宋史称方平学精于易，得朱氏源委之正，传其子双湖先生一柱，与休宁陈寿翁，皆以讲明道学见重于时。①

明经胡氏先祖易简居士是朱子门下，连与朱子稍有关系的也详书始末，胡氏这两位与朱子有关的先祖，“郡志称其通五经”，“得朱氏源委之正”，对他们的推崇，是士绅对朱子之学的继承与发扬的具体表现。

在家谱中如何称谓这样的事情，也是要遵循朱子之规的，如程氏谱中就说：“旧谱生前不称公，今遵朱子名爵辩，己身以上称公之例，于己身以上生亦称公，己身以下殁亦称名”②，再次表明朱熹所确定的规范成为家谱编修的基本准则。

朱子的学生也把理学与宗族建设结合起来，赐进士出身翰林院庶吉士武英殿协修齐彦槐在《婺源韩溪程氏梅山支谱序》中就有较明确的阐述：

阅其先，有克庵先生师事朱子，以理学世其家，厥后致和倡为义学以教其乡人，又割田数百亩以给族人之贫乏不能丧祭昏嫁者。今考溪复踵而行之。夫周官九两之法，五曰宗以族得民，而继于牧长师儒之后，则宗之所以相维相系而不可解者，要不出教养二者而已。皖江十三郡，其民大都聚族而居，凡有宗祠莫不有谱，然实能行宗法于其乡者，盖亦鲜焉。闻程氏之风，其孝友睦姻任恤之心，亦可以油然生矣。吾愿其子孙世世守之勿替也，然则程氏之可为世法者，独一谱

① 胡陆秀等：《考川明经胡氏宗谱》卷首，道光九年（1829）木活字本。

② 程梦星：《新安岑山渡程氏支谱》卷首，乾隆六年（1741）木活字本。

乎哉！①

程克庵以理学“世其家”，在教育上倡导义学，教化乡人，又割百亩之田为族产，宗族因而稳固，数代不散，该序作者齐彦槐由衷希望其“子孙世世守之勿替也”，守，即是守朱子理学的思想，以此用于宗族的建设。

家谱中不但对朱熹推崇备至，对二程也极是仰慕，展示了理学在徽州士绅心目中的崇高地位，这从道光年间的记载中可见一斑：

盖理学历秦汉魏晋及唐与五代，千百年间未有其人。至宋明道、伊川二夫子出，而理学始兴，观横渠谓其兄弟，得孔孟之秘为诸儒倡，则知圣道大显于世，实赖二夫子之力。虽朱子集其大成，而注四子书本于二夫子者居多，此其炳如日星，诚足以为家乘光者也。客岁振前先生遣子献章受学于余，余于讲论理学时，问而知其为二夫子支派，今振前先生总修家乘，命献章携谱图问序于余，余观其历叙原委，自周以来代有伟人，指不胜屈，然遥遥华胄虽然非掠影借光，而名公巨卿俱不足为他族难第，难其有理学也，难其兄弟皆理学也，尤难其兄弟皆理学而配享圣庙也，则程氏之谱可以垂之万世不朽矣，余是以乐为之序。时道光十二年（1832）壬辰岁季秋月谷旦岁贡生万鹏程拜撰。②

在《韩溪程氏梅山支谱》中同样有程仲朴辑录的《朱程问答》序言两篇：

序一：南昌太守婺源程君仲朴，辑其远祖允夫先生与晦庵朱子问答之言为一编，曰《朱程问答》，暇以问序焉，予披览之，然皆辩难论孟之奥畴，咨太极西铭鬼神礼乐之群疑也。予然后知朱子集注诸经四书者，虽皆出于手笔，然亦当时群贤讲论之功耳，若允夫者亦其一也。仲朴乃能辑而表之，岂独昭先人之隐绩，亦以使四方治经之士知

① 程蓉照等：《韩溪程氏梅山支谱》卷首，宣统元年（1909）木活字本。

② 程梦诏、程知培：《程氏族谱·万鹏程序》，同治十三年（1874）本。

朱子之学有集诸儒之长焉。虽然斯问答也，于解释训诂居多，惟吾仲朴质明而志美，学博而行笃，见人之善而扶其弱，见人之非而抑其强，盖将以《论》《孟》经籍，畅于四肢，发于事业，不但一问答训诂间耳，然则仲朴之克光厥祖者，虽以此编传千万世不磨可也。嘉靖十四年（1535）春二月高陵吕柟书。

序二：资谨按：远祖宋吉州知录洵字允夫，先生本传有先生与其师晦庵朱先生往来问答，屡数十书之言，尝以是求之《朱子大全集》，所载仅十有八篇，国朝儒臣间取一二入《性理大全》《经济文衡》诸书矣。诸所未载则无所于考，资有志蒐辑而寡昧是惧。正德戊寅得告家居，以请于族之尊且贤者，相与发先世遗墨之庄而遍阅焉，得洵祖往问书八，晦庵答教书二十有二，内互见于朱子大全集者八，合其特见于大全集者十，洵祖之问而特见于《新安文献志》者，一共凡四十有一篇。虽考其散逸尚多，而犹以仅存为幸，乃裒而为帙一，为卷三，为题其各篇之首，为洵祖者曰问，为晦庵者曰答。就条批答者，曰别楮。取书中别楮条析以往之义，亦以问答字直系各条之上，不敢数数及二先生氏号，惧渎也。别楮有连上为一时之言者，有否者，若曰内帖曰纸尾则皆连上，为一时之言，资复窃稽晦庵年谱，参以时事稍可证者，妄为序次先后，并拟议其年月，标议其所从得，曰见某书或云见先世遗墨。有差异者，备载其说，与所以从违之愚，俟订正焉，从分注例，各敬疏诸其下，其第三卷与二卷末篇，则年月无证，先后亘序矣，最后一篇亦非知其当后而后之也，特以道园诸公之题跋在焉。尔夫儒先祖考之训，患弗获见，见则罔弗知实之而诵习之，忱表见之，念有弗容，但已者矣，于是撙节俸入，谋绣诸梓僭名曰《朱程问答》，以备家乘之一，与羽翼经训者考焉，而其逸未获者则固有弗容但已者矣，而亦曷敢正其必得而究观之也，然则若二先生当时授受之实，所谓动罔匪教，悟罔匪道，庸有出于问答之外，而非搜辑可致焉者，又将曷从而观之哉，兹寡昧者所以惧益惧也。嘉靖甲午（1534）仲夏之吉后学裔孙资百拜敬书。①

从两篇序中可以看出，家谱对朱熹有关理学思想的重视与关注，同也

① 程蓉照等：《韩溪程氏梅山支谱》卷一，宣统元年（1909）木活字本。

反映了徽州宗族对其先人与朱熹交游的崇敬之情，当然这种在家谱中的记载行为本身也是对朱子之学的一种传播方式。

无论这些有关叙述是否是二程与朱熹历史的真实表述，这种在家谱中直接阐述他们思想的行为本身就代表了徽州士绅利用家谱传承程朱理学的行为特点。

第二节 士绅利用家谱阐述宗法思想

“敬宗收族”的宗法思想对以宗族为主体的明清徽州社会而言，十分重要。对于宗法思想的理解直接作用于明清徽州宗族社会的具体形态，而士绅对此问题的理解主要就集中于家谱之中，可以说家谱是士绅阐述自身对宗法理解的平台。具体而言，明清徽州士绅主要是对“大宗”“小宗”思想和“一本”观念。

一 “大宗”“小宗”思想

周代宗法制分为“大宗制”与“小宗制”。“大宗制”中大宗是指以周天子为宗子，由周天子之嫡长子世为宗子；小宗是作为周天子兄弟的诸侯卿大夫，实行“以兄统弟”，这是周代宗法制的主要内容。“小宗制”指在诸侯卿大夫的小宗内部又区分为大宗与小宗，在小宗制的范围内由大宗支配小宗。“大宗制”的基础是以封建为前提的，因此周代以降，以周天子为大宗的“大宗制”已不复存在，人们论及宗法制中的大宗、小宗都是在“小宗”制的范围内展开的。这一点袁枚说得十分清楚，他说：“今无封建，所谓大宗者皆小宗也。”① 因此后世所说的大宗、小宗就是指“小宗制”中大宗、小宗而言，与周天子之为大宗不相关涉，这是论宗法中一重大变局，在论述之前略作说明。

作为家谱中宗法思想的核心，苏洵将家谱中的宗法思想界定为小宗思想：

> 呜呼，高祖之上不可详矣，自吾之前而吾莫之知焉已矣，自吾之后而莫之知焉，则从吾谱而益广之可以至于无穷。盖高祖之子孙家授

① 袁枚：《小仓山房全集》卷十七《与清河宋观察论继嗣正名书》。

一谱而藏之，其法曰：凡嫡子而后得为谱，为谱者皆存其高祖而迁其高祖之父，世世存其先人之谱无穷也。而其不及高祖者自得为谱者之父始而存其所宗之谱，皆以吾谱冠焉。其说曰此古小宗也。古者有大宗有小宗，传曰别子为祖，继别为宗，继祢者为小宗，有百世不迁之宗，有五世则迁之宗，百世不迁者别子之，后也。其继别子之所自出者，百世不迁者也。宗其继高祖者，五世则迁者也，别子者公子及士之始为大夫者也然也……今天下之人，惟天子之子与始为大夫者而后可以为大宗，其余则否，独小宗之法犹可施于天下，故为族谱，其法皆从小宗。①

“小宗”之法与“大宗”之法的区别在于，“小宗”家谱“凡天下人皆得而用之”，而“大宗”家谱适用的对象是“别子”——简单地说就是始为大夫者及其嫡长子一派。苏洵在此的贡献主要是：一是确定了“天下人皆得而用之”的论断；二是小宗家谱简单易行；三是明确了“始为大夫者而后可以为大宗”这一思想，使宗法思想与后世官僚制度结合起来。此观点对后世影响较深，后之学者多遵循此说，亦多有发明。如明代杨士奇就说：“自宗法既废而族谱盛行，固人心世道之一助也。古者宗法之明有百世不迁之大宗，有五世则迁之小宗。继祢继祖继曾祖继高祖者，小宗也。小宗虽不一，然皆管摄于大宗，冠娶必告，死亡必赴，祭祀不敢尸，故自源徂流条理分明而脉络有序也。然此法不举久矣，于是士大夫之家莫不有谱焉。谱上至始祖则宗法立大宗之意也，下至高祖则宗法立小宗之意也。”将大宗、小宗与家谱的家系说得更加明确。②

这种思想在明清徽州家谱中得到了很好的体现。在明清徽州家谱中，“大宗”思想主要指导统宗谱的编修，“小宗”思想多指导支谱修撰。《吕氏宗谱》中，认为大宗是“别子为祖，百世不迁，继别者领一族之人，死则族人为之服齐衰三月，虽百世不易，此所谓大宗”，③小宗则是“别子之庶子不敢祢，别子又自使其嫡长为后继祢、继祖、继高，至五世迁，

① 苏洵：《嘉祐集》卷十四《族谱后录上篇》。

② 杨士奇：《东里集续》卷二十三《书沙湖萧氏族谱后》。

③ 吕继华：《吕氏宗谱》，民国二十四年（1935）重刻本。

记曰祖迁于上，宗易于下，此所谓小宗也”。[①] 明清徽州学者在修谱时都自觉地将宗法思想寓于其中，明代徽州家谱名家程敏政就说：“封建之制不行，大小宗之法不立，天下无世家久矣。然小宗之法有非令甲之所禁者，衣冠之胄，诗礼之族往往忽而不之讲焉，何哉？今有人焉，订千百年之异同于一书，合千百人之昭穆于一家，见者必骇，闻者必疑，彼诚以为事有所不可诘，势有所不可齐，而安于久俗之不可骤变也。”[②] 此处，程敏政所说的小宗法是相对于周天子为大宗的小宗法，从其“订千百年之异同于一书，合千百人之昭穆于一家”论点来看，他是主张用小宗法之中的“大宗”思想编写宗谱的，从实际编写来看，也是遵循这一原则的。

以大宗小宗为核心的宗法思想对家谱世系的记载清晰有重要作用，而世系的详明是家谱纂修是否成功的重要标准，徐本在岑山度程氏家谱序中对此有详细的说明：

> 古者大宗小宗之法立，而谱系自明，后世宗法不讲，遂至一姓之中每混淆而无所辨，源日以远，流日以分，岂能尽知其乡里族属之所系哉？此士大夫秉礼之家必兢兢乎于谱牒慎之也。程氏为新安著族，自周伯符公锡有茅土，其后以国为姓，子孙蕃庶，禄食者代不乏人，至东晋新安太守元谭公卒官葬于歙，程氏之籍新安始此，迄今逾千四百年，其承传于邦邑，迁转于四方者，支派愈多而门伐之烜奕，仕宦之蝉联，则惟岑山一派为最，旧固有统谱，唐宋元明间屡修之，历世绵邈不无互参疑信。
>
> 本朝有櫆与量能者尝相继修辑，然亦事在六十年以前，岑山之子孙其未及载者且数世，过此以往不益虞其涣而莫可考耶。今裔孙梦星怃然于敬宗收族之义为辑岑山支谱，由伯符一线递及于始居岑山之诚公，以诚公而下为本派，棉末详明，昭穆粲著，而若远若近若亲若疏，俱秩秩然，以不至纷乱无纪，直可使后之观者视千百世如一日，此与大宗小宗之法固皆隐有合也。虽曰支谱，不已会世次之源流而有功程氏乎哉！爰加诠次，凡再阅岁乃克告成，命其子梦鼒捐橐金授诸梓，昭世守也。至于考订讹误，排缵事实，采辑先世之传记碑铭，则

① 吕继华：《吕氏宗谱》，民国二十四年（1935）重刻本。

② 程敏政：《篁墩文集》卷二十三《新安程氏统宗世谱序》。

其侄太史梦星与有劳焉……梦鼐子志仁官民部、志智倅许州，俱卓然以功名显，程氏多贤子孙，宜乎其谱牒之重光而不坠也，余故乐为之序而道其大略如此。①

徐本的身份是“赐进士出身光禄大夫经筵讲官太子太保东阁大学士兼礼部尚书世袭一等云骑尉加三级”，已是士绅里的高阶成员，徐本认为“大宗小宗之法立”，则“谱系自明”。作为一部支谱的谱序作者，徐本在此也着意阐述了体现小宗之法支谱的优势：前代统宗谱“不无互参疑信”，而支谱则“由伯符一线遥及于始居岑山之诚公，以诚公而下为本派棖末，详明昭穆”，并吸取统宗谱的优点，对“不已会世次之源流而有功程氏乎哉，爰加诠次”，从而使程氏家谱得以成功编修。

徽州家谱中“小宗之法”中的统宗谱到底是如何执行的呢？清同治十三年户部主政俞赞虞在安徽程氏《续修谱序》中是这样说的：

宗虽有南北因地而分，不因人别，不得执安定、新安为定论也。夫汉司马迁、扬雄、班固辈，每著书自称世德，即家谱之所由昉，唐元和中作《姓纂》而私谱亦遂行。宋欧阳修、苏轼之谱犹小宗之法也，便于记载，易于亡失。故后世遂合大宗而谱之，举始迁之祖所自出，依世次而为图，五世则升而别为行，虽族之繁了如指掌，迁徙传载亦可具焉。斯编仿欧苏而参用《史记》年表暨唐宋碑铭之法，五世一提，取五服之义，体例森严，秩然不紊，首载家训六条，次载家规十条，又列五服图，使后来续修者有所遵循，法良意美，所谓国有信史，家有信谱，其在斯乎，亟书此归之，愿其克守遗规，无替厥志，他日若再增辑，即仿道光壬辰（1832），依康熙丁丑（1697）为准则也可，是为序。②

针对程鉴冰、程先民等纂修的程氏统宗谱，户部主政俞赞虞认为“小宗之法”是“便于记载，易于亡失”，所以后世合大宗谱法，“仿欧苏而史记年表暨唐宋碑铭之法”，家规、家训、五服服图等记载有条不紊，

① 程梦星：《新安岑山渡程氏支谱》卷首，乾隆六年（1741）木活字本。

② 程鉴冰、程先民：《程氏族谱·俞赞虞序》，同治十三年（1874）木活字本。

认为该谱谱法精良，后世宜遵之续修。在“大宗”“小宗”思想的直接指导下，徽州宗族士绅还对于统宗谱与支谱之间的关系进行了说明。典型的讨论在《婺源查氏宗谱》中，胡元熙所作序对统宗谱与支谱之间在编修上的关系有较清晰的描述：

> 两宋以后此学浸微，惟传欧阳氏、苏氏二家，二家之例一纵一横，欧阳氏用直谱，古之所谓图也；苏氏用横谱，古之所谓牒也，其大旨主于简明，故自明以来，凡为谱者，类皆取法于欧阳氏、苏氏二家也。《珠川查氏支谱》以九万公为始迁黟之祖，而家乘之修又汇而入于《星江查氏统谱》，从小宗祔大宗之法。读兹谱者由九万公而上之，自十五世以溯星江始祖观察公，家世渊源，宗支蕃衍，具详卷首矣。由九万公而下之，自十六世以暨三十余世，分卷备载，珠联绳贯，靡不系属，近则一族之尊卑昭穆灿如指掌，远则统宗之世次行第一览无遗，是珠川之祖星江犹木之从枝溯根，水之沿派溯源也。星江之不遗珠川，犹人身之百体，从令身可及臂，臂可及指也，此所谓源远流长，根深实茂者乎，亦休戚相关，呼吸相应，其家风孝友有自来矣。余不才焉，敢为序？因查氏贤嗣敬请，又不敢以不文辞，故拜手以书之。①

胡元熙详细说明了《珠川查氏支谱》与《星江查氏统谱》之间的关系：《支谱》以《统谱》为本，遵循“小宗附大宗之法”，九万公作为始迁黟之祖，对于自他起十六世至三十余世记载详备，是支谱记述的核心；对九万公以上统宗世次也是一览无遗，对支谱和统宗谱之间的关系，这里有精彩的比喻：支谱对于统宗谱来说，是“犹人身之百体，从令身可及臂，臂可及指也”；统宗谱对于支谱来说，是“犹木之从枝溯根，水之沿派溯源也”，这是宗法思想与统宗谱及支谱关系较明确而形象的说明。胡元熙作为一名高阶士绅，他不仅是举人，还有“诰授通议大夫上谕处行走则例馆纂修兵部武选司郎中加四级”的身份，他对宗法的认识不仅深刻，也具有代表性。

---

① 查庆会：《婺源查氏宗谱》卷首《黟邑珠川元常公支谱序》，光绪十八年（1892）木活字本。

家谱编修过程中，不论是选择统宗谱或者支谱，背后体现的是敬宗收族的宗法思想。家谱的编修过程中，充满着士绅对于宗族建设的思考，利用宗法思想来统摄家谱的编修类型和编修形式。

二　“一本”观念

“一本”作为一个概念，孟子已经提出，他说：“天之生物也，使之一本而夷子二本故也。”汉代赵氏注“天生万物各由一本而出，今夷子以他人之亲与己亲等，是为二本”①。早在北宋时，苏洵就已在自身家谱中阐述与运用这种“一本”观念，“吾之所以相视如涂人者，其初兄弟也，兄弟其初一人之身也。悲夫，一人之身而至于涂人，此吾谱之所以作也”。对于这种“一本”观念，徽州学者也在家谱中有所探讨，元代唐元说：

> 天地有初乎曰函三为一是已，生民有初乎曰气化而孩是已，由气化而形禅。前乎千万世其孰知为吾祖耶？后乎千万世其孰知为吾子吾孙耶？然其初一本而已，知其一本则知吾所自出，推之为吾同出，可不敬欤！吁，因生赐姓　皆也神明之后，晋太康中会臣僚订家谱，而唐贞观因之，前代为重事，何后世视之为廖阔耶？然盛衰相承，如寒暑代谢，或由田舍而为公卿，或由公卿大夫降隶，论者以数存焉。以自诡天其可欺乎哉。世之欲吾子吾孙无穷之传，实自不欺心始，不欺心斯不欺天矣，此所谓不谱之谱也。可谱之谱人所同见，不谱之谱吾所独知，甚矣乎心之难养也。②

这里唐元不仅提出了“一本”思想，即吾与吾祖及吾孙之间的关系皆是由“一本”贯穿，但千万世之间实在太虚无了，后来之子孙如何理解与千万年前祖宗之间的联系呢？唐元因此指出“生民有初乎曰气化而孩是已，由气化而形禅”，这样就将祖宗与子孙之间用“气”联系起来了，祖宗之形体固已不可见，但今日子孙体内之“气”却与祖宗之“气”同气相联，故“一本”也就可以解释为本于“一气”。这可以说是唐元对

---

① 《孟子注疏》卷五下，汉赵氏注、宋孙奭音义并疏《滕文公章句上》。

② 唐元：《筠轩集》卷九《李氏族谱序》，并见《三田李氏宗谱·严田会族谱序》。

"一本"论的一大贡献。修谱之人必须以"一本"之心为心，这样才能"不欺心斯不欺天矣"，如此才可谓"不谱之谱也"，实际上是指修谱时必须坚持的指导思想。

明末休宁人金声对"一气"论论述较多。他说：

> 予学道空山，尝终夜寂坐静念，生人之始自父母，祖父母而上以溯于上古，才有天地未有人之时，而知万物之原本于一气也。气则生，生则无穷，木之有枝叶而必荫厥本也，水之有流派而汇于星海也，人之有异氏族而同在宇宙也，一理也，即一气也。气本无异，则外附者而无异，异地者而亦无异总之厚其本原，不致两间淳固之脉，削弱于一枝一川，所以培气也，实气自培也。外附者何？葛累之萦樛木而高也，沱潜之会江汉而大也。易地者何？兰芷离幽谷而庭阶不失其芳馨也，江河之流由西而东不失其浩荡也，二者皆气之使然也，何独于人而疑之……夫胡氏系出考川，而考川胡氏以明经著者，实始于李唐昌翼公，公之义祖胡清以臣也……如曰外附者而有异气，天地不始乎一人乎？……其在小溪也，犹其在考川也，而本支原派昭昭井井，此继志述事之善谋也，如曰易地者而有异气，万国当聚于块土乎……总之明于一气之说，虽天地一宗，何彼何此，苟不明于一气之理，则一室秦越，安能保世亢宗哉。①

如果将唐元与金声的"一气"观相比较，可以看出金声在理论阐述上更加丰富多彩，具有较强的思辨性，表现在他从理论上解决了两个较为棘手的现实问题。一是"外附"问题，实际上就是托姓寄宗的问题，这里就是指考川胡氏本为李唐后裔托姓胡氏，这一问题从宗法思想上来说是无法解决的，因为宗法思想强调的是血缘关系，而托姓寄宗在这一点是不允许的。如不在理论上进行变通，这一现象是无法找到合适的理论来解释的。金声以"一气"为出发点，认为"天地不始于一人乎"，既然都受"一人之气"，那么不论外附何姓都不存在"异气"，依然还是"一气"。金声解决的第二个问题就是迁徙宗派与原宗派之间的联系问题，这一现实

① 胡陆秀：《考川明经胡氏统宗谱·明经胡氏海阳小溪桥族谱原序》，道光九年（1829）刊本。

相对来说难度要小，因为从宗法的思想来说他们之间是有血缘联系的，但加上“一气”思想后，对这一问题的理解就更加深入和形象了。清休宁人汪濋评价金声“一气”观说：“太史正希金先生申明天地一气之说，于义益协，按牒而稽，了如指掌”①，表明金声的“一气”观是为人们所接受的，并在徽州地区产生了影响。

从唐元至金声，我们可以得出这样一个印象，作为一个群体，徽州学者始终关心“一本”问题，都一直坚持对“一本”观作更深入的思考，努力探求对“一本”的理论解释，形成了较系统的“一气”论。

明代徽人程通对“一本”观也有论及。他说：

> 天地万物莫不有本，夫太极阴阳造化之本，岷山昆仑江河之本，芽甲根荄草木之本，岂独于人而无本耶？厥初翁媪为生民之本，开国受姓为一氏之本，知有所本，苟不录其源流，布于方策，又安有不忘其本者哉，是以志人君子深为此惧，必勤修谱牒使百世而下犹复可考其本之所在，此族谱之所由作也，且是谱之作，将表其显贵，虽疏者以自附欤？将掩其贫贱，虽亲者反疏欤？抑亦取其统绪之所自来欤？尊祖敬宗者于此有取焉。②

程通用类比的方法论证了“人之所本”的必然性，并指出正是为了不忘本，所以修谱牒也就成为一种必然。并且由于“有所本”，必须避免“表其显贵虽疏者以自附”“掩其贫贱虽亲者反疏”这样的事情发生。从程通的论述中不难得出这样的结论，他是以“一本”观作为修谱的原因，同时也将“一本”观作为修谱的指导思想。程通还对其程氏家族能够坚持“一本”观感到十分自豪，他在《程氏世谱序》中说：“余家世程氏古伯符后也，初伯符受封于广平，有三异之瑞，因得国于程，故为广平上程氏。越四十四世孙元谭，东晋元帝时渡江为新安太守，遂家于歙之篁墩，程氏子孙蕃衍棋布四境。又有三十四孙旭，唐光化间为金乡县尹，徙居绩溪，又为绩溪程氏，乃吾宗之始祖也。又有为歙之槐塘程氏者，有为乐平之三松程氏者，有为婺源之龙头山程氏者，有为黟之南山程氏者，有为休

① 胡陆秀：《考川明经胡氏统宗谱·明经胡氏迁休邑小溪谱序》，道光九年（1829）刊本。

② 程通：《贞白遗稿》卷二《程氏世谱序》。

阳之后仁里程氏者，有为旌川之程氏者，枝分派别，族属不载，此特其概耳。然要其归，则南宗北族，同出一本，苟非谱牒奚以征哉！”从中不难看出，程通认为程氏家族“子孙番衍”“南宗北族”，号为世族大姓，与其族坚持以“一本”思想修谱不无关系。

明代徽州另一位程氏家族的人程文也说：“谱也者，所以示一本也，定亲疏，维远近，敦孝敬，莫近于谱。而士大夫往往忽之而不讲或讲之而不甚急，何哉？是使子孙相率而为涂人也。程氏受姓以来枝分蔓衍，南宗北族，诚若风马牛者，一旦合堂同席而坐，虽百世之下，四海之远，犹曰吾宗人也，情谊之厚蔼然如一家，岂非以谱之可寻邪！若汾阳之拜墓、梁公之辞像、子骞之华胄、杜固之异族，此皆谱之不明而昧夫一本之义者也。”[①] 此观点与程通相似，两者都将程氏家族的昌盛归结为家谱的编修，认为是坚持“一本”观的结果。程文还进一步指出，若无“一本”思想就会出现许多被人嘲笑的“冒祖认宗”的事，诸如“汾阳之拜墓、梁公之辞像、子骞之华胄、杜固之异族”等，相反有了“一本”思想，有了在此思想指导下的家谱，就可以将宗族人员联成一体。程文在该文中还十分自豪地说，依据家谱，“河南有二程夫子……河南夫子胄出中山，中山之胄出自新安之黄墩，实忠壮公之裔，陈末播迁而北者”，这样不仅将天下程氏聚于“一本”之义下，还将“二程夫子”也与新安之黄墩密切相联，这对新安程姓是一件意义重大的事。

清代徽州学人对“一本”观也有论述。康熙年间周寄寿在绩溪周氏族谱序中说：“万物本乎天，人本乎祖，继祖为宗，宗者为先祖主而纪理族人者也。故君子必敬宗以尊祖而收族属以从其宗，是以世家大族维宗法者，必有谱。夫为谱之要有三：上治祖祢，详其生卒隐显，重所自出也，是为尊尊之道；下治子孙书其长幼年齿，推所由生也，是为亲亲之道；旁治族人明其亲疏逖迩，辨所同类也，是为敦叙之道。三者尽而谱之义乃大备。然吾闻之，君子三年一修谱，非是则为野人，盖以年久则系易紊，族大则分易淆，不举而时修之，其尊卑昭穆间必有混杂失次而不及辨者，是以古人重修谱，使一本之谊常有，以相维而无至忽忘以视为涂人，则仁孝几乎至矣。”[②]

---

① 程敏政：《新安文献志》卷二十四《书河南上程氏宜振录后》。

② 周赟：绩溪《绩溪仙石周氏宗谱·周寄寿序》，宣统三年（1911）刊本。

另外，程敏政还从反面论述了谱学缺少“一本”思想的结果。他说：“谱之于人大矣，然岂独以昭门阀博昏宦，以夸世俗如魏晋隋唐之际之所为哉。明昭穆以崇孝敬广恩义，则虽无谱也奚患焉。使有谱而本之不立，则虽贤圣之后人且贱之，亦何贵乎谱，谱固不可无，亦不可恃也。”① 文中分析了宋明谱学与魏晋隋唐谱学之区别，但重点是说若“有谱而本之不立”，谱学就没有任何意义，也就谈不上“贵”与“大”了，从中也可以看出在程敏政眼中“一本”是谱学的核心思想。

第三节　士绅阶层利用家谱开展忠孝思想的宣扬和实践

对什么是忠孝，明成祖朱棣说道：“平居以德行为乡里所称，既仕以直言为朝廷所重，此即忠孝之谓也。”② 对忠孝的推崇不但是儒家立身的重要准则，也是明代立国的准则。忠孝具体来说，所指对象又有所不同：孝是相对于宗族乡里而言的，忠是对于国家而言的，朱棣对此说道：“夫孝，始于事亲，中于事君。盖事君之忠，即事亲之孝也。人惟父生而君食之，故事之如一也。”③ 这里即把忠孝结合起来，并认为事君之忠要高于事亲之孝。这种忠孝的理念，同样会传导到当时家谱之中。在家谱的撰述中，忠孝思想占据重要的地位和相当的篇幅，事亲之孝与事君之忠都有撰述。“恭维我太祖高皇帝，统有四海，谆谆以忠孝训戒臣民，自是列圣相承，率由旧章。于今百年有余，风移俗美，忠臣孝子迭出，罔非国家涵育激劝之所致也。”④ 明朝历代皇帝都以忠孝来教化了民，因而风俗好转，忠臣孝子迭出。

士绅作为地方教化的重要一环，自觉继承和维护忠孝思想，家谱作为贯通祖先后世的家族文献，士绅在家谱中对忠孝思想的阐述更是极具历史感，把对忠孝祖先的记录和对后人的激励期盼融为一体，以下具体阐述。

① 程敏政：《篁墩文集》卷二十四《文昌坊程氏族谱序》。
② 朱棣：《孝顺事实》卷八《守道遗母》，永乐十八年（1420）内府刻本。
③ 朱棣：《孝顺事实》卷五《孝意死节》，永乐十八年（1420）内府刻本。
④ 许汉：《新安孚潭许氏世谱》卷首，嘉靖十八年（1539）刻本。

一　士绅利用家谱阐释忠孝思想

士绅对忠孝思想的阐述，在家谱中往往不是孤立存在的，一般都是就具体人物或事迹来阐释的。嘉靖十四年，赐进士出身的亚中大夫太仆寺卿汪玄锡为同邑曹氏作谱序时，对曹氏新安始迁祖招讨公及其子予以重墨：

> 唐僖宗时全咢者授江西招讨使，遣其二子曰翊、曰翔，追巢贼至歙，翊死于难，翔痛之，建墓建祠遂家焉。翔之五世孙彬佐国忠勇公至七世孙岭迁婺，复迁汪口，八世孙曰仲纲始迁婺源、鳙溪、晓鳙、清源、歙、休、祁各派迁徙不一，皆其后也。六世孙曰德遇故迁饶浮、东溪诸处，今南台监察御史孟辉公者其后也，汉以前曹本宗国尚矣，招讨公而下迄今已七百余年，曹氏盛干新安，蔓延他郡，衣冠文物不可殚述，是岂偶然之故哉？水必蓄而后（按：原文模糊，据文义补）深，木必培而后茂，以招讨公父子言之，为君讨贼忠也，趋父之难孝也；武惠王之不妄杀仁也。前之人所自树立者如此，其烈天固鉴之，而阴相其后，理固然也。然谱非徒叙昭穆、矜门地，以耀人之观听而已，固欲人知先德之不可忘耳，不忘先德岂有他道哉？亦曰忠孝而已矣！招讨公父子之忠孝，武惠王佐国之仁，独非后人之所取法者乎。人能以唐招讨、宋武惠之心为心，曹氏之盛将有不可得而涯涘者矣，尚勖之哉，尚勖之哉！①

汪玄锡之所以着重突出招讨公父子的形象，除了他们是始迁新安的曹氏先祖之外，招讨公父子身上所体现的忠孝思想更具吸引力，值得像高级士绅如汪玄锡来大加阐述。“为君讨贼忠也，趋父之难孝也”，忠孝两全，汪玄锡认为：“然谱非徒叙昭穆、矜门地，以耀人之观听而已，固欲人知先德之不可忘耳，不忘先德岂有他道哉？亦曰忠孝而已矣”②，如何不忘先祖之德，忠孝思想的传承是最根本的途径。

明代理学家洪垣在《李氏统宗序》中说：

---

① 曹远：《休宁曹氏统宗谱》卷首，咸丰元年（1851）钞本。

② 曹远：《休宁曹氏统宗谱》卷首，咸丰元年（1851）钞本。

而今时议者，犹以袁、吕、王、谢诸家，率皆累世公卿，系属时望，虽衰季其子孙犹不肖自列于不肖，以甘随屈落，此其为说何也？盖名与地为之也，名地无关于忠孝节义，而忠孝节义每生于有名地之家。维世君子亦且以是望之，使之顾名思实，以知厚爱其身，岂非后世导民微机哉！是故世禄也、宗法也、谱系也，三者相为终始。而不可废焉。世禄之法不可行，而后宗子之法坏；宗子之法坏而后谱系之说独重于天下，以叙伦理、笃忠义，存世禄、宗法遗风，善政于十一，王道之饩羊，庶几其有托焉，此吾于李氏之谱不能不深为致意也。夫非为唐也，唐季之俗，苏子尝有言矣，其亦犹周之有鲁乎，而有遗思也。夫新安环邑越地也，秦汉居民漫不可考。于今所谓故家如吾婺之李、张、朱、王、汪者并皆唐时迁寓，人物无有于汉，而又何有于秦，纵有一二土著畸落之甿等诸家者，又皆伏役而奴隶之，不得与各名族齿，盖当是时中原士夫久厌兵革夷狄之乱，思得所谓乐土，抱诗书礼乐而归之，以延宗祀衍圣泽于无穷，故今新安之俗通暨饶属，文质得中而婺祁尤羡，有古先世士君子风。致而京也，又为宣宗之裔，始于歙，家于饶之界田，以及于祁于婺，为新田，为严田，而理田派焉。典章名物久而愈硕，君子观之可以动思，盖亦鲁秉周礼之谓也。其王道之具矣。故曰吾于李氏之谱不能不深为致意也，夫新安一也，唐以前为一新安，唐以后又一新安也；唐一也，京公以前为一唐，京公以后又一唐也；李一也，江北以前为一李，江南以后又一李也。此天地开塞之关人事污隆之候，其可不重乎，季子观周乐君子讥之，以为同于观古书昼器，玩而无治身之实。予之观斯谱也，忠孝节义从此出焉，徒谓之曰夸扬胄室之盛，不可也。若夫迁徙之因，派别之原，编叙之义，具存乎谱例。①

洪垣在此序中，论述了一套完整的体系：从“名地”之家与忠孝节义的关系上，洪垣得出忠孝节义之人每生于名地之家，因而“世禄、宗法、谱系”三者互为始终，而其中“世禄”“宗法”已废，独有“谱系”独重于天下，对李氏宗谱，洪垣认为“忠孝节义从此出焉”，而不是虚夸族望。在此，“忠孝节义”成为衡量一个宗族是否能位列望族的重要

① 李育和：《理田李氏宗谱》，雍正二年（1724）刻本。

标准。

二　士绅利用忠孝思想指导编修家谱

在家谱的编修过程中，士绅阶层自觉以忠孝为原则来确立褒贬。对此，明崇祯年间所修的《率溪桃梅程氏续宗谱》中即有言：

> 率溪桃梅程氏宗家重续宗谱，征予首叙，予思国史、玉牒、宗谱、实录，万世规模，当为一赘。观其世系，历朝簪缨，累世实录与予家世符合。阅其统宗迁徙分和大同小异，致用五世而易瓜瓞，重文德而不宝金玉，实事略而不崇虚褒，惟忠孝而贻谋后世，不旁援于华胄，惟直著其本宗，不假饰于繁文，惟务循其故实，诚为一家之信史，而可传之于万世者也。若夫清源浚塞，理讹伐舛，草讨修润，文运应斗之功，岂其微哉！大抵其根深者其本固，其源清者其流长，如周之后稷、公刘、古公亶父、太王王季以及文武，周之德谓至德，其根深者其本固，历年八百而未已。程自重黎、吴回、伯符、休父、婴君、元谭、忠壮以及明道、伊川，忠节功业在安定、广平、湘湖，其源清者其流长，传世百千而未休。故夫子之作《春秋》也，笔则笔，削则削，而乱臣贼子惧；紫阳之书《纲目》也，君则君，臣则臣，而治乱之道明；太史纂修国史也，父则父，子则子，而纲常伦理正；二贤之辑宗谱也，长则长，幼则幼，而孝悌之心存。是以求忠臣必于孝子之门，所谓治国必先齐家者此也。其斯之谓欤！①

率溪桃梅程氏续修宗谱，以程国祥所书此序为首，国祥在遍阅史籍及程氏家族统宗谱等资料之后，认为该谱“诚为一家之信史，而可传之于万世者也”，世系清楚则长幼有序，这即是忠孝之道，“求忠臣必于孝子之门”，忠孝是一体，在教化中是不可分的。

明清徽州家谱不只将有关忠孝内容的记载作为一种理念进行强调和践行，还直接通过凡例对记录忠孝事项作出原则性的规定。族谱凡例是指族谱中对族谱编纂的指导思想及族谱编纂时所遵循的具体准则、细则所作的

① 程文运：《率溪桃梅程氏重续宗谱》卷首，崇祯十一年（1638）抄本。

规定性文字。[①] 忠孝思想是徽州家谱的指导思想，士绅在凡例中制定的具体准则，体现了士绅对忠孝思想如何运用在修谱中的创见和尝试。试举数例如下：

凡忠臣孝子确立名节、操守谨严者，载其实行并传赞，所以励人心、维世道也。[②]

凡忠孝廉节，德行可风，俱堪为世法，向来有传者登之；无传者，或为立传，或为略载数言于本名下，皆所以示劝也……录诰敕者，所以记先人受朝廷之盛典也，名贤传状、序赞、赠诗、墓志、祭文，亦皆金石之遗，足以表扬先烈，故并载之，以冀子孙景仰而奋起之心。[③]

立谱纪世系名字，以族之文而有行者掌之……其有事亲孝、事长弟、睦姻戚、和乡里，临财相让，临难相恤，修德务学，谨行体仁，为众所推者，则书之。[④]

士君子穷达则因乎时，德业则存乎已，竖伟烈而抗姱修，皆保家之肖子也。敷求先世，采殊撷尤，仅得此数，足叹躬行之难，非古人不入兹录，以品定于终身也。至于栢舟矢操之死靡它，虽曰幽贞，亦堪流风百世，即不能详列其事，而名氏犹存，庶几不与草木同腐也。[⑤]

忠孝节义之士以及孝妇节妇烈女，其有载名青史者，犹恨考之未悉。诸凡隐没在下、为舆论推服、名实可据者，各书行实，纪录于册，庶隐显存殁不至赍怨，而风化亦有可观。上大宦达在试录仕版者可稽，惟贡行监例，其平生行检及居官政绩必须记述，庶吉人君子无隐沦，善政善教皆可考。[⑥]

男子不论仕隐，妇人无论妻妾，凡有孝节懿行可为族党仪表者，例得立传赞以表章之。忠孝节义、名臣隐逸、道学文艺及妇女节烈，

① 徐扬杰：《中国家族制度史》，人民出版社 1992 年版，第 326—327 页。

② 胡忠晖：《蔚川胡氏家谱》卷二，民国四年（1915）木活字本。

③ 汪掬如：《古歙义成朱氏宗谱》卷首《重理宗谱条例》，宣统二年（1910）刊本。

④ 程一枝：《程典》志第三卷《宗法志》，万历二十六年（1598）刻本。

⑤ 戴尧天等：《休宁戴氏族谱》卷一《懿行录》，崇祯五年（1632）刻本。

⑥ 余星源：《余氏统谱》卷首，隆庆二年（1568）刻本。

宜分类立传。[①]

以上不同时期、不同家族的家谱中都通过《凡例》明确了记载“忠孝节义”的基本要求和具体规定，这也使家谱成为宣扬忠孝思想的重要载体。

对于这种记载忠孝所具备的意义，清末所修的《绩溪周氏宗谱》中有着清晰的表述，兹录如下：

> 旧谱中家传、行状、志铭无论工拙必存，以前人行事赖之以传也，他文佳者录之，否则不录。以业已载之家传志铭也，惟寿文佳者绝少，概不录。生者遵旧例不作传，以人品德业犹未定也。节妇生者亦不作传，以必俟盖棺而后论定也。家传宜作而不作，是谓掩善；不宜作而作，是谓过誉。此旧谱之所诫也，宜遵之。忠孝节义、名臣、隐逸、导学、文艺及妇女节烈宜分类立传，但世次不可凌乱，今依世次编入。卷次，自新旧序凡例而外，首录诰敕，荣君赐也。录祠规、家政，训后人也。刊支掌、图例、图系、纪木本水源也。录传赞、家传、行状、志铭扬祖德也。录序记诗词赠自名人者，发前人之幽潜，不厌其详也。录先人著作以垂不朽者，绵手泽也。录祠产保祖先之血食也，而终之以前后修家乘人名者纪功也。[②]

从该谱凡例中可以看出，强调对忠孝节义的记载，对先人的家传、行状、志铭、著作、祠产必录，弘扬先德，是孝的体现；首录诰敕，是忠的体现。值得注意的是，对生者不作传，强调世次等规定，则严明家谱的规范，这也是维护忠孝思想的体现，只有世系清、本源正，家谱弘扬忠孝的作用才能更好地发挥。

如果说对于凡例及谱序中的规定和叙述，是宏观上士绅对忠孝思想的把握，那么家谱中出现的大量的孝义传、节烈传就是忠孝思想在具体人物上的反映，表现得更为生动和直观。这在《桃源洪氏宗谱》中表现得十分突出。首先是孝义传中的相关内容，孝义之行是家谱编修者着力宣扬的

① 周之屏：《绩溪城西周氏宗谱》卷首，光绪三十一年（1905）敬爱堂活字本。

② 周之屏等：《绩溪城西周氏宗谱》，光绪三十一年（1905）木活字本。

行为，《桃源洪氏宗谱》的纂修者，县学教谕兼训导事的洪钊在该谱中，对洪氏历代孝义人物作了详细的论述：

父慈子孝，兄友弟恭，常道也……我族六代同居，世称孝友，流风余韵，犹有存者，叙孝友。

汝深冲龄失怙，事寡母孝，抚幼弟浒读书食饩，时初迁桃源，相传七姓杂居，外侮丛集，公率同堂弟渊等布置得宜，得以安居无恙，凡开辟道路，建立祀田，皆公为之倡，旧谱因子孙式微，略而弗书，今就父老流传，敬谨补列，发幽光也。

汝滨敦孝友，辞荣养亲。见《洪世迁墓志》。

永英事亲孝弟友恭。见《张瑗墓志》。

元超性至孝，修撰舒芬，为撰《慕亲堂记》。见旧谱。

亨坚孝友为政，又捐赀入祠，家庙配享。见大司马汪道昆记及旧谱。

肇基持躬孝友。见旧谱。

应培九岁母病，忧泣不辍，刲左肋肤和糜哺母，寻愈，知县请大吏旌之，给衣巾复徭役，奖童年真孝额。见府志童孝传，邑志孝友传及旧谱。

孔玫持躬孝友。见旧谱。

谦居家孝友，勤心族政，汇详谱牒，纂辑祭礼，倡始重输，改造支祠，家庙配享。见旧谱。

廷素兄廷广遭奇冤，将入狱，素自豫章归，过门不入，奔赴公庭，请以身代，未几冤白，合邑嘉其义，邑侯赠额表之，又捐赀入祠，家庙配享有传。见邑志。

世迎性孝友，奉母命输原租九百秤，合置义田，添立秋祭，家庙配享。又助修文庙，建大成门。见邑志及旧谱。

世暹居父丧三年，寝苫枕块，哀戚合礼，事继母、抚幼弟，孝友尤笃。乾隆癸亥米价高昂，穷黎艰食，遵抚宪谕，捐赀平粜，合邑赖之。见旧谱。

世学性孝友，慷慨好义，凡邑中公事，如重修平政、仁济二桥，建养济院，塞阊门捐金倡首，历任邑候咸推重之，抚宪赠济川才裕额。见旧谱。

可深友于兄弟，仗义疏财，解纷服众。见旧谱。

承谷性孝友，幼继父志贸易中州，克守克创，兄弟咸利其利。见旧谱。

承载事亲孝，笃于兄弟。见旧谱。

承理少年失怙，母遗腹生弟承钰多病，公内侍汤药，外持家政，觅乳媪抚弟成立，孝友之称，今犹啧啧人口。

承恕持躬孝友。见旧谱。

秉音孝友之称，人无间言。见旧谱。

正书孝友克敦。见旧谱。

芳事亲以孝闻，督课诸弟，亦克谊尽友于。见《嘉木传赞》。

嘉木敦内行，读书有大志，咸丰建元举孝廉方正不就，有传。

荫槐事继母孝，母多病，值粤寇扰祁，公逼令举家先避，独留侍母，遇寇至则母子相依为命，涕泣陈情，寇为感化，两释之。人咸谓真孝所格云。

潮官勤俭成家，因弟潼官食指浩繁，析田产与之，而自取数十亩，稍余仍议津贴，人咸钦其孝友。数十年经理祠务，艰苦备尝，并率弟创立副济，以兑本房虚供，及周济荒年贫乏。有传。

锐抚弟燮读书成名，俟侄辈授室后始析产，于所生则自筹婚娶，遇有利益必让弟先，故终其身，友爱无间言。

荫楠事母孝，闻寇至则背负先逃，弃家室不顾。待两兄尤友爱，凡束修所入，必先取奉兄，而后自受，至于让产化争，乃公余事。光绪建元举孝廉方正，婉辞之。

培金少孤，事母孝，母病，衣不解带，亲侍汤药者七十余日，及没犹对母呼号，不忍言死，冀其得气则生，经族邻劝谕始止，虽家贫祭葬如仪。

作人奉父遗命，抚弟哲读书，尝肩挑贸易，以供修膳之需，虽拮据万状，从无怨言。①

上述材料虽是洪氏家族成员的孝友行为，实际具有典型意义，反映了明清徽州地区孝友行为的大致情况：孝子们大多都“事父母至孝”，在父

① 洪钊：《桃源洪氏宗谱》卷二，光绪二十六年（1900）木活字本。

母年迈时，无论为官经商都归而承欢膝下；在父母病时终夜“侍奉于榻侧”“不寝不休”，有的甚至“割股作汤以进”；父母殁时，有的“结庐墓侧”守孝三载，或者痛哭直至晕厥；平时“墓祭祠祭并行”，春时谒必诚心，岁暮祭奠必隆重，且必须到场；在家庭之中，“兄友弟恭”，在家族之中或“周济荒年”，或行“修建道路、建立祀田”。事实上，从上述资料看，教育子弟的行为也被涵盖在了孝行的行列，同样是在《桃源洪氏宗谱》中，《贡士梅田先生传》表现得尤为突出：

> 先生洪姓讳芳，谱名允芳，字芝秀，号梅田。唐宣歙观察使经纶公三十五世孙也，世居祁之梓墅，父太学生秉棱公，生子九人，先生居长，赋性醇厚，笃志诗书，甫冠补博士弟子，旋食廪饩。年五十由明经归部，选用训导。事亲以孝闻。督课诸弟，勤习举业，亦克谊尽友，于生平屏绝纷华，朴诚励行，士林咸推重之，由是从学者日众。先生教人必以敦本为先，而后与论文艺，至老犹诲子若孙不倦。先生生乾隆丁酉年（1777）十一月初八日，以咸丰辛亥年（1851）十月十三日卒，年七十有五。元配孺人汪氏，生子荫槐、荫椿，生女二，一适福州吴，一适柏溪程。继配孺人汪氏，生子荫楠、荫梧，生女一，适城西隅饶，凡男三女四。赞曰：
>
> 弱冠游庠，文播厥声；艾岁奋扬，太学蜚英。未举于乡，未仕庙堂；遗于朝廷，施于家庭。孝义友让，谦抑挥鸣；灯青卷黄，载诵烺烺，仪型在望，阴隲天相，俾炽而昌，俾寿而臧，诗书瓣香，象贤不忘。①

洪芳“事亲以孝闻”，并且督促诸弟学业，虽未有功名，但对家族成员的教育颇费心力，其孝义行径也能立传独书，是宗族奖掖孝义的体现。

明清徽州地区的“孝友”传有两个出发点，一个是传统的基于家庭的孝顺父母、友爱兄弟。这样的记述有利于家族的和谐，以及个人良好品行的培养。士绅阶层对于家族内的孝友行为是大力宣扬的，对旧谱中所载悉数收录。有孝义之行的人，不少是牺牲了自身的利益来促进宗族内部的团结，如上述记载中，他们在面对分家时，“俟侄辈授室始析产”或干脆

① 洪钊：《桃源洪氏宗谱》卷六《贡士梅田先生传》，光绪二十六年（1900）木活字本。

不分家，“遇有利益必让弟”。在宗族的建设中，提倡“孝友”对宗族的稳定性具有重要作用，士绅认识到了这点并选择加以利用，在可能的家族内利益冲突中，用“孝友”来为族人作出道德选择。对孝义之行的提倡有利于提高本宗支的声望和地位，在洪氏家族中，不乏因此而得载邑志或得到府县旌表、举孝廉的，这也对士绅的宗族建设大有裨益。

另一个出发点则是基于家族权益的为家族作贡献，这样的记述有利于维护家族的权益，也有益于培养家族认同感。此时的孝行之人需具有一定的社会地位和能力。造桥修路需要一定的号召力和财力，号召力是具有话语权的体现，远非常人所拥有；捐田献产、周济荒年需要一定的财力，而且根据记载来看，得以记录入谱的，所捐数额多数偏大；帮助打点族务需要以下三个条件，一是能够接触到族务，二是家中生活不需要依靠其劳作，三是其本人也具备一定的管理庶务能力，只有这三点都具备了方能管理族务。因此，此类人多是拥有一定权势的士绅阶层，而这一类的记述也多为士绅阶层传赞自身所用。

除了孝义传直接记载族人的孝行外，在理学的影响下，明清时期徽州宗族也将妇女节烈视为忠孝的一部分，成为与男性相关行为并重的忠孝行径。在明清徽州家谱之中，关于节妇烈女的记述大量存在于人物传记、表、行状之中，还有部分家谱设置有专门的分类记述。专门设有节烈传的家谱中，《休宁戴氏》《桃源洪氏宗谱》关于节妇烈女的记述极具代表性，《休宁戴氏》中，设有《懿行录》，记载了贞女三十四人、烈女六人、孝妇一人；《桃源洪氏宗谱》中记载了四十四位节烈妇女的事迹，节录其中部分：

> 桃源列女表
>
> 女子从一而终，礼也。若未婚守志，虽有结缡之义并无伉俪之情，而乃自称未亡，登堂拜母，甘茹苦以含辛，竟舍身而就死，允宜旌表，为谱牒光。叙贞烈。
>
> 亨珪聘妻汪氏，未婚夫卒，以烈节终。嘉靖十年邑令陈奖“贞烈”额，载邑志。
>
> 桃源列女表
>
> 徽郡妇女得山川奇伟之气，明大义者居多。虽发逆扰乱十有余年，而守身如璧，无一降心相从，所谓头可磔支可解，志不可夺也。

叙节烈

天授继妻胡氏，同治二年（1863）殉难，五年（1866）汇案请旌，载邑志。

广仪妻谢氏，同治二年（1863）殉难，五年（1866）汇案请旌，载邑志。

监生嘉会妻汪氏，同治二年（1863）殉难，五年（1866）汇案请旌，载邑志。

附贡生珏妻仰氏，同治二年（1863）殉难，五年（1866）汇案请旌，载邑志。

监生乐善继妻谢氏，五年（1866）汇案请旌，载邑志。

发起妾□，名进喜，同治二年（1863）殉难，待旌。

桃源列女表

寒莫寒于冰，苦莫苦于药，人方避之厌之之不暇，而节妇乃饮之终身而不悔，茹之毕世而如甘，於戏奇已！加以妇任子劳，母兼父职，并孝慈之两事，责孤寡于一身，即在须眉，尚虞不逮，矧为巾帼，尤属难能，允宜寿诸宗谱，不啻勒以贞珉。叙节孝。

亨铨妻周氏，守志抚孤，邑令常奖“保孤完节”额，载邑志。

环妻光氏，年二十三守志，卒年六十二，载邑志。

德谦妻谢氏，年二十七寡，苦节数十年，儒学蔡奖“冰霜苦节”额，载邑志。

嘉佑妻周氏，年二十四守志，抚孤成立，万历十七年（1589）请旌。邑令常褒之，载邑志。

附生嘉会妻马氏，青年苦节，万历四年（1576）邑令姚奖“志节如山”额，载邑志。①

《桃源洪氏宗谱》将节烈妇女分为贞烈、节烈和节孝三种，贞烈是指在尚未行婚嫁之礼但与其婚约的配偶早逝后，不嫁他人并照顾未婚夫亲人的妇女。节烈指晚清太平天国等战乱时期，在理学概念的思想驱使下，选择终结生命的一类女子，从上述传记中，可以看到太平天国时期相当数量的妇女选择以死守节。而节孝则是指丈夫早逝，独自一人照顾孩子和公婆

① 洪钊：《桃源洪氏宗谱》卷二，光绪二十六年（1900）木活字本。

的妇女。这三种情况对于女子而言，都是一种极其强烈的束缚，尤其是在女性依附男性而存在的父权社会。节妇有“闺门邹鲁”的称号，她们长期恪守着“三从四德”，在生活作风上务必保持贞洁，以苟合为耻，甚至生活难以维系之时，仍严守“饿死事小，失节事大”的教条。为了坚持“三从四德”等封建礼教而守节，她们采取了不同的方式：有的“毁容守死”；有的“殉义捐生”；有的“仓卒受遗”，教子立业；有的“达权变而完卵”；有的“积精诚以格顽冥”。此外，有的奴仆媵婢，“自听列女传”后，为了能够记录于家谱之上“流芳百世”，或宁愿饿死也终身不事二主，或以死殉节。据统计，仅歙县境内，唐宋以来建立的牌坊就有四百余座，至今保存完好的尚有一百多座，堪称中国古牌坊之最，在世界上也是绝无仅有的。据《徽州府志》记载，由宋至清道光时期，受封建朝廷族表的徽州府属的“烈女节妇”“孝子贤孙”有“三万余人”，到清末光绪年间已增至“六万五千零七十八名”。除了这些节烈行为外，徽州女性的日常生活也被这种理学思维所控制，这一点也被家谱认为是忠孝行为的体现，从而被编入家谱当中。如金佛宝和孙茂娘的婚前生活：

> 程节妇者，海阳由溪程君铄之妻，叶路金公球之女也，程、金俱巨族。节妇名佛宝，生而明慧，容止端肃，不妄言笑，幼就姆训，服习女红、刺绣、织纴，出诸女上，父母甚钟爱之。矢不与凡子，以程君铄乃梁将军忠庄公神明之胄，卒归之。①

还有《程母孙氏节慈传》中对孙茂娘的书写，“休阳草市孙毓公之女也，孺人幼在室，性质柔惠，服勤姆教，淳尚而不华靡，事父母尤能承顺，父母择配归率西程惟中氏，惟中为仁叟公之后。”②

事实上，此二人真实的婚前行为已不可考，但家谱中对她们言行的强调，无不体现出士绅利用家谱阐述忠孝思维。婚配之前受到父母的重视，“父母甚钟爱之”。待字闺中时，即恪守妇道，工于女红，品行出众。在婚嫁方面，则表现出“矢不与凡子”这种对男性品行的重视上。在对婚后生活的描写上，则主要集中在以下几个方面，侍奉舅姑，有孝行；和睦

① 程湧来：《率东程氏家谱》之《程节妇金氏传》，万历二十二年（1594）刊本。

② 程湧来：《率东程氏家谱》之《程母孙氏节慈传》，万历二十二年（1594）刊本。

邻里，为邻里所称赞；勤俭持家，井井有条，使夫君无内忧，同样逃脱不了忠孝思维指导下的描述，如：

> 家庭肃睦，孺人入门，克谨妇职，事舅姑以孝谨闻，相夫拓产滋溢，御童仆以礼，合族称尽妇道。①
>
> 既归程氏，敬顺如醮辞，孝养常先舅姑志意，居家敦静整肃。然未尝一失妯娌欢心，即箴管井灶，咸秩秩有条也，以是程君无内顾。②

对于寡居生活者，也是如此，通过对这类女性决定守节的记载，展现了士绅所认同的女性忠孝思维。首先是称呼上，自称为“未亡人”，想要以死明志，如《程节妇金氏传》中所载：

> ……（程铄）以病终，节妇时年仅二十有八，哀泣死复苏，誓投缳以殉，家人救莫遂，乃吁天曰：“夫死从子，上天夭礼我婴孩，又陨越我良人，荼毒甚矣，未亡人何从哉？从良人于地下分也，若长若少，宁知我心，以死为乐、生为苦耶？”③

更多的情况是，妇人会因为子嗣无人奉养，而选择“苟活”于世，展现出“三从四德”这类符合儒家忠孝思想的行为方式。如《程母吴孺人传》中：

> 讣闻哀毁不食，既而悔曰：奉养抚字将谁委乎？是使夫子无宁魄也，于是勉飧得不死，命嗣子锁归程君丧。④

类似的还有《程母孙氏节慈传》中所述：

① 程湧来：《率东程氏家谱》之《程母孙氏节慈传》，万历二十二年（1594）刊本。

② 程湧来：《率东程氏家谱》之《程母吴孺人传》，万历二十二年（1594）刊本。

③ 程湧来：《率东程氏家谱》之《程节妇金氏传》，万历二十二年（1594）刊本。

④ 程湧来：《率东程氏家谱》之《程母吴孺人传》，万历二十二年（1594）刊本。

孺人抚柩，哀临不辄，誓死以从，闭户自经。邻族觉而力劝之，且谕曰：汝夫不幸既物故矣，汝尚遗腹数月，倘育子以继夫之宗绪，事莫大焉，岂不愈于从夫以死一时之忿节乎？由是中止，乃断发为信。平居自称为未亡人，越六月，果诞子焉。孺人自庆曰："夫既不幸，幸而有子，以绍夫后志愿毕矣。"其翁思本公曰："吾子死而诞遗腹孙，殆天道有知也欤！"①

孙氏的内心实际上是充满矛盾的，一方面为了追随夫君，愿意以死明志；另一方面又因为邻里的劝告，告知妇人"继夫之宗"才是大事，不能逞一时之快，"从夫以死一时忿节"。这里可以看出，妇人选择苟活于世，实际上是一种"识大体"的行为，"无后为大"的传统观念深深地影响了她做出守节的选择。其子诞生之时，妇人觉得何其幸运，这实际上也是一种心灵上的寄托，觉得夫君的生命得以延续。

对于寡居具体生活的描写，同样是对于这种思维的展现，家谱中所记载这类人群的生活方式主要包括家庭的生计和抚育幼子的情况。家庭生计往往极其艰难，妇人不仅要解决平日的温饱问题，还要为夫君解决身后事。

……既乃闭户，蓬首垢面，衣素茹淡，孀居三十余年，乡人罕一观难矣。②

……膏沐萃饰，粗衣布裳，屏居一室，不与外接，不御实筵，务笃勤俭，以资清苦，每岁时令序及夫子生忌辄为小奠，以致悲思，历三十余年，未尝改厥度也。③

……乡人踵门收责者无宁日，孺人倾奁佐还之，爰是生理日艰，勤治女红，日夕抱戚，处房闼终丧不易、布素，不与燕饮，乡人以是多程君有贤内也。④

① 程涌来：《率东程氏家谱》之《程母孙氏节慈传》，万历二十二年（1594）刊本。

② 程涌来：《率东程氏家谱》之《程节妇金氏传》，万历二十二年（1594）刊本。

③ 程涌来：《率东程氏家谱》之《程节妇小传》，万历二十二年（1594）刊本。

④ 程涌来：《率东程氏家谱》之《程母吴孺人传》，万历二十二年（1594）刊本。

上述三则材料可以看出，这些妇人的寡居生活一般选择刻意远离人群，且恪守勤俭，还会处理丈夫生前所遗留的财务纠纷，通过这种刻意的程式化语句，展现出了徽州士绅对于女性忠孝的要求，同时强调她们尽管生活困难，但却未见其委身于他人，始终自强自立，如此描写，更能看出坚定的守节之心。在家谱的相关记载中，这些寡居的妇人往往还会为子嗣提供良好的教育条件，这类行为的描述，同样也是士绅女性忠孝思维的组成部分。试举数例如下：

> 为（程）良锡择师命取友严课业，（程）良锡学有成而益肥裕。人咸敬颂曰：“姚氏孺人，女中丈夫也，顺斋足瞑目矣。”既而（程）良锡中武试、拜万户，人又咸敬颂曰：“非姚氏贤良，锡安能臻是，顺斋足不死矣。”①
>
> 孺人攻若茹淡，抚教加切。（程）鲤亦仰籍慈训，既长，读书知大义也，尤善干蛊，一介不妄取予，克成底立，邻族事无巨细咸资力焉。②
>
> 初（程）锁尝受经文，学有能名，至是病且窭，孺人惧，召锁曰：“仰事俯育为生人事，功名身外物也，奈何以外物轻生命堕先业乎？”锁于是承志服贾起家，累钜万。③

此外，士绅还专门请名人为部分节烈妇女作传，“歙蒋氏名德新，呈坎知县罗宣明妻。……明宋濂为作传”。“朱氏，西门汪天赋妻，夫亡守节，歙人许文穆公国为之传。”④ 方苞还为曹氏家族作了节烈传序文《歙县曹氏家乘贞烈传略序》。这些记载由于名人本身所具备的特殊性，更能达到士绅提倡忠孝思想的目的。

与其他影响家谱编修的正统思想相比，忠孝思想在家谱中体现得更直接生动。其中，孝义传、节烈传及不少人物传状都是这一思想的反映。提

① 程湧来：《率东程氏家谱》之《明故顺斋处士程公暨贤配孺人姚氏如孺人陈氏墓志铭》，万历二十二年（1594）刊本。

② 程湧来：《率东程氏家谱》之《程母孙氏节慈传》，万历二十二年（1594）刊本。

③ 程湧来：《率东程氏家谱》之《程母吴孺人传》，万历二十二年（1594）刊本。

④ 赵吉士：《徽州府志》卷十六，康熙三十八年（1699）刻本。

倡忠孝思想，符合士绅建设宗族的需要，为族人树立道德楷模和稳定宗族内部秩序。士绅在家谱编修过程中，并不是把忠孝思想孤立开来阐述的，而是把它与宗法思想结合起来，宗法思想与忠孝思想互为因果，把对父母的孝和对祖先的崇拜结合了起来。

第四节　士绅利用《朱子家礼》推行正统思想

一　《朱子家礼》在徽州家谱中的阐述

《朱子家礼》作为明清社会广泛流行的家庭礼仪，在徽州地区也备受推崇。“我新安为朱子桑梓之邦，则宜读朱子之书，服朱子之教，秉朱子之礼，以邹鲁之风自待，而以邹鲁之风传之子若孙也。”[①] 其内容贴合日常生活，“其所学惟正心诚意，而切于日用，则《家礼》一书，班班可考”[②]。在《朱子家礼》中，分为通礼和冠、昏、丧、祭五大部分，对各个礼仪的程序器用等都作了详细的规定，因此《家礼》成为居家礼仪的范本。家谱中广泛吸收了《家礼》中的内容，“秋冬有蒸尝，以致其敬，至于升降进退之仪，食饮陈设之礼，以及族人燕会之规息备，具井井有条，为《朱子家礼》之所云者，故教化大行，风俗媲美。奈何今之宗法谱系之胥之也，问其源不知其所从来，究其流不识其所由分，一门之中，昭穆弗明而父子并坐，等级罔辨而叔侄交拜，甚至櫌锄德色之状，紾臂阋墙之争，丛见纷出。至于外人则反不然，隅坐徐行之规，厚者薄，而薄者厚。噫！是大可慨也！”[③] 《家礼》中对于祭祀的要求在家谱中被广泛应用，成为敦行教化的手段之一。

除了上述功能性认识外，明清徽州士绅还在家谱中对《家礼》进行详细的阐述，在由历任要职、年八十五才致仕回乡的裔孙李嘉宾倡修的《馆田李氏宗谱》中，其《家礼引》中说道：

昔元公作《周礼》以命百官，官以正民，民以立身，身以齐家，

① 吴翟：《茗洲吴氏家典》，黄山书社2006年版，第3页。

② 吴翟：《茗洲吴氏家典》，黄山书社2006年版，第1页。

③ 方有全等：《方氏宗谱》卷一，光绪十一年（1885）刻本。

达乎乡国以及天下，莫不有礼。故其时道一而风同，化行而俗美。洎乎春秋王制颓坏，士君子慨周礼之不作于上，而修其仪以习于家，爰有《仪礼》。《仪礼》者周礼之仪也，其书始于冠，本于昏，重于丧祭，且专以士名篇，以别于王朝之大经大法，实开千古家礼之祖。秦氏任刑，《礼经》遂废，汉兴收秦余烬，《周礼》最为晚出，戴德戴圣摭拾群言著为《礼记》，然止推阐其义，而仪节未详。高堂生始传《仪礼》，而又于时不重。学士家莫之卒读，凡所为冠为昏为丧为祭者，大都各徇其俗，以相仿效，此得彼失，不奢则固。及紫阳朱子出，究览古今之典籍，悯时俗之鄙塞，择有切于伦常日用者辑为《家礼》，虽参以先儒司马氏、程氏诸论说，而大本一以《仪礼》为宗。邱氏琼山又复衍为《仪节》，使读之者周旋进退，确然有所遵循，洵为法古之良模，居家之要义已。第朱子迄今又八百余年，吾乡籍隶仙源，素崇礼教，而积久不无阙佚，重以风潮靡定，邪说诐行，且为后日之忧。兹故述冠昏丧祭诸礼，谨遵《朱子家礼》及吾先世所传有合于家礼者，以著于编，而附愚按于后，以俟秉礼君子增其美而补其阙，庶先人之礼不废，而于乡闾风俗亦不无小补云。①

这段论述简单回顾了《家礼》形成、发展的过程，强调了朱熹在《家礼》最终成形中的重要作用，并强调朱熹当时的出发点是“悯时俗之鄙塞”，进而“择有切于伦常日用”的目的。而该谱更为重视与强调的则是“朱子迄今八百年”后的徽州仙源，礼教“积久不无阙佚”，加之“风潮靡定，邪说诐行”而存在严重的社会隐忧。于是以李嘉宾为首的李氏宗族士绅集团，便通过“述冠昏丧祭诸礼，谨遵《朱子家礼》”及其“先世所传有合于家礼者”，借此达到“庶先人之礼不废，而于乡闾风俗亦不无小补”。从中不难看出，《朱子家礼》因朱熹在徽州的特殊地位而受到重视，并在家谱编修中被置于重要的位置。

类似的叙述也出现在方氏族谱中：

宗谱蒇事之仲冬，饮烝于时，绅耆咸集，寅进而言曰：谱竣矣，而事尚未完也。佥曰何也？曰：我祠祖规旧书于匾，岁久剥落，虽新

① 李嘉宾：《馆田李氏宗谱》卷二十二《家礼引》，光绪三十一年（1905）木活字本。

之而复书之，能保后日无复尔乎？是不可不为久远计也。夫笔之于匾，孰若锓之于板悬之祠堂，孰若布之子姓，既无剥落之虞，又得随时观览，触目警心，父以之诏子，兄以之勉弟，世守成规，永永勿替。且祭仪、配享、祀产三者亦宜修明，补先世所未备，以遗后人休，虽祀产一门契据遗失，然尚有祖谱可稽，不于是时按册核查，恐过此以往，无复有知而理之者矣，可容缓乎！佥曰然。于是与耆绅其襄厥事，因其旧规而重校之，酌其时宜而损益之，参以他姓祠规而去取之，稽之家礼以定祭仪，记之功宗以立配享，核之册籍以清祀产，考订成编，题曰《城南方氏祠谱》，付之剞劂，宣旧典也，示来兹也。夫祠之有谱所以为后世子孙范，然凛其范于谱，尤当凛其范于心，心范于谱之所已载，并范于谱之所未载也，或曰谱如阙载，设有淫用非彝，而藉口于文之无征，侥幸以成其巧诈将若之何？曰衡之以情，酌之以理，复援同类之事以相比，则巧诈自无可遁矣！呜呼，范人者法，而范法者心，人苟不以心凛范，虽防之至密又奚益哉！后之览斯谱者，其亦凛凛于心而调诫其子弟，俾各心乎其范焉，斯则吾之所厚望也夫。①

方建寅作为该序的作者，本身即是一位士绅，宗谱修纂是“绅耆咸集”，后来修谱完成，但方树认为还有事情并没有完成：对族规的传承，祀产的保护，祭仪、配享的重订。其中有关家礼的论述：“于是与耆绅其襄厥事，因其旧规而重校之，酌其时宜而损益之，参以他姓祠规而去取之，稽之家礼以定祭仪，记之功宗以立配享，核之册籍以清祀产，考订成编题曰《城南方氏祠谱》，付之剞劂，宣旧典也，示来兹也。”与耆老士绅一起商议，参考《家礼》来定立祭仪是其中的重要部分，由此也可以看出，徽州家谱对《家礼》是有选择地吸取，而不是拿来即用的。

应该说上述家族对《朱子家礼》的遵守与奉行，不只是单个的行为，更不是一时的行为，而是具有全面的代表性的，正如上述周氏宗族中所说的：“可施于一世者，姑于一家一乡，先为之兆”，反映了每个单个家族都将奉行《朱子家礼》作为改善社会风气的重要手段，而众多家族对朱子家礼的遵守，则构成了对《朱子家礼》尊崇的社会风气了。

---

① 方树：《绩溪城南方氏四修宗谱》卷二十四，民国八年（1919）木活字本。

二　士绅利用《朱子家礼》传播正统思想

由上述家谱中的表述可以看出，士绅利用《家礼》建设宗族，常建华在《明代宗族研究》一书中说道：“明朝政府以及士大夫对朱熹《家礼》特别是祭礼的提倡，贯穿有明一代，明中后期进一步深入民间。”[①]士绅对《家礼》的应用，与明清政府提倡朱子的礼治思想是分不开的，士绅以此作为家谱指导思想之一，使宗族建设走进正统社会的视野，增强了家谱权威性，减少了家谱不被主流社会认可的阻力。

（一）《朱子家礼》与士绅建设祠堂

宋代祠堂是作为乡贤士绅施行民间教化的场所，朱熹在《家礼》中赋予了祠堂族内祭祀的功能。祠堂通曰“家庙”，是宗族祭祀所在，从中可以看出，家庙与家族平日居所相离不远，“或有水火盗贼，则先救祠堂迁神主及遗像谱牒”，把祠堂祖先牌位和遗像摆在了至关重要的位置。“徽俗聚族而居，群建宗祠，奉其始迁之祖，而后子孙世祔焉。祠有谱，序以昭穆，祠有祭，肃以《朱子家礼》，其族之不类者摈不入，义笃而法严也。”[②] 可见宗祠在族人生活中的重要地位。陈瑞在《明清时期宗族祠堂的控制功能》一文中，认为“明代中期以后，受嘉靖朝国家政权改革民间祭祖礼制的驱动、徽州宗族自身社会经济发展变迁所引发的各种挑战的影响，加上宗族商人巨额商业利润的投资，徽州宗族社会掀起大规模兴建祠堂的热潮”[③]。祠堂的修建既要符合国家对祭礼的规定，又要体现敬宗收族之义，汪道昆有言：“夫七世之庙惟大子尊，次五而三，次三而一，要皆以位为差。不仕不田，不田不庙，礼有顺而讨者是也。文公之制《家礼》也，位不必同而庙同，我世祖因之，合九为一，无虑诸侯王大夫士庙一而已。吾郡故行礼俗，遵世祖而法文公，凡诸贵族世家—祠足矣，礼有经而等者是也。既祠而庙，君子何谓已渎乎，宗则有祠，祠继别而为大宗也；家则有庙，庙继祢而为小宗也。”[④] 宗祠家庙的设立，遵循《家礼》的“位不必同而庙同”，为普通宗族的宗祠家庙兴建提供了依据。

---

① 常建华：《明代宗族研究》，上海人民出版社 2005 年版，第 34 页。

② 《绩溪县志》卷五《祀典志》。

③ 陈瑞：《明清时期宗族祠堂的控制功能》，《中国社会经济史研究》2007 年第 1 期。

④ 汪道昆：《太函集》卷六十三《许氏家庙碑》，四库存目集部，第 118 册，第 44 页。

祠堂的修建不但有关财力，对祠堂的管理和制度也是重要组成部分，祭仪、家规、典礼、祠规等都属于对祠堂制度层面的建设。《梁安城西周氏宗谱》的《春冬祭礼》一条中，即有“朱子家礼以祠堂祭礼为首，盖以报本反始之心，尊祖敬宗之意，实有家名分之守，所以开业传世之本也，今亦以此冠于篇端”①，可见祠堂祭礼的重要地位。

在具体的祭祀中，徽州宗族亦是以朱子家礼为依据，如《馆田李氏宗谱》中就有明确的记载：

> 按祭礼有丧祭、吉祭、时祭、岁祭、墓祭、有坛庙之祭。丧祭者，葬毕而祭，如三虞卒哭是也。吉祭者，卒哭后祔练祥禫是也。时祭者，春夏秋冬四仲之祭是也。岁祭腊祀家庙也，墓祭祭先茔也，坛庙之祭祭诸神也，礼皆三献。丧祭举哀，吉祭不举哀，丧与吉之别也。祔练主人凶服，器尚素，二十五月而祥，祥而禫，释凶服易吉服，器尚华，此吉祭之中又有别也。丧祭吉祭皆不饮福受胙，惟岁时诸祭得饮福受胙，此丧吉之与岁时又有别也。时祭吾乡未之行，更有冬至祭始祖，立春祭先祖，季秋祭祢，似亦时也，朱子谓为僭亦不敢行。惟岁祭用十二月二十有四日，合族以祭，其礼最重，不知始于何时。礼月令孟冬腊先祖五祀，则当是十月。说文冬至后三戌为腊，则是十二月，而无定日。玉烛宝照，又谓汉以戌，晋以寅，唐以辰，则愈无定日。晋博士张亮议曰，腊者接也，祭宜在新故交接也，则又是除日。愚意，除日迫不能祭，俗用二十四者，盖取先除七日，时缓而力舒也。故秦汉时谓腊之明日为初岁，唐崔寔谓腊之明日为小岁，今俗则谓二十四日为小年，皆假新故交接之义也，二十四日其以此夫。墓祭，清明举行；坛庙之祭，神诞举行。又有墓祭而礼及土地者，朱子谓既为先公托体山林而祀其主者，当与墓前一样，以尽宁亲事神之意，则是土地之祭亦不可少也，兹俱纂录于后。②

在按语中，家谱的编修者把祭礼作了区分：丧祭、吉祭、时祭、岁祭等。其中有两处明确表明是依据朱子的言论来进行宗族祭祀的：一是时祭

① 周之屏等：《梁安城西周氏宗谱》，光绪三十一年（1905）木活字本。

② 李嘉宾：《馆田李氏宗谱》卷二十二《祭礼》，光绪三十一年（1905）木活字本。

不行，原因是“朱子谓为僭亦不敢行”；二是墓祭要“礼及土地者”，原因是“朱子谓既为先公托体山林而祀其主者，当与墓前一样，以尽宁亲事神之意”。也充分说明了徽州地区宗族进行祭祀时对朱子所定礼仪的尊重与遵守。

当然，该族在遵循《朱子家礼》的同时，也强调因时变通，有所损益，在《小年祀祖》中就说：

> 按右岁祭诸礼，吾先世之所传者也，与《朱子家礼》不无少异，然《家礼》与《仪礼》特牲少牢诸篇已不无异。我朝《大清会典》辑成，与《朱子家礼》又有异，是知礼因时损益，正不独吾先世为然也，其不可损者则有矣，如盥洗、焚香、参神、初献、读祝、亚献、三献、望燎、辞神是也。其可损可益者则如瘗毛血、酹酒、侑食、点茶、饮福是也。若《家礼》有先一月卜来月之吉日，得吉复告奉主就寝，阖门祝噫歆，启门告利，成诸节目，则吾乡腊有定日无庸卜也，自祢而上至始祖，同此一祭，主位多矣，焉能悉数而奉之，堂高无门又孰为之阖而为之启，是非损而自损者也，其余则皆可行矣。①

该段按语对岁祭诸礼进行了详细的分析。实际执行的礼仪，是对《家礼》进行了因革损益，并对“因”“损”的具体内容都作了阐述，并结合当时的实际情况，对“因”“损”的具体原因也作了分析。这段论述旁征博引，没有相当的文化素养显然是无法做到的。士绅对《家礼》作出的改变，实际上也是对朱熹礼学精神的继承，因朱熹本人就是强调礼仪应当通变的，他说：“古今异便，风俗不同，虽有崇儒重道之君，知经好学之士，亦不得尽由古礼以复于三代之盛，其因时述作，随事讨论，以为一国一家之制者，固未必皆得先王义起之意。”② 可以说，对《朱子家礼》的尊奉与通变，从两个不同层面反映了徽州士绅对《朱子家礼》的信奉。

（二）《朱子家礼》与家法族规

士绅除了参与宗祠建设来实现对徽州宗族社会秩序的构建，还会利用

---

① 李嘉宾：《馆田李氏宗谱》卷二十二《祭礼》，光绪三十一年（1905）木活字本。

② 朱熹：《晦庵集》卷八十一《跋古今家祭礼》，《四库全书》本。

《家礼》来订立族规家法，此事也是宗族建设强有力的手段之一。族规家法又名家训、族约、家范、家规，是宗族处理家庭事务的主要行为准则，其中也不乏教育后世子孙的训诫，在家族内部有很强的规范与强制作用，发挥着私法的作用。

家规家训所要教化的对象，侧重的是不读诗书的族人，绩溪县南关许氏宗谱中说得明白：

> 圣贤彝训备载六经，又何必要家训？家训所以济圣训之所不及也。盖六经惟读书人知之，至愚夫愚妇不读诗书，若无家训，则全不知伦理，此风俗所以坏也。故家训必须粗言俗语，妇孺皆知，又必每年春分冬至祭祖以后宣讲一次，其有关风俗非浅，后世子孙慎勿视为具文，庶男女皆知向善，而我后克昌矣。①

可见家训是要使不读书的“愚夫愚妇”懂得伦理之道，因此家训需要“粗言俗语”，还需要春分、冬至宣讲。士绅制定出家训是要更好地控制普通族人的言行，以达到建设宗族的目的。

在家法族规中，表现较直接的就是“冠婚丧祭”与《家礼》之间的关系：

> 且冠婚丧祭所以纪纲人道之始终者也，今有事一一尊用文公《家训》以行，至于丧祭，用僧道最宜痛革，不许崇尚，有坏风教。所有祀产田亩若干，坐落某处，某处每年或轮流耕种，或召与他人耕种，以终祭用，不得典卖，每遇清明、中元、生辰、忌日，凡所当祭之礼，皆自其中所取，若有余者，可积蓄生放，令公道长者主之，或修理坟茔，或增置田亩，如子孙甚贫乏者，于冠婚丧祭之时，量加资给，无致失所，若然则不耗费而事可卒办，况我先世皆清白相传，积德行善，是以子孙蕃盛，当知古人修身齐家之道，慎终追远之心，俾孝敬之心，油然而生，犹可复见于今日矣。②

---

① 许振纲等：《绩溪县南关许氏惇叙堂宗谱》卷八，光绪十五年（1889）木活字本。

② 黄占魁：《双井黄氏宗谱》卷一，民国九年（1920）木活字本。

家规家训作为家族内部带有强制性的制度规章，立“重礼教”一目是具有强制意味的。此外，士绅阶层作为宗族精英分子，还会通过掌控宗族经济大权来控制族人，“绅士的地位是经济的：从土地收取租金，向农民提供借贷，绅士控制着地位比他们低的人”，① 除此之外，士绅对于祠产也掌握着控制权，规定祠产“不得典卖”并要妥善经营以备宗族之需。

> 祭祖礼之大者，要编循环之为首，必亲身莅之主祭，若无为首临祭，期事必推捱，既轻编序有不到，理必当罚，庶，使祀业无堕失。如正月及三月三清明祭祖日，岁临该首，每次名不到，罚银一钱，责其意怠。奠品、仪节皆依成式照时管办，但占、秽、坏，罚首倍赔，戒其不谨察。有偷克见一罚十，其盐油酱醋等项，首预先备，每年众硬贴银二钱，不够首赔，余剩首收。
>
> 礼者，敬之本，敬者，礼之实。执事之人诚敬或缺，亵渎之愆以似非小。今后该首祭前三日会同执事习熟礼仪，临祭必须诚敬，毋得接耳喧哗，或者失仪，罚其不敬。祭毕从容彻俎馔，胙分依定规，助财子孙十五岁序齿即席听讲礼义，踰例罚银五分，戒其不悌。②

从以上规定可以看出，宗族对祭礼的规定多是强制性的，祭礼的有效执行离不开这些详细细致的规定，对祖先怠慢或不敬或失仪都是会遭到惩戒的。同时在宗族中，具体开展“冠婚丧祭”的同样是士绅：

> 纲常伦理之道，冠婚丧祭之礼，未易行也，必须择其有学识有德行者，以为家相，讲明其道，练习其事，使一族之人昭然知而行之可也，夫如是则仁厚之风行于族，由此而推之国家天下也何有。③

请“有学识有德行者”来讲习礼仪，使“仁厚之风行于族”，“家相”无疑是属于士绅阶层的成员。

---

① 莫里斯·弗里德曼：《中国东南的宗族组织》，刘晓春译，上海人民出版社 2000 年版，第 69 页。

② 吕龙光：《新安大阜吕氏宗谱》，民国二十四年（1935）本。

③ 黄占魁：《双井黄氏宗谱》卷一，民国九年（1920）木活字本。

第五章　士绅阶层构建的社会显性权力

第一节　士绅阶层利用家谱构建宗族等级秩序

中国传统社会中，等级制度是重要的特征之一。等级制度由来已久，从最初的依据亲亲尊尊的血缘关系相区分的等级，逐渐发展成为由功名和血缘关系所决定的等级制度。士绅作为乡村社会中享有较高文化特权和社会地位的群体，对宗族内部等级秩序的重要性有深刻的认识。宗族内部的等级秩序，主要是按照社会地位、身份和血缘关系两条原则来确立的。作为宋明理学在地方的践行者，士绅积极吸取理学中的等级观念，对君臣、长幼、夫妇等伦理关系用等级观念来规定和固化。

一　士绅利用家谱阐述宗族等级秩序的重要性

宗族内部等级秩序的维护也是理学伦理观的要求。徽州士绅深受程朱理学影响，对人伦大义要求颇高，程朱理学的伦理观实际上是一种等级观念，以实现家国秩序井然、社会风俗淳美为目的。

《南关许氏惇叙堂宗谱》记载了明代正德戊寅年（1518）曾任湖广道州训导、浙江龙游县教谕许钦所修《旧家规》，其中“明正伦理”条：

> 且天之所覆，地之所载，惟人为贵者，其有伦理也，然不有以明正之，而徒望其自相亲睦于天秩之中，岂可得哉？凡我一家之中必父父子子、兄兄弟弟、夫夫妇妇，各安其位，斯可也，如生我者为父母及诸伯叔父母，皆是父，我生者为子孙及诸堂从子孙，皆是子也，先吾生为兄，后我生者为弟，父母生育，一体而分，由亲及疏，虽堂伯叔缌麻兄弟，无不怡怡有恩。若夫男正位乎外，女正位乎内，非其配偶，不敢犯礼以相从。上自夫先祖之名讳，子孙不得重犯取名。下至于卑贱之呼唤，必须另为别样，勿使贵贱混淆。如此则名分以正，名

分既正，则伦理以明；伦理既明，则家可得而齐矣。①

要求父子兄弟夫妇等各安其位，贵贱相别，以正名分，名分正而伦理明，齐家的理想即可达到。

至清光绪壬午年（1882）秀才许文源、监生许积霖续修时，在《家训》“首明伦理”条说：

首明伦理。人与禽兽不同，皆因人有伦理，禽兽无伦理，所以人要有伦理，才算得个人。读书的贵重，无非他知道伦理，你们农工商贾妇人女子目不知书，果能知道伦理，一切事都照伦理做去，便是一个好人，与读书人一样。假如读书人心知伦理，做事不依伦理，反不如你们了。天地中间人都是五伦中间人，一是君臣，君是君王，臣是官员，君王要仁爱百姓，要做仁君，不可做昏君，臣子要尽忠报国，要做忠臣，不可做奸臣，君明臣忠叫做君臣有义。二是父子，父亲有爱惜儿女媳妇，必须教训儿女媳妇学好，儿女媳妇要孝顺，还要自己学好，父亲要做慈父，不要做狠父；儿子媳妇要做孝子孝妇，不要做逆子逆妇，父慈子孝叫做父子有亲。三是夫妇，做丈夫的须知道淫为万恶之首，必须守正，如果艰于子媳，可以娶妾，切不可好色行邪。妇人要从一而终，以贞节为贵，丈夫要做义夫，不可做鄙夫，妇人要做贤妇，不可做淫妇，夫义妇顺，叫做夫妇有别，若夫妇无别，便是禽兽。四是兄弟，做兄长要爱惜弟弟，做弟的要敬重兄长，须想我小时父母养育我们的恩勤，切不可听妇言争家业，兄爱弟、弟敬兄，叫做长幼有序，至于一房一族都要有大有小，才是长幼有序。五是朋友，凡亲戚也在朋友之内，交朋友要交好人，不可交坏人，待朋友要言而有信，不可口是心非，朋友有善事，当劝他做去，有坏事，当阻挡他不要做，以信义相结，终身不变，叫做朋友有信。人有这五样伦理，我子孙男妇大小肯依伦理做事，便是个好人。天地要保佑他，他本身必有好处，子孙必然昌盛。若灭伦悖理与禽兽一样，天地不容，算不得我的子孙。②

① 许道宣等：《南关许氏惇叙堂宗谱》卷八，光绪十五年（1889）木活字本。

② 许道宣等：《南关许氏惇叙堂宗谱》卷八，光绪十五年（1889）木活字本。

这段论述中比较好地反映了绩溪南关许氏家族对宗族内等级秩序认识的变化。一是两次编修者身份不同，正德年间许钦是正式的官员，而光绪年间许文源与许积霖只是低阶的绅士；二是对宗族秩序阐述的语言存在较大差异，许钦的语言是官样的，比较正式，光绪谱中的语言更接近于平民化，其对象也直指“农工商贾妇人女子目不知书”之人；三是规范的内容也发生了变化，正德谱强调的是族内秩序，光绪谱则不仅强调族内秩序，还强调了君臣之义，特别是将五伦与族内的等级秩序完美地结合起来了，突出了尊卑秩序是社会基本规范的理念。

强调族内的等级秩序，在明清徽州无疑是一种普遍现象，这在《仙源岑村汪氏族谱》中《家规·正名分》中也有体现：

> 宗族之间，支联脉贯，同祠共宇，务在尊卑有等，长幼有序，岁时月节，冠婚庆吊，往来相通，毋以小加大，毋以卑陵尊，则敬然□一肃然整齐矣。至于称谓之际，尤不可不严，每见后生小子辈，不能循礼以按分，或叔伯祖辈当前而茫昧莫辨，或当称以叔而哥以呼之，或当称以兄而名以命之，以至尊卑倒置，名分乖张，揆之于心，岂能安乎？凡皆因谱谍未修，亲疏等杀无由辨别故也。自今修谱以后，支派清而叔侄之分昭，等级序而兄弟之次别，百世之远，了如指掌，万派之殊，书若列眉，又何有于地密人稠，淆乱莫稽之绪也哉。盖人生斯世彝伦为大，彝伦攸斁，则纲纪不彰，荡节逾闲，良心因之以丧失者多矣。若使彝伦攸序，则防检大明，诈伪之习不作，奸淫之端不萌，风俗不由此其渐厚乎。孟子曰设为庠序学校以教之，皆所以明人伦也。孔子曰名不正则言不顺，言不顺则事不成，故君子名之以必可言也，言之必可行也，名分所在，彝伦系焉，夫盖可忽乎哉。

因此不难看出，家谱强调宗族等级秩序不仅在同族内具有一贯性，在不同宗族间也具有普遍性。

二　士绅利用家谱具体构建宗族等级秩序

（一）宗子设立

宗法制之下，嫡长子享有宗族的管理与祭祀特权，被称为宗子。明清徽州地区受宋儒与后世儒家学者的影响，在宗族内部也会设立宗子。士绅阶层对于这一符合儒家观念的行为予以支持和发扬。在家谱中，对设立宗子的必要性多有阐述。宗子的设立，符合宋儒“言必三代”的思想特征，并且名分即正，则行使权力之时便有诸多便利。

明正统三年（1438），直隶徽州府儒学教授程蕃在为本族《休宁率口程氏续编本宗谱》作的序中就说：

> 人道莫大乎亲亲，亲亲之道莫大乎明族属、知世系也。夫水之支流虽异而源则同，木之枝叶虽分而本则一。人之子孙虽殊而出自其祖者，未尝有间，能知乎此，则不以世代之远间其亲亲之念。族由是睦，风俗由是无所漓，此谱系之书不可不作也。故我祖程子有云：宗子法坏，后世尚谱谍，此谱系之作有功于名教，岂浅浅哉！①

程蕃时年八十二，其对家谱作用的认知也非常深刻：“宗子法坏，后世尚谱谍”，认为宗子法是谱牒的根基所在，是谱牒的有功于名教之义，宗子作为宗法制的一部分因而也具有重要意义。

金瑶、金应宿于隆庆二年（1568）纂修的《珰溪金氏族谱》中，其谱序中有：“德温金先生以世纪之法为国之谱，而所作家谱因之。夫子之谱《春秋》也，斯亦世纪类耳，其义何罪焉？而夫子叹焉，使天下闻而惧之，以是知斯谱之故也。”② 其中，德温即是指金瑶（号德温），嘉庆《休宁县志》有其传：“金瑶，字德温，珰溪人。蚤有才名，既登选贡，欧阳南野、吕仲木与论学，深器之。授会稽丞，岁饥，委赈多方略，邻邑争乞署篆，以外艰归。服阕补庐陵丞。两邑并著能声。一巡海防，五署邑事，多所建立。张阳和学士修《会稽志》，谓其学邃政醇。以讲学交邹文庄、聂贞襄，为莫逆。寻擢广西卫经历，念母汪老，投檄不赴。致仕林居三十年，绝迹城市，日惟谈道著述，慕先哲，诱后进，言行必遵矩镬，婚丧定仪礼，乡人服从之。晚年学益进，晨星夜火，至九十不倦。所著有《周礼述注》《六爻原意》《十七史摘奇》《蚕训》《文集》《宗谱》诸书。”③ 金瑶作为士绅，认为利用宗法制来实现宗族的建设，最终可以达

① 程景珍：《休宁率口程氏续编本宗谱》，隆庆四年（1570）刻本。

② 金瑶：《珰溪金氏族谱》卷首，隆庆二年（1568）刻本。

③ 嘉庆《休宁县志》卷十三。

到移风易俗的目的，在其文集中：“今士大夫家往往有行宗法，虽其制度文不能一如古礼……宗法虽未言可行于士庶人，然亦未有士庶人之禁，原其初皆泥于经文。”① 从时人对其评价中可以看出作为士绅的金瑶一直致力于宗族建设的，而其关于宗子的认识更是全面系统，其在修纂的家谱谱序中说：

> 夫君道之不行于家也久矣，封建废而宗法坏，井田废而祭义亡，庠序、养老之实不行于天下，而子弟敬老尊贤之教一切因仍苟且。而先生欲以十款之义返而存之，安知后世不有罪斯谱者哉！然而君子宁受一己之罪，而不忍使吾宗为有罪之人；宁封建井田之制不见于后世，而不肯使宗法祭义之善不少存什一于吾宗也，是王道之本也。《陈俗》之说当矣！今其言曰：古之变俗者本乎礼乐学道德，礼乐学道德之化行而俗变焉，今则假诸政矣。余观于斯言也，而知先生罪我之心也，其不得已乎而有救世之心。与夫家主于情，情不可尽也，而观诸势以节之，势又有所不可行也，而后不得不假之以政。政者，君道也，是故宗子有君道焉，古之君道以礼乐道德达乎情，今之君道以礼乐道德寓乎政，政行而情至焉，情至而政忘矣。是故假乎政而非政也，此化家之所以为难也，是故谱之作有干焉，有支焉，支以随干，干以存宗。有书者、有不得书者、有得书而变例者、有氏者、有地者、有名者、有书子者、有书子而先于兄者、有随事而直书者、有德不得颂者，皆君道事也。故谱之例独详于宗子，假宗子以行政，犹假天子之权以明王道也。君子之心岂不知其非情哉？盖欲复古之治，不封建则可，而宗子之法必不可以不行也；不井田则可，而宗祭之法必不可以不行也。尊尊亲亲而天下平，王道观家而已，其斯为仁天下之术哉？余故尝曰《春秋》非刑书也，故始系之以春月，先生之谱假于政而非政也，故首系之以阳春。夫阳春主能发散以翕聚也，春秋主能笃治以惧乱也，家之能保有其情以严君也，率天下子弟而从之。其严君之谓乎，秺侯之家法，其犹有严君之意存焉，非史氏明之则秺侯其忍人矣。夫秺侯当其任也，先生不得其任而有天下之心，故其情同而法异，其仁一也。余也慨古法之不存，每随宦辙所至辄欲于家长三

① 金瑶：《金栗斋先生文集》，万历四十一年（1613）瀛山书院刻本。

致意焉，以为收摄涣散之道而未尽也，今于斯谱也安得不动深长思哉？后之观斯谱者幸无徒以谱例观之，庶有得于先生之心矣。隆庆元年（1567）二月朔。[①]

序中信息显示，修谱和《陈俗》[②]的创作，寄托了金瑶发扬“王道”的思想，是有“救世之心”的举动。这里对于该谱谱例“独详于宗子”类比成“犹假天子之权以明王道也”，借其位发号施令，虽是“非情”之举，但是“复古之治”宗子不可废。但由于宗法制本身不存在，对宗子的设立存在逻辑上的不足，加之宗子更多是基于血缘关系上的身份性权力，有时与其治理宗族的能力是不相匹配的，因此在实际宗族运行中需要设置相应的职位。

（二）族长设立

族长是日常管理宗族事务、参与修谱、掌握祠堂的宗族最高领导人。[③]上文所述宗子更多的时候只在祭祀上作为宗族的象征存在，因而日常宗族需要一位实际上的领导者，族长不仅有处理族中事务的权力，还有监督和辅佐宗子的义务。

选举族长是有一定条件的，一般是推举年长且德高望重之人，这在地方志中有相关记载。“祠各有规约，族众共守之，推举行尊而年龄高者为族长，执行其规约。”[④]也正是如此，族长在宗族中有较高地位：“古者宗法立面事统于宗，今宗法不行而事不可无统也。一族之人有长者焉，分莫踰而年莫加，年弥高则德弥邵，合族尊敬而推崇之，有事必禀命焉，此亦宗法之遗意也。有司、父母、斯民势分相临而情或有不通，族长总率一族，恩义相维，无不可通之情。凡我族人知所敬信，庶令推行而人莫之敢犯也，其有抗违故犯者，执而笞之。”[⑤]不仅强调族长的设立符合宗法的遗意，也强调了族长开展管理的基础，更多的是强调族长的权威。

对于宗族礼仪的主持，族长也享有特权。“今后春秋二祭，礼生习

① 金瑶：《珰溪金氏族谱》卷首，隆庆二年（1568）刻本。

② 金瑶所作的体现当时风俗变化的文章，见常建华《16世纪初徽州的宗族与习俗补正——以〈珰溪金氏族谱〉为例》，《徽学》第九卷。

③ 参见常建华《宗族志》，上海人民出版社1998年版，第193页。

④ 民国《歙县志》卷一《舆地志·风土》。

⑤ 许登瀛：《重修古歙东门许氏宗谱》卷八《许氏家规》，乾隆二年（1737）刻本。

礼，定于前期二日演习冠礼，务要节文习熟，礼度闲雅。将冠之子弟与其秉礼之父兄、族长正副，集众于祠，举而行之，庶童子知所以为成人，而他日所就未可量也。”① 对于家规家训等规诫，族长不但是执行者，也是宣讲者。“每岁正旦，集长幼，序行第，庆贺神主，次叙团拜之礼。族长开读祖训，幼辈拱听于阶下，实有益心身之语也。”② 如若宗族内部既有宗子，又有族长，则祭祀时有如下安排：“祠堂春秋之祭，照家礼行三献及侑食之礼，祭主有三，一是宗长亦曰宗子，乃本族长房之长子；二是族长乃班辈最长者；三是年长，班辈虽不尊，而年齿冠一族者，然年长或有或无，非所重也，主祭以宗子为重，族长陪祭，如宗长族长不能行礼，礼则使族之有衣冠者代祭，而祝版祭主仍书宗子族长之名。我族虽分许余二姓于篮仕税户则，然至入祠堂，不分许余，但自斗保公以下作一家论，止一宗长一族长。倘余姓谓在余是宗长，而欲立两宗长者，余姓即为不孝，若合族论辈余姓是族长，而许姓谓余姓不得为两姓族长，许姓亦为不孝，凡入祠堂但作一家而论，方是孝子慈孙。”③

与宗子不同，族长是宗族内部推举出来的，因而其任职有一定年限，并且如表现恶劣，还要接受相应惩罚。“总理之事，必谨家规以制其下专，以至公无私为本，是非赏罚务求必当，不可以亲疏厚薄之故，而枉其是非之实，务使人心齐一，风俗淳厚，视一族如一身可也，而其族长不贤而达犯家规者，则家相合族人谏之，三谏不听，则口祠堂告于族考以更置之。”④

（三）其他族贤设立

宗子和族长之下，另有房长、家相、祠首、司值等人员作为宗族的领导阶层。房是族的下一级组织，其首领即房长。不少宗族祭祀是以房为单位来进行的，这时房长便发挥作用。《潭渡黄氏族谱》云：“应照依墓所几处，将胙分为几筹，每到一墓给与一筹，方无滥给之弊。但此事须文会、门长并德庵府君之孝子顺孙同为经理，非司年寥寥数人所能整顿

① 许登瀛：《重修古歙东门许氏宗谱》卷八《许氏家规》，乾隆二年（1737）刻本。

② 余有横等：《婺源长溪余氏宗谱》卷首，民国十八年（1929）宝善堂活字本。

③ 许文源等：《南关许氏惇叙堂宗谱》卷八《家礼》，光绪十五年（1889）木活字本。

④ 黄占魁：《双井黄氏宗谱》卷一《家规》，民国九年（1920）木活字本。

也。”[①] 在族谱的编纂过程中，因耗资颇费，且相关事宜繁杂，往往以房分议：“稽之五房分长、阖族斯文，厘定章程，分为八卷，版之同族。”[②] 此处门长即是房长的别称。范涞所修的《休宁范氏族谱》云：“祖宗名讳事迹，皆在谱，子孙万宜宝藏。每年新正，各房长先自稽验，至初三会祭日，带赴统宗祠，祀首会众再验。如损坏及鬻非族者，罪坐不孝。房长、祀首即鸣众，七族即同举，轻则易人收掌，重则闻官追究。祠谱先削其名，仍罚本房银二十两置祭田，示戒。”[③] 一些宗族还规定，除了立族长总揽族务，还可以推举族中有贤德才能的人辅助族长处理族务。古歙东门许氏对族长的选举就有明确的规定：“公举族副：吾族繁衍，有族长以统之，公举族中之贤者以辅之。谓其才足以断事，德足以服众，凡遇族中有不平之事，悉为之处分排解，不致经官。如果秉公无偏而顽梗者不遵，则鸣之于官处治之，族人自知警而不敢抗违矣。”[④] 许氏家族明确规定除了立族长统领族务，还要立贤能的族人帮助族长处理族务，并且给予了其处理族务的极大权利。

族长总揽族务，族副协助处理具体事务，宗族内部有条不紊运转下去，使徽州宗族沿着稳定有序的轨道向前发展。族长、房长的职能往往是连接在一起发挥效用的，这在绩溪南关许氏宗族中有明确的规定：

> 子孙悖逆其祖父母，祖父母生前屡戒不悛，使其祖父母含恨以死，罪无可解者；淫秽逆伦，丑迹明确，共见无疑者；有心掘伤祖墓者（远山盗葬与砍树误伤坟墓者不在此例）；至于飘流在外，阴结匪党，行踪诡秘，及为凶杀劫盗者，除革逐外，禀县立案以免后累。
>
> 以上由合族族长、宗长、房长公同告祖，具书犯家法之男女名字于板，钉于祠门边，其人生不得入族居住，死不得进主，不得上谱。
>
> 暂革祠胙，逐出改过，取保归宗：初次行淫逆幸事未成者；好斗行凶屡次伤人身体者；犯奸犯盗，不顾廉耻，伤风败俗，玷污祖宗者。

① 黄臣槐等：《潭渡黄氏族谱》卷六，雍正九年（1731）刻本。

② 周之屏：《绩溪城西周氏宗谱》卷首，光绪三十一年（1905）敬爱堂活字本。

③ 范涞：《休宁范氏族谱・宗规》，万历二十一年（1593）刻本。

④ 许登瀛：《重修古歙东门许氏宗谱》卷八，乾隆十年（1745）刻本。

以上族长房长公同以纸书革条，书暂行革胙，逐出祠堂等字贴祠门旁，如三年改过迁善，依旧归宗。①

从中不难看出，许氏宗族中的内部管理是以族长为核心，其他宗长、房长共同配合完成的。

当然，由于宗族规模不断扩大，需要参与宗族治理的人员也会相应增加。这在许多宗族都有相关规定：

家规议立家长一人，以昭穆名分有德者为之；家佐三人，以齿德众所推者为之；监视三人，以刚明公正者为之；每年掌事十人，二十以上五十以下子弟轮流为之。凡行家规事宜，家长主之，家佐辅之，监视裁决之，掌事奉行之，其余家众毋得各执己见，拗众纷更者倍罚。

家长总主一家之事，家佐以辅家长不及，务要至诚待下，言不妄发，行不妄动，谨守礼法以教其下，应古人以身教之意，临事之际俱要公正不挠，克称所举，有不称职者议罚，另推相应易之以端其本，仍纪过以警其后。

监视纠一家之是非，所以齐一家之则。务秉心公正，无所顾忌容忍。在上者有过，则当反颜直谏，求其必改；在下者有过，则责以大义，其有凶狠不奉规教及有凭藉而故肆梗者，必当行之勇决，毋得澳涊巽懦阻畏而止。不称职，众议易之，仍记其过，以警将来。

每岁掌事子弟俱以冬至日交代，先须拜谒祠堂书祝致语以拜家长，然后领事。

立劝惩簿四扇，监视掌之。族内有孝子顺孙义夫节妇，及有隐德异行者，列为一等，务本力穑勤俭干家为第二等，能迁善改过、不得罪乡党宗族者为第三等。每月朔告庙毕，即书之记过簿，其有勇于服善而能改，复书劝善录以美之。三录不悛者倍罚，三年会考如终不悛而倍罚不服者，则削之不许入祠堂，仍榜其名于通衢。

造牌二扇，一刻劝字，一刻惩字，下空一截，族中有善有过者直书掛于祠堂，一月方易，庶知善善恶恶之戒。

① 许文源等：《南关许氏惇叙堂宗谱》卷八，光绪十五年（1889）木活字本。

每月朔日，家长会众谒庙，将前月内行过事迹，或善或恶或赏或罚，详具祝板告于祖庙，庶人心有所警醒。其有未完者，监视重令掌事随即行之，或延滞以致废寝之患，议罚。

每岁正旦拜谒祖考，团拜已毕，男左女右分班站立已定，击鼓九声，令善言子弟面上正言朗诵训诫，训男云人家盛衰皆由乎积善与积恶而已。何谓积善？谨守家规，孝以事亲，悌以事长，慈以惠幼，持身以礼，处世以义，济人利物，广收阴隲，皆是也。何谓积恶？恃己侮人，剥众益己，欺心害物，与上慢宗祖，下蔑族众，不守家规者皆是也。是以能爱子孙者遗之以善，不善子孙者遗之以恶。《易》曰积善之家必有余庆，积不善之家必有余殃。天理昭然，各宜深省。训女云：人家之和与不和，关乎妇之贤与不贤。何谓贤？事翁姑以孝，奉丈夫以顺，待叔伯母以和，抚子孙以爱，勤俭治家，不生外祸皆是也。何谓不贤？上逆舅姑，下傲夫子，淫狎妒忌，挑唆是非，懈惰阘茸皆是也。天道甚近，福善祸淫，为人妇者不可不畏。诵毕一揖，男左女右各送饼茶，然后各归。腊祭至饮福时亦行此礼，其有无故不出者，家长议罚。①

从中可以看出，在一家之中，不但设有家长，还有家佐、监视等辅佐家长治理家务。在余氏宗族内，家庭事务是以月为限进行处理的，主要地点即是祠堂，主要通过告示、罚款等手段来惩恶扬善，教化宗族。每年正月初一，则要拜谒祖宗，然后即是宣讲家规家训，其具体内容按男女分述。这是针对普通族人的，对于家长、家佐等家庭领导者，普通族人也可“众议易之”。就家族中对行为不端之人的惩罚来看，是本着警示后人的目的来实施的，因此对改过自新的人，家族中也是要录入劝善录的。编修家谱的士绅阶层，通过一系列详细的规定，旨在正人伦、敦风俗，达到家族兴盛的目的。从上述家法中可以看出，革除出宗等惩罚措施是要由族长房长等来实施的，并对情节严重触犯国法的，还需报官惩处。不但族长、房长等管理阶层具有惩罚族人的权力，长者也是晚辈不可冒犯的，相对于晚辈是“尊”。掌握文化权力的士绅，往往在宗族中充当管理者的角色。即使无职位，也是位居尊者的位置。他们作为正统伦理的维护者、家规家训以及祭

① 余攀荣：《环山余氏宗谱》，民国六年（1917年）木活字本。

祀礼仪的制定者，享有教化族人的权力。如前文所述《玙溪金氏族谱》的编修者金瑶，即是位尊且长，正是在他的倡议与努力之下，制定了族谱，这部族谱寄托着金瑶教化族人、建设宗族、移风易俗的愿望。

第二节 士绅阶层利用家法族规控制宗族秩序

一 士绅利用家谱论述家法族规的必要性

士绅是乡村教化权力的控制者。[①] 宗族作为乡村基层组织，是士绅实施教化权力的主要平台。家法族规作为约束普通族人的有效手段，为士绅所重视。通奉大夫许振纲、邑庠生许振捷在绩溪《南关许氏惇叙堂宗谱》中，对家训的作用有如下阐述："圣贤彝训备载六经，又何必要家训？家训所以济圣训之所不及也。盖六经惟读书人知之，至愚夫愚妇不读诗书，若无家训则全不知伦理，此风俗所以坏也。故家训必须粗言俗语，妇孺皆知，又必每年春分冬至祭祖以后宣讲一次，其有关风俗非浅，后世子孙慎勿视为具文，庶男女皆知向善而我后克昌矣。"[②] 在他们看来，作为士绅，对备载传统伦理道德的六经自是非常熟悉，但广大宗族成员，也就是这里的"愚夫愚妇"，不读诗书自然不明白其中的道理，如若不知伦理则风俗崩坏，因此士绅进一步认为，家训有时须粗言俗语，使妇孺皆知，还应一年多次宣讲，才能达到正风俗的目的。家法族规主要是用来规诫宗族内未受多少教育的普通大众，士绅阶层高度重视对他们的教化，认为这关系着风俗，所系匪浅。同时，还应看到士绅教化族人的最终目的就是在宗族内部构建一套整齐的秩序。在士绅洪业远纂修的《桂林洪氏宗谱》中，《宗规》前有如下文字：

> 粤自观察公肇居黄石，下迨朝公子八子播迁故国他邦，三十余世绳绳子姓蕃硕，往往诗礼相传，虽车书同伦，而风俗异习。若规不立，何由式矜？故岁时蒸尝既有节目之则，而立身行己岂无标准之仪？况婚姻嗣绩尤所当严，忠孝廉节各宜克尽。敬援旧例，略补新

① 费孝通在《乡土中国》中，把乡土社会权力结构分为横暴权力、同意权力与教化权力。

② 许文源等：《南关许氏惇叙堂宗谱》卷八《家训引》，光绪十五年（1889）木活字本。

条，名曰宗规，从一十四款，不简不烦，自是宜家，敦旧非文非野，信乎法古通今。后裔来昆务遵恪守。[①]

洪业远认为，自始祖以下，“风俗异习”，因而“敬援旧例，略补新条，名曰宗规，从一十四款，不简不烦，自是宜家”。宗规的修订，是要使子孙行有“标准之仪”。

在洪氏之外，这种通过改变风俗来进行秩序构建的情况还有很多，如《黟县南屏叶氏族谱》是清代嘉庆年间叶有广等纂修：“兹谱之修始于壬申夏五月，成于冬十月，稿凡屡易而后定，其底稿族侄芥一手编也，芥一赋性聪敏，诸事能识大体，兼勤笔墨……族人嘉其用意深远而使此举有所持循，芥一可谓知本矣。”[②] 芥一，即叶有广的字，他是国学生，并捐有布政司经历的职衔，他在先人二十余年稿本的基础上，最终家谱得以编修成功。其中，对家规家训的重要性，有如下叙述：

维我祖宗详立家训，美善多端，阖族奉行，阅世二十，历年数百，罔敢懈怠，其所以正人心，厚风俗者，至周且详也，今敬录于谱，以垂不朽云。

族中冠婚丧祭，华而不靡，俭而不陋，称家有无，不限成例。每岁元旦阖族诣宗祠，谒祖毕，序齿团拜。清明上冢，自始祖而下，五代俱设墓祭，照齿值年，备仪物、洁祭器，必诚必敬，与祭者颁胙各有差，及岁时伏腊，宗祠内襄事，值年仿此而行。[③]

对祖宗订立的家训，能起到“正人心，厚风俗”的目的，因而“录于谱以垂不朽”。又如程氏第五十一世孙，郡庠生程锡范在《程氏族谱》家训和家规前写道：

家训引

训者何？取乎教诲叮咛之意也。家训者何？所以为一家之人垂法

① 洪业远：《桂林洪氏宗谱·宗规》，民国十二年（1923），木活字本。

② 叶有广等纂修：《南屏叶氏族谱》卷八，嘉庆十七年（1812）木活字本。

③ 叶有广等纂修：《南屏叶氏族谱》卷一，嘉庆十七年（1812）木活字本。

> 则而示劝谕也。溯自唐汉以来，若颜氏、司马氏、欧阳氏类皆著有明训，兹仿其例，举伦纪纲常之理以及日用居处之经，修分缕析，汇辑成编，意无涉于高深，语多出以明显，俾族中人家传户晓，世世遵行，则礼义廉耻之心生，孝友忠信之行笃，不有以副乎今日之厚望也哉！是为引。
>
> 家规引
>
> 前既有家训矣，而必继家规于家训之后，不几疑为赘说耶？虽然族姓子弟无非一脉之渊源，期其为善，尤恐其人于不善，故既有训以迪之于前，复有规以警之于后，庶法戒昭然，而一切非为，自日生其严惮而不敢作也。孰谓家规遂无补于家训乎？因示斯意以为之引。①

对家训的意义，程锡范认为，家训是要为“一家之人垂法则而示劝谕也”，在体例上则是仿照名家家训，并“意无涉于高深，语多出于明显”，寄托了程锡范对后人敦厚风俗的厚望。对家训后必出现的家规，程锡范是这样理解的：“故既有训以迪之于前，复有规以警之于后”，认为家规对于家训是有帮助的。

《仙源岑村汪氏族谱》中的情况也较为类似，修谱者汪立铭对族谱家规的作用，有如下阐述：

> 凡风俗本于人心，人心由于训行，若规条不明，则正人君子无由自立，而宵小匪僻之类皆莫知所检束矣。今酌采谱式、约略数条以为家规，俾一族之人知所持循，于以劝善惩恶，则人心醇而风俗厚，亦修谱之大端也。②

其人认为，家规之所以如此重要，是因为家规对于风俗人心大有裨益，规则简约明了，劝善惩恶便可以落到实处。汪立铭认为敦厚风俗教化人心也是家谱的重要作用之一，因此必须对家规作出书写和强调。除了对风俗的引导外，徽州士绅还通过引入家法来达到秩序构建的目的，《环山余氏宗谱》中有着详细的阐述。咸丰二年（1852）职员余兴邦和余兴蔚

① 程鉴冰、程锡范等：《程氏族谱》卷首，道光十二年（1832）刊本。

② 汪立铭：《仙源岑村汪氏族谱·家规》，光绪二十二年（1896）木活字本。

在谱序中有所阐述："百年旧典焕乎维新万世家规粲然大备，籍非二叔之提纲，安能于星罗棋布之中有此左昭右穆之厘然不爽也哉！继自今贤子贤孙守其志、述其事，宝藏珍惜，接续而彰明之，俾上以光祖宗之烈而垂不朽，下以贻子孙之谋而长守弗替，此二叔之所厚望，亦予之所深幸也。夫是为序。"① 对家规的传承予以高度评价，并认为这是上光祖宗之烈、下贻子孙之谋的事业。这种秩序的具体构建方式在另一部《余氏家谱》中得到体现：

> 闻之以法正人曰规，盖规定若者为适法，若者为非法，使人知所取法，其有非法者得规诫之，俾共趋于正轨。吾族列祖所订家规其大纲有十：曰严宗庙，曰省坐墓，曰重祭礼，曰正彝伦，曰崇礼教，曰辩内外，曰睦族邻，曰重输纳，曰禁游侠，曰御僮仆。其纲又别为目，计共四十三条。悬于祖庙，使子孙观览取法，亦古人规正之意。其后族丁繁衍，付之枣梨，以期传播多，而喻晓易，立教垂训，既详且备。兹编宗谱更应仰体先志，载之篇首，昭示百世，庶展卷者触于目，惕于心，得以遵循而不悖也。
>
> 家规提纲
>
> 家规条件采辑诸家成法，惟撮庸行之常人皆可知可行，分例载之。其他所犯或有条所未悉，律所当罪者，自可比类议罚，难以详悉。家规之设专主于教，宜无事于法，然不能不借法以行教。有豪强违抗者，众共攻之，必致之法，虽因而致死，众共闻官明白其事，毋使反噬。
>
> 凡所谓罚者，扑之从一至三十，愿罚一钱，抵扑一十，妇人罚布一丈，抵扑一十。妇人有应扑者，从其夫并姑，或伯叔祖母扑之，其轻重俱要丽事。凡言加等，以五递加，言倍罚者，照数倍罚。②

这里余氏宗族认为家规应"仰体先志，载在篇首"，以示兹事体大。这里对于家规与国法之间的适用范围及两者之间的关系，作出了详细的界定：家规侧重于教，对国法中没有规定处罚的也可以施罚，不过还是需要

① 余森：《余氏族谱》，光绪七年（1881）木活字本。

② 余攀荣：《环山余氏宗谱》，民国六年（1917）木活字本。

“借法以行教”，对违反国法的行为，应上报官府，免得宗族受到连累。国法是家规设立的重要依据，如违背国法则家规虽也可施以惩处，但还是官府处罚为主。在高美佩总纂的《梁安高氏族谱》中，同样是把家政与家法结合在一起：

家政叙 三十八世裔孙美佩 云甫

昔孔子告冉有以家事别于国政，是家不得言政，所以防僭越耳。其于君陈所谓施于家有政者，则谓是亦为政，诚以治国本乎齐家，以是见国家之通也。我族自李唐南迁至今四十余世，其间科甲蝉联，簪缨继起，而瓜绵椒衍，子姓日繁，已足见世德之灵长矣。向因宗祠未竣，未修祠谱，非无谱也，有各派分修之谱而无合族统修之谱，有各自缮写之谱，而无同出刊印之谱，于是见人心之不齐，非所以齐家也。同治壬申（1872），族人始议统修刊印之谱，光绪丁丑（1877）始克蒇事。佩不敏，惟竭其驽钝之力竭蹶以从。夫既有统修之印谱以别昭穆，辨亲疏，明长幼，人心庶可齐矣。然不可无齐之之法也。谨辑先世所传祖训家法，条著于篇，名之曰“家政”，太史公谓礼禁于未然，而法治于已然，治国如斯，治家无异术也，治家如是，治国无异术也。然上下以法制相维，宗族以恩谊相结彼治。国者尚不可以专治法，而况于治家乎？然则家政中虽祖训与家法并列，而所以厚性情、美风俗，光前而裕后者，固专在祖训也，苟使后之人聪听无忘而兢兢持守，所谓人人亲其亲、长其长，而天下平，将国法且无所用，于家法何有？则即以家训为家政，可也。

……

家法准

或谓罪无大小，皆待治于国法，而家法止治小罪，立之何益？不知小过不惩将成大恶，故小惩而大戒，为小人之福，此《周易》履霜所以戒坚冰也。既立家法期于必行，又恐行之不善，或行家法而遂僭国法，或行家法而反坏家法，此岂立家法之意哉？何谓行家法而僭国法？盖国法有五刑之属，而家法不过杖责与驱逐二条，若罪不止此，即非家法所得而治矣。假使泥家法之名，因而置人于死地，如打死及活埋之事，此行家法而僭国法也。何谓行家法而反坏家法？杖责驱逐，皆祖父施于子孙，尊长施于卑幼者，假使尊长有过而卑幼遂假家法之名以施于尊长，是欲行法家而先为悖逆，此行家法而反坏家法也。故家法止于杖责驱逐，若罪不止此，则送官究治，不得私立死刑。杖责驱逐之法，尊长可施于卑幼，卑幼不得施于尊长，行家法者必以是为准云。①

这里族谱的纂修者高美佩引孔子对家政与国政的不同阐述，认为家政是与国政相对的，是修身齐家的儒家伦理中的重要一环。高美佩作为深受儒家思想熏陶的知识分子，把统宗谱的修成认为是“人心庶可齐”，祖训家法则是“齐之之法”，是“齐家”的重要手段。在此，高美佩对家政也作出了定义：“辑先世所传祖训家法，条著于篇，名之曰‘家政’。”祖训与家法即是“家政”，并认为祖训尤为重要，是“而所以厚性情美风俗，光前而裕后者，固专在祖训也”。

该谱中于家法之前，特有《家法准》一目，对家法的适用范围和惩罚手段做了界定。首先，高美佩即以《周易》中“履霜坚冰至”之典故，认为家法的作用是防患于未然。随后列举了施行家法中的两种隐忧：一是家法僭越国法，二是家法被晚辈用来施加于尊长身上，这就严重违背了孝悌之道。对于如何解决这两个问题，高美佩认为第一是规范家法的惩罚措施，只能有杖责和驱逐，不能有打死或活埋等极端措施；第二是家法不可由晚辈施于尊长。《家法准》贯穿了家谱纂修者对家法的思考，士绅作为知识分子，他们在制定规范和规避可能会出现的问题上，极具建设性的想法。他们在宗族的建设中发挥的作用是难以替代的。

以上宗族关于家规家训的论述，虽侧重点有异，但都论述了家规家训在宗族建设中的重要地位与作用。具体来说，士绅集团通过设置具体的家规家训条文来积极开展宗族建设。

二　士绅利用家规家训开展宗族秩序的建设

家规家训是士绅纂修家谱中的重要方面，除祖训是继承了先贤的遗产之外，大部分家规家训的内容实际上反映了士绅对宗族秩序的构建，包括对尊卑、长幼的规定，对族人日常行为的规范，对族人婚嫁的规定等。家法族规作为调整宗族社会关系的行为规范，成为维护宗族稳定的重要准

① 高美佩：《梁安高氏族谱》卷十一，光绪三年（1877）木活字本。

则。徽州的家规家训因此具有鲜明的地域性、浓厚的血缘性等特征，并且具有惩戒、奖励、互助等功能，成为宗族维护内部稳定的重要工具。有些家规家训甚至得到了地方官府的承认，使民间宗族行为上升为地方官府行为，从这一角度看来，它更是国法的延伸。它在规范宗族内部成员之间的关系，维持宗族内部稳定，管理宗族内部社会经济事务、文化事务等方面，发挥了重要的作用。

（一）重视宗族管理：立族长，总揽族务

族长乃一族之长，宗族中行辈、地位最尊贵的人，是宗族领导层的主要成员，掌管宗族内外事务，对于宗族事务有绝对的领导权和处分权。族长之下设房长等助手协助族长管理宗族事务，宗族的稳定与族长、房长的有效管理密不可分。为了宗族共同的利益，一般都会推举族内德高望重的男性长者为族长。安徽双井黄氏在家谱中记载："一族长须择年高有德，为众所推服者为之。总理之事必谨家规，以制其下，专以至公无私为本。是非赏罚务求必当，不可以亲疏厚薄之故，而枉其是非之实，务使人心齐一，风俗淳厚，一族人一身可也。而其族长不贤而违犯家规者，则家相合族人谏之，三谏不听，则诣祠堂告于祖考，以更置之。"① 家规家训规定立族长应以德高望重的长者为之，总揽宗族事务，维持宗族稳定和谐。当族长违反家规时，族人可以劝谏，如果族长不听劝诫发生问题是要负一定责任的。槐塘程氏家族同样重视立族长、宗长："宗长乃相宗子者也，须择年高有德者为之。纵治一族之事，谨守家规，以至公无私为本。是非赏罚不以亲疏厚薄枉其实，务使人心齐一，风俗醇厚。"② 程氏家族强调族长需要有德行，遵守家规，处理族务时要公正无私。家规家训还规定，除了立族长总揽族务，还可以推举族中有贤德才能的人辅助族长处理族务。古歙东门许氏对族长的选举就有明确的规定："公举族副：吾族繁衍有族长以统之，公举族中之贤者以辅之。谓其才足以断事，德足以服众，凡遇族中有不平之事，悉为之处分排解，不致经官。如果秉公无偏而顽梗者不遵，则鸣之于官处治之，族人自知警而不敢抗违矣。"③ 许氏家族明确规定除了立族长统领族务，还要立贤能的族人帮助族长处理族务，并且给予

① 黄占魁：《双井黄氏宗谱》，民国九年（1920）木活字本。

② 程嗣功：《槐塘程氏宗谱》卷首，万历十四年（1586）刻本。

③ 许登瀛：《重修古歙东门许氏宗谱》卷八，乾隆二年（1737）刻本。

了其处理族务的极大权利。族长总揽族务，族副协助处理具体事务，宗族内部有条不紊运转下去，使徽州宗族沿着稳定有序的轨道向前发展。

（二）加强对宗族公共财产的保护

明清时期，由于商品经济的发展，徽州宗族大都有许多公共财产，包括祭田、坟墓、祠堂等，这些公共财产是徽州宗族发展的物质基础，宗族开展祭祀活动、兴办宗族教育、救济族内弱势群体，都需要这些公共财产的支持。家规家训非常重视设立规条对宗族共同财产的保护，通过各种方式对族内财产进行保护。宋氏祠规规定："经管祠务典守特严，司事者不得不重之也。族众同推公直谨慎、肯耐心任劳者二人，一管祠匣，一管锁匙。凡有出入，眼同开匣登帐，务必逐项清楚。"① 宗族内部推举族中正直且谨慎的两人共同管理宗族财产，并且分工明确，一人官祠匣，一人管钥匙，支出各项需登记清楚明白。古歙东门许氏家族在宗谱中也有对宗祠的管理、坟墓的祭扫以及祭田的经营的规定："宗祠之建，本为安先灵而奉祭祀，因以合族也。是宜整饬以肃观瞻，岂容堆放木料，私家工作，借人居住及诸污秽等件，若不严加戒约，其亵渎甚矣！今后敢有仍蹈前弊者，守祠之人禀诸族长正、副，量罚银两以为修祠之费，庶有警于将来。"② 严禁在宗祠内部堆放私家之物，影响祠堂的环境，并且对此等行为有相应的惩戒措施。关于清明墓祭："古之墓祭非礼也，后世举而不废者，祖宗体魄所在。欲子孙识其处，盖亦所系之重也。吾宗坟墓非一处，标祀亦非一日所能遍也，有舟往者，有陆行者，是宜群族人而扫松楸也。然道途之遥，供亿之烦，人情有所难，而输首有所不堪也。乃定为四十八，分析而为九十六人，九十六人之中，而犹有不至墓所者，此岂有水木本源之思者乎？甚至分胙之际，饮而丧仪，醉而败德，讥讪输首，侮慢尊长，是宜查明以罚其胙，有登舟而不至墓所者，其罚同。"③ 作为族人公共财产的坟墓，族人定期祭扫，不知坟墓所在，没有祭扫的族人，以丧仪失德来处罚。强调对祖墓的重视固然具有伦理的需求，也与维护宗族公共财产有关，其中经理祭田就是与之密切相关的，许氏族谱就有规定："祭之有田，业可久也。传曰：无田不祭，盖谓此尔。吾宗祭社、祭墓、祭于

① 宋德泽：《歙西金山宋村宋氏族谱》，康熙五十九年（1720）木活字本。

② 许登瀛：《重修古歙东门许氏宗谱》卷八，乾隆二年（1737）刻本。

③ 许登瀛：《重修古歙东门许氏宗谱》卷八，乾隆二年（1737）刻本。

春秋，俱有田矣！而不知所以经理之，则佃户缘以为奸，将丰而作歉也，以瘠而易腴也，昔之广者而今狭隘也，输首茫茫然，听其输纳之多寡而不较也。苟完祭事虽赔贩而不惜也，其何以救末流之弊乎？今后输首或四人、八人，不徒至佃户之家而收其租，必率同佃人而履其田，并其坐落四至，询访而谛视之，则年之丰歉不可欺，田之腴瘠不可易，而亩步广狭较若画一，岂得而侵损之乎？族长正副于祭毕之时，集输首收租者而加考察，以验其果至之与不至，毋听其虚应故事而妄对也。有妄对者而罚行焉，庶几人知所警。而次年输首亦惟率是而行之，其田或倾倒淹涨，输首者议取众物而料理之。"① 应当认真经理祭田，并且应当在收租的时候去田地查看收成，以防佃户欺骗而有损宗族利益。同时对祭田有"倾倒淹涨"情形的，还要进行料理。家规家训通过各种规定保护宗族财产，使宗族财产能够以一种相对安全的方式在宗族内部平稳运转，并为宗族开展各项活动提供经济上的支持，维持宗族的稳定与发展。

（三）移风易俗，倡导良好道德风气

明清时期的徽州社会，由于社会转型和徽商经营的成功，徽州社会风气发生了变化。徽州传统的"崇节俭、敦愿让、重土著"的社会风气被打破，取而代之的是僧道邪风盛行、诉讼成风和奢侈浮躁的社会风气。家规家训对社会风气的变化，采取了积极应对措施，在家谱中严格要求子孙，或劝诫族人不要有这些行为，或以明确的惩罚措施进行惩罚。

明清时期的徽州人由于经商的巨大成功，积累了雄厚的财富，逐渐形成了奢侈浪费的不良作风。对于奢侈成性的社会风气，家规家训多要求族内子孙节俭持家。胡氏家规家训认为子孙奢侈过度是家族败落的原因之一，祖基再雄厚，奢侈而不知勤俭也是很难守住家业的。固专列《崇朴俭》训条："作法于俭，子孙犹奢，况作法于奢乎！每见富贵之家一饮食也，足支数月之粮，一衣冠也，足费中人之产。尤而效之，曷其有极，所以祖基虽厚，一再传而子孙贫不能守者，奢失之也，奢岂可训哉！然世有矫奢之失，或至数米而炊，其细已甚，则又不免贻《蟋蟀》之诮焉，不知俭非一意鄙吝之谓。盖节以制用，量入为出，但使丰约得宜，不为滥觞无益之举，而惟常存古朴之风以示后人。则所谓质心行质事，而万年垂裕

① 许登瀛：《重修古歙东门许氏宗谱》卷八，乾隆二年（1737）刻本。

之道已具于此。伊训曰：慎乃俭德，惟怀永图，其是之谓欤。”① 崇尚节俭，不仅仅是传家守家的根本，更是一种非常质朴优良的家风传统。

明清时期，朱子理学在徽州备受推崇，佛道等与理学迥然相异的宗教信仰被视为异端。徽州虽然为理学的重镇，但是由于其独特的自然地理环境以及丰富的物产为佛道文化提供了充足的生存资源，而佛道的盛行对徽州传统社会产生了必然的冲击。面对这种情形，徽州宗族多将佛道等宗教信仰列为邪风异说，而“杜邪风、远佛老、黜异术、禁僧道、禁巫邪”等成为家规家训反对佛老思想的主流。桂林洪氏家族有《禁邪巫》的规定：“禁止师巫，律有明条。世间往往有一种邪教，设斋供佛，诵经拜斗，此等荒谬不经，足以害人，切宜厉禁。无如妇女无知，易于蛊惑，更喜媚神徼福，中于邪巫尤甚，不惟僧道已也！又有卜妇、相婆、斋姑、女僧种类不一，穿门入户，若不知禁，小则说因证果，设斋许醮，累耗多金；大则冶容诲淫，慢藏诲盗，酿成大慝，夷门之祸。伏于此矣！可不警哉，亟宜预防，杜其往来，庶免无妄之灾，此亦关于齐家最要一事。”② 巫邪之术，僧道之人严重影响到徽州乡村的日常生活。对于无知妇女的影响更是巨大，如果不加以杜绝禁止，容易酿成大祸，被认为是治理好家庭的头等大事。

徽州人喜欢打官司，事无大小，都喜欢付之诉讼。但所诉之事多为祖坟、田地、财物等事，所涉及当事人也多为一村之人或者是同族之人，频繁的诉讼必然会破坏乡村内部的团结。更有甚者，因为诉讼而倾家荡产。这种好讼的不良社会风气对于乡村的团结和谐、共同发展是极为不利的。家规家训通过“禁斗讼、息争讼、戒争讼……”的方式来减少徽州乡村“好讼”的不良风气。绩溪积庆坊葛氏家族反对族人进行诉讼，认为诉讼浪费钱财，得不偿失。“争讼事不可轻举妄动，讼端一兴，即须费财，苟不用钱，则贪官污吏颠倒曲直，难以取胜。而费财所损多矣，况遇劲敌虽费财未必胜也。故必事体不可已者，又作别论，而闲气细故当加含忍。谚云：一字入公门，九牛拔不出，言讼之难悔也。须慎始虑终，勿遽兴讼。”③ 有关诉讼的问题前文已经叙述，在此不一一赘述。

① 胡祥木、胡祥麟：《上川明经胡氏宗谱》卷八《家训》，宣统三年（1911）木活字本。

② 洪业远：《桂林洪氏宗祠》卷上《宗规》，民国十二年（1923）木活字本。

③ 葛文简：《绩溪积庆坊葛氏族谱》，嘉靖四十四年（1565）刻本。

针对徽州乡村出现的这一系列不良社会风气问题，对于比较恶劣的情况甚至会动用家法严惩不贷，或是送官惩戒。对于徽州这样一个典型的宗族社会来说，家规家训对于乡村社会风气的影响更明显，宗族通过家规家训来宣传其所认同的价值观，并且将影响社会稳定的风俗恶习加以禁止，达到构建乡村社会风气的目的。

（四）严格控制宗族问题

宗族问题是指宗族在运行过程中出现的一些对正常宗族秩序造成威胁的现象，对宗族运行安全造成一定影响。明清时期的徽州宗族由于其存在的固有问题和新出现的诸多因素，出现了诸如赌博、溺女、僧道邪风等社会问题。

明清时期，赌博问题十分严重并且危害极大，家规家训中关于禁止赌博的记载非常多，多从赌博的严重后果来警诫族人。如全城章氏有戒赌博的规定："令人习为赌博，意在利人之有也。然我利人，人亦利我，胜负两不相下，势必身家破损，莫知所终矣！况复机心机，事行险缴幸者乎！本族子弟不得习为赌博，苟习此者，定行惩不恕。家规凡十条，斯特举其概耳，岂能尽悉人情世故哉！大抵苟非理之所是，心之所安，则皆在禁例也。凡我族众，宜心体而类推之，则无辱此家谱矣。"① 章氏禁止族人赌博，如若本族子弟赌博成性，给予直接惩治。通过禁止和惩戒的方式，在一定程度上能够抑制赌博成风的社会风气。

明清时期的徽州宗族人们由于生活困难等原因，出现了大量的溺女问题。许多女孩一出生便被剥夺生命，发展到后来，溺女甚至成为某些地区的民间风俗，溺女问题一度成为徽州地区的棘手问题。关于溺女问题，徽州家规家训中多有涉及，碧山李氏家族对溺女问题非常重视，其族谱中有关于禁溺女的规定："虎狼恶兽犹不自杀其子，矧人为万物之灵乎？昔宋郊渡蚁，大魁天下；于宝救雀，累世三公。存心仁慈者，虽微物亦怜其生命，身受无穷之福。矧初生婴孩，自己血骨，男女虽殊，性命则一，奈何溺女之风牢不可破？或以多女而费嫁资，荆钗布裙堪为贤妇；或艰子息而欲速孕。杀生害命，必无佳儿。或因母病，养育维艰，尽可抱与人为养媳，两全其命。更有子多家贫，抱与异姓为子者，不知皆先人血脉，乌得轻弃。苟欲勿生，何如绝欲，顾造此一重罪案？况故杀子女，律有明条。

① 章自秋：《全城章氏续修宗谱》，民国八年（1919）刻本。

凡我族人，有溺女者，尊长切宜止之，若不听，呈官究治。庶几其风渐止，则惩一人可救万人命也，胜造七级浮屠矣。”① 家规家训非常关注溺女这一社会问题，通过苦口婆心的劝说，要求本族严禁溺女，并对溺女行为进行惩戒。

明清时期的徽州还出现了僧道邪说的恶习，僧侣聚众传播歪门邪道，破坏社会风气。这种风气的出现严重影响了儒家正统思想在徽州人心中的地位，社会影响极其恶劣，家规家训严令禁止。绩溪县南关许氏非常憎恶社会上的邪风，强调杜邪风：“凡葬祖祭祖，儒家自有正礼，僧道邪说概不可信。近世僧道又添出恶习，聚众金鼓，以鄙俚言辞狂奔呼喊，作暴戾之气，引妖魅之风，乃王法所当禁者。更不可行，至于男女入教特斋，非但伤风败俗，而且贻祸宗党，可怕可怕。”② 对于近来出现的这种邪说恶习，家规家训严令禁止，并且把入教的行为当成伤风败俗、祸害宗族的事情。

明清时期徽州宗族对宗族内事务的管理和控制的功能日益强化，通过家规家训对宗族内出现的这些社会问题进行积极控制，多用“禁止”“戒”“慎”等词汇，来遏制或解决这一时期徽州宗族出现的社会问题，徽州宗族秩序的稳定和社会的和谐发展离不开这些规定。

第三节　士绅利用家谱管理宗族财产

对宗族财产的记述是明清徽州家谱中占有重要地位的一部分，这也体现了宗族财产的重要性。宗族财产主要指土地、房屋、山林、坟地、山场以及水利设施、碾坊、水碓等生产生活设施，它们一般是族人捐赠给宗族，由士绅与族长等宗族领导者掌管。徽州地区普遍重视风水格局，因坟地占有问题不同宗族之间时有冲突。家谱中对宗族财产的记载往往成为宗族间土地纠纷的重要佐证。相比于普通的文本，家谱因其特殊性得以较好地保存，因而家谱中往往对这些财产所在地记载详备，不但有文字的契据，往往还附录图册。在宗族中，士绅因其享有的文化权力和对道统的传承，肩负起保护宗族财产的责任。士绅在宗族内对族人的买卖财产行为有

① 李培芳：《碧山李氏宗派谱》，宣统元年（1909）抄本。

② 许文源等撰修：《南关许氏惇叙堂宗谱》卷八，光绪十五年（1889）本。

严格的规定，在宗族外则尽力维护本宗族的利益。

一 士绅阶层通过家谱记录宗族财产数量及类型

在家谱中，士绅往往把宗族财产详列于谱内，使后人不至于因年代久远而失考，记录在谱的财产也会成为日后财产归属的有力证据。士绅对于为何要记载宗族财产，范涞在《休宁范氏族谱》的自序中，解释了为什么该谱中要有对祖坟和祠堂的记载：

> 五曰谱茔，居虽异，祖墓则同，子孙所当世守者，故于各先茔图厥局势、赡茔产田附之，旧籍所未悉者兼载之，示松楸之感也。次六曰谱祠，茔以藏体魄，祠以萃精神，敦本睦族莫重于祭，祠制举之，因制以立规，尊尊亲亲，移风易俗胥此焉出，孝之大者也，生而居，殁而茔，祠而祭，人道之始终备矣。①

范涞认为，祖先坟茔的详细记载，是"人道之始终"，是体现了尊尊亲亲的孝道思想的。中国传统中"视死者如生"的观念在此也有体现，认为坟茔是祖先死后居住的地方。同时，若是没有了祖墓祭祀，修建祠堂便无从谈起，因而祖墓的地位是十分重要的。范涞作为理学家，对祖茔祖产的重视，主要是从对道统的传承而言的。在该谱《谱祠》中：

> 墓有墓祭，祠有祠祭，皆孝子慈孙尽志而又尽物之谓也，故程亩落核儈量立户籍，凡产之为祭而置者，皆据实书之，即有凶年伏腊不废，且使侵售奸弊按籍难欺，亦胥此焉豫杜之矣。七族赡茔之产，旧有传正公户，后改名安节户，及统宗祠成祭产渐多，安节之外，又增盛法户，将墓祠两业并归户中，以便输差。林塘宗祠祭产初立祀稷户，今易名继宗户，每岁所入较前亦倍焉。若先大夫夙志尚有义田、义屋、义塾、义塚等款在善继述者，以时举之。②

赡茔之产有专门之户施行管理，便于输差之需，其目的除了便于管理

① 范涞：《休宁范氏族谱·谱叙》，万历二十一年（1593）刻本。

② 范涞：《休宁范氏族谱·谱叙》，万历二十一年（1593）刻本。

之外，主要是为了防止灾年凶月被族人卖出。

禁碑的设置，对于保护祖产宗祠也具有一定的功效。家谱中不乏禁碑内容的叙述：

禁碑

特授黟县正堂加十级记录十次邹　为严禁盗葬以杜后患事　本年十月二十九日奉本府正堂峻牌开本年十月十一日奉

按察使司恩批，本府详该县民，孙大顺上控孙启方等挖棺一案，据该县讯详孙大顺业已供明，系妄听伊叔孙沧屿主使，捏控出具，愿迁甘结，在案应如所请饬令起迁，俟迁葬后，再行饬县禁示，勒石禁葬，以杜争端。缘由奉批如详饬遵等因，到县奉此合行给示勒石禁葬为是。仰孙姓合族人等，知悉尔族土名小盛郎祖坟余山，土名猪蹄坵，凡属孙姓产业无论公私一概归公，禁止造葬，日后倘有盗厝盗葬，一经查觉，许即指名赴县具禀，以凭严拿，案拟详究，各宜凛遵毋违，特示！大清嘉庆三年（1798）十一月 日示[①]

禁碑

县主周 批准立禁，嗣后有复敢厝葬此隙地者，许公众移举呈官重究，崇祯八年（1635）正月二十四日孙氏众立

黟县正堂加五级级记录三次计功一次范　　为恳恩赏示，勒石永禁。案据贡监生员孙自超、孙泮、孙援莘、孙思震、孙之蕃、孙洪绪、孙自达、孙德馨、孙瀛、孙士璘、孙璋、孙升、孙镜、孙千祥、孙鋂（萌）、孙殿元、孙文嘉、孙晋、孙洪基、孙光基、孙十威、孙瑗、孙霖、孙□□、孙福、孙□、孙荣光、孙洪维、孙洪记、孙思忠，职员孙斓、孙憨、孙鼎、孙□，乡耆孙□□、孙乾抱呈，孙□□等具呈前事，呈称祖冢土名石墩头，俗名"象形"，四至清界，号内葬祖冢百余年。先朝沐蒙周主赏禁保墓，百斯年来，凛遵恪守。近遭棍徒冒冢蚕侵，荷蒙张宪恩饬丈钉，奈塚辖村落附近无知之辈任意侵害，种种不法，生死受殃，伏乞赏禁，等情合行，给示勒石永禁，为此示仰该处，保甲军民人等如有无知棍徒敢于禁地之内纵放牛马、剥削树皮、挖掘泥土及晒男妇衣服等情，许即指名禀报，以凭严拿，照

① 孙兆秀：《古筑孙氏家谱》卷四，乾隆四十二年（1777）木活字本。

违禁毁坏坟墓例从重究处，决不宽贷无违。特示！

大清乾隆十九年（1754）九月十三日示①

由于祖坟引起的争端，因而由宗族内的士绅如生员、监生等，去县衙请勒石碑为禁，此举是通过警示不怀好意者，达到保护宗族财产的目的。向政府请示禁碑，在明清徽州是一种普遍的做法，洪氏族谱中同样保留了此类内容。

宪示禁碑

特授江南徽州府正堂加五级，记录十次，李

特授歙县正堂加六级，录十二次，记功二次，王

为恭谢仁恩，恳给禁碑以奠先茔而杜后患，事据七都五、八图奉宸苑卿洪征治、正定府守备洪复强、吏部观政进士洪锡暲、举贡职监生员洪寿万、洪士熙、洪如璋等，族长洪乾、六司祠乡耆洪天玉、洪公远、洪斌甫、洪檠士、洪实颖，监生洪铉禄、洪肇炳、洪伊来、洪震柏、洪亮彩，候选知府洪肇桐、洪谓如、洪南洲，贡生洪淑亮，生员洪复、洪柏抱呈，洪发具禀，前来词称宪典常昭，立章程于一定，先灵永赖，固封植于千秋。职族桂林迁由宋季，始传四世，皆一脉之单承，继发多人启三门而森列。建祠奠主，创自先朝，裕后发祥，延于奕代。故上世四传之祖垄，即今日合祀之封茔，税业载自本祠，国课输于百世，昭垂永久，侵损无虞，缘合族三世祖茔卜宅马鞍岭上，乔柯千尺，当年之祖泽长存，巨荫成林，此日之孙枝永庇。讵料斧斤，时人恨坟佃之贪谋，划削几空，痛族孽之肆害。仰蒙宪天斧断业于旧，夏痛惩顾，厘奸剔弊。泄祖忿者，在支裔之当行而澈底搜根；继前徽者，须后嗣之猛力。爰是越崇山而勤揣度，踰峻岭以历稽查，共矢奔驰，不辞寒暑，始知负佃之险恶，非徒盗荫为灾并谋坟上之丰壤，竟至夺业欺主。幸荷宪天明察，高悬冰鉴，显得真情，遂使阖族蒙庥，俯顾行营重归旧厂，顾远地之窀穸，业已清查。而近所之坟茔，尤当永保。合刊税亩于碑石，永留奕叶规型，复勒禁示于宗祠，不蚀河山风雨，为此环叩宪辕，恩准给示，显揭科条。庶同姓支丁钻

① 孙兆秀：《古筑孙氏家谱》卷四，乾隆四十二年（1777）木活字本。

坚莫隙，即附居宵小占踞无由。受涵濡于西伯深仁，先人戴德；遍讴吟于东郊广陌，举族沾恩。剖曲陈情，望光上禀等，因为此示，仰该绅族支丁以及坟旁附近诸民人等知悉，如有不法地棍勾通洪姓支丁谋买盗、卖盗、砍荫木者，许该绅司祠等指名呈报，以凭立拿重究，断不轻贷，各宜凛遵毋违。特示！

大清乾隆三十年（1765）岁在乙酉十二月　　　　日示①

在洪氏的禁碑中，列举了请示禁碑中一系列的士绅名单：奉宸苑卿洪征洽，正定府守备洪复强，吏部观政进士洪锡暲，举贡职监生员洪寿万、洪士熙、洪如璋等；族长洪干，乡耆洪天玉、洪公远、洪斌甫、洪檠士、洪实颖，监生洪铉禄、洪肇炳、洪尹来、洪震柏、洪亮彩，候选知府洪肇桐、洪谓如、洪南洲，贡生洪淑亮，生员洪复。这一个规模不小的士绅群体，为了保有祖茔不被侵犯，共同请勒禁示于宗祠，反映了他们保护宗族公共财产时的共同意志，也说明了士绅在宗族公共财产保护中的主体作用。

二　士绅与宗族财产保护

士绅不但积极为本宗族请示禁碑等规范性措施，更会在宗族利益受外族侵夺时站出来，保护本宗族财产和族众人身安全。士绅通过其手中的社会资源，影响官府决定和舆论的走向，必要的时候他们的财力也是宗族保障的坚实基础。在徽州重视风水和资源稀缺的社会背景下，对祠庙坟茔的侵占时常发生。下文以《新安大阜吕氏宗谱》中万历年间的宗祠事件为例，可以考察士绅在其中发挥的作用。

清代邑庠生吕龙光作为《新安大阜吕氏宗谱》的编修者，在家谱中世系之前，即有《祠墓寺祖基更衣亭图》，并在该谱卷五列出遗迹、丘墓、祭田等条目，在《祭田表》中：

叙曰："祭以祀先祖也，田以供粢盛也。"非祭无以尽孝思之诚，非田无以永祭享之典。故曰："惟士无田，则亦不祭，牲杀、器皿、衣服不备，不敢以祭。"此孔子所以三月无君则皇皇如也，夫岂急于

① 洪业远：《桂林洪氏宗谱》卷四，民国十二年（1923）木活字本。

仕哉？凡以缺于祭耳。古人之重祭有如此者。吾祖文仲公、溱公每寺与田陆亩，虽所以奉祖祠之香灯，而祭祀之仪寓于其间，亦犹近代都御史程公福田寺之所为也。但吾祠历宋元至我朝，世远代更，迭遭兵火，田皆失业，而吾派凡遇祭祀，每人各出分子以供祭享，行之已二百余年矣。自婺宗扬泉会族议买祭田以补我派文仲公子孙造祠诰告之费，则劳逸以均，族义以全，而万世报德报功之典在是矣。嗣后吾族凡有愿入祠者，俱照婺源向杲例，补田领胙，永为定规，作祭田表。①

该表是明时所作，为大阜吕氏所沿用。这里突出了祭祀与祭田之间的重要关系，“惟士无田，则亦不祭”，大阜吕氏先是“凡遇祭祀，每人各出分子”，后有族人捐赠祭田，则自此愿入祠享供者，都需按例补祭田。《新安大阜吕氏宗谱》的主修吕龙光，作为有功名的士绅，他亲自写了《吕氏始祖宗伯公祠侍郎公坟历朝实录》前的序言，另据栾成显先生考证，实际上民国二十四年（1935）编修《新安大阜吕氏宗谱》，包括重刊的明万历五年的《新安吕氏宗谱》和歙南大阜吕氏的续修新谱。民国二十四年（1935）重印的《新安大阜吕氏宗谱》之中，还增编了万历四十一年（1613）专制的《吕氏负冤历朝实录》，汇录了明隆庆至万历间围绕吕氏祖墓、祖祠诉讼案件的诸多法律文献。② 下面是吕龙光在《吕氏始祖宗伯公祠侍郎公坟历朝实录》前的序言：

尝闻谱牒之作，家乘之所传也。有可传之事必载之于谱牒，而传诸后昆，使后人知前人之事，有所征考，不致于滥焉，即郑樵《通志》所谓私书有滥，则考之于官籍者是也。夫吾吕氏于明之隆庆至万历年间，为水西披云峰山麓祠墓辩冤事而专刻一书，记其事以传于子孙者，事功彪炳，炫耀目前，光三复读之，哀痛不已。当时若不有此，皇皇列祖摈与仇敌，则披云山下之宗伯祠、侍郎坟、状元坟、解元坟之古迹皆不可保矣，打神主、毁坊匾、杀生员、没祀产之深仇亦不可复矣！然其沉冤既雪，伟事功成，若不有是专刻之书，光不得读

① 吕龙光等总编：《新安大阜吕氏宗谱》卷五，民国二十四年（1935），木活字本。

② 栾成显：《〈新安大阜吕氏宗谱〉研究》，《徽学》2010 年。

而知之矣！斯列祖者诚吾吕氏自唐礼部尚书渭公为新安一世祖以来之伟人也，敢不纪念其勋劳而标其伟绩也耶！兹值修谱，各派咸集，一览此卷，莫不痛心，令将此卷重刊附诸谱端，以垂于后，俾后世子孙读斯集想见其人，登斯域克思其事，庶吾列祖之苦心，惟克永世不忘云尔！①

从该序言可以看出，吕龙光具有相当深厚的史识，认为谱牒应“不致于滥”，他在读先祖祠墓纠纷一书中，认为仅替先祖沉冤昭雪是不够的，还应永世不忘先祖的苦心。对祖先保有族产的事迹，吕龙光认为应该发扬光大，“后世子孙读斯集想见其人，登斯域克思其事”。在吕龙光序言之后，还收录了万历四十一年（1613）的原序：

世仇胡良玉父子，济恶强占身等三侍郎祖祠，毁弃三侍郎神主，平没状元祖墓，打灭解元牌扁，窜改学士乡贤，毒杀生员性命，撤我迁祖，夺我祀田，侵我祠租，盗我地税，灭我祠户，安刘石碑换刘神牌，冤抑无伸，仰恳仁者详览，救死救生，恩流万世，谨叙。

可见当时案件尚未最终告结，吕氏依然在申冤中。吕清邦历数胡良玉父子的罪状，呼吁仁人来为之奔走。在《实录》中，收录了当时祠墓诉讼的诸多文献，分为天、地、人三集，以下是目录：

天集总目
《为始祖唐宋三侍郎坟祠负冤禀帖》
《吕侍郎祠在水西开载民祠之中府志明证》
《指读书堂为去思祠辩语》
《先有坟祠而后免徵说》
《豪党称公祠非宗祠辩语》
《歙县捕衙具由后附祖冢辩》
《歙县刘公审语后附诉言》
《蒙巡抚都察院徐 驳招批云仰徽州府查报并告 本院批送　刑厅

① 吕龙光等总编：《新安大阜吕氏宗谱》卷六，民国二十四年（1935），木活字本。

连名呈词》

《将始祖祠坟历朝凭据细开便览》

《唐书所载始祖吕渭公列传》

《唐书所载二世祖吕温公概恭公俭公让公传》

《纯阳文集明载祖渭父让，何谓渭公无子孙辨》

《祠坟历朝实录天集总目终》

地集总目

《始祖祠坟自唐至今细开累朝历数以昭久远》

《豪所毁神主侍郎吕渭公诰命》

《豪所毁神主所没古冢所改乡贤学士吕文仲公诰命》

《豪所毁神主状元吕溱公追封三代诰命》

《豪所毁神主御史中丞吕开运公诰命》

《豪所毁神主赠文林郎嵊县知县吕浩公诰命》

《豪所毁神主封文林郎登州府通判吕章公诰命》

《乡贤吕文仲被豪改为吴文仲，府志学册难磨》

《古迹多至湮灭，官地多为民居，府志可考》

《洪武四年（1371）吕卯给半印勘合户帖并儒户吕沂叟佥业》

《弘治壬戌（1502）重修祠堂邑人张评事为之记》

《弘治十四年（1501）西南隅排年里老坟祠执结》

《弘治十四年（1501）重修宦品坟祠歙县所给印信帖》

《嘉靖十一年（1532）被汪宦拆寺及祠吕姓保祖纪绩》

《隆庆五年（1571）在城乡宦吴玹公买寺兴作因吕阻当说帖》

《隆庆五年（1571）吕姓复吴玹公说帖》

《隆庆六年（1572）吕姓陈情复建地方老人里排回呈》

《隆庆六年（1572）陈情复建歙县所给印信帖》

《隆庆六年（1572）蒙县主　姚公准立吕公祠户呈》

《万历九年（1581）吕公祠新丈坟祠基地丈量票与丈量册同》

《纪水西十寺已免征未免征缘由以见祠未免征之故》

《万历二十年（1592）吕宗祠户实征册末附盗税怨词》

《万历廿三年（1595）重造祖祠徽城许相公为之序未续数语》

《万历三十年（1602）吕宗祠户县给印信审图票末附灭户怨词》

《万历三十一年（1603）恐盗卖祠田呈县蒙批册里不许擅割呈》

《万历己酉（1609）张公兴作吕裔孙董其事罗中丞为之记》

《万历三十八年（1610）吕宗祠户县印信户由末附灭课叹词》

《西关二图程文美递收钱粮 并帖末附催徵怨词》

《录递年三月三日祭文以彰毁主之恶以杜冒族之门》

人集总目

《误听人言倡族伐木族众连名议约后附诉言》

《豪党因伐木拒驱诳歙批衙呈》

《豪党不认全诬又恐苦伤难解帖证》

《歙县派原诉词》

《斗山会友朋党争木呈》

《婺源派告歙原呈》

《旌德派告歙原呈》

《状告 兵道准送本府粮厅词》

《命坊长轮流租供祀及令吕氏守祠并给衣巾议》

《歙县夺祠散申　　院道稿》

《申缴　　本府批详令吕氏守祠卷案》

《状告　　巡抚都察院准送　　本府刑厅词》

《豪男胡其达出入衙门建言生事连名呈府词》

《豪党纠腹毁碑诳歙呈词》

《歙县派连名诉词》

《训布告郡城单帖》

《呈训内午拟中硃卷以见捐躯非无赖者》

《呈刘公取训首卷以彰为吕之厚朦蔽之深》

《豪党尽灭吕宗祠户尽飞吕宗祠税连名急呈》

《迭追木价强夺祀田禀县呈词 仍候 府主杨公申报》

《巡抚都察院仰徽州府查报驳招并候　　刑厅李公审理》

《巡抚都察院状词又候　粮厅郭公审理》

《钦差兵备道状词又候 县主苏公审理原被呈词又候 各部院准词批审续刊补后》①

① 吕龙光等：《新安大阜吕氏宗谱》卷六，民国二十四年（1935）木活字本。

天集主要集中在围绕唐代侍郎公祠墓产生的纠纷，主要是吕氏宗族的呈词和禀帖；地集主要是吕氏宗族出示的相关证据，其中有府志中记载的内容；人集不少是对方的呈词，其中包括胡良玉之子所在文会斗山会的呈词。天地人集，共收录52份相关资料，反映了在该事件中历时长远，参与人数众多，斗争激烈程度也超出想象，由此可见该事件不断发酵和扩大。

栾成显先生对该案背景介绍如下：

> 当初，唐代吕氏延之公在此建立兴唐寺，子渭公筑读书堂于寺右，死后因堂建祠，子孙祀之。其后子孙安衡公、康年公、暄公、裕公等均葬于此。乃寺、坟、祠三者合一之所。至宋代，吕氏显宦文仲公、溱公又奏请朝廷，捐俸重建，兴唐寺敕改为太平兴国十二寺，产业田山达百余亩，每寺与田六亩、山地二亩五分，以资按月轮流供奉祖祠。规模宏大，郡邑称胜。然至明代后期，离唐代建祠已有八百余载，历年久远，特别是在元末兵乱之后，寺、墓被毁坏，湮没殆尽，祠田或被盗卖，或被侵占，所存仅一祖祠及坟基地一角二十步（合八十步）而已。而吕氏子孙又多分迁他邑，居于歙者，势力衰微，远非昔日可比。正是在这一背景之下，从明隆庆时起，吕宗伯祖祠屡遭侵占，事端迭起。嘉靖十一年（1532）有吕姓保祖案，隆庆五年（1571）有阻止买寺造坟案，而万历三十九年（1611）至四十一年（1613）又发生了吕氏祖祠诉讼大案。[①]

以上是这一系列诉讼案件的背景，其中大部分有士绅的身影，如吕氏宋代的显宦吕文忠和吕溱，到了明代，尽管吕氏宗族相对式微，但在祖宗祠墓遭到侵犯的情况下，仍是丝毫不让，宗族士绅竞相奔走。在目录人集中，有《误听人言倡族伐木族众连名议约后附诉言》这一目，这便是事件的起因：吕氏族人听信堪舆之言，将祠前的12株大树砍掉变卖，所得充入祠田。但此举导致祠田的邻里胡良玉父子以吕氏宗族冒砍官木、冒占官祠为名告发于官府。胡良玉之子胡其达是县学生员，并且是斗山会成员，身为乡绅的胡氏父子因此一开始在官司中占据上风，县主刘公认为该

---

① 栾成显：《〈新安大阜吕氏宗谱〉研究》，《徽学》2010年。

祠是官祠，因而吕氏宗族败诉。吕氏宗族不服申辩，胡良玉父子带人灭神位、祠户，即《豪所毁神主侍郎吕渭公诰命》《豪所毁神主所没古冢所改乡贤学士吕文仲公诰命》《豪所毁神主状元吕溱公追封三代诰命》《豪所毁神主御史中丞吕开运公诰命》《豪所毁神主赠文林郎嵊县知县吕浩公诰命》《豪所毁神主封文林郎登州府通判吕章公诰命》《豪党尽灭吕宗祠户尽飞吕宗祠税连名急呈》等目所载。之后双方开始了长期的诉讼历程，直至作序文的万历四十一年（1613）仍未结案。

这场围绕宗祠及相关财产的纠纷，士绅在维护宗族利益中的巨大作用可见一斑。仅举禀帖为例：

为始祖唐宋三侍郎坟祠负冤禀帖

歙县生员吕承训、婺源监生吕成宪、旌德生员吕应遴等禀：为谋夺坟祠，改灭乡贤，毁匾杀命，极惨极冤事。世祖侍郎吕文仲为宋集贤院学士，因始祖唐朝侍郎吕渭水西读书堂址建为侍郎家祠，卒葬祠前，寺僧祝为十寺都土地，吕公侍郎名列乡贤。宋祖状元吕溱亦为侍郎奏请于朝，税蒙免征。惟是三世侍郎，故志称吕侍郎祠。历代宦祖附祀，旧佥新丈无争。自唐至明，世家九朝，业经六十有六帝，时历八百八十年，叠朽尽吕，重迭叠谋尽吕，告复府县志册、《唐书》《通鉴》、谱书、卷案节节有据。辖豪胡伯祥，真名胡良玉，与祠业比邻，偕男胡其达，父子济恶，协力力贪，谋欺族散居隔邑、隔郡，蛊逆伐木，肆驱生奸，着令豪党李瓅光等诳县批衙，想伊始愿止借霞山以吞木价，岂意延徊，因争小利以结世冤，惟其不认全诬，又恐苦伤难解，遂乃煽惑士绅把持捕衙，以为木因祠转，夺木法当夺祠，故张毒手，实非初心，今木价不能奋人，霞山仍归祖祠，势将夺祠而不忍释手，则置田之说皆之祸也。夫刘公倍追木价以置祠田，申请官祭以尊我祖。盖曰扬搉明德，表励风轨，为郡邑光宠耳。岂其包藏祸心，乃命排里轮看坟祠，豪党内惭，遂毁七十二位神主。生等饮恨期伸二十七世大冤，告道、告院未休，批府、批厅未结，致令族弟生员吕应卿同训复仇遭豪毒死，伊父待告相继云亡，子弟俱无，覆宗绝嗣，良玉之恶一至于此。姑置人命，且论祖祠，即据县批亦仅令该图里排，代吕催租，为吕铺设耳，终以守祠。予诸吕岂命以横逆加之？公之言曰：“且邑令主祭于前，而该族斯文骏奔于后，亦蔼然家人之意，于情亦未尝不亲也。”则凡兹二十里排更当蔼然若家人矣，何乃不体其心，而毁主杀命耶？当思刘公此举于列祖有光，于吕族生色，故曰：“所以为吕公者大也。”今阅审语，公犹念及先贤遗裔，岂忍毁及先贤神牌，以为渭公侍郎著迹，文仲公乡贤附名，溱公状元鼎甲，并存神牌，同享岁祀。故当公之率僚属，同师长，陈牲醴，以跪拜于堂也。斯时也庙貌未改，堂庑无侵，炉瓶鼎列于中堂，竿扁悬峙于中外，东房祭器未窃，西庑书籍宛然，不殄灭我吕而赐之以大典，不亦荣耀乎哉。第彻附祀之主有遗憾耳，续蒙抚院驳招，尤冀神主概复，何图三月三日嗔族往祭，恶于初六复统李瓌光等百凶，各执刀锄，将三侍郎神龛尽折，三侍郎神牌罄毁，状元祖墓登时平没，解元牌扁立刻打灭，栏杆与炉瓶、木石俱碎，祭器与书籍文物交攘，世衣纵不敢言，访之行童照德可证，犹辱客郡斯文，一并围歇禁食。豪党虽横，何乃刻剥若此，至于宋学士吕文仲叨入府学、乡贤祠，府志明载学册可稽。今睹神牌改为吴文仲，而吕文仲斩然灭矣。

朝廷大典亦遭毁灭，罪岂能逭耶？盖豪欲夺公之坟祠以遂奸，先改公之乡贤以灭迹，造谋何深，惨恶已极。夫据旧碑所载，故老所传，公尝祝为都土地矣，公果有灵，其甘宥之乎？生方负冤待雪，豪乃惧告难支，纠腹冒姓毁碑，希图株连穽害，不思严育，非我族类祠内并无祖宗，盗去碑记何用？并灭神牌何心？是盖假中国以乱中国，胡人之计转深；买吕姓以覆吕宗，反间之奸莫掩。泣思人命止杀一人，子孙依然复聚；强盗止劫财宝，祖宗尚尔存留。今夺祠之惨遂令一十八派子孙涣而不萃，何如仅劫财宝，就使倭寇猖狂不过一方就戮，何致一十八派而俱乱离？极之谋反大逆不过九族皆诛，何并二十七族而俱剪灭？训等不能亢宗，而反致覆宗，行同狗彘，方思光祖而乃见灭祖，畏岂刀兵，仇不共天，誓必致死，但豪党煽惑方深，生等口舌难遍，是用陈情布告遐迩。伏乞仁人君子，电后开之志册，辟先人之虚词，赐世守之祠坟，还本族之故物，上而祖宗得以仍前血食，下而子孙得以克复本源，派派衔恩，世世戴德，激切哀禀。[①]

禀帖首先表明是吕氏宗族士绅出面，他们分属不同的县，可见吕氏宗

① 吕龙光等：《新安大阜吕氏宗谱》卷六，民国二十四年（1935）本。

族各支已联合起来。对于胡氏父子，认为他们“煽惑士绅把持捕衙”，因而判决有失偏颇。胡氏父子不但打砸吕氏祠堂内的神牌，还把前代乡贤吕文仲改为吴文仲，这一举动虽滑稽可笑，但乡贤的影响力可见一斑，千百年之后仍具有很强的影响力，以至于胡氏父子要改动其姓才敢动手。对于县主刘公，吕氏士绅在此夸赞逢迎之词颇多，“夫刘公倍追木价以置祠田，申请管祭以尊我祖，盖曰扬搉明德，表励风轨，为郡邑光宠耳”，即使有不妥之处，也以受胡氏父子欺骗为名掩过，体现了士绅在与官府打交道中的老练与世故。在禀帖后半段，言辞深沉，对胡氏父子夺祠之恨极言其恶，认为是比诛九族更可恶，并引申到夷夏之别上，以为胡氏父子是“胡人之计”来灭吕氏一族，把问题上升至这个高度，非普通平民可为。吕氏宗族虽涣于各郡，但在这场纠纷中，十八派则联合起来与之对抗。

在这场声势浩大的诉讼案中，除了激烈的言辞之外，更重要的是要摆明事实，提出证据。充足的证据才是诉讼过程中必须向政府官员说明的重点，这从《歙县派原诉词》中可以清晰体现：

具诉状生员吕承训、吕应乡等，族众吕应松、吕应光等，诉为保祖鸣冤事，里排罗织朋奸，合族负冤。详诉缘唐始祖侍郎吕渭为堂水西，孙吕适即籍歙州，坟在蟾形。宋祖学士吕文仲亦为侍郎，立祠创寺，舍田焚修，卒葬祠前，名列乡贤，税皆免征。及祖状元吕溱亦舍田修葺，碑帖可查。弘治十四年重修，宦品坟祠给帖存照。正德辛巳折而复修。嘉靖十一年，被汪宦谋为风水，生祖节告断还里，排比有甘结。隆庆六年，陈情复建，亦给帖证。万历九年，生族佥文惧豪再夺，告明升科，户寄西关二图坟祠，税载本户，系竭字一千三百二十八号，并竭字一千三百三十三号地，共四分七厘零，迭纳钱粮，收附可证。万历二十三年，祠宇倾颓，生与叔仕龙等拆祠重造，里排举贺无言，续发乡科，亦挂旗扁，近因祠前坟后二木枯枝毁祠，且碍风水，去腊初七会众伐除，岂料坊长李燦光等谋夺祖祠，献投贵显，正月十二鼓众诳台捏为官祠、官木，不思祠系生家世守，何为比例汪陶祠？生祖果系官祠，何不均沾祭享免征；即为官地，谕葬岂是官坟。且今纳税多年，何复捏为官物，况当汪豪被占地仍免征。伊祖程涣巴文政等，结称吕祠墓地系分字三号，词称历系子孙吕太祥等，祭祀不缺，即无冒认等因。目佥文状税系伊祖父，征粮审图尽属伊手，历有公结，何突诳诬据捏，僧房改为私室，何寺不召读书？据诬祖祠复列私主，何祠不皆从祀？欲占为一方神祠，势必灭千年血食，谋献显然，弱懦难敌。所幸生家谱可查，府县两志、清黄二册可据，尤幸爷台清正，乞并捕衙烛奸正罪，死生共戴，祠纪永传，连名上诉。

歙县刘　批并送捕衙①

吕承训和吕应乡等论述的重点是吕氏祠堂是官祠还是私祠，而他们除了进行极富感情的申诉外，则是最后强调的证据，就是“所幸生家谱可查，府县两志、清黄二册可据”，应该说是将家谱与府志、县志及鱼鳞册、黄册相互印证，是十分有说服力的。

纵观整个事件的始末，在官祠之争的背后，是宗族力量的对抗，核心则是士绅群体的较量。吕氏宗族之所以有偌大坟祠，是先代士绅争取来的（包括向朝廷申请免征地），到了明代中后期，吕氏宗族力量式微，已不能保全祖产，后起的胡氏宗族得以借机争夺，并利用自身在官府和文会中的势力在官司中一度占据上风，并在官司过程中，打砸吕氏祠堂，以此示威惩戒。这实际上是宗族力量的较量。而在这个过程中，士绅群体保护宗族利益的重要手段，就是利用家谱作为依据。到了清代吕氏宗族续修家谱时，士绅们又将其祖先保护宗族利益的行为写入家谱，继续着士绅集团利用家谱保护宗族利益的行为。

① 吕龙光等：《新安大阜吕氏宗谱》卷六，民国二十四年（1935）本。

第六章　士绅阶层构建的社会隐性权力

第一节　“一本”观与家谱编修

一　士绅阶层对“一本”观的论述

“一本”的观念，孟子已经提出，他说：“天之生物也，使之一本而夷子二本故也。”① 较早地将“一本”与亲人相联系，这是后来“一本”思想的滥觞。此后这一思想被不断丰富，并被运用于家谱之中。将“一本”观纳入家谱理论中，苏洵在宋代已有论及，他说：“吾之所以相视如涂人者，其初兄弟也，兄弟其初一人之身也。悲夫，一人之身而至于涂人，此吾谱之所以作也。”虽然苏洵没有明确使用“一本”概念，但他所说的出于“一人之身”实际含有“一本”之意。清代徽州学人对“一本”观也多有论述。康熙年间周寄寿在绩溪周氏族谱序中说：“万物本乎天，人本乎祖，继祖为宗，宗者为先祖主而纪理族人者也。故君子必敬宗以尊祖，而收族属以从其宗，是以世家大族维宗法者必有谱。大为谱之要有三：上治祖祢，详其生卒隐显，重所自出也，是为尊尊之道；下治子孙书其长幼年齿，推所由生也，是为亲亲之道；旁治族人，明其亲疏逖迩，辨所同类也，是为惇叙之道。三者尽而谱之义乃大备。然吾闻之，君子三年一修谱，非是则为野人，盖以年久则系易紊，族大则分易淆，不举而时修之，其尊卑昭穆间必有混杂失次而不及辨者，是以古人重修谱，使一本之谊常有，以相维而无至忽忘以视为涂人，则仁孝几乎至矣。”②

程颐系统解释了其关于知本、重本的理论：“立宗子法，亦是天理。譬如木，必从根直上一干，亦必有旁支。又如水，虽远，必有正源，亦必

① 《孟子·滕文公上》。

② 周赟：《绩溪仙石周氏宗谱·周寄寿序》，宣统三年（1911）年刊本。

有分派处，自然之势也。"[①] 从此论出发，程颐提出了庶人、士大夫应有与诸侯以至天子同样祭祀四亲的权利：

> 自天子至于庶人，五服未尝有异，皆至高祖。服既如是，祭祀亦须如是。其疏数之节、未有可考，但其理必如此。七庙五庙，亦只是祭及高祖。大夫、士虽或三庙、二庙、一庙，或祭寝庙，则虽异亦不害祭及高祖。若止祭祢，只为知母而不知父，禽兽道也。祭祢而不及祖，非人道也。[②]

实际上是对之前的小宗四亲之祭的改革，在此基础上，程颐更是提出对大宗始祖之祭的改良，提倡平民亦应祭祀始祖之说，这样一来"宗法立，则人人各知来处"[③]。其理论依据即是："祭先之礼，不可得而推者，无可奈何；其可知者，无远近多少，犹当尽祭之。祖又岂可不报，又岂可厌多？盖根本在彼，虽远，岂得无报！"[④]

程颐重本追远的宗法精神被明初热衷于恢复宗族活动的儒家文人所继承，这一时期，著名儒家学者，特别是理学家们从多个方面都对宗法精神进行了阐述。首先即是对于"一本"的阐述，在这一点上，明初儒士均极为重视，首先是宗族一本的传承，"天之生物一本，故人必有祖，祖以降虽有亲疏之等，而一本之传固自若也"[⑤]。郑纪则在其宗族中直接宣扬"一本"："夫先王赐姓一本之散于万殊也，近世谱图万殊之归于一本也……一本而万殊，百世之后又万殊而一本。"[⑥] 同时，这些学者也将"一本"与祭祀实践活动结合起来，丘濬即认为，"盖以萃聚人心而收其涣散，俾咸惟'一本'之归，莫有要于庙祀者"[⑦]。方孝孺承袭程颐破除祭祀等级限制外"藏于墓，祀于庙，自天子达于士，隆卑广狭不同，而

① 朱熹编：《二程遗书》卷十八《伊川先生语四》。
② 朱熹编：《二程遗书》卷十五《伊川先生语一》。
③ 朱熹编：《二程遗书》卷十七《伊川先生语三》。
④ 朱熹编：《二程遗书》卷十七《伊川先生语三》。
⑤ 薛瑄：《敬轩文集》卷十四《陈氏族谱后序》。
⑥ 郑纪：《东园文集》卷十三《家谱引》。
⑦ 丘濬：《重编琼台稿》卷十七《莆田柯氏重修祠堂记》。

其致一也”[1]。更将“一本”观念全盘扩展至天下所有的宗族：

> 天之生人也，果孰贵而孰贱乎！四海之广，百氏之众，其初不过出于数十姓也，数十姓之初不过数人也，数人之先一人也。故今天下之受氏者，多尧舜三王之后，而皆始于黄帝。譬之巨木焉，有盛而番，有萎而悴，其理固有然者。人见其常有显人也，则谓之著族；见其无有达者也，则从而贱之。贵贱岂有恒哉？[2]

这种观念真正落实是在明嘉靖“大礼仪”之后。嘉靖十五年(1536)，礼部尚书夏言连上三议，其中“乞诏天下臣民冬至日得祭始祖”：

> 臣按宋儒程颐尝修六礼，大略家必有庙，庶人立影堂，庙必有主，月朔必荐新，时祭用仲月，冬至祭始祖，立春祭先祖。至朱熹纂集《家礼》，则以为始祖之祭近于逼上，乃删去之，自是士庶家无复有祭始祖者。臣愚以为愿深于礼学者司马光、吕公著，皆称其有制礼作乐之具，则夫小记大传之说，不王不禘之议，彼岂有不知哉，而必尔为者意盖有所在也。夫自三代以下，礼教凋衰，风俗蠹弊，士大夫之家、衣冠之族尚忘族遗亲，忽于报本，况匹庶乎？程颐为是缘亲而为制，权宜以设教，此所谓事逆而意顺者也。故曰人家能存得此等事，虽幼者可使渐知礼义，此其设礼之本意也。朱熹顾以为僭而去之，亦不及察之过也，且所谓禘者，盖五年一举，其礼最大，此所谓冬至祭始祖云者，乃一年一行，酌不过三物不过鱼黍羊豕，随力所及，特时享常礼焉尔。其礼初不与禘同，以为僭而废之，亦过矣。夫万物本乎天，人本乎族，豺獭莫不知报本，人惟万物之灵也，顾不知所自出，此有意于人纪者，不得不原情而权制也。
>
> 迩者平台召见，面奏前事，伏蒙圣谕：“人皆有所本之祖，情无不同，此礼当通于上下，惟礼乐名物不可僭拟，是为有嫌，奈何不令人各得报本追远耶。”大哉皇言，至哉皇心，非以父母天下为王道者

① 方孝孺：《逊志斋集》卷一《宗仪・尊祖》。

② 方孝孺：《逊志斋集》卷一《宗仪・尊祖》。

不及此也。臣因是重有感焉。水木本源之意，恻然而不能自已，伏望皇上括推因心之孝，诏令天下臣民，许如程子所议，冬至祭始祖，立春祭始祖以下高祖以上之先祖，皆设两位于其席，但不许立庙以逾分，庶皇上广锡类之孝，子臣无禘祫之嫌，愚夫愚妇得以尽其报本追远之诚，溯源徂委，亦有以起其敦宗睦祖之宜，其于化民成俗未必无小补云。臣不胜惓惓。①

从上疏中不难看出夏言所言即是建议皇帝“推恩”臣民，令平民亦可以采用以“一本”观为基础的祭祀方式。自此意被嘉靖皇帝批准后，“一本”观的宗法精神遂逐渐成为宗法上儒家文人的主流，徽州地区也不例外。

二 “一本”观对徽州家谱编修的指导

明末休宁人金声对“一本”论有如下阐述：

予学道空山，尝终夜寂坐静念，生人之始自父母，祖父母而上以溯于上古，才有天地未有人之时，而知万物之原本于一气也。气则生，生则无穷，木之有枝叶而必荫蔽本也，水之有流派而汇于星海也，人之有异族而同在宇宙也，一理也，即一气也，气本无异，则外附者而无异，易地者，而亦无异，总之厚其本原，其本源，不致两间淳固之脉削弱于一枝一川，所以培气也，实气自培也。外附者何？葛累之萦樛木而高也，沱潜之会江汉而大也。易地者何，兰芷之离幽谷而庭不失其芳馨也，江河之流由西而东不失其浩荡也，二者皆气之使然也，何独于人而疑之……夫胡氏系之考川，而考川胡氏以明经著，实始于李唐昌翼公，公之义祖胡清以臣也……如曰外附者而有异气，天地不始于一人乎？……其在小溪也，犹其在考川也，而本支原派昭昭井井，此继志述事之善谋也，如曰易地者而有异气，万国当聚于块土乎……总之明于一气之说，虽天地一宗，何彼何此，苟不明于一气

① 转引自常建华《明代宗族研究》，上海人民出版社2005年版，第15—16页。

之理，则一室秦越，安能保世亢宗哉。①

金声以“一气”说来解释“一本”论，其论更为深入，首先分析了后人形体与“一本”无关，因为“气”不会变，依附在“气”之外的就无关紧要了。其次是“气”是先天而来的，并不会因为迁徙或者其他方式而削弱。更重要的是金声提出了重视“一气”说的缘由，认为只要知道宗族之内众人“一气”相通、“一本”相同，则无论何地、何时，皆能够不分彼此，反之则宗族不宁。

明初徽人程通则认为一本之心实际上是人之常情，为与生俱来的，“天地万物莫不有本，夫太极阴阳造化之本，岷山昆仑江河之本，芽甲根荄草木之本，岂独于人而无本耶？厥初翁媪为生民之本，开国受姓为一氏之本，知有所本，苟不录其源流布于方策，又安有不忘其本者哉……尊祖敬宗者于此有取焉”②。程通以类比的形式论证了“一本”实为人之天性，并认为正是这样，人们才会记录祖先，于是自然才会尊祖敬宗。

清代徽州儒生同样对“一本”观有所阐述：“亲亲之道，自父而上之有祖考焉，自祖考而上之有曾高焉，推及于始祖，更推及于始祖之所自出，此一本之亲，不可无以亲之也。等而下之由昆弟而及于伯叔，由伯叔而及于族姓，虽有亲疏远近之不同，均之为吾祖之遗体则均之为吾亲，使亲亲之道缺焉而不讲，不惟有乖祖宗之心。”③

除了这些对于“一本”观的阐述外，明清时期传统徽州宗族更多的是将“一本”精神运用于宗族管理实务中，特别表现在编修家谱和巩固族内情感联系这两大环节上。明代徽州程氏族裔程文直言，“谱也者，所以示一本也。定亲疏，维远近，敦孝敬，莫近于谱。而士大夫往往忽之而不讲，或讲之而不甚急，何哉？是使子孙相率而为涂人也。程氏受姓以来枝分蔓衍，南宗北族，诚若风马牛者，一旦合堂同席而坐，虽百世之下，四海之远，犹曰吾宗人也。情谊之厚蔼然如一家，岂非以谱之可寻邪！若

① 胡陆秀等：《考川明经胡氏统宗谱·明经胡氏海阳小溪桥族谱原序》，道光九年（1829）刻本。

② 程通：《贞白遗稿》卷二《程氏世谱序》。

③ 程公惠：《新安程氏统宗补正图纂重编·程弘新安程氏统宗补正图纂大成序》，乾隆十三年（1748）刻本。

汾阳之拜墓、梁公之辞像、子骞之华胄、杜固之异族，此皆谱之不明而昧夫一本之义者也”[①]。其言透露出若族谱即是标示“一本”的工具，若无族谱，则宗族便无法奉行“一本”了。以下仅举几例。

程敏政从反面论述了家谱缺少“一本”思想的后果。在《婺源查氏族谱》中，对“一本”之义阐述如下：

> 宗谱之修，所以辩氏族，定世次，使子孙知其本也。盖天下之物各有本，子孙本乎祖宗，犹水之本源，木之本于根也。世代远而宗族众，众则疏，远则忘，必然之理也。苟不修其谱牒，则邈乎，相见如途人，喜不庆而哀不吊，岂知其同一本也哉？新安查氏始自延公，有功于国，受封查邑，因以为氏。至唐有游击将军师诣公者，自九江徙宣城，值黄巢乱迁于歙之篁墩。师诣公、孙文征公仕南唐，为观察使，隐居星源之西山，子元修定居本里凤山之下，即今号曰查村是也。自是以来，门地光显，生齿蕃盛，因其所居称东村西村以别之，而族谊犹一也。其宗派世系之详，功德行实之美，在宋有庆逢公谱而续之矣。自宋抵元历四世曰留叟公又续之，自元抵国朝洪武庚申宗晦公再述之。自后以来，子孙繁衍，视昔不啻加倍，有老成尚义者，有明敏多才者，有读书好礼者，念前人之功续不可无述，于是永辉公者乃取旧谱而续之，未就而卒。其孙云庵先生继志以成之，历三期而罹于回禄，惜哉！先生悼前功之煨烬，虑后世难考祖宗之来由，复兴其志，取旧谱而重加增辑造次，颠沛念择在兹，五世列为一图，定其世次，六十有余代。未几，而图牒告成，考订较详于旧。呜呼！云庵先生其用心坚志如是，他日百世之远，知其所出之源，曰某与某亲固亲也，曰某与某疏固疏也。自亲以至疏，由近以周远，则水木源根不待讲而了然在目矣。且人人亲其亲，而长其长，尊其祖而敬其宗，孝弟之心油然无穷，仁让之风蔼然相接，后世之感兴自由不能已焉者。余忝有姻娅之好，敬书此以为他日之左券云。[②]

程敏政在该序中，叙述了曹氏修谱之难，历经数世始成，非常不易。

① 程敏政：《新安文献志》卷二十四《书河南上程氏宜振录后》。

② 查荫元：《婺源查氏族谱》卷首，光绪十八年（1892）木活字本。

与其他士大夫不同的是，程敏政认为代远族众，宗族之间彼此疏远乃是常态，因此修谱才十分有必要，“苟不修其谱牒，则邈乎相见如途人，喜不庆而哀不吊，岂知其同一本也哉”，不修谱牒，则“一本”之义无着。在其文集中，他说：“谱之于人大矣，然岂独以昭门阀博昏宦，以夸世俗如魏晋隋唐之际之所为哉。明昭穆以崇孝敬广恩义，则虽无谱也奚患焉。使有谱而本之不立，则虽贤圣之后人且贱之，亦何贵于谱，谱固不可无，亦不可恃也。”① 文中分析了宋明家谱与魏晋隋唐家谱之区别，但重点是说若“有谱而本之不立”，家谱就没有任何意义，也就谈不上“贵”与“大”了，从中可以看出在程敏政眼中“一本”是家谱的终极目标。

明代赐进士奉政大夫礼部祠祭司郎中、钦差谕祭官曹诰在《休宁曹氏宗谱》序言中，对“一本”之义是这样阐发的：

> 甚哉史不可不读，谱不可不修也。家之有谱犹国之有史，不读史无以知历古兴亡，不修谱无以辨世次昭穆。故君子以谱为兢云。予自髫发受经，日孜矻制科秇而已，追叨末第而丁外艰，读礼之余得世父高州公所辑谱，再三披玩。祖功宗德之隆与夫亲疏昭穆之别，了然指掌，而详于本支，他派则阙焉未备也。意欲增加修辑，无何内艰作，更斩然衰绖之中，日窀穸是务，弗遑详核。服阙入都门又鞅掌于王事，弗遑宁居。顷承上命坛祭张元辅太翁，便道归里，始获统吾休诸宗谱辑焉。吾休始祖为青州逸老尚贤公，青州之派肇于周曹叔扼铎，中显于汉平阳侯参，至唐末尚贤公避逆巢之乱，卜居休之南城，传五世析而为三，曰上、中、下宅。中宅数传，斩分居他郡。省与邑各乡皆出上、下宅也。其间甲第簪缨，忠孝节义，固多足述，而吾邑亦能不陨家声。郡邑言新安世家，海阳望族必归焉。第环堵而居，始未常不亲，亲相及，后凌夷渐以疏也，吉凶庆吊之礼置之蔑如，安问患难相恤？其谓宗谊何？惟是谱牒不修，分以不明，情斯日隔，弊所从来矣。余以故纘世父已垂之绪，自忘鸠拙，敢尔续貂，网罗搜讨，详本末，广源流，庶几万派共源而千枝一本，目题曰《休曹氏统宗谱》，抑亦以示吾侪，自吾宗而分者如此，以别夫非我族类者。如彼，朴璞必辨，玉石靡淆。

① 程敏政：《篁墩文集》卷二十四《文昌坊程氏族谱序》。

凡裘葛两易，始克竣事，奈复迫王程，未付剞劂，谨为之叙，厥所自藏于家。噫嘻！此一谱也，弘斋公继屯田诸祖之草创于前，高州公比先世诸贤之意绍于后，自为孝廉时锐意慕修叙述，系宁遗余力，予又竭两载经营，而继述之，始克称成先德尔，然犹未也。族大难聚，阔略滋多，谁非共源而一本也者，必并访益都祖牒，统辑录梓，乃为大全，请以俟燕间，不则以俟后之君子。①

曹诰在序言中叙述了新安曹氏由一而众的过程，认为“万派共源而千枝一本”，但在没有修谱的情况下，亲亲则渐疏，不能“详本末广源流”，因而把修谱的必要性与“一本”之义紧密地结合了起来。

在山东道御史李安为曹氏宗谱所作序中，对士绅与“一本”之间的关系叙述如下：

周官设小史之职而宗法已明，唐立谱书之局而氏族有统，是以人伦正，风俗厚，孝弟之心油然沛然，自有不可以已焉年。池阳之建邑吕湖曹洞瑛氏，立身操行克振家声，务本存心不求仕禄，尤尚敬宗收族之道，乃取先代谱牒，续以成编，属予为序。予即而观，其源出于黄帝轩辕氏，得姓于周叔振铎，迄汉参公封平阳为采邑而家焉，殆于唐季尚贤公自青州迁休宁城南，至德遇公官浮梁，遂居曹家嶂，越数世至百三公之次子庭瑞公徙建邑之金溪。迨洞瑛氏卜居里之吕湖，阅世以来诗礼相仍，簪缨弗替，续修世本以重于后大矣哉，抑谱书之作，专以明世系，序昭穆，明长幼合亲疏，尊祖敬宗，姻亲睦族，惟士大夫尤尚之。予谓木之枝叶扶疏者，其初一本，水之支流漫远者，其出一源，人之子孙众多者，其生一人之身。以子孙而视子孙，人各亲其亲，不无亲疏之异；以一祖而视则知均气同体，岂有亲疏也哉。如是则富贵贫贱之相接，自不容于有间。欣戚庆慰之相及，故不得于无恩。夫谱书之关于世教岂浅浅哉，今洞瑛氏之录是编也。明祖宗之出处，别支派之源流，坟墓向止无不备书，婚娶姓氏悉以详载，能尽于此，岂非仁人君子者乎？将见嗣裔绵延，显融蝉联，难于预度，姑

① 曹诰：《休宁曹氏宗谱·曹诰序》，万历四十年（1612）刻本。

撮其概以示曹氏之后嗣，知所自云，是为之序。①

李安作为官宦，非常重视士绅在宗族里的作用，认为“姻亲睦族，惟士大夫尤尚之”，只有士大夫才能使宗族亲密和睦。他把宗族的“一本”之义比喻为树木的开枝散叶，从子孙个人来说就有了亲疏之异，但如果从出一祖这个角度出发，则没有了亲疏的差别，都是祖先开枝散叶的结果。与曹诰一样，李安也认为谱牒之修“夫谱书之关于世教岂浅浅哉”，发出编修者“岂非仁人君子者乎”的感慨。

第二节　谱系与血统的构建

一　谱系的建立

家谱乃宗族传承之载体，其最重要的部分就是世系图表。而作为宗族发展十分完备的徽州地区，尤为重视世系图表的编写。宋代以来，家谱世系的编写与欧阳修、苏洵有着密切的关系，他们所创立的谱系形式为历代修谱者所沿用，徽州地区作为具有悠久修谱历史的地区，亦不例外。具体说来，欧阳修创立的谱系形式的主要特点是“五世一提”“两图九世”，较为简洁得法，后人又多以为“五世一提乃五服之义，两图九世乃九族之义”，可以说又赋予其宗法上的意义，使其进一步被人们接受。欧阳修强调“断自可见之世，即为高祖下至五世玄孙，而别自为世。如此，世久子孙多，则官爵功行载于谱者不胜其繁，宜以远近亲疏为别，凡远者、疏者略之，近者亲者详之，此情之常也。玄孙既别自为世，则各详其亲，各系其所出，是详者不繁，而略者不遗也。凡诸房子孙，各纪其当纪者，使谱牒互见，亲疏有伦，宜视此例而审求之”②，为的是“断自可见之世”，以保证谱系的详略得当。而苏式谱系的主要特点是将直系所出的父、祖、曾祖、高祖都附有小传，且标以讳字，以突出所自出，并且在谱图中加入了直系人物小传，同时不拘以五世一图。自明代以降，徽州地区

① 曹诰：《休宁曹氏宗谱·李安序》，万历四十年（1612）刻本。

② 欧阳修：《欧阳文忠全集》外集卷第二十一《欧阳氏谱图序》，中华书局1989年版，第361页。

家谱的世系图表均是仿照欧苏谱法，在《安徽韩溪程氏梅山支谱·婺源柱国程氏支派谱序》中明确记载："谱系宗法，明王盛典，说者谓为管摄人心、厚风化之具固也。粤自封建不行，宗法并废，汉魏以门地用人，谱意仅存后世，唯欧苏二氏之谱名天下，天下之人多则之……今所谱亦欧例也，体制义例沿乎旧，而无所于改……"又如《绩溪周氏宗谱·凡例》中记载："统宗旧谱图世系此五世一提，准欧阳谱例，取五世亲尽之义，尽则复提大书小注，亦准列史年表及世系，今遵之……"可见自明代以来，徽州地区的谱系形式均取自欧阳修、苏洵二人所创立的谱系形式。

但是随着宗族社会的发展和家谱承载功能的变化，原本仅仅记载祖先姓氏、生卒、官爵的欧苏谱系越来越不适应徽州宗族社会的需求，基于此，徽州地区在欧苏谱法的基础上进行了创新，形成了比较成熟的形式。具体说来就是看是否以五世为标准，一种是以五世为标准，一种则不拘于五世，前者是对欧苏谱法的直接继承，而后一种则是对欧苏谱法的创新。随着宗族社会的发展，前一种谱系形式被沿用的不多，究其原因，以下论述较为清晰。有论者说："系图欧苏二公定式，自一世至五世为一图，又提五冠六至九世为二图，合成九族推衍多世，未免参差。兹以一世至五世为一图，六世至十世为二图，推之百世皆然……即欧苏之法而变通之也。"原来其弊端在于"合成九族推衍多世，未免参差"，易于造成不必要的错误。此外，绘支派世系图表时一般也要将统宗世系列出，从《绩溪北门张氏宗谱》可窥一斑。这样既体现了统宗之意，也突出了本宗，因此这种方法在修支谱时用得较多。

二　"始祖""始迁祖"与"显祖"的确立

人类社会区分血缘的一个重要标志便是姓氏，自从父系社会确立之后，姓氏便多按父系关系来继承，在传统中国社会尤其如此。正因为如此，姓氏便成为家族身份的一个重要表征。但中国姓氏源流多样，按早期传说而言："凡黄帝之子，二十五宗，其得姓者十四人，为十二姓：姬、酉、祁、己、滕、箴、任、荀、僖、姞、儇、依是也。"① 到汉武帝时，司马迁《史记》中又说："自黄帝至舜、禹，皆同姓而异其国号，以章明

① 《国语》卷十《晋语四》，参见韦昭注。

德。故黄帝为有熊，帝颛顼为高阳，帝喾为高辛，帝尧为陶唐，帝舜为有虞。帝禹为夏后而别氏，姓姒氏。契为商，姓子氏。弃为周，姓姬氏。”[①]此时的姓氏来源就日渐增多，尤其是在之后的历史中，少数民族与汉族的不断融合，使中国姓氏来源情况更加复杂，如北魏孝文帝就令鲜卑族改从汉姓，自己改姓元的同时，“始改拔拔氏为长孙氏，达奚氏为奚氏，乙旃氏为叔孙氏，丘穆陵氏为穆氏，步六孤氏为陆氏，贺赖氏为贺氏，独孤氏为刘氏，贺楼氏为楼氏，勿忸于氏为于氏，尉迟氏为尉氏；其余所改，不可胜纪”[②]。在这一背景之下，入宋以后所兴起的平民化家族在论及自身祖先时，多有阐述姓氏源流者，如欧阳修上推至越王勾践，苏洵上推至祝融氏等。这种叙述方式在明清时十分盛行，传统徽州宗族亦是如此，更是认为族人知道姓氏，方才能知道一本，“先王别生分类，立之姓氏，使人知本始之义，而行亲亲之道厚之至也”[③]。徽州宗族以此为指导，在建构祖先谱系时往往从辨别姓氏源流开始，称为原姓或姓原，“许氏得姓源流彰彰可考，撰原姓第一”。[④]

正是中国传统社会如此复杂的姓氏源流情形，按姓氏只能模糊确定明清宗族的范围，在这一点上，始祖与始迁祖则能够发挥更大的功效。在以宗法精神为组成依据的明清宗族，始祖并非简单的血缘祖先，在概念范畴上更多地继承西周宗法概念内涵中的始祖，“野人曰：‘父母何筭焉！’都邑之士，则知尊祢矣，大夫及学士则知尊祖矣，诸侯及其大祖，天子及其始祖之所自出。尊者尊统上，卑者尊统下。”[⑤] 显然此时始祖被认定为天子的直系祖先，唯有天子才可使用。东汉郑玄将始祖注释为，“大祖，始封之君。始祖者，感神灵而生，若稷、契也。”[⑥] 这一解释为始祖增添了

① 司马迁：《史记》卷一《五帝本纪》。

② 司马光撰，胡三省音注：《资治通鉴》卷一百四十《齐纪六》，中华书局 1956 年版，第 4393 页。

③ 程尚芳等：《新安休宁古城程氏宗谱·柳塘程氏续修本宗谱序》，隆庆四年（1570）刻本。

④ 许登瀛：《重修古歙东门许氏宗谱》卷一《原姓》，乾隆二年（1737）刻本。

⑤ 《仪礼·丧服》，见（东汉）郑康成注，（唐）陆德明音义，贾公彦疏，《仪礼注疏》卷十一《丧服第十一》，景印文渊阁《四库全书》第 102 册，台湾商务印书馆 2008 年版，第 379 页。

⑥ 《仪礼·丧服》，见（东汉）郑康成注，（唐）陆德明音义，贾公彦疏，《仪礼注疏》卷十一《丧服第十一》，景印文渊阁《四库全书》第 102 册，台湾商务印书馆 2008 年版，第 379 页。

血缘神话，开始将其符号化了。到明清时期，特别是清朝，在继承了宋代理学家们的宗法观念后，对别子为祖，进行了新阐述，始祖不再是天子所独占，范围变得更大，“近依程朱祭及高祖之义，以为宜推先世始迁，或初受封爵者为始祖”①。这样一来，始祖就变为先世始迁之祖或受封之祖，始祖的范围已然确定。在宗族组织日渐发展的明清两朝，宗族地域化成为趋势，伴随这一趋势，始迁祖在祖先谱系的地位逐渐上升。对于始迁祖的概念内涵，历代均较为确定，“握登见大虹，意感而生舜于姚墟……始迁于负夏”②，即谓最初迁居之祖为始迁祖。到明清时期，时人更为强调从宗法功能角度去论述始迁祖，强调始迁祖统系全族的功能，明初方孝孺有言，“为始迁祖之祠，以维系族人之心”③。清人张履所言则指出了始迁祖在当时的地位，“今令甲凡聚族而居者，得立始迁祖庙。民间谓之宗祠，是宗法人人可立”④。对于传统徽州宗族而言，这一时期宗族处于不断裂变过程中，始迁祖内涵更为扩大，当时徽人将宗族自身裂变后所产生的分支祖先也赋予名称，给予概念。这一点在程一枝所撰《程典》中有清晰的表述：

先宗者何？先我泰塘而宗，宗黄墩也，从都官世谱也。系自太守公始，始新安也。系以五世，宗五世也。宗五世，五世之宗也。

本宗者何？本我泰塘之宗也，从泰塘本谱也，系自军谋公始，始泰塘也。军谋公为先宗世三十四，为本宗世一者何，一泰塘也。

曷为同宗？同我泰塘之宗，宗临溪也。从率会谱也。临溪迁自黄墩，异其地不异其世者何？自新安以来，宗以百世，宗不迁，世亦不迁也。

宗曷为别？由我泰塘而别，从黄村支谱也。别为宗，不别为世，

① 杨名时：《家庙记》，见《皇朝经世文编》卷六十六，载《魏源全集》第16册，岳麓书社2005年版，第605页。

② 李昉等编：《太平御览》卷八十一《皇王部六》，中华书局1960年影印版，第376页。

③ 方孝孺：《逊志斋集》卷一《宗仪·睦族》，影印文渊阁《四库全书》第1235册，台湾商务印书馆2008年版，第73页。

④ 张履：《与沈子敦论宗子不必有爵书》，见《皇朝经世文续编》卷六十六，载沈云龙主编《近代中国史料丛刊》第85辑，台湾文海出版社1966年版，第622页。

何彼属之我也，名别而实不别也。[①]

程一枝所论实际上提出了先宗、本宗、同宗和别宗四个概念，四者皆为徽州程氏宗族内部宗支。实际上前两者分别宗徽州程氏始迁祖与程一枝所在泰塘程氏始迁祖，后两者则为泰塘一脉，同宗为由徽州程氏始迁祖所在地黄墩迁出至临溪一支，而别宗为由泰塘迁至黄村一支。按照这些始迁祖与本支之间的关系，将其分别冠以“始新安”“本宗世一者”“异其地不异其世者”“别为宗，不别为世”的四个概念。同时，传统徽州宗族对本支先祖中显贵士大夫的强调已成常态，派生出显祖这一新形式，明人戴机即提出“其精神命脉上自封受始祖以及迁移各处显祖烈宗，迄今子子孙孙若干年代皆烂然在目者，斯人也而有斯举也”[②]。显然显祖与后裔已不单纯是血脉相连，还是后世族人的精神始祖。同时显祖的内涵则是族内“有功有烈”[③] 之人。

家谱中世系的建立需要确立“始祖”“始迁祖”和“显祖”等地位特殊的祖先角色。他们是谱系的一部分，同时也是谱系的关键部分，始祖的记载是得姓之始，始迁祖的确立关系到本宗族是哪一分支，这对于明清以降小宗族社会来说非常重要，显祖的确立关系到宗族的门楣和在整个地方社会中的地位。对于各姓得姓之由来，郑樵在《通志》二十略之《氏族略》中，即把得姓之由分为以国为氏、以郡国为氏、以邑为氏等等。在处理始祖的问题上，士绅大多保留传统典籍的说法，以汪氏为例，“吾族肇迹于周，分封于鲁”[④]，在汪氏家谱中，记有《周本纪》《鲁世家》以载得姓之始。

休宁曹氏：

吾宗肇自曹叔，著于汉唐史，世家可考也。沿及唐季，尚贤公始自青州迁休，是为新都曹氏鼻祖。时丁兵革之余，记集失次，逮汝弼

① 程一枝：《程典》卷首《叙例》，万历二十七年（1599）刊本。

② 戴国忠：《礼村戴氏统宗谱》卷首《为修谱跋》，光绪三十四年（1908），刻本。

③ 戴尧天：《休宁戴氏族谱》卷首，崇祯五年（1632）刻本。

④ 汪纯粹：《弘村汪氏家谱》卷首，乾隆十三年（1748）本。

公起，大以文学名家，厥后科第蝉联，门户遂雄海内。[①]

祁门郑氏：

余族之源出于姬姓，周厉王少子友封于郑，是为桓公，其后康公失国，公子鲁因以国为姓，则自三代以来其为名世也，远矣。至唐有赠尚书讳选者，由歙官塘迁祁营前，越再世而镇国大司徒传公生焉，司徒第四子都知兵马使、银青光禄大夫、检校工部尚书讳延光，仍居营前。历宋元明以迄国朝，源远流长，派别支分，几遍天下。[②]

婺源查氏：

我族自始祖希音公肇造以来，世有令德，传至十三世祖览辉公，遂大昌，厥后源渊流长，枝繁叶茂，世为婺源望族。而迁于他乡者，如浙之海昌、京之津门，人文聿起，名儒硕望为海内宗，其他人丁发越者，书不胜书。[③]

徽州程氏：

惟我程氏自周大司马休父佐宣王中兴，封程伯，子孙因以国氏，望安定。其后国除，有适晋者曰婴，立赵孤，封忠诚君，再望广平。忠诚之后，在汉初起赵将从灭秦者曰历简侯黑，传其子孝侯厘，再世失爵。历侯之后，在汉末从孙氏定江东、破曹操，赐第建业者，曰都亭侯普，子咨袭封，至晋初失爵。都亭侯之后曰元谭，当永嘉之乱，佐琅琊王起建业，为新安太守，有惠政为民所请留，赐第郡篁墩，家焉。太守之后，曰梁将军忠壮公灵洗，当侯景之乱起兵保乡州，受封重安县公，子文季、孙向，世其爵，而文季死节于周，是为重安威悼公。胤嗣蕃昌，世族弥著，乃更望新安。……

① 曹诰等：《休宁曹氏统宗谱·休宁曹氏统宗谱序》，万历四十年（1612）本。

② 郑道选：《锦营郑氏宗谱·峡城郑氏重修宗谱序》，道光元年（1821）刻本。

③ 查荫元：《婺源查氏族谱》，光绪十八年（1892）刻本。

惟先世有大功以得姓于其始，有大忠以保姓于其间，有大惠烈于乡邦以著姓于今日。①

徽州的士绅作为家谱编修团体，对于宗族本身族源的认识是非常清晰的，从古至今，历历数来。在这些对于祖先的叙述中，始祖、始迁祖、显祖是着重突出的对象。

第三节　利用家谱维持血统的纯洁性

一　利用修谱过程维持自身血统

从徽州家谱编修的演变过程来看，明代中后期，徽州家谱的编纂方式上就已然形成了一套较为固定的流程。其中，宗族宗支迁徙与繁衍的具体考察是其中必不可少的一个环节。在这个环节过程中，编修者需要将不属于自身宗族血缘的人群排除在家谱之外。这种具体考察流程体现在很多宗族家谱中，以绩溪东关冯氏为例：

议各分无夫之妇，负义他适，及异姓乱宗之子、身家不清之派，该派亲房不得受贿收入。至一切乱伦犯分，有关名教，以及侵蚀祠产等事务，须赴局报明查正，该派亲房不得朦隐庇护。倘有此情，即行鸣族议罚。但各等情事，若非有确凭实据，亦不得挟嫌混报。

议各分有住传旁支，该派亲房务要细心查考名某、字某、号某，系何功名，生于某年某月某日，殁于某年某月某日，葬某处，配某氏，生几子某名；有继配者，配某氏，生几子某名；有侧室者，侧室某氏，生几子某名。但有可稽考，总须一一开明，免致遗漏。其有产未嗣者，亲房务为立继，业归继子承执；或无近房可继，远房亦可。该亲房不得觊觎产业，致绝祀事。如果系无可继者，亦须将该产设法妥为亡人安顿，该亲房不得据为己产。②

① 程敏政：《篁墩文集》卷二十三《新安程氏统宗世谱序》。

② 冯景坊：《绩溪东关冯氏家谱》卷末中《杂志·乙未东关冯氏修谱启》，光绪二十三年（1897）刻本。

从冯氏的情况来看，宗族主要的关心者有两点，一是他族冒伪，特别是修谱者直言会有宗支血缘观念淡薄，导致出现“异姓乱宗”的情况。二是宗族内部继承问题，冯氏认为应以宗族内部为先，以防异姓继承情况的出现。这种异姓继承情况实际上就会对宗族血缘纯洁性造成影响。这一点在明代徽州陈氏家谱中表述得十分清楚：“吾族中有无嗣者，即凭尊长处商议，有子应继者，毋得抱养他姓之子，侵其祖产，以乱宗枝。及招赘女婿，必另择基址，不许紊乱我家。”[①]“以乱宗枝”与“紊乱我家”显然是徽州宗族对这一问题所共有的认识。事实上这种调查有着明显的效果，清代徽州士绅徐禋的调查就达到了纯洁本族血缘的目的：

一、歙东和村有二徐，其一不知来历，其一为歙州总管进公之后。

一、歙东桂林对河方村徐族系摛公之后，另有一支祖宋晞稷公。

一、歙东有西坡徐氏，不知来历。

一、歙西古城关徐氏有家庙，自淳安蜀口分支，宋福衍公开族。

一、歙西凌村塝徐氏有刻谱，系开化县南墩派，另有一徐非同族。

一、歙西唐美村徐氏有刻谱抄本，系丹阳派宋徽言公之后。

一、歙西岩镇对河徐氏乃江西派。

一、歙南杞子里徐氏不知来历，家藏有傅溪族金字谱并古遗像。

一、歙南古巷口、丰隆岭徐氏共一支，俱莫考其由来。

一、歙南结林徐氏有写谱，工整尚实，由婺源分支，先世于明洪武时官府经历，居此。

一、歙南隐里族石桥上另有三徐，其一徐人众，向有徐皮江骨之谣，曾买方村所领南陵统宗谱一本，又一徐非上户，惟村头靠山二家系韶铿族迁此。

一、歙南车子坑，又名查落坑，有徐氏不知来历。私买有徐村旧刻谱二部，认皇呈族道傍里一派，曾有夏川族人来引进。

一、歙南佘源徐氏大抵皆异派。

一、休宁北城东市石羊干及南乡博村徐氏共一支，非我同派。昔

① 胡延瑞：《陈氏宗谱》卷一《家法三十三条·家谱定规》，清同治十二年（1873）刻本。

城西曾有冒西门道公裔，与石羊干等族联宗者。尝观其写谱。

一、休宁有黄泥突徐，有渭桥箬笠山徐，有汪家岭徐、大佛阁徐，俱不知来历。

一、休宁北门外，老柏墩徐氏，系江西派。

一、休宁西乡谒岭下温坑山墓边各徐，俱非我族。

一、休宁西乡中村徐氏又名洽里，有抄传溪金字族谱，讹错甚多，且不成字，其旧祀簿以宜公为一世祖。正谱未载，莫辨真伪。

一、祁门花桥徐氏，族大丁繁，非我同派。

一、祁门东北城俱有徐氏，昔年颇多显达，非我同派。

一、祁门华里徐氏，昔年亦有显者，非我同派。

一、祁门东城外另有徐氏，入武庠一人，乃江西派。

一、祁门城东十五里长州徐氏，始祖严州将士曰明公之后。

一、黟县东皋有蒨村徐氏，久无来历，前曾冒大塘族，又冒西南门族，俱不遂。

一、黟县田背徐、枫树干徐，俱非我同派。

一、淳安县梓桐源口，地名西湖岭，有徐氏数家，本歙东和村支，昔居皇呈族之下汪村，私买有徐村明嘉靖时写谱底一本，自加友师名，来认皇呈族新屋底派者。

外，歙南溪、东坝里、尖山下三徐，与汉洞徐共一派，而汉洞徐今尤式微。予尝往访前三徐，阅其祀簿，无远代祖第，其地近徐潭，未必定是异派，然今此已无从稽，后此更将安访？禋识。①

事实上，徽州宗族在编修自身家谱的过程往往都伴随有血缘纯洁的行为，将这些行为的结果载入家谱，自然能够从源头上为宗族提供一个较为可靠的血缘谱系证明。还应看到，仅凭这种证明并不代表着宗族的血缘就得到了很好的保障，还需要其他方式来进行配合。

二　利用谱图内容维持自身血统

家谱作为宗族记忆的载体，承担着维系宗族血缘纯洁的任务，为实现这一目标，首先就是保持谱图的正确性，这就需要明确谱图编修的原则与

① 徐禋等：《新安徐氏宗谱》卷一《新安徐氏异派别纪》，乾隆三年（1738）刻本。

方法。对于这种原则与方法，在徽州家谱凡例中有着直接表述，首先就是明晰祖先的存在及各支派间的关系，为维护血统的纯正奠定基础，其中的典型就有歙县方氏：

> 吾宗谱牒，自西晋以来，代多作者，锡奕弘衍，至宋而派别支分，各自为谱，统宗会元之法不举，故自储公以下，未尝统辑成编。兹特广集诸宗，比类而合，自受姓至雄公百十一世，旧谱图系昭然。今以五世为图，名曰《原始世系》，编为一卷，溯所自出也。
>
> 旧谱悉以紘公过江东为一世，今谱名曰《真应庙会宗》，故始储公称一世，至各派始迁祖，曰《统宗世系》，为一卷。自各派始迁祖至分门分支各有祖，详继别之法，为十二卷，曰《分派世系》，俱五世一图，图自一世至第五世止，复以第五世为后图之始，蝉联而下，累如贯珠。间有世系阙失讹误者，文献有征，必详考其实，期无疑议，辨明更正；无从征实者，于正误之后，附以存疑。其支派繁衍，一图难尽者，于五世之内，一分再分，列为数图，而提纲亦不嫌重复。①

在歙县方氏族内士绅看来，自身的始祖谱系十分重要，是明确自身血统由来的直接证明，对此婺源游氏宗族内部士绅十洲公有着清晰的表述，兹录如下：

> 十洲公云："四公靖作《青州世谱》，始自得姓，以至当世，可谓详备，夫岂虚捏假缀而为之哉？盖往自青州，得自青州之家牒也。《蓝玉谱》置而弗录，自后相因，皆以侍御为始祖。蓝玉固本李空峒之谱，不知空峒谱上止三世，则以流离迁徙、谱牒无征，不得不然。若夫统绪相承，源流可证，而故抹杀，以为当世大家之谱例如是，吾恐仁人孝子之心当不若是恝也。"②

正是在他的影响下，后世游氏修谱时就十分重视自身的祖先谱系，并

① 方善祖：《方氏柳山真应庙会宗统谱》卷一《凡例》，乾隆十八年（1753）刻本。

② 游永等：《济溪游氏宗谱》卷首《凡例》，乾隆三十三年（1768）刻本。

一改之前编修行为，将删去的《青州世谱》再次纳入家谱，“今于《得姓本始图》后，照十洲公议，增《青州世谱图》十一；《得姓本始图》内，照《左传》增襄公与士子孔”①。事实上，游氏行为本身就已证明，其族包括始祖在内的早期谱系实际上并不可考，缺少证据，但诚如其族十洲公所言，“吾恐仁人孝子之心当不若是恝也”，无法为保障血缘纯洁提供有效的支撑。在维持祖先谱系记忆之后，士绅还会直接利用谱图应载内容来维护自身血缘，这一点在明清多个家谱中都有所反映，试举数例如下：

无嗣而立后者，在生自立，则书“以某之子某为后”，示当立也；曰“以侄孙某、曾侄孙某为后”，示不当立也。既卒而应继者自继之，则书“某人之子某继之”，示当继也；以异姓之子为后，则书曰“纳某氏某为后”，讥其乱宗系也。一、为人之后者，先书其名于所生父母之下，复书其名于所继父母之下，而以年岁注之。继之而实承其祀者，则书“为某人之后”；名继而实不承其祀者，则书“继子某”；出为异姓之子者，则书“为某氏后”，而削其世系。②

继子，同宗相应者，小传内所生父下，书曰“过继某人”，所后父下，书曰“以某之第几子某继”，其继子名下，则书“继某为子，本某之第几子”。旧谱弟继兄者，今改于所生父下，明昭穆也。继异姓者，书曰“出继某姓”，支派不续。异姓来继者，旧谱书“螟他姓子”，今从之。③

谱图之列，所以明世次、别亲疏也。旧谱六世为图，旁无小传，则小宗失序，行实无稽。今定五世为一图，放欧谱例，下注小传；放《史记·年表》《唐书·世系表》例，旁注世次，所以明继先也。朱注迁居，朱书派名，所以谨自出也。④

继绍之条，谱例甚严。其于异姓者，阴刻“养觅”字样，不使紊乱。必于五世起图，凡属养觅支下，加印“养觅”，开卷了然。但观旧谱图系，有以本支继养支者，即加“养觅”字样，是本支人于

① 游永等：《济溪游氏宗谱》卷首《凡例》，乾隆三十三年（1768）刻本。

② 毕蕙等：《新安毕氏族谱》卷首《凡例》，正德四年（1509）本。

③ 罗汝声：《罗氏宗谱》卷首《凡例》，正德元年（1506）本。

④ 张昶：《新安岭南张氏会通宗谱》卷首《凡例》，嘉靖十二年（1533）重修刊本。

养支。有以养支继本支者，即讳“养觅”字，是养支出为本支，终剔别不清。兹议“养觅”从根注明起图，概不复注，权变以寓忠厚，非擅改旧章也。①

谱之患，多有插派之弊，不可不革，今以十府君分为十集，各五世一穿甲，前后贯串，使非族者不得摈附于内以紊宗支。②

从上述这些规定来看，徽州士绅往往会直接利用谱系所记载的相关信息来维持自身宗族血缘的纯洁。事实上，明清徽州存在不少的异姓继承情形③，也可以说正是在这种社会现实下，徽州士绅才会使用这种直接手段来维护自身血缘。

三　利用家规内容维持自身血统

除了上述两种方式外，徽州士绅往往还会在家规上下功夫，他们通过家规对一些破坏血缘纯洁的行为进行惩罚，从而树立了宗族内部血缘的权威特性。特别是宗族长期在家规中对这一问题的强调，使家谱中的血缘能够得到长期有效的维持。这种家规在明清徽州家谱中屡见不鲜，对于这种血统维持的必要，范涞在其所修族谱中有着清晰的表述：

族类当辨：类族辨物，圣贤不废。世以门第相高，间有非族认为族者，或同姓而杂居一里，或自外邑移居本村，或继同姓子为嗣，其类匪一。然姓虽同而祠不同入，墓不同祭，是非难淆，疑似当别。倘称谓亦从叔侄、兄弟，后世若之何？此谱中所以严为之防，非得已也。神不歆则非类，处己处人之道，当如是也。④

在范涞看来，血统一旦混乱，则会对宗族造成两个巨大的破坏，一是对宗族内部礼制及等级制度造成冲击，二是对宗族祖先祭祀有所颠覆。正是在这种认识下，徽州士绅往往会利用家规家法来对血统进行维持，首先

① 张琴等：《甲道张氏宗谱》卷一《凡例》，清光绪二十四年（1898）木活字本。

② 王文进：《武口王氏统宗世谱·凡例》，乾隆四十五年（1780）刻本。

③ 参见栾成显《明清徽州宗族的异姓承继》，《历史研究》2005年第3期。

④ 范涞：《休宁范氏族谱，谱祠·林塘宗规》，万历二十一年（1593）刻本。

是对于宗族乏嗣者的继承情况进行明确的规定，如：

> 凡派下子孙，有不幸无后者，必须于亲房中以序继立一人为后，亲房无有，然后求诸远房。若亲房子不愿为之后，而为之求诸远房者，听。若亲房子以序当为之后，而贪图远房家产，弃此继彼者，不许入祠。
>
> 凡序继，长房无后，必以次房之长子继；次房无后，必以长房之次子继；长房无次子，然后以次求之三、四房。有不以序者，毋许入祠。
>
> 凡派下子孙，有嫡长房不幸无后者，虽无家产，其亲房务必为之立后。若嫡长房无后，而次房只一子者，准其一子双承。若次房无后，而嫡长房只一子，或三、四房只一子者，准其于远房择继，不准双承。①

这种规定继嗣顺序的情况并非个案，明万历年间歙县岩镇程氏同样也有相关规定："议不孝有三，无后为大。族人有不幸无子者，思欲继祀，务请族长、房长取名分相当之人，或依世次，或择贤能，立之为后，以承宗祀。不可以弟为子，以侄为叔，紊我天伦；亦不可收养异姓，混我宗枝。如不得已而有外戚来继者，明注其人之下，俾异世子孙各有所考，而本宗不为所乱也。"② 有些宗族还会干涉对于族内部分宗支乏嗣者的具体继承，并采用合族公议的方式来保证规定付诸实现：

> 凡派中有乏嗣，本房有丁应继不肯继者，大众理论。抑有外房谋继，而蔑视亲房者，显系谋继，大众理论，不准……凡各派中有乏嗣者，本族九服之内无可继者，惟以统宗各派择继，房族无阻……凡族内有忠孝节义及有功劬劳于祖宗者，乏嗣，本派理应代为立嗣。族内无可承继，惟以统宗承继。实系赤贫苦寒，本族祔祀配享，以妥先灵。③

① 胡祥木等：《上川明经胡氏宗谱》下卷之中《规训》，宣统三年（1911）刻本。

② 程弘宾：《歙西岩镇百忍程氏本宗信谱》卷十一《族约篇第九》，万历十七年（1589）本。

③ 《新安朱氏宗祠记·新安朱氏统宗祠规家法》，光绪年间刻本。

从上述所言来看，除了继承顺序外，宗族关心的另一个重要议题就是女性社会关系者是否有继承资格，岩镇程氏的相关规定较为宽松，事实上，更多宗族选择严禁甥继舅家、侄继姑家这类情况的出现。

凡有甥继舅家、侄继姑家者，本人及子孙永远不许入祠……凡有甥继嫡脉舅家，十三派众议，不准入祠。①

妄行过继：过继之事，国家已有成例。爱继、应继，例之所准也。异姓过继，例之所禁也。本祠许、余一家，继之正理也。我祠向不准外甥继舅氏。近有无知妇女，欲图继立外甥，妄援上世，藉口不知上世文福公之祀余，与近世他姓之继舅者异。近世是合杂姓为一姓，我祠是分一姓为两姓，并无异姓人祠乱宗。②

绩溪许氏对于自身宗族血统的严格保护还体现在规定了自身宗族可以接纳的继承人范围："惟水村与本祠最亲，世数明白，如昭穆相当，年齿相符，准其过继。必议拟其人于宗祠，功劳如何，不准滥继。"③ 宗族同时还会将这些详细规定与不准入祠等惩罚手段结合起来，更有效力：

异姓继子，原以承续宗祧，然亦不得紊乱本支。凡承继者，其子孙神主俱入左侧龛座安奉，更须注明"由某姓人继"字样。如随母再醮来者，嗣续永远不得入祠。④

非其后者，祖宗不享。凡异姓承祀之子孙，概不得入祠乱宗。如敢混进，察出严逐，并罚其同来之人。⑤

综上所述，从整体上说，徽州士绅以家谱为核心，通过多种方式维护自身宗族血统的纯洁，在宗族血缘制度设计上已达到相当水准。有效利用这些方法，士绅是能够实现维护自身宗族血统目的的。

---

① 《新安朱氏宗祠记·新安朱氏统宗祠规家法》，光绪年间刻本。

② 许文源：《绩溪县南关许氏惇叙堂宗谱》卷十《宗祠规约》，光绪十五年（1889）刻本。

③ 许文源：《绩溪县南关许氏惇叙堂宗谱》卷十《宗祠规约》，光绪十五年（1889）刻本。

④ 程豫：《新安大程村程氏支谱》卷下《文献附录》，乾隆四年（1739）刻本。

⑤ 《新安徐氏墓祠规·墓祠条约》，乾隆九年（1744）刻本。

下篇

以家谱为中心构建的社会认同

对于明清时期徽州士绅通过族谱所构建的绅权，其内涵已在前文有所论述，这种绅权并非成文的，也与国家政权权力形式不同，它是以家谱为平台，通过获得官府、宗族和社会的认可最终形成其权力基础。由此可观之，士绅所首先占有的应是家谱编修的权力，即占据阐述宗族历史及现在的话语体系。从家谱编纂的历史脉络来看，最初仅是以表的形式表示家族蕃衍的世系，内容较为简略，现一般将《世本》追为家谱的源头。之后在汉代又有《帝王年谱》《邓氏官谱》等文本，到魏晋南北朝之世，家谱修纂大为兴盛，典型的有，“挚虞作《族姓昭穆记》十卷，齐、梁之间，其书转广”①，到唐末方才衰落。在这数百年的时间里，家谱编修仅仅局限于士族群体之中，其纂修也为官府所垄断。自宋之后，家谱编修再次兴起，尤其是欧阳修、苏洵定下家谱编修体例之后，社会上普通家族亦开始编修自身家谱，呈现出私修家谱之势。清代著名史学家邵晋涵对此有着清晰的论断，“五代以后，谱系散失，于是士大夫之述家谱者，或推始迁之祖，或述五世之宗，守近而不能溯远，仅以叙同居之昭穆，而于受姓别族之源流，多未暇及，谱学之失传，所从来远矣。……自奠系牒之官废，而后有专门之学，专门之学衰，而后有私家之谱，自古迄今，凡三变焉。”②特别是明嘉靖礼仪改革之后，私家修谱呈现出普及繁荣之势，所载内容也不仅仅局限于家族内部人物生平，而是扩展为记录家族生产生活活动的文本。家谱的功能也逐渐由“附之于史”或“补史传所未备”③ 蜕变成为“敬宗收族”，成为实践理学思想、控制家族组织的工具之一，这种特点在徽州家谱中表现得尤为明显。明清时期徽州士绅群体自觉以编修家谱为手段，尝试构建出的稳定族内、族外秩序，意图将宗族凝结成以血缘为基础的共同体。士绅通过建立族人评价体系和扩展家谱记载的内容等方式，为明清时期徽州宗族注入了稳定的文化认同机制。④ 这种文化认同逐渐扩展至整个徽州社会，以致形成赵吉士所言：“新安各姓，聚族而居，绝无一杂姓掺入者，其风最为近古。出入齿让，姓各有宗祠统之，岁时伏腊，

---

① 魏征：《隋书·经籍志》。

② 《南江文钞》卷六《议余姚史氏宗谱序》，见《清代诗文集汇编》第405册。

③ 魏征：《隋书·经籍志》。

④ 这里是按照“以基本价值观念为内容的文化认同机制假说”所来的，详见邓治文《论文化认同的机制与取向》，《长沙理工大学学报》（社会科学版）2005年第2期。

一姓村中千丁皆集，祭用文公家礼，彬彬合度。父老尝谓新安有数种风俗，胜于他邑：千年之冢，不动一抔；千丁之族，未尝散处；千载之谱系，丝毫不紊。”① 清人所形成的这种文化意象正是士绅通过家谱所构建的文化认同在社会上的直接体现。这种认同性并非在家谱编修完成之时就已形成，更多的是在官方认可的基础上，由族内认同逐渐扩展开至社会认同。由此，徽州士绅通过家谱所构建的自身绅权才成为徽州地方社会权力体系的重要组成部分。

① 赵吉士辑撰，周晓光、刘道胜点校：《寄园寄所寄》卷十一《泛叶寄·故老杂纪》，黄山书社 2008 年版，第 872 页。

第七章　士绅所修家谱的族内认同

明清时期，徽州宗族内部对于士绅所修成的家谱表现出明显的认同。对于绅权本身来说，其对象是宗族内部的广大族众，士绅通过家谱所构建的权力体系必须获得他们的认同，才能最终达到目标。首先需要获得宗族内部文人个体对于家谱的认同，其次是获得宗族内部普通族人对于家谱所展现出的绅权认同。前者通过宗族内部其他文人①所撰写的谱序展现出来，后者的表现形式则更为多样。这种认同的实现由两个部分组成，一是族众认可士绅在家谱中所表达的血缘秩序，即血缘的源流和血缘的等级，这些都是对于血缘秩序基本组成部分的认可。二是对于士绅的权力结构的认同，例如由士绅占据族长位置、拥有祭祀权力等方面的认同。前者是士绅利用家谱编修的契机所构建，后由族众所认可，其权力的表达方式较为隐蔽；后者则是士绅通过构建家训、家规等文字，直接表达出来，甚至具备一定的强制性。

第一节　对血缘秩序的族内认同

对于明清时期徽州士绅通过族谱所构建的宗族血缘秩序，包括两个方面，一个是血缘的源流，另一个是血缘的等级。前者是为确定族人的范围，实际上亦即是规划出绅权的行使范围；后者则是士绅通过阐述大宗小宗来确定族内昭穆秩序，为实践以尊卑为核心的礼法权力结构奠定基础。

---

① 在明清徽州地方社会中，读书人的数量相当可观，特别是以生员群体为核心的低级别文人，不在少数。他们在广义上属于徽州宗族内部士绅，但就经济层次与社会影响力而言，他们又与族内士绅有所不同。士绅欲通过家谱构建自身权力，首先就需要获得族内文人群体的认同，而族内文人与士绅之间的联系，使族内文人往往会直接支持士绅所构建的绅权。这一点在明清时期士绅修纂统宗谱时表现得尤为明显。

一　血缘源流的族内认同

明清时期徽州宗族裂变、迁徙不定，宗支之间空间与心理距离都在不断拉大，在这种情况下，以“敬宗收族”为主要目的的士绅修谱活动，要在族众心理上建构出对宗族血缘源流的认同。这种认同首先表现在后代修谱时，对于前代所定血缘源流的沿袭，如明休宁程氏，其谱有言，“古城房谱……世次详明，自足为本宗信史。故今之续，一以本宗旧谱为据”①。又如清婺源双杉王氏，由明至清，皆尊王仲舒为徽州始迁祖，王瑜为婺源始迁祖②。这种情况在徽州家谱中的表现是普遍性的。其中最为典型的即是朱熹所在的徽州朱氏宗族。一般认为朱熹撰修了其族家谱即《婺源茶院朱氏世谱》，同时还撰写了《婺源茶院朱氏世谱后序》。在这篇序中，朱熹详细构建了自身家族的谱系：

> 喜（此为《文献志》误，其他收录中均为熹——引者）闻之，先君子太史吏部府君曰：“吾家世居歙州歙县之黄墩（旧谱云长春乡呈坎人，此为原文注释——引者）。相传望出吴郡，秋祭率用鱼鳖。”旧谱云有讳介者，世数不可考矣。又按奉使公《聘游集》目（自）云：“系出金陵，盖唐孝友先之后。”考之唐书孝友先生讳仁轨，自为丹阳朱氏而居亳州永城，以孝义世被旌赏，一门阀阅相望，而非吴郡之族。奉使公作先吏部诗又云：“迢迢建业水，高台下凤凰，鼻祖有故庐，于今草树荒。”不右何所指也。唐天祐中陶雅为歙州刺史，初克婺源，乃命吾祖领兵三千戍之，是为制置茶院府君，卒葬连同，子孙因家焉。生三子仕南唐补常侍丞之号。今族谱亦不见。其后亦有散居他郡者。熹按今连同别有朱氏，旧不通谱，近年乃有自言为茶院昆弟之后者，犹有南唐补牒，亦当时镇戍将校也，盖其是非不可考矣。先吏部于茶院为八世孙，宣和中始官建之政和，而葬承事府君于其邑，遂为建人。于今六十年，而熹报孙焉，则居闽五世矣。淳熙丙申熹还故里，将展连同之墓，则与方夫人、十五公、冯夫人之墓皆已失之。因亟询访得连同兆域所在，乃率族人言于有司，而后得之。其

① 程尚芳等：《古城程氏宗谱》卷一《凡例》，隆庆四年（1570）刻本。

② 王启魁等：《双杉王氏宗谱》卷一《凡例》，光绪十九年（1893）本。

文据藏于家，副在族第，然而三墓者则遂不可复可见。癸卯五月辛卯，因阅旧谱，感世次之易远，骨肉之易疏，而坟墓之不易保也，乃更为序次，定为婺源茶院朱氏世谱，而并书其后如此。仍录一通以示族人。十一世以下来者未艾，徽、建二族，自今每岁当以新收名数更相告语而附益之，庶千里之外，而书如一传之永远，有以不忘宗族之谊。至于芦村府君，其墓益远，居故里者，尤当以时相率展省，更力求访三墓所在而表识之，以塞子孙之责。而熹之曾大王父王桥府君无他子，其墓在故里者，恃其薄田于其下，得以奉守不废，当质诸有司，以为祭田，使后之子孙虽贫无得鬻云。九世孙宣教郎直徽猷阁主管台州崇道观熹序。①

朱熹所构建的这种谱系情形被后世朱氏所修家谱所直接继承，如在《紫阳堂朱氏宗谱》《屏山朱氏重修宗谱》《新安月潭朱氏族谱》《义成朱氏宗谱》等谱中，直接将此序辑入，在《朱氏正宗谱》《桐川朱氏家谱》等谱中则是将此序中的谱系以谱图的方式记载下来。这种谱系的扩散表现出朱氏宗族内部，特别是后来的族人，对于之前士绅所阐述血缘情况的认同。在明代古城程氏中，以邑庠生程鸣和、程梦龙、程希道为代表的族内文人通过谱序展现出了相同的认同，三篇谱序从不同时期、不同支派角度，表达了对古城程氏统宗修谱的认同感。分录其全文如下：

富郎程氏支谱序

我程氏之在新安，千流万派蔓衍六邑。然皆宗忠壮、祖太守，联疏而为亲，合异而为同。具于谱牒，昭如也。吾休富郎之程其一焉，宋至和间处士曰宗成者，唐兵马先锋仲节之六世孙也。由古城迁居富郎，自是虽有迁东门者，而富郎则其桑梓也。历今五百余年，云仍三百余指，其坟墓之联属，佥业之悠久，则有以征，数百年之人家矣。嘉靖壬寅宗彦汝和慨聚居既久，生育日多，而支系不修，恐无以彰先德，以贻后人。于是遵古城京学生之房谱，而摘续之，自宗成以下至于今日，则详其事状。自宗成以上，至于先锋，则谨其世次，列太守

① 朱熹：《婺源茶院朱氏世谱后序》，载程敏政《新安文献志》卷十八，景印文渊阁四库全书，台湾商务印书馆 2008 年版，第 1375 册，第 253—254 页。

忠壮之图，而及其迁徙总目者，笃于宗也。不尽其子孙名字，惧其烦也。严婚姻之辨，以重伦也。记厝葬之冢，以全归也。春正始事，越七月而告完，爰执是编，远来问序于予。予乃为之言曰：汝和之作，岂必夸门地，耀仪文以求逞于乡邻而已哉。实以奠世系序，昭穆以垂不朽焉耳。为汝和之族者，当知太守之显于晋；忠庄公之显于梁；都使先锋之显于唐；又当知始迁于新安者，太守也；始迁于古城者，先锋也；始迁于富郎者，宗成也。敦其本，以达其枝；浚其源，以大其流。居家则独善其身，居外则兼善于人。使人称之曰：某人者，某人之后也，其不忝祖宗之业如此也。又称之曰：某人者，某人之后也，其益光祖宗之业如此也。则监于成宪，其永无愆矣。若徒念尔祖，而不能聿修其德，徒率旧章，而不能振扬其风，则固非继往开来之志，而亦岂故家之遗俗也耶。

嘉靖壬寅（1542）中元日宗人邑庠生斗岳鸣和拜书

古城程氏重修宗谱序

我程氏肇自重黎开国，得姓实始于周大司马休父。历世虽远，源清流长，支分派别，昭穆序、世次明，井然不紊。视他姓为独殊者，果安在哉？良由得姓之初有所统，且历世谱牒之修明，能守骠骑祖不修谱之戒故也。隆庆己巳（1569）冬，宗兄渐溪希道，述其与古城宗丈鉴泉棠古峰旺古松尚芳，阳村宗丈中石惟时修本支谱，据宋文清公，《古城宗祖墓志》，派宗古城，由仲节公始迁居，而后散徙焉。夫仲节，乃我都使澐祖次子也，异派同源，因索予序。予历观先达叙谱，都官祁公则自晋而上，以至重黎，世次名讳至详且备，其用心勤矣，议者或谓其泛而失实。文简，大昌公叙谱，谓会里去黄墩不满一舍，惟信其世系出自黄墩，云忠壮之裔者，初无的证，不敢主信，且验之以居址，访之以人言，其宅心慎矣，议者或谓其拘而不广。都官博物恰闻，直欲自宋遡之重黎；文简近里著已，自五世祖以上，辄不敢书，即是深究二公之用心，修谱之法可稽矣。真知为我祖，虽远宗之。何谓泛心？苟有所疑，近谱五世亦为安。今观古城重修谱，由流而究源也，精以详；自本而达枝也，征而信。尊始迁之祖，联可会之族，盖勤焉而不失之泛，慎焉而不失之拘。水木本源之思，尊祖睦族之意，蔼然洋溢书法间，诚无愧仁孝之用心。涵濡于都官文简之教，而有得焉者，仁昭义立，宗法不紊，而宗谊攸敦，其于我骠骑之训，不益有光耶。诸君成是盛举，固予所深嘉，而中石渐溪俱与予同庠谊，弗容辞，辄述意见如此，若辉耀厥族，则有槐塘宗人午槐公之序在。

皇明隆庆四年（1570）庚午岁次立秋日之吉

邑庠生汉川宗人震岳梦龙撰

古城程氏重修宗谱序

我程氏之有谱，其来尚矣。远自一姓而言之，在北有北谱，在南有南谱，在徽有徽谱；唐有淘公谱，宋有祁公谱，元有孟公谱，明有学士谱，皆所以浚其源者也。近自吾仲节公支而言之，在古城有古城谱，迁柳塘有柳塘谱，迁鬲山有鬲山谱，迁阳村有阳村谱，若我祖德深公之迁双塘则有双塘谱，其余若毕原、若蓼山、若歙之公山、若安庆之太湖、潜山诸派，亦莫不各有谱焉，是皆所以导其流者也。弗浚其源，则后之者无所稽；弗导其流，则前之者无所考。世系之弗明，亲疏之弗辨，则伦理何由而笃，风俗何由而淳乎？此谱学所以最切于民生，而为士君子所当用心者也。希道自结发为儒，盖已有志于此矣。然以系名芹泮拘业芸编，朝夕孜孜，未克酬志。嘉靖戊戌，因诸父兄之命，乃与从叔思贤续我双塘支谱矣。然犹以未克统修仲节公谱为憾。迩者，阳村宗弟惟时同业学舍，尝语及此，锐欲共图，病于寡助。今幸古城诸宗老雅欲统修，以书来约，因窃自庆，酬志有机，欣然趋之，恪供铅椠，四越寒暑，始克成书。例得缀词以诏诸后，乃再拜稽首扬言曰：猗欤休哉！吾古城之族统于是矣。盖仲节公之后为焕公；焕公之后为蕙公；蕙公之后为承议公、承谏公、承谕公，嗣是愈传而愈繁，逾迁而逾远矣，此则吾古城一姓之源流也。今也，联毕原、施村诸派，而属之于承议；联双塘、谭石诸派，而属之于承谏；联柳塘、阳村诸派，而属之于承谕。又联三派，而属之于蕙公，属之于焕公，属之于仲节公，此则叙古城一姓之源流也。世系无，弗明；亲疏无，弗辨。所以笃伦理而淳风俗者，将不在于此乎？此诚吾宗千百年之盛典也，猗欤休哉！然非应新诸公作之于前，则虽美而弗彰；非今日诸公述之于后，则虽盛而弗传。此尤见吾宗谱学源流之有自，而后先浚导之有人也，猗欤休哉！若夫联仲节公以上诸派属之于忠壮公，联忠壮公以上诸派属之于元谭公，为吾新安程氏一姓之大统谱，以叙一姓之大源流，则予犹有志焉而力未之能与也，尚有待于他日，尚有望于后人也哉。

隆庆戊辰（1568）长至月吉承谏公十九世孙邑庠生双塘希道百拜书于孝思堂①

而对于同时期的族众来说，对于自身家族血缘的认同，往往也通过文书来进行表达，显示出对于血缘由来的共同认识：

真应祠宗支合同

圣旨命韩国公李　为严查天下百姓，军民匠户人等知悉，各姓供报官给民由始终本末，某处来历、某处为官，以分良贱事。韩府查得方姓之族出自伏羲以来，榆罔之子雷公封于方山以方为姓，流传至今一百六十一世，数千余载，据方姓之来历其甚远矣。汉有伟公，孝元帝时历官翰林学士，永光元年（前43）拜为国子祭酒，储公贤良方正，天下第一。唐有玄英，著书若干卷，因兔唇不仕，隐居桐江钓台，严子陵祠配享。宋有庚旺，收寇大功，封为文武节度使、南康大将军。历朝多士，科甲蝉联。今验方姓支图，历朝所遗，迁居甚明，果是世家大族也。韩府验过吾氏宗支图并伟、储、干公等容像，赐印供报，官给民由可据。今为子姓繁衍分派迁居散住，昭穆难以齿序，因而立有支图流传后代，日后子孙照各迁居祖宗之名相接流传以为宗亲之验。立此支图一样十纸，各执一纸，永远存照。

洪武四年（1371）三月十五日

计开

忠正公派下迁苏磻、淳安、佘坡、柘源，共收一纸

忠锡公派下迁环山、岩镇、野鸡源、绩溪，共收一纸

承威公、承统公迁歙南、沦潭、井坞、沦坑，共收一纸

光祖公、光烈公派下迁联墅、临河、烟村，共收一纸

伯二公、汝时公迁歙问政、郡城、结林，共收一纸

万成公、万贯公派下迁江村、绩溪、大坑，共收一纸

① 程尚芳等：《古城程氏重修宗谱》卷首，隆庆四年（1570）刻本。

文龙公派下迁方村、忠堂、信行，共收一纸

杰兴公、子文公、子显公迁灵山，贞献公迁潜口，共收一纸

越六公派下迁休宁东山，俊公迁旌德隐龙，共收一纸

仕杰公派下迁淳安县进贤渡东门、遂安，共收一纸

谨按以上开载支派，惟忠正公迁苏磻，承威公迁沦坑，万成公、万贯公迁江村、大坑，杰兴公迁灵山，贞献公迁潜口，符合无讹。而忠锡公迁环山、岩镇实出臆断，已详于首卷，正误矣。他如光祖公、光烈公迁联墅、临河，文龙公派衍中塘、信行，亦同一辙。其所谓承统公、汝时公、子文公、子显公、越六公、俊公、仕杰公等之分迁多不符合而讹误之由莫考，或因历年既远，简断编残，传写失真，未可知也。①

方氏所载的这种文书，表现出宗族内部血缘认同的边界，展现出族人对于自身血缘的认同。而对于迁出宗支来说，他们的血缘认同则主要表现在归宗这一情形上：

立议约安定郡纲公裔孙易传、胜南、盛勤、金扬等。情因程正芳、正度、金元与程义发等原系我程氏后裔，于明季寇乱之际逃散四方，未曾归宗，道光壬辰续修支谱，同治丙寅续修汇谱，均未入谱。今携谱图并墨稿来合修谱牒，我等公同照验，确据实系一本，准其进系入谱。正芳房入佩公子尚汉公支下，义发房入倘公子尚泮公支下，以续渊源，以昭亲睦。但尚汉、尚泮二公以上坟茔俱系我等先人修葬，二公以上之公堂并纲公之祀田产业俱系我等先人所置，与程正芳、正度、金元、义发等俱无干，自合谱之后，族下公事与祠内费用遵照派出不得阻执。恐后无凭，立此议约一样六纸，各收一纸，并注谱存照。

同治十三年（1874）三月初八立议约安定郡纲公裔孙

易传、来朋、胜南、芝玙、桂英、恒茂、金阳、盛勤、长源、钟毓、牛茂、松茂、福生、金胪、恩堂、燮和、步月、国正、大有、遇道、枝翰、芝珍、会英、森林、正芳、正度、金元、义发、维垣，

① 方善祖等：《歙淳方氏柳山真应庙会宗统谱》卷十八，乾隆十八年（1753）刻本。

俱押

松柏、宗佑、恒春，三人笔

一、来朋收一纸；一、盛勤收一纸；一、钟毓收一纸；一、易传收一纸；一、义发收一纸；一、正芳收一纸。

外合谱议约四纸易传、来朋、盛勤、钟毓各收一纸。

尊：周诗、少韩、松楼、策勋，

凭中：谢腾芳、韩道山、黄河清、涂根盘、储经纬。俱押①

从这一情况可以看出，清代外迁徽州宗族支裔，仍以回归本宗为荣，显然认可了由属于士绅系统的庠生程知培所撰述的宗族源流。这种情况所体现的是宗支对于宗族源流的直接认同。事实上，这种直接的体现毕竟属于特殊情况，如这里的“于明季寇乱之际逃散四方，未曾归宗”，大多数时，宗族后裔仍与本族有所联系，在这种情形下，对于宗族源流的认同往往在宗族活动中，特别是在祭祀活动中体现出来。如迁移至苏州的歙县大阜潘氏族人，在清代至民国期间多次回乡展墓，其中有据可考的有五次之多，分别为乾隆二十七年（1762）潘奕隽展墓、嘉庆九年（1804）潘奕隽展墓、光绪七年（1881）潘钟瑞展墓、光绪九年（1883）潘介福展墓、民国三年（1914）潘承谋展墓。还积极参与本宗的保墓活动，嘉庆九年（1804）潘奕隽回乡省墓时就曾有言：

夫报本反始，仁人之心，而追远慎终，孝子之志也。今之人生子而爱之，有欺之者，未有不护之也。今祖先既殁，其墓与田，他人未有欺而侵之者，而子孙群起而剖分之，而延他人以蚕食之，尚可谓之有人理哉！而尚望其所生子孙孝于尔护尔之墓以时享祀哉！而又何面目见祖先于地下哉！……自今以往，惟愿我族人共切报本追远之衷，念前人经营之非易，各澈天良，永永保护，是则区区之忱，所不能无望于来者也。②

① 程知培等：《程氏族谱》，同治十三年（1874）刻本。

② 转引自徐茂明《清代徽苏两地的家族迁徙与文化互动——以苏州大阜潘氏为例》，《史林》2004年第2期。

显然对于宗族外迁宗支来说，对家谱中血缘秩序的认同核心就是表现出对于宗族祖墓的保护，这种行为在元代就已经出现：

> 大德改元丁酉秋，岩将房十三世孙深甫归自北方，汛扫汉口先茔，上及忠壮墓而太守双石之墓卒难物色，或者伪为契券相贸易矣，访求久之，风雨不辍，冬十二月十有七日始至其地求墓道弗能得，越十日赖毗邻父老于深雪中微得其处，又十日过其处见浮土覆双石，上麦苗芃芃然，深甫以金币赎之。乃会集亲宾，划除耕植。自晋壬午至今戊戌一千三百三十七年，晋新安贤太守神道始复归于程氏。噫嘻！岂不伟哉……自有棺椁以来，一抔之土，愈富贵者愈不能保其藏，曲阜孔林以圣人而后能久。吾歙虽小，有古墓者四。回之先方氏仙翁墓在歙之东乡，后割为睦邑，在今淳安县学前，自汉至今。忠烈庙汪王墓在今郡北七里云岚桥，自隋唐迄今。然皆不若程氏有晋太守墓，又有梁忠壮公墓，居古迹之二。而深甫于兹不惟能克复其先墓，又能辑睦其宗而礼遇之，凡程姓者不问其为阁学迈之后，尚书大昌之后，丞相元凤之后，一切与进饮食教诲，无疏远卑贱之分，则何其用心之笃实忠厚，至此极也哉？①

程深甫的这种行为展现出徽州程氏宗族后裔对于程元谭这一宗族祖先血脉的强烈认同。特别是在这种祖墓被利用，成为外人冒伪的工具时，族人对血脉的认同达到相当高度，如明代休宁范氏就有所表现。休宁范氏的祖先瑶村府君范品，被青阳迁来的同姓不同宗的“打石范”所冒认：

> 今有居瑶村范姓者，皆佣艺善工石，乡人号为打石范也。嘉靖辛丑，博村裔孙珪重建府君墓碑，族众垒石垣其墓，禁防樵牧之患。第因徽俗多以门地相尚，适振玉者冒于礼义，伪驾讼端，欲冒认府君为祖，诉诸公庭。②

---

① 程敏政编：《新安文献志》卷十四五《晋新安太守程公墓碑》，景印文渊阁四库全书，台湾商务印书馆2008年版，第1375册，第575页。

② 范涞：《休宁范氏族谱·谱茔·复瑶村府君墓事略》，万历二十一年（1593）刻本。

此事发生之后，休宁范氏感觉备受侮辱，“而我若子若孙受无疆之耻”，“于是德芳辈首倡大义，遂率林塘、秋壑公，爰集各族筹为雪耻，孝义一举，遂聚千金”①。正是对于瑶村府君范品的认同，使休宁范氏在短时间内号集力量，参与诉讼。除了保护墓地之外，这种对于祖先血脉的认同还表现在祠堂上，如明末因经商迁徙至浙江桐乡的休宁西门汪氏族裔汪可镇，见其地风景优美，遂定居蕃衍，成为西门汪氏迁浙支派。其族在五世之后，仍尊奉休宁西门汪氏始迁祖——汪接为其始迁祖，“吾先君尝以越公为始爵之祖以著别子，处士接公为始迁之祖，以示不忘故乡……”② 还有歙县宋村宋氏族后裔的行为亦是如此：

> 上丰宋氏宗祠立执据
>
> 族长宋泰高等：余族宗祠创自先哲，中奉尚书公像及历世诸祖考妣神主，置有祀产，岁时祭祀不匮。去岁甲午三月珠川梅岭后裔来谒祖庙，系出富公孙一公出赘西路远之，诚爰奉富公及天麒公几十世祖考妣神主祔祭宗祠以敦一本。捐银三百两入祠，置火字等号土名砧石段扶坑□二处，共计田税一十四亩零，永为宗祠祀产。惟是我等会集各房支派，洞悉其详载在祭簿。世世传公之贤裔有尊祖敬宗之盛心，愚等岂无欣羡爱慕之至意。③

事实上，血缘范围的族内认同在出现争议时往往展现出相当大的能量，这一点除前述明代休宁范氏的情形外，在明代婺源甲道张氏中，事情起因有所不同，其族在嘉靖年间修纂统宗谱时，“有祁邑塘头张氏倡修伪谱，将我文瓘公之裔续入彼张志和之后，颠倒紊乱吾宗，人有附和之者”④。随后“各派宗长约会救正”，其中有祁门石溪派、歙县绍川派、歙县满田派、婺源城东派、婺源金锁衡派、绩溪北门派和德兴新营派等。其族人大都认为伪谱一事“不特为我列祖所共怒，亦为子姓之所羞”⑤，正

① 范涞：《休宁范氏族谱・谱茔・复瑶村府君墓事略》，万历二十一年（1593）刻本。

② 汪淮：《汪氏世谱・汪淮序》，嘉庆四年（1799）刊本。

③ 宋德泽：《歙西金山宋村宋氏族谱》，康熙五十九年（1720）木活字本。

④ 张琴等：《星源甲道张氏宗谱》卷三《各宗正谱书》，光绪二十四年（1898），木活字本。

⑤ 张琴等：《星源甲道张氏宗谱》卷三《各宗正谱书》，光绪二十四年（1898），木活字本。

是出于这种认同的情感，婺源甲道张氏才表现出如此强烈的反制举措。

同样反应清代婺源詹氏中也有表现。婺源县詹氏有三派，庐源詹氏“（黄隐）传四世曰善（即詹善），仕唐……五世为诚遇”，庆源詹氏则“唐有讳盛者（即詹盛）始迁于此（庆源）”，秋湖詹氏则“出云岳公（即詹善）之后”。[①] 同时在表述上，《新安名族志》并未点明詹胜和詹善之间的血缘关系，可以看出，就庆源詹氏而言，其族是否为属于黄隐公一脉并不是十分清楚。而庆源詹氏于乾隆年间意图与庐源詹氏联宗修谱，引发庐源詹氏的集体反弹，并合力修谱以正视听，表现出其族对以往士绅所构建血缘的强烈认同：

> 吾始祖黄隐公四世长孙云烟公子小八公，自庐源迁筑庆源，世为宗子。唐宋迄今，千有余年。嘉靖统宗谱，五世合编，大宗小宗，支干犁然汇别。万历间，庐源改造宗谱，颠倒弟兄。国朝雍正乙卯（1735），又转因袭承讹，中多鱼目，一时不可再问……庐源实为欺祖！……今乾隆辛丑，庐源又复邀修统谱，我派孙子素明尊祖大义者，恐族大支繁，夙被所愚之人，仍蹲故辙，爰于壬寅孟夏，约集远近宗支，开局祖祠，特于嘉靖谱底汇出云烟宗派，厘其支裔……凡四易稿、三更裘……乾隆乙巳（1785）三月既望，裔孙建邦百拜序。[②]

清代婺源理坑余氏在面对这种情况时，还特地勒石以示自身宗族的血缘认同。当面对同姓小三公，通过参与祭祀等途径，即谋求进入理坑余氏宗族的祠祭，来进行冒伪时，余氏“集正门族众，至中明亭，公议摈出”，并对本族族人提出了严厉警告：“如有无知效尤”，“众共攻之”。如下所示：

> 衍庆堂示
>
> 为严正宗系，以杜泛滥说。□□为人子孙者必先上念祖族，支派无干者，不得苟且，以致紊宗。近有十七都南源附会小三公，谋入三

① 程尚宽：《新安名族志》，第282—283页，《庐源》；第283—284页，《庆源》；第284—285页，《秋湖》。

② 詹大衡等：《庆源詹氏宗谱·詹建邦序言》，乾隆五十年（1785）木活字本。

门祠祭，先贤尚书公祠约、家谱铁笔如山，岂可他族玷吾祖宗，而乱吾世系也。集正门族众，至申明亭，公议摈出外，本堂日后子孙如有无知效尤，滥给谋领，年违旧举者，众共攻之。特示。康熙五十五年（1716）清明日。①

从上述情况看，徽州宗族的后裔以不同形式展现出与宗族主体间的联系，其内在则是表现出徽州宗族族裔认同宗族形成的血缘源流。这种源流的书写文本就是家谱，创造者就是族内的士绅。

二　血缘等级的族内认同

对于士绅通过所修谱牒所确定的世系情况，徽州宗族内部形成了以昭穆为核心，以辈分为表达的宗族血缘等级，这种血缘等级对于何人为尊、何人为卑有着明确的标示。这种标示首先确定的是各房宗支的排列情况，如“旧谱以储公为一世，今谱名城南方氏，故始务公称一世，下逮十三世祖四宗为统系。自十三世而下支分派别，俱五世为图，图自十三世起至十七世止，又复以十七世为后图之始，蝉联而下，累如贯珠。皆分房列派，长房系明，然后续提二三四房分系”②。亦有宗族通过排行字号将之推及每个个人，如许登瀛就曾在其所修家谱中有言，“故昭与昭齿，昆季不得紊其列；穆与穆齿，先后不得乱其宗”，并定下了“祖宗积德，智仁睿。义忠和子姓传芳，易直慈良敦厚，燕翼贻谋，咸沐千秋。庆泽，光前裕后，攸。绵万禩祥麟”③ 的四十世辈分名列。同样的情况在歙西溪南吴氏中也有出现，其族在纂修族谱时，定下了“山泽修长，本宗秀良，绳先萃美，万纪名扬”的十六字排行，并规定，“以上十六字无论里居远近，务要遵依”④。这种情况下，士绅构建了完备的血缘等级结构，在这种结构的基础上，士绅确立了礼教的尊卑，并向族众灌输，以获得相应的认同。运用这种手段，士绅通过家谱确定宗族名分，最后达到正名分的效

① 转引自朱平、陈琪《清代徽州宗族维护血缘秩序的主观努力——以新发现的三通碑刻为例》，《安徽史学》2012 年第 3 期。

② 方建寅等：《城南方氏宗谱》卷一《凡例》，道光二十八年（1848）木活字本。

③ 许登瀛：《重修古歙东门许氏宗谱》卷八《昭穆字序》，乾隆十年（1745）刻本。

④ 吴起凤：《新安歙西溪南吴氏统宗志》卷一《凡例》，乾隆十二年（1747）木活字本。

果。士绅往往还会利用规条来强调这种名分，要求族人遵守，如范涞所修《休宁范氏族谱》就有相关阐述：

同族者实有兄弟叔侄名分，彼此称呼自有定序。晚近世风俗浇漓，或狎于亵昵，或狃于阿承，乃有称朝、称官、称某老者，意虽亲反疏之，非礼也。至于拜揖必恭，言语必逊，坐次必依先后，不论近族远族，俱按叔侄序列，情实亲洽，心更相安，名门故家之礼，原是如此。又有尊庶母为嫡、跻妾为妻者，大乖纲常，反蒙垢笑。又女子已嫁而归，辄居客位，是何礼数？吉水罗念庵先生宅，于归宁之女，仍依世次别设一席，可法也。若同族义男亦必有约束，不得凌犯疏房长上，有失族谊，且寓防微杜渐之意。①

进入近代宗族内部的排行规定还涵盖了女性，绩溪仙石周氏就针对妇女与未嫁女子分别设定了排行。其中妇排行："凤仙宝秀，梅菊荷香（三十五世凤字起）；卿云珠玉，姊妹娥芳（五十世芳字再起）。"女排行："和平美顺，娇惠淑贞；妫姜宜子，兰桂薇音。"② 对于妇女的名分，徽州士绅在修谱时则早有规定，这一点在清道光时歙县蔚川胡氏家谱中阐述得十分明白：

嫡妾继庶之间，至难处也。嫡为正，妾为副，名分昭然，固不可紊也。然定分之间，亦自有别。若正室已育子而纳偏房，则在可重可轻之列。若正妻不育，中年置妾，则无后为大。嫡而贤，幸也；嫡而妒，是绝夫嗣也，甚属可恶，即出之，殊不为过。然妻之妒与否，亦必宗族大众实核之，方可信，否则爱妾者亦多，不可遽为嫡罪也。至于前妻已有子媳，复得继娶之母，贤而相恤者少，不贤而隔瘼视者多。大约枕边之言，掩袖之毒，不惟溺爱，亦且蒙惑矣。长者必明辨之，不使负伯奇之冤于地下。如继母贤而子媳孝傲，则不孝有所归，当公治其罪。③

① 范涞：《休宁范氏族谱·谱祠·统宗祠规·名分当正》，万历二十一年（1593）刻本。
② 周善鼎：《仙石周氏宗谱》卷二《仙石周氏善述堂排行》，宣统三年（1911）木活字本。
③ 胡忠晖：《蔚川胡氏家谱》卷二《道光二年规条》，民国四年（1915）木活字本。

通过这种直接的规定，士绅建立起徽州宗族内部完整的血缘等级。这种血缘等级一旦建立，便依靠族规家法的效能获得了本族内部的认同。

第二节　对权力结构的族内认同

徽州宗族秩序的形成，与族内权力结构的构筑与认同密不可分。大致存在这样两类，一是对诸如族长、房长等结构性权力的认同，二是对士绅阶层权威的认同。

一　族长权力及其认同

明清徽州士绅通过家谱所载家法族规完成对宗族内部权力的掌控，而这种权力的稳定性则来源于宗族内部族人对家法族规的认同，特别是其中族长、房长等职位践行其权力的认同。事实上这种认同已然成为此时徽州的社会风俗，以至在徽州宗族内部形成了族长等角色的权威。“徽俗重长上，一家则知有族长、门长，一乡则有先达，此古风也。”①在家法族规中，士绅也大都直接阐明族长的崇敬地位，如歙县许氏，“族长总率一族，恩义相维，无不可通之情，凡我族人知所敬信，庶令推行而人莫之敢犯也。其有抗违故犯者，执而笞之”②。继而则规定族长的相关权力，这种权力主要包括对于宗族整体性和族人个体生活的控制③。士绅通过这种手段建立起族长的权威，那么成为族长自然就能够掌握这些权力。对于这类职位的选择标准，徽州宗族大都通过年高、德劭、才能三方面来选取：

> 宗法不立，则曲防未周，人心无以统同，孝敬不免终怠，亦非所以崇德成化矣。仰各姓择年高有德，公明正直，素性足以孚信宗人者为长……以主一宗之事。④

① 傅岩：《歙纪》卷五《纪政迹·修备赘言》。

② 许登瀛：《重修古歙东门许氏宗谱》卷八《许氏家规》，乾隆十年（1745）刻本。

③ 具体情况参见陈瑞《明清徽州宗族与乡村社会控制》，安徽大学出版社2013年版，第46—69页。

④ 黄臣槐等：《潭渡孝里黄氏宗谱》卷四《家训》，雍正九年（1731）刻本。

> 古者宗法立而事统于宗，今宗法不行，而事不可无统也。一族之人有长者焉，分莫踰而年莫加，年弥高则德弥卲，合族尊敬而推崇之。有事必禀命焉，此亦宗法之遗意也……吾族繁衍有族长以统之，公举族中之贤者以辅之，谓其才足以断事德足以服众。①

事实上，除此之外，更为重要的是，族长等职位往往伴随义务，这种义务对于这类宗族权力掌控者来源有着明显的限制。如明代祁门武溪陈氏要求族长要提督族内赋税的缴纳，“吾门钱粮，各有定规，乃朝廷正务，不可慢也。凡秋收催趱，预先完之，为保家之士。若有违误拖欠，绝非善策，次等之事属于族长提督”②。清代徽州钱氏则要求族长率先救济族人，“为族长者，凡宗党……如有贫困患难，亦当救援”③。对于这类要求，若权力占有者不具备类似士绅所占有的经济实力与社会话语权，很难相信其能完成。

事实上，若不付诸实践，这些纸面上的规定并不能够达到士绅在修谱时所期望达到的效果，故而士绅在纂修家谱时往往还要求进行相关的宣讲，如清代婺源余氏就在其《祖训》中要求：“每岁正旦，集长幼，序行第，庆贺神主，次叙团拜之礼。族长开读祖训，幼辈拱听于（祠堂）阶下，实有益心身之语也。”④ 绩溪邵氏则说得更为明细：

> 祠规者，所以整齐一族之法也。然徒法不能以自行，宜仿王孟箕《宗约仪节》，每季定期由斯文、族长率子弟赴祠，择读书少年善讲解者一人，将祠规宣讲一遍，并讲解《训俗遗规》一二条，商榷族中大事体，各宜静听遵行，共成美俗，实为祖宗莫大之光。⑤

因此家谱不仅规定了族长的权力，同时也是一个族内认同族长权力的平台。族长宣讲家谱，实际上是权力建构与认同的一个双向过程。

① 许登瀛：《重修古歙东门许氏宗谱》卷八《家规》，乾隆二年（1737）刻本。
② 不详：《祁门武溪陈氏家谱》卷一《天顺元年家谱定规》，同治十二年（1873）刊本。
③ 钱坤：《徽州彭城钱氏宗谱》卷一《家规·睦宗族》，光绪十年（1884）木活字本。
④ 余章耀：《婺源长溪余氏正谱》卷首《祖训》，道光二十八年（1848）木活字本。
⑤ 邵琳等：《华阳邵氏宗谱》卷首《新增祠规》，宣统二年（1910）木活字本。

二　士绅权威的族内认同

家谱除了是族长等明确具有宗族管理者身份权力的认同载体外，还是族内士绅阶层权力认同的重要介质。这种认同首先通过对士绅身份确认体现出来，几乎所有家谱都会明确要求记录士绅的功名。这在不同时期、不同宗族的家谱中都有记载，并通过《凡例》将这种行为程式化。如乾隆年间徐氏谱就规定："谱中字号官爵以及生年月日悉照日就所修编入，其新开来者亦悉照所开编入，惟现在留心改正诸公，既列传于前复为详注于本名之下，以奖其贤。"① 就是强调要将"官爵"载入谱，这种规定在家谱编修中是一种通行的做法。

此外，在一些家谱中还有更为具体的规定，如光绪年间编修的《胡氏族谱》要求：

> 诰敕必载，所以荣宠锡也。吾宗自唐迄今，登仕版者无代无之，由一命之荣，至钧衡之任，莫不祇承纶綍为宗族光，备录之以为后嗣移孝作忠者劝。前谱于科第贡士宦达后续列先儒乡贤诸人，示免先后失次，况吾宗如翼之公瑗、康侯公安国、淑心公居仁发明圣经，矜式来学，久已载在祀典，不待后人按名而表暴之也。今沿康熙谱例总署之曰：《世美题名》，而删去先儒乡贤子目，祇载科第五贡仕宦诸人，用彰诗书传世，簪绂承家之美。②

胡氏宗族不仅规范了记载诰敕、士绅的形式，还明确了这样记录的功能是"祇承纶綍为宗族光""为后嗣移孝作忠者劝"，实现"用彰诗书传世，簪绂承家之美"，当然这样做的另一个目的，就是族内对"科第五贡仕宦诸人"权威的认同。

与《胡氏族谱》专列《世美题名》记录家族士绅集团相似，明清许多家谱中多专列细目提供记录士绅群体的平台，如《文堂陈氏宗谱》专列《文堂历朝绅矜》③ 收录自宋建炎至清代的官员及庠生；《古歙杲溪刘

① 徐天枢：《休宁古楼徐氏族谱·凡例》，乾隆二十一年（1756）刻本。

② 胡廷琛：《胡氏族谱·凡例》，光绪十四年（1888）刻本。

③ 陈淦：《文堂陈氏宗谱·文堂历朝绅矜》，道光八年（1828）刻本。

氏家谱》中更是专列《徽宁世爵世庠世德纪》[①] 收录从宋代第一世进士右赞善大夫勤公至清代第二十三世太学生刘立德等刘氏宗族中的士绅群体。这些不同时期、不同家族的家谱中所使用的名目虽然各异，但具有共同的特点，就是特别强调收录士绅阶层的信息，一方面是保存家史的资料意识，另一方面则是对家族中士绅群体权威的认同。

此外在家谱中体现对士绅权威认同的另一重要方面是像赞的使用。明清徽州家谱中多有保存祖先画像的传统，而这些画像中重要的选择标准就是士绅的身份。如《坦川越国汪氏族谱》有言："吾国传神之事由来久矣，大之如汉之麟阁云台，唐宋之凌烟崇德，皆取功勋之臣与夫贤相名将，图其形以资法戒而景慕；小之如欧公之形韵、赵纵之神情，则藏之私家以垂于后，俾知先人面目之真。是以荀子《非相篇》，其状尧舜禹汤文武周公孔子，无微不至，非得见诸圣哲之真容者，不能言也。家乘亦师其意，绣图绘像，虽不知所自起，然祖宗之形容，恍然若接，足以起敬起孝，亦礼之善物也。汪氏谱中旧像甚多，今复益以新像，系以赞词，使子孙一展卷而知吾身之出为不凡，亦有所观感而奋然兴起者乎。"[②] 编者指出收入祖像有历史的依据和家族的传统，也强调其"使子孙一展卷而知吾身之出为不凡"的功能，而要有"不凡"的感觉且"奋然兴起者"，则非一般的家族成员所能唤起的。基于这种认识，该谱收录了汪氏得姓始祖鲁颍川侯像、江南汪氏始祖汉龙骧将军文和公像、新安祖黟县令道献公像、齐大司马叔举公像、戴国公勋明祖像、昭忠广仁武烈英圣王祖像、崇德衍福广祐王建公祖像、坦川始祖思聪公像、澧州刺史汲公像、银清光禄大夫襄公像、朝散大夫安行公像、宣议郎龟龄公像、通直郎龟从公像、经筵侍讲学士良公像、处士兴同公像、淳安县令宪度公像、岁进士应式公像、乡善大荣公像，共十七位祖先的像，这些人无疑是汪氏宗族的典型代表，其中 15 人具有封号官爵功名，具有鲜明的士绅群体特征。这记载方式不仅突出了家谱树立典型祖先的教育功能，同时也实现了族内对家族士绅的权威认同，认同已故具有士绅身份祖先的权威，同时也是对当代族内士绅权威的一种认同。

---

① 刘天士：《古歙杲溪刘氏家谱·徽宁世爵世庠世德纪》，康熙四十八年（1709）刻本。

② 汪天宽、汪天龄：《坦川越国汪氏族谱·祖像》，民国十四年（1925）刻本。

三 对修谱士绅的权威认同

族众对修谱行为是否认同，其中一个很重要的因素是对修谱士绅权威的认同，也是人们通常评价家谱质量的一个重要标准。如洪武年间吕绍一说："于是自侍郎渭公为迁歙始祖，至吾嫡祖学士文仲公派下子孙生没婚葬出处行实，誊写成帙为后世修谱者之基耳。至于广求遗编，遍查宗派，大成统宗之举则俟贤而位高者斯可能矣，幸勿以吾草创之初略而弗备为强也，噫！为后为者其谅之哉。"① 这其中固然有他自谦的成分，但也反映了他对"贤而位高者"的期待与认同。同样这样的认识也发生在康熙年间的张氏宗族中，该谱中说："或又曰，修谱必身列缙绅而后族众信从，子今尚滞诸生耳。余曰子之为我虑则善矣……璘虽无似，今敢直述世系以俟吾宗之显者出，兴孝悌之思敦睦族之谊，庶得以征考而会编之，是则余之志也。后有君子自当谅余之心而不加之罪矣。"② 其中所提出的"修谱必身列缙绅而后族众信从"观点，明白无误地表达了对士绅的高度认可，更是对士绅权威的认同。

正是基于这样的认识，明清时期徽州家谱的编修者也会刻意记录他们的士绅身份，以达到族内认同的目的。这在上文提到的胡氏家谱中表现明显，该谱详细列举了修谱成员的官职与功名（见表 7-1）。

表 7-1 《胡氏族谱·修谱人名》

职责	姓名	官职与功名
纂修	胡廷琛	五品衔拣选知县举人
经理	胡凤台	监生
	胡学惇	蓝翎盐提举衔即选知县丞
	胡廷珏	光禄寺署正衔加二级贡生
	胡庸圭	邑庠生
	胡开详	监生
	胡荣	石邑庠生

① 吕龙光：《大阜吕氏宗谱·吕绍一吕氏继世谱序》，民国二十四年（1935）刊本。

② 张元洋：婺源《甲道张氏宗谱·甲道张氏统宗谱序》，乾隆刊本。

续表

职责	姓名	官职与功名
经理	胡昌俊	邑庠生
	胡兆祥	邑增生
	胡日升	文童
	胡标	邑庠武生
	胡光礼	增贡生
	胡启宗	附贡生
	胡善浮	
	胡树棠	邑庠生
	胡冀英	邑庠生
	胡辑伊	即选教谕拔贡生
	胡联翩	邑庠生
	胡荫槐	邑庠生
	胡尚文	邑庠生
	胡衍傅	文童
缮校	胡开慈	
	胡锡徽	邑庠生
	胡景阳	邑庠生
	胡景中	文童
	胡景曦	邑庠生
	胡登瀛	邑庠生
	胡萃锋	文童
监刷	胡国杰	监生
	胡邦遐	
	胡元璜	监生
	胡昌炳	
	胡光宠	从九品
	胡曰敬	文童
	胡云蒸	监生
	胡云瑞	监生
	胡云梯	监生
	胡云桂	监生
	胡开汉	文童
	胡焕义	邑庠生
	胡开万	文童
	胡景昱	监生
	胡景禧	

在43位修谱人中，有38位有官职功名的，表明该族家谱是由士绅集团共同完成的，这不仅增强了该谱的公信力，同时也是一次宗族士绅权力的集中行使，是士绅权威的集中体现。

第三节　对族内修谱行为的认同

家谱的编修虽然是族内精英人物的行为，特别是士绅集团在其中起着基础性的作用，但家谱的编修依然代表着宗族内部全体族众的意志，因此必须获得族内的认同，其家谱的权威性才能得以体现。族内对修谱行为的认同，可以分为修谱前的动员、修谱中的参与和修谱后的认可。

一　通过启事形成修谱前的认同

为使修谱行为能被众多族众认可，许多士绅在修谱前会发出修谱的启事，以期动员族人积极参与。如休宁璜源吴氏修谱时就发了《续修谱启》："尝闻尊祖敬宗实属尽伦之始，纪前待后允为收族之原。读朱子家箴，首严乎昭穆；览欧公族谱，端重乎系图。诚以水源木本之当求，盖因派别支分之宜辨也。吾姓累仁衍庆，较王谢而增荣；至德流芳，比崔卢而弥永。惟是延陵启望，阅古今不少变迁；即如石岭一支，溯分合已多世次。赖由先代历有成编，顾自应期公修刊以来，历今百四十年矣；计从璜源祖启基至此，已承二十八传焉。所虞世远人遐，支分派紊，倘或欲亲仁杰，焉能即拒崇韬，匪直惊文献无征，亦大惧圭璋有玷。昔先君子夙怀修辑，庭训常以为言，乃历岁年未就编摩，晚节特深其虑。兹者铨幸给归，有暇先志，思酬是用，敬告宗贤，冀秉椽笔以各纪本牒；遍闻族哲，更按鳞图而博访外支。撰述无取传疑，闻见务期征信。共襄胜事，协效仝心，剞劂工资，窃愿引为己任；缄縢藏本，还希出以为共传。各勉仁孝之忱，自不虞乎后至；仝怀承启之愿，宁不快夫速成也哉。谨启！　皇清康熙五十七年（1718）岁次戊戌秋月吉旦　裔孙铨拜启。"

作为对修谱邀请的回应，其他宗支会作出回复。下文为吴氏宗族的《回启》：

伏以祖德重辉，璜水之渊源可溯；宗功丕著，延陵之基绪弥光。谱成而伦序以明，例定而丝毫不假，族闾共庆，梓里同欢。恭维容斋贤再侄，先生台，道足经邦，才堪华国。曩者身膺民社惠泽弘敷，今兹职列庙廊经伦益展，固已人咸引领，允推克振乎箕裘；众共倾心，洵足流芳于奕叶矣，乃犹故园念切一脉情殷。惟兹家谱之未修，恐致历传之失所，派来石岭，前此虽有成编，谱续南园，嗣后更无继志，幸公余之有暇，每忆庭训于昔年，思先志之未酬，爰冀功成于此日，咨询罔遗于近族，蒐罗且遍乎远支。审厥源流，务使有条不紊；严其支派，庶几开卷了然。是诚孝子之用心，抑亦仁人之盛举。龙等向亲光范，备悉悃诚，兹读诲言，更感情挚。自愧才拙，徒向往之。有心无如，力绵实赞，襄之无术，惟冀百年旷典，一旦告成，表往行于名流，金声掷地，裁新编于钜手，异彩开天，媲美前贤，有光家乘，则桥梓济美，永著不朽之名；亦灵爽式凭，自邀无疆之福矣。此启复无任颙恭。

皇清康熙五十七年（1718）岁次戊戌秋月吉旦　再叔云龙、世勋　兄士贺，侄孙光裕，顿首拜复①

以上是康熙五十七年（1718）时，休宁璜源吴铨在修吴氏族谱时向各宗支发出的启事，同时获得了其他宗支的响应，吴铨便将这种往来的文书在家谱中予以保存，这自然是宗族内部对其修谱行为的一种认同。

此种行为同样存在于其他宗族之中，方善祖在修柳山方氏会宗统谱时也发出了《会宗小启》：

吾鼻祖受封方山，因以为氏，于诸姓为最先，迨后望河南衍江左，至汉黟侯储公凡百十二世。谱牒昭然，人世可考，嗣是而下，本根茂则枝叶繁，其蔓延于歙睦间者，或以功德，或以文章，或以宦业，称世家，成巨族。屈指而顿，遽数之不能终其物矣。然皆各自为谱，迄无统系，亦阙典焉。代有贤哲，何竟若罔闻知也，意者苦其繁琐而艰于荟萃欤。愚谓水发昆仑，滥觞有自。《礼》曰：尊祖故敬宗，敬宗故收族。为人后者，何可不共溯本源？其自黟侯以上，历有纪传，不复具论。若各派始迁之祖，仅注黟侯某世孙，初未统辑世系，会通谱牒。敦本之谓何？而乃如秦人视越人之肥瘠，良可叹矣。虽嘉靖乙卯星源平盈族倡修统会一谱，然简而未详，同本异枝，概多舛谬。不揣固陋，

① 吴铨：《休宁璜源吴氏族谱》，康熙五十七年（1718）本。

> 欲广集诸宗，比而合焉。特敢先将所自出之祖系图成一帙，其始迁以下既已各有专牒，尚待踵此分修。兹惟附录分支巅末，编辑成书，用为程式，幸冀各派志笃宗盟者悉如此法，分而集之。余乃统而会之，宁详毋略，宁备毋阙，都为若干卷，俾论世知人，开卷可得，斯亦溯本穷源之一助也。若夫非我族类，概摈弗录，不使如诸胡带令，甘父冒堂。则余更有望焉。因书数语，遍告吾宗。①

在小启中，方善祖回顾了方氏宗族的历史，指出了“各自为谱”的实情，表达了想集众族支之力编修会宗统谱的目的，这不仅是动员，同时也是希望获得各宗支的认同。

这种以启事形式进行的修谱动员，在编修统宗谱时是比较普遍的。

二 参与修谱表达认同

对修谱行为的认同，最好的莫过于参与到修谱过程中来，特别是在修统宗谱这样的大型活动中更是如此。程敏政在成化年间修《新安程氏统宗世谱》时就有大量宗支参与其中，他在自序中记载道：“乃发书以告诸宗人，诸宗人是之，各以其谱来会。理淆伐舛，将六逾月始克成编，为卷凡二十有畸，会者四十四支。”② 程敏政同样也发出了修谱的动员文书，得到了宗支的认同，共有四十四支宗支“以谱来会”，表达了他们对程敏政修谱行为的认同。程敏政对这些族人的参与也予以充分肯定，他不仅说：“以敏政之不肖，而得众族之贤者辅之，遂使统宗之志可克，而谱可成”，而且还将参与修谱的族人姓名完整保存下来，他们是：歙槐塘房景蒿、儒士琬庆、乡贡进士仪、宽，岑山渡房儒学生律，长翰山房玄；休宁陪郭房士起、太学生敏德，山斗房宗云、存绶、永坚、天相，汊口房儒士云、隆、隐、充，率口房儒学生燿、儒士祖瑗；婺源高安房儒士质、添，长径房儒学生理、纪，金竹房勇济，龙山房儒学生肃，环溪房孟河、忠森、彰睦房文礼；祁门善和房儒学生旻、儒士旦，程村房儒学生用、儒士辅助、弘；绩溪仁里房乡贡士傅、儒士儒，坊市房愈昌；贵溪程源房儒士涣、儒学生淳；浮梁东山房太学生玉；德兴泸口房乡贡进士崧、儒士骥、

① 方善祖：《方氏柳山真应庙会宗统谱·会宗小启》，乾隆十八年（1753）刻本。

② 程敏政：《新安程氏统宗世谱·自序》，成化十八年（1482）刻本。

濬，凤凰房傅、福良，南溪房儒士润、琏、修、宝、兰，新建房书云、儒学生棻；乐平梅岩房善庆，不彰睦房儒士鸣凤；开化玉田房仕洪。[①] 这些族人的参与，不仅提高了修谱的速度，也扩大了其代表性，而且他们的行动更表明了对程敏政修谱行为的认同。程敏政说他们：“凡预宗盟者，有自百里之外者，有自千里之外者。裹粮来会，有一再往返者，有五六往返者。正订异同，有一再易稿者，有三四易稿者。参考稽对，有居月余者，有居数月者。鸠金刻梓，有捐十余两者，有捐数十两者。夫然后乃及其成”，他自己也感慨“谱成之难如此”，然终获成功，“皆出于一念，尊祖敬宗睦族之心，故有不约而同者”[②]，再次说明了如果没有族人的认同，修谱行为是无法完成的。

另外从方善祖修《方氏柳山真应庙会宗统谱》中也得到了很好的体现，也可以说他的动员起到了应有的效果，这从参与纂修人员的广泛性中就可以得到证明。

表 7-2　　方氏柳山真应庙会宗统谱纂修人名

职责	宗支（派）	（方）姓名	官职功名
分修	环岩	振华	国学生候选布政司理问
	环岩	瞻峨	郡庠岁贡
	沦潭	敦美	
	联监	新	邑庠生
	环岩	超	邑庠贡生
	沙溪	元美	
	灵山	震	邑庠生
	沦坑	廷伟	
	沙溪	良桂	
	沙溪	良玉	
	潜口	宪	
	方村	正绫	
	沦坑	展良	
	磻溪	有闻	邑增生
	方村	城	邑庠生

① 程敏政：《新安程氏统宗世谱·同编谱及缮写校勘者》，成化十八年（1482）刻本。

② 程敏政：《新安程氏统宗世谱·书于南山堂会谱处》，成化十八年（1482）刻本。

续表

职责	宗支（派）	（方）姓名	官职功名
分修	佘坡	人悦	邑庠生
	苏磻	有高	
	佘坡	之兆	邑庠生
	磻溪	焕	邑增生
	柘田	维煌	
	苏磻	肇中	国学生
	苏磻	作楫	郡庠生
协修	环岩	士豫	国学生
	沦潭	启彬	
	环岩	思教	
	灵山	其扬	
	沙溪	元隆	
	联临	启荣	
	灵山	廉	
	沙溪	良松	
	潜口	宁	
	方村	正颁	
	沦坑	展勋	
	沦坑	展恺	
	苏磻	美礼	
	佘坡	步青	
	磻溪	纯椴	郡庠生
	磻溪	国宁	国学生
	柘田	立贤	
	方村	瓆	国学生
	苏磻	士康	
	佘坡	长祚	
	苏磻	志睿	

续表

职责	宗支（派）	（方）姓名	官职功名
覈对	环岩	肇楷	
	联临	达贤	
	灵山	增法	
	沦坑	尚珙	
	沦潭	元庆	
	沦潭	元昜	
	沙溪	元义	
	潜口	朝纲	
	沙溪	良珀（琩）	
	苏磻	启煌	
	柘田	宜週	
	方村	正绩	
	苏磻	荣臣	
	佘坡	之瑜	
	佘坡	尚鲸	
	佘坡	尚鳞	
	佘坡	光桥	
	磻溪	肇珑	邑庠生
总修	环岩	善祖	国学生授州同职加五品顶戴
编次	环岩	大成	邑禀生
	环岩	侻	郡禀生
校字	环岩	良质	邑庠生
	环岩	善裬	
	环岩	大猷	
	环岩	人鸿	

上述包括方善祖在内共 68 名成员参与了《方氏柳山真应庙会宗统谱》的编修，他们分别来处环岩、磻溪、佘坡、苏磻、方村、柘田、潜口、沙溪、沦潭、沦坑、灵山、联临，共 12 个支派，他们积极参与的行为实际上也是对方善祖修谱行为的支持与认同。

除直接参与修谱外，一些宗族士绅还会通过撰写谱序表达他们对修谱行为的认同。如清同治年间程梦诏、程知培修《程氏族谱》，其宗族成员监生程恺、从九品程钰、监生程全合写一篇《续修谱序》，监生程俊、程知命、程遵寅、文庠生程学山也写了一篇《续修谱序》，府经历程章瑚、程知营、程闻履、贡生程观澜、贡生程福、程遵盛则写了第三篇《续修谱序》,[①] 通过这三篇谱序表达了他们对程梦诏、程知培修谱行为的认同。

三　家谱修成后的认同

家谱的编修是一个艰辛的过程，但对于修谱者而言，最大的成就应是修成后的社会认同，这也同样是家谱编修成功与否的重要标准之一。而这其中，程敏政的《新安程氏统宗世谱》无疑极具有典型性。

程敏政《新安统宗世谱》完成后得到了族众的认同，弘治年间程祖瑷说，"成化中，休宁陪郭学士克勤先生，因两公所编，复大会诸派宗人，及各族所藏新旧谱谍，理淆伐舛，定为统宗世谱二十卷，俾亲疏之分有稽，行第之称不紊，附以墓图，而知先世体魄之所藏，别著《贻范集》而彰先达行实于不泯，俱刻梓以传永久，而睦族之义，尊祖之心，诚为全且备矣",[②] 对程敏政所修之谱评价极高。

正德四年（1509）文徵明评价说："比岁篁墩公，撰统宗谱，粤自晋永嘉以来，千二百年，合凡四十有四族而一之，其盛有可想者。壁尝一再见公而不及请，近假于其族人师鲁获观焉。其胄绪源永，勋德蝉联，而文献之盛有足征者，又重以篁墩公之博雅，考核类例皆极精当，一时言谱牒者，蔑有加已。"[③] 正德五年，赐进士第文林郎广西道监察御史许潜也评价说："洪武中，民则之高祖以文翁尝著族谱一帙，以传诸后，迨其考公昭为庠生时，于成化间，佐其族贤篁墩先生，编刻统宗世谱二十卷，尽合诸族四十四派，归而一之，至今言谱书者莫加焉。"[④] 文徵明和许潜作为程氏族外人员，称"一时言谱牒者，蔑有加已"，"至今言谱书者莫加焉"，不仅反映了该谱的广泛影响，也表明在明代程敏政所修家谱得到了

① 程梦诏、程知培：《程氏族谱》，同治十三年（1874）本。

② 程序：《休宁率口程氏续编本宗谱·新安程氏统宗世谱图说序》，隆庆四年（1570）刻本。

③ 程序：《休宁率口程氏续编本宗谱·跋率口程氏本宗谱》，隆庆四年（1570）刻本。

④ 程序：《休宁率口程氏续编本宗谱·跋率口程氏本宗谱》，隆庆四年（1570）刻本。

广泛的认同。

至清代时，程氏宗支对其还是尊崇有加，如道光年间程梦诏、程知培在序中说："我股道光壬辰（1832）年叔祖锌锋氏等续修支谱，亦因之，奈何自晋历唐宋元明以为，年湮代远，子录之播迁不一，寇乱之兵燹更多，其老系之留遗不无残缺失次之憾，是以同治四年合邑续修汇谱，更加厘订，确遵休宁陪郭敏政公新安统宗世谱旧系，则记载更加详密，其记事之文变多近古，洵是我程氏谱牒之大成矣。夫敏政公何时人也，有明榜眼，官至学士，富公支下裔孙，自谓访辑二十余年，颇得诸谱异同之故，曾著谱辨三十七条，凡例十条，质诸宗人，宗人皆是之，其时以谱来会者四十四支，校对无讹，今合邑各股支谱皆因之。"[①] 从两人使用"确遵休宁陪郭敏政公新安统宗世谱旧系""今合邑各股支谱皆因之"来看，表明直到光绪年间，程敏政所修家谱依然有着极高的认同度。

但对程敏政所修《新安程氏统宗世谱》同样也有不认同的："自明成化壬寅（1842）学士敏政公会修统宗，因自讳其昧所自出，遂至削祖更郡，讹遗宗派，而程氏世谱源流几泯没……迄于今二百余年，名公巨卿才人硕彦，所在多有，卒无起而厘正之者，有志之士每为恨焉。兹幸婺溪裔笃生讳士培者，以积学鸿儒，力任其事，不惮跋踄采访之勤，不畏訾议诽谤之口，本伊项公迁徙注脚之旧集，成统宗补正图纂一编。"[②] 实际上明嘉靖年间程项的《新安程氏统宗迁徙注脚纂》就是"见学士篁墩先生所辑统宗与都官祁谱牴牾……纂为注脚一书，并以都官祁本为的，而于统宗之任情笔削者厘而正之"。[③] 程士培则在康熙年间又以《迁徙注脚》为本，进一步对程敏政《统宗世谱》展开补正，"洞悉学士先世昧其所出，故为改世谱淆宗系以自讳，乃不揣贱微，不谋宗族，不嫌知罪……而更我纂之迁徙注脚名，敬题其书曰：新安程氏统宗补正图纂"，[④] "统宗是者从之，讹者正之，遗者补之"，[⑤] 修成《新安程氏统宗补正图纂》。该谱修成后，不同程氏宗支通过谱序表达了对其的认同，有钦召御试博学宏词吏部考授

① 程梦诏、程知培：《程氏族谱・续修谱序》，同治十三年（1874）本。

② 程士培：《新安程氏统宗补正图纂・程易序》，康熙二十四年（1685）刻本。

③ 程项：《新安程氏统宗迁徙注脚纂》，嘉靖四十一年（1562）刻本。

④ 程士培：《新安程氏统宗补正图纂・自序》，康熙二十四年（1685）刻本。

⑤ 程士培：《新安程氏统宗补正图纂・程易序》，康熙二十四年（1685）刻本。

州同知休宁临溪派榆村程易、淳安县文燦公支程希灏、歙外古塘程洪。其子程晋侯、孙程肇宗在康熙、雍正、乾隆年间不断增补，修成《新安程氏统宗补正图纂续编（大成）》，增加了大量宗支的谱序（见表 7-3）。

表 7-3　　新安程氏统宗补正图纂续编谱序

宗派名	谱序作者	官　职	撰写时间
河南派	程佳璠	世袭翰林院五经博士	康熙五十三年
休宁塘屋	程化龙	赐进士第文林郎内府中书科中书舍人丁巳顺天乡试同考官	康熙三十九年
淳安县文燦公支	程希灏		康熙乙丑
玉山三都程村派	程拔先		康熙二十九年
浮梁景德镇东山	程廷□		康熙二十五年
石城佖公支分迁万年椒程源	程则		康熙二十七年
铅山县	程允铸	郡庠生	康熙五十年
浮梁景德镇南门派	程文炳	郡增庠生	康熙三十七年
西安中河	程玫	丁酉举人	康熙己亥
德兴璜溪	程嵩	邑廪贡	康熙四十六年
浮梁景德镇路口派	程斌	邑庠生	雍正壬子
浮梁兴田派敦睦堂	程鹏	邑庠生	雍正十年
浮梁景德镇南门派	程阅敬	恩拔岁进士候选知县	雍正十一年
开化花园巷派	程德亮	进士	雍正庚戌
黟市淮水派	程云振	邑庠生	雍正十三年
黟横冈派	程墨	邑廪贡	雍正十三年
黟南山吴村派	程廷彦		雍正十三年
太邑兴村臧里派	程树本	举人	乾隆元年
黟枧川中和	程新念	恩贡生	乾隆丁卯
休宁富载派	程尚龙、程尚智	吏部考授州同知	乾隆十二年
休宁柳洲派	程应凤		乾隆十二年

这些谱序共涉及 21 个宗支成员，这比程士培修《新安程氏统宗补正图纂》时的三支要多出 7 倍，一方面表明了他们祖孙三代人对修谱的坚持不懈，另一方面也显示了对其修谱行为的认同也在不断扩大。这一派显然是以程士培、程晋侯、程肇宗祖孙三代为代表，他们因批判程敏政的《新安程氏统宗世谱》共同目的而联系在一起，也形成了对修谱行为的认

同。程敏政的修谱行为形成了两派意见不同的认同力量，这在明清徽州社会是不多见的，其内在的原因有待进一步的研究。

当然，情况也不完全是这样，在反对者中，也有能够对程敏政给予较理性评价的，如康熙年间程化龙就说："内有分宁远溪文祯公谱一帙，学士篁墩公为题跋者，予披览之，不胜感慨，始悉篁墩在昔统宗之略者，非有意而然也。观其手跋所言，可以鉴作者心矣。噫！文祯公后苟无以革作之于前，又无向泰续之于后，更不有其裔孙爵远涉京师以请诸先正为题跋之以贻今日，予变何以知文祯公后之能开族于昌江也哉。"① 虽然无从查证程敏政在《文祯公谱》后题跋中具体写了什么，但程化龙已经能够较辩证地对待"统宗之略"了，并提出"观其手跋所言，可以鉴作者之心"的态度，这是值得肯定的。

除程敏政的修谱行为在明清徽州引起认同外，其他宗族也会多会出现这种认同的现象，比如汪道昆所修《汪氏十六族近属家谱》② 后，其后汪氏家谱直接引用汪道昆所修家谱内容，表达出对其修谱行为的认同。汪道昆论先世源流列了《周本纪略》《鲁世家略》和《越国世家》，在万历二十七年（1599）汪尚齐修《岩镇汪氏家谱》③ 时列《周本纪略第一》《鲁世家略第二》和《越国世家第三》，在乾隆十三年（1748）汪纯粹修《弘村汪氏家谱》④ 中卷一同样列《周本纪》《鲁世家》和《越国世家》，这三篇的内容基本相同没有大的变化，而岩镇谱中每篇后面的"志曰"与《近属家谱》完全相同，《弘村家谱》只是将"志曰"换成了"南溟志曰"，而内容没有变化。"南溟"正是汪道昆的"号"，这进一步反映了汪氏族众对汪道昆修谱的认同。

总之，徽州各宗族正是通过对家谱编修行为的认同，推动的家谱传承与发展。

① 程肇宗：《新安程氏统宗补正图纂重编·程化龙序》，乾隆十二年（1747）刻本。

② 汪道昆：《汪氏十六族近属族谱》，万历二十年（1592）刻本。

③ 汪尚齐：《岩镇汪氏家谱》，万历二十七年（1599）刻本。

④ 汪纯粹：《弘村汪氏家谱》，乾隆十三年（1748）刻本。

第八章　士绅所修家谱的官方认可

如前所述，与官修家谱不同，私家修谱有一点核心的缺陷，就是被认为可信度较低，从表面上看其缘由在于其仅为一家之定论甚或是一人之定论，核心是由于家谱编修者为了维护自身家族的认同感，有意妄相假托，牵强附会。这种缺陷虽是文化认同机制的核心组成部分，但不可避免地给绅权构建的权力基础造成冲击。在“言王必曰琅琊，言李必曰陇西，言张必曰清河，言刘必曰彭城，言周必曰汝南，言顾必曰武陵，言朱必曰沛国。至于始祖何时，迁徙何时，则概置之不问”① 的明清社会，如何使家谱摆脱仅为一家之言的色彩，成为家族必须考虑的问题。徽州宗族往往借助官府之力来解决这一问题，主要通过两种方式，一是通过记载官吏和文人，尤其是国家高级官员、地方行政首脑和士林中名士所撰谱序来完成官方认可；二是将官方文书载入家谱，使家谱摆脱单一家族编修的性质，使之具备相应的官方色彩。

第一节　谱序中官方认可的表达

明清时期官府少有在家谱编修上表现出明确的态度，宗族也不一定要获得官府的允许才进行家谱的编修。对于宗族编修自身家谱，官府往往持一种默许与支持的态度，首先是对于家谱编修原则的认可。明嘉靖礼仪改革之后，“一本”的观念深入，成为徽州谱牒编写的核心原则。明代徽州程氏族裔程文直言：“谱也者，所以示一本也，定亲疏，维远近，敦孝敬，莫近于谱。而士大夫往往忽之而不讲或讲之而不甚急，何哉？是使子孙相率而为涂人也。程氏受姓以来枝分蔓衍，南宗北族，诚若风马牛者，一旦合堂同席而坐，虽百世之下，四海之远，犹曰吾宗人也，情谊之厚蔼

① 钱大昕：《十驾斋养新录》卷十二《郡望》，上海书店 1983 年版，第 227 页。

然如一家，岂非以谱之可寻邪！若汾阳之拜墓梁公之辞像子骞之华胄杜固之异族，此皆谱之不明而昧夫一本之义者也。”① 其言透露出族谱即是标示“一本”的工具，若无族谱，则宗族便无法奉行“一本”了。这种言论在当时徽州屡见不鲜，仅选两例于下：

> 宗谱之修，所以辩氏族、定世次，使子孙知其本也。盖天下之物各有本，子孙本乎祖宗，犹水之本于源，木之本于根也。世代远而宗族众，众则疏远则忘，必然之理也。苟不修其谱牒，则邈乎相见如途人，喜不庆而哀不吊，岂知其同一本也哉？②
>
> 呜呼万物本乎天，人生本乎祖，欲志其本而不忘者其惟宗谱乎，夫谱所以著一本、达万殊，序昭穆、辨亲疏，秩然不紊瓅然可考。③

除了强调家谱在“一本”观中的作用外，还有直接按此宗法精神编修家谱者：

> 入其里而不识其为吾之族，遇于途而不识其为吾之宗者，此比皆尔也，尚芳深为之惧，究心有年。嘉靖丙辰（1556），春阳村族侄惟时来祠祭宴，言谕所及适得，我心同然。于是悉会群族，且得诸后彦以辅翌之，订其支系，序其昭穆，纪其生亡，联其婚姻，彰其行迹，载其坟墓；词畅而理明，事著而实核。笃一本之亲，不限远近于其地；兴同气之念，不择贫富于其人，总计数千余丁，编为一十一卷。④

如此一来，徽州家谱的“笃一本之亲，不限远近于其地；兴同气之念，不择贫富于其人”的观念就为徽人攀附古代名人创造了理论依据，

---

① 程敏政撰：《书河南上程氏宜振录后》，载程敏政编《新安文献志》卷二十四，景印文渊阁四库全书，台湾商务印书馆 2008 年版，第 1375 册，第 310 页。

② 查荫元等：《婺源查氏族谱》卷首《明左春坊程敏政序》，光绪十八年（1892）木活字本。

③ 姚士杰等：《荆州姚氏宗谱》卷首《姚氏世谱序》，道光二十七年（1847）刻本。

④ 程尚芳等：《古城程氏重修宗谱》卷首《休宁古城程氏重修宗谱序》，隆庆四年（1570）刻本。

徽州家谱最需要认可的地方也就自然呈现出来。清代徽人亦是如此，相较之前，此时的徽州宗族更加重视“一本”观，特别是时人认为，“吾族素称仁里孝弟传家，今何以子弟嚣凌，风俗变坏，此皆由于一本之谊不明，而无人训导故也”①。这是因为此时小宗已成徽州社会之主流，传统徽州宗族裂变地更多，迁徙范围也更加广泛，宗支之间直接联系渐次稀少，徽州宗族开始将先祖、后裔“一本”转化为宗支之间的“一本之谊”，认为其为家谱编修的核心原则：

> 万物本乎天，人本乎祖，继祖为宗，宗者为先祖主而纪理族人者也。故君子必敬宗以尊祖而收族属以从其宗，是以世家大族维宗法者，必有谱。夫为谱之要有三：上治祖祢，详其生卒隐显，重所自出也，是为尊尊之道；下治子孙书其长幼年齿，推所由生也，是为亲亲之道；旁治族人明其亲疏逖迩，辨所同类也，是为敦叙之道。三者尽而谱之义乃大备。然吾闻之，君子三年一修谱，非是则为野人，盖以年久则系易紊，族大则分易淆，不举而时修之，其尊卑昭穆间必有混杂失次而不及辨者，是以古人重修谱，使一本之谊常有以相维，而无至忽忘以视为涂人，则仁孝几乎至矣。②

对于这一原则，明清徽州士绅所修家谱中就力图获得官方对这种原则的认可，徽州宗族士绅普遍利用谱序这一阵地，通过两种方法来达到这一效果，一是延请官员来为族谱作序，二是求得士林名士为族谱作序。这一点在谱序数量结构上即可看出，如明代徽州士绅修《休宁曹氏宗谱》中有谱序 17 篇，超过半数者为官吏所作，共有 9 篇，又如清代徽州士绅查荫元所修《婺源查氏族谱》中有谱序 19 篇，其中为官吏或有功名者所作的则有 13 篇之多，占到了总数近七成，这两种方法不是绝对割裂的，而是交织在一起，共同构成了谱序中的官府认可。

---

① 查荫元等：《婺源查氏族谱》卷首《凤山孝义祠之众同校订》，光绪十八年（1892）木活字本。

② 周善鼎等：《绩溪仙石周氏宗谱》卷首《周寄寿序》，宣统三年（1911）木活字本。

一　官员谱序中的官方认可

作为传统中国社会中的特殊群体，士绅具有复杂的社会身份，相较于其他社会群体，他们往往还能具备官员或后备官员的身份。这种身份使士绅在修谱时能够利用这一特殊地位延请官员，甚至还有些具有相当权力的中央官员为其家谱作序。这种行为在明代前期徽州即有所表现，如休宁盱江程氏就曾托黄淮次子向其请序，黄淮，浙江永嘉人，字宗豫，号介庵，他是明朝内阁初创期间的重臣，“淮以宿恙久卧丘园，次子来叨厕内廷笔札之末，承南云指教良多，今年冬拜，命归省，南云寓书以增修谱序见属。重惟馆阁元老言足示信，南云未之请叩，顾乃猥及病夫，意必，追念同契冀得片言以申盟好，义难固辞，爰举世之常谈，征诸耳目见闻，序以复之”①。有些族谱编修者本身即是朝廷重要官员，在这种情况下，其族谱能够请得朝中重臣为其作序就不足为奇了。典型如范涞所修的《休宁范氏族谱》，其人为明后期徽州著名官员，官至浙江布政使。在此谱中范涞延请了曾为万历首辅的沈一贯为其作序，其文如下：

> 夫礼莫大于收族，何也？大人以天下为内，靡匪其当收者，而何止于族？达人以天地万物为外，身且置不收，而何有于族？且夫收族者，以区区一赫蹄班次之为足以收乎？抑相逢执手，娓娓谬为哀怜恭敬状，遂为收之乎？是必有提衡睦恤、饮食馈问、庆吊赠襚之仪；急难相援、疾病相持之义。而世俗又不胜往来施报之责，则空为此总总，无以也，滋伪而已，而乌乎其为收。故释氏弃人伦，离父子，绝类而尊师，舍身而存道，自谓其胸中一物不留。今之学者喜其便，借其说而张之，以合其徒。夫舍其族而合其徒，是犹有收也，一间耳。乃墨者夷之，则曰吾爱无差等，施由亲始而不难于顶踵事人，则人尽族也。身其余几，而吾儒又以为非，彼岂其悉无是邪？何为入人深，且吾之所谓收族者，无论于前二说矣。难在世俗亦不行，世俗罔不以收始，以弃终。德不能卒，不如无德。虽或谱之覆瓿，安所用。然而人人犹无不善收族者，察其情则不得志，而求援于当路则善收族窭而求资于富，则善收族；迂而漫无是非，又身在施予之外，无管钥盈虚

① 程鸣球等：《安徽十万程氏会谱》卷首《盱江程氏谱序》，嘉靖二十八年（1549）刻本。

之忧则善收族，暗而浮慕其声，捐其身以殉人则善收族；未有无悔而通行，名实符而终始契者，将扩充恻隐使妻子与四海交无怨，难矣哉。是固宜精其说而通焉。世之讲者，舍圣人而好诡，口则不身，身则不可□，为说以逃之，曰是权用也，外也。而吾内有智照者存。夫身口矛盾，权智函矢而曰：可久以为道，吾所不信。是尝自诧其智照之精矣。而犹为权用所梗，然则智安所持，而照安所归。余以为禅氏患有拣择而墨者好无差等明于患拣择之非，则知禅非，明于无差等之非，则知墨非，而后圣人之学始明。有杀、有等、亲疏咸得，而吾收族之说始行，是智/非虚/是权。非假，而口与身始一，不离从吾游者，范原易氏尝为其族谱以收族，范于休宁为甲氏，而为支三，为派七。自唐世祖观察使以来，得若而人，凡若干卷/其为书之体例有九，意良勤矣。原易又明于道，而勤于学，久与当世讲士游。余故因其乞序，而题其端。夫学术赝，则近不能行于族，而族之人，可按吾谱而还责我。学术真，则吾虽有收与不能尽收，而两不相废，恩不挠义，情不害法，人不岐已，疏不间亲；离之并美，合之两通，俪不亿以为谱，协鑫斯以合食，可也。推类而言，则四海兄弟通为一族，而无形骸之分，可也。是不独可以谱族而已也。作休宁范氏族谱序，万历丁酉（1597）秋八月。

赐进士第光禄大夫太子太保兼户部尚书武英殿大学士知制诰同知经筵国史总裁四明沈一贯撰唐观察使公二十五世孙槲谨书①

并不是只有在编修者为官员时，所修的族谱才能够获得朝廷官员的谱序，明代程序所修《休宁率口程氏续编本宗谱》中就载有明初徽州知府陈讷为其族所作之谱序，其中有言："今率溪程氏尊祖敬宗不忘所自出，可谓善矣。其后之人苟能究夫祖宗成立之难，兢兢业业力于为善，以无忝于所生而保其世业，则为程门之孝子顺孙，此谱当传之无穷矣。如其不能，又何有于谱哉？予以菲才，继元谭公之治于百世之下，流泽遗爱之在民心者，不忘益深网仰高风无能为役，兹幸得叙公裔之谱，而重之以府

① 范涞：《休宁范氏族谱》卷首《休宁范氏族谱序》，万历二十一年（1593）刻本。

篆，使足以昭当代信后人云。”[①] 这种言论与沈一贯所言，明确表示出官府对于徽州士绅修谱的认可。

这种情况在入清之后仍然存在，清代藏书家、乾隆元年（1736）进士，休宁金氏后裔金门诏在其所修的《休宁金氏族谱》中就载有当时名臣鄂尔泰与张廷玉的谱序，如鄂序：

> 稽古名臣由外藩相中国，代为列侯，以忠孝世其家者，厥惟汉秺侯日磾金公是也。予少读《汉书》，心慕其人，未知其苗裔今犹存否？适通家金生门诏，江都人也，康熙丁酉（1717）予第五弟季正，（缺文）张清恪公（讳伯行，太宗伯）同主北闱，得金生出门下，咸自喜得人，清恪顾以衣钵相授，时同榜二百余人，予独心赏之。初亦不知其家世也，性恬澹，不事干谒，屡遭困踬。圣世祖诏修《古今图书集成》，一时名士食大官厨者数千指，总裁而下董其成者数人，门诏推首。书成不言禄，辄罢去。及予司南藩，延致之，付以文墨事。既而总制滇、黔、粤三省，朝夕帷幄，每所商多中肯綮，胸中殊饶经济，非仅一老蠹鱼及行秘书而已。迨予奉诏入都，复携之行，雍正壬子（1732），世宗以《明史》久未成，下访名儒，有能专督其事者。时大学士桐城张公与予议曰非金某不可，遂同入面奏以门诏对，天颜大悦，即命礼部送至明史馆与翰林一体行事。明年诏举博学鸿词，陈大京兆首荐其名，而门诏不知也。乾隆丙辰，予奉命为会试总裁，时论皆以门诏，现在予门，主予家，必第一。及榜放，无名。乃知予两人心迹原非可以私情臆度者，时论翕然。朝廷以人才鼎盛，恐有遗珠，复命搜括，而门诏卷始从遗卷中得之，遂举进士。向使门诏果肯贬节徇人，久已得志，于时，宁待今日哉？予以此益重其人，皇上命保举翰林，予遂以门诏名上之。既得馆选，门诏乃以族谱一帙，跪而请曰：“此先始祖日磾公以迄门诏之身，六十六传之谱系也，久欲恳先生序文以为家垂光，顾自以伏在泥涂，未敢冒渎今倖徼一第，聊附谱末，庶稍稍不忝先人。敢求先生为小子叙之。”予闻而大惊且喜曰：“予欲访日磾公之后数十年矣，不图今日遇之。”遂取其谱按

① 程序：《休宁率口程氏续编本宗谱》卷首《率溪程氏续编谱序》，隆庆四年（1570）刻本。

之，则源流珠贯，支派犀分，由汉递今近二千年，阅七十世，井然洞然，了如指掌。自日磾公以休屠国王之胄入相武帝，与霍光同辅少主，赐姓金氏，封秺侯、谥曰敬，胞弟伦为侍中，其昆弟子孙皆世袭侯爵，忠孝一门，貂蝉七叶，何其盛也！嗣是代有伟人，有京兆屡迁至休宁，门诏之高祖九畴公，又由休宁迁江都，举茂才贡太学，留其第三子乡饮贵贡公，家于广陵。门诏尝以两世乡贤录及孝廉文集求序于予，乡贤录者其祖玉节公、父奇选公、叔严选公父子三人皆以孝友同祀乡贤，而玉节公复崇祀敕建忠义祠。其孝廉集则门诏胞弟殿诏以名，孝廉早夭，其所遗文稿也。其时观斯二刻，已叹金氏祖孙父子兄弟屡世孝忠之风，与夫文章道义之盛，殆可为世法矣。孰知溯其所由则自始祖秺侯以来所称，忠孝世其家，义门族其里者，固已绵远若是哉！信乎高木之必有本，而巨川之必有源也，因喜而序之，以贻来世云。

时乾隆元年（1736）岁在丙辰嘉平月谷旦诰授光禄大夫少保保和殿大学士内大臣世袭伯兼兵部尚书加十二级西林尔而泰谨撰①

张序则为：

窃闻士大夫谈论氏族之盛，必推金、张。而以金氏为冠，诚以日磾公本藩王世胄归入中朝，忠诚辅国感动人主，致子孙世膺侯爵。上自西汉下迄唐宋元明，旌以忠孝、表以义门者，屡代不绝。其衣冠人物之伟，可以亘古今、甲中外，此金氏之所以为氏族冠也。江都金生门诏，日磾公之六十六世孙也，方圣祖时纂修御书，生即膺首选，诚亲王以国士待之。初以明经选寿州广文，其时已中丁酉乡榜，生闻选即行，诚王重其才留之，未赴任，既而为忌者中伤，罢归，生固恬如也，雍正十年，皇上以《明史》久未成，访求人才孰可成此书者，予素闻金生名，鸿才绩学早著京师，且雅重其品殊高洁，欲荐之，第未一识其人，因质之大学士西林鄂公，公曰："信善哉，六十年未成之书欲责之一人，非生不可。"明日与鄂公偕入，皇上复以下询，予稽首对曰："有金某者，臣知其才，未识其人，惟大学士鄂某知之。"

① 金门诏：《休宁金氏族谱》，乾隆十三年（1748）刻本。

上以问鄂公，公对曰："臣知其才，并深知其人，只是一片赤心。"上大喜，即交礼部送明史馆，未三年，书果成。丙辰会试，予奉命搜遗卷，见有三礼策凡二千余言，心殊异之，及阅其全卷，博洽该通，湛深经术，知其必为耆儒宿学，比拆名，乃金生也，遂钦点翰林，年已六十四岁。一日捧锦囊出书二帙，跽而请曰："此家谱也，求一言以垂不朽。"予敬览之，则自日磾公受姓至今，衣冠人物绵绵不绝，忠孝旌其门，义门表其闾，谱不胜书。初望京兆，继而屡迁，今尤盛于休宁。明季其高祖九畴公乃由休宁贯扬州籍，入江都学贡成均，今家于扬者已五世，而乡贤科第复络绎相望，可不谓盛哉！按谱系由汉日磾公至唐博道公已三十六世，由博道公至今又三十余世，而谱中所载名字行谊生卒葬墓毫发不遗，予所见世家之谱亦多矣，如金氏之谱信可以亘古今，甲中外，为氏族冠，是为序。

时乾隆元年（1736）十二月吉旦赐进士第光禄大夫少保兼太子太保保和殿大学士世袭三等精奇尼哈番兼吏户二部尚书事加四级桐城张廷玉顿首拜撰①

二　士林名士谱序中的官方认可

在传统中国社会，士大夫群体与官员群体两者是一体两面的统一体。这里所说的士林名人，主要指士大夫中的某些人，他们不具备官身或离开官府岗位或文名胜于官位，是其名望而非官职为其人带来了相当的号召力。他们当中人所做的谱序虽不能直接体现官府对于士绅修谱的态度，但他们的声音一定程度上代表了官府的认可。这一群体在明代徽州表现得尤为明显，如明代著名学者汪道昆，其人是嘉靖二十六年（1547）进士，曾担任武选司署郎中事员外郎，襄阳知府，福建按察使，福建、郧阳、湖广巡抚等职，仕终兵部左侍郎。汪道昆在文坛享有盛誉，是明代著名文学家、戏曲家，其人事迹入选《明史·文苑传》。他著有《太函集》（一百二十卷），除了收录他为《灵山院汪氏族谱》写的《本宗十六族谱序》《十六族谱小序》外，还收录了其他徽州外姓家族请他作的谱序，如江氏的《天宝江氏家谱序》和《溪南江氏族谱序》、金氏的《珰溪金氏族谱

① 金门诏：《休宁金氏族谱》卷首《休宁金氏族谱序》，乾隆十三年（1748）刻本。

序》、程氏的《长原程氏本支谱序》、吴氏的《太玄吴氏宗谱序》等。在《玛溪金氏族谱序》中，汪氏就直言承认其族所建立的谱系体系：

> 金自秺侯受姓，遂以门户甲长安。其后避地吾郡中，五徙而得珰溪，乃益昌阜。元末，治中父子以用武显，多捍御功。我成祖初，御史操法廪廪，庶几乎骨鲠之臣，则皆珰溪产也。无论世有显者，即二三君子俶傥大节，视昔珥貂七叶，又何让焉！参军得谢东归，作珰溪谱。其目凡十，其义则参军所取材。珰溪为海阳隩区，其川谷多蕴借。自昔经始，协于地宜，作著居第一。其先南徙，由篁墩而白茆，由白茆而石田，由石田而洲阳，由洲阳而珰溪，皆间右也。乃今珰溪最著，望于诸宗，考卜之功，于是为烈，作遡迁第二。①

另一位明代徽州地方著名学者吴子玉，字瑞谷，休宁大鄣人，其人仅为贡生，于晚年任金陵训导，在徽州地方素有文名，“幼孤贫嗜学……尝数百里负书踏雪从师，与方司徒（方弘静）、程辰州（程廷策）同笔砚”②，后又与朱孟震、魏学礼、毛文烨、张文柱、莫是龙等人共结“青溪诗社”。其人所著《大鄣山人集》中，收录有大量其人撰写的谱序，涉及本族与外族，如《茗洲吴氏家记序》《吴氏统宗谱序》《休宁屯溪朱氏族谱序》《休宁书锦刘氏族谱序》《率口程氏续编本宗序》《休宁峡汶溪许氏族谱序》《珰溪金氏谱序》《休宁宣仁吴氏支谱序》《程典序》《珰溪家谱外传补序》《汪溪金氏族谱序》等。其中率口程氏请他所作之序中有言：

> 余读程氏谱有三事焉，其系核，其文赡，其体整，作谱者务三而已，夫悠悠世祚尚矣，远则不明，明者不远。今系祖始晋太守公元谭盖其远哉，而绳绳可朝彻正时日月可数……谱始唐岩将淘，君子以为古，由是而下，无虑数十家，有谱谍以来，鲜如其盛，所具论赡矣……篁墩太史曰：自江以南，有发难即程氏必有保障功，以故谱牒得不罹兵燹，讵不信哉？考其世德，代有达人，亢宗鸠族以垂刑

① 汪道昆：《太函集》卷二十一《珰溪金氏族谱序》，黄山书社 2004 年版，第 445 页。

② 曹嗣轩：《休宁名族志》，黄山书社 2007 年版，第 479 页。

> 范……由礼义培衍而滋其大也，然则后之续今日之谱者，虽百世可知矣！①

纵观上述所录谱序，不难发现无论这些作者的身份如何，都直接表述出了对于其所序的家谱记载内容的肯定，认同由宗族士绅所阐述的宗族谱系及其所代表的“一本”、昭穆等的秩序体系。这种肯定在不同程度上代表了明清时期官方对于徽州士绅所构建的自身宗族祖先谱系，以及其所代表的宗族秩序的认可。

第二节　收录官方文书完成官府认可

就徽州谱牒修撰的历史而言，嘉万之后，徽州谱牒开始扩容，在传统的世系与家族人物传记内容之外，大量收录家族活动的文书，这些文书当中除民间私家契约之外，还有相当部分为官府所给的印牒、禁碑等官方性质浓厚的文书。这些文书的存在是官方认可徽州士绅编修家谱、构建自身家族历史的证明。首先是直接证明物，明清徽州地方官府所给的印牒，典型的有明代正德年间婺源胡氏在纂修自身家谱时，主要纂修人族裔胡大全（乡官）和胡晟（生员）等人曾经呈请府篆，得到了官府的给示，其文如下：

> 直隶徽州府正堂张为崇本事，据歙、婺等县乡官胡大全、胡德，生员胡晟、胡浩、胡旦、胡大章等连名呈切，“缘本族自唐宣歙节度使银青光禄大夫常侍公始居清华，迨今世远子姓繁硕，居故址，迁异地，一本万流，绵延遐旷。则忧喜名利相关，多至亲为途人，罔有族谱具，载懵然无知。稽诸宋元暨我国朝，幸赖本系先贤刻意谱书，各支收掌。不幸老谱已遭兵火，十无一全。生等访求得见，充府吏胡滋家藏旧本，呈迄追给，付生翻录，惠赐印钤缝，以示悠久，不胜感佩。”等因到案，据此照得胡士夫所言，深为劝戒，笃恩重伦，教化先务。为此除外，拟合仰诸生，即将胡滋收藏老谱如式抄誊，投印钤

① 程序：《休宁率口程氏续编本宗谱》卷首《率口程氏续编本宗序》，隆庆四年（1570）刻本。

盖，以传永久，毋得因而冒作不便，须至出给者。[1]

还有就是清代徽州方氏宗族所修《歙淳方氏柳山真应庙会宗统谱》中所录印牒，家谱编修者士绅代表环岩派方善祖就在其家谱卷首直接请得徽州府为其族所构建的谱系背书：

特授江南徽州府正堂加三级纪录二次何　为恳赏印信，永光世守事。据歙县柳亭山真应庙汉黟侯后裔职监生方善祖等呈称：生等姓锡轩辕，系由炎帝，自西陵而保世滋大，历周、汉而锡祚悠隆。元老佐周，诗人歌其武烈，方望辅汉，范史表其忠良。洎乎西汉陵夷，莽新伪命望之子曰纮者先为长史，曾守河南，适丁龙战之秋，乃决鸿飞之志，徙家江左，辟地丹阳为昔歙州东乡，属今淳安西境。纮之孙尚书令黟侯曰储，东京门第，汉室名臣，束发受经，精究《洛书》《洪范》，弹冠应举，宠膺方正贤良，位荐历于九卿，爵复跻于五等。灵昭槐水，庙祀柳山。粤宋明帝太始元年，曾致大牢之祭，至宋徽宗政和七岁，复崇真应之褒，备载志书，光荣家乘，历年一千七百，阅世六十有余，有栋宇以奉先，有祀田以供祭。前明成化四年，支裔方启修成谱牒，具呈本府，准给钤印。正德八年，支裔方远宜等会同编辑，呈请南畿户部钤印一百五十三颗。岁月既久，散逸遂多，生等恐远益无征，久而就没，复集诸宗重加修纂。第专牒难以广传，唯雕本乃堪遍及，印成六十部，分布十二支，使条分派别各有其书，庶日久年深不至尽没。为此公叩宪恩，准给印牒，刊订谱首，每谱一部，赏印一颗，俾奉守敬谨，传之无穷，将感戴宏恩，垂于不朽矣。上呈等情据此为查，礼有五经，治人必先于重祭。亲惟一本，教孝必始于推恩。如万物向荣于春，既根生而枝播；等。百川朝宗于海，复汇流而导源。将似续夫古人，在重辑其旧牒。该生等志切承先心，能裕后，远求遗迹，广集群书，风流直溯乎千年，考核必严于一字。著敦本明伦之义，有敬宗收族之仁。古所称大方家，可以举风斯世；若所云贤孙子，将无共鉴兹编。本府忝守是土，乐观其成，合准印钤其书，并

① 胡鸣鹤等：《清华胡氏宗谱》卷首《事迹类考·修谱呈请徽州府给示》，民国六年（1917）木活字本。

给牒弁诸首，俾该子孙世世守承，须至印牒者。

右牒给真应庙方氏子孙永远执照

乾隆十八年（1753）二月初六日给牒押①

由上面官府所给的执照即能看出，作为官府代表的徽州知府不仅认可胡氏和方氏纂修家谱的行为，还直接认同胡氏源自常侍公、方氏源自黟侯，这种宗族内部士绅所构建的谱系，进而引申出认可这类士绅所采用的修谱原则——“一本”观念。

事实上，除了家族史所展现出的文化权力结构外，徽州士绅还利用墓地等其他形式来维护其所构建的社会秩序。由此出发，徽州士绅所撰家谱中就大量收录了相关文书，它们往往由官府给出，具有相当浓厚的官方色彩，成为另一种官方证明的表现。主要是祖墓、宗祠相关文书，它们直接与徽州宗族源流有关，是其中最有力的证明。这些文书的主要参与人大都也是地方士绅，其内容虽不是对家谱所载始祖等情况的直接肯定，但官府通过对宗族宗祠、祖墓的认可完成了对宗族始祖等情况的认定。如大阜吕氏族谱中就载有与宗族祖墓相关的文书：

直隶徽州府歙县为重修宦品坟祠事

据本县西关隅都图吕以暹、吕仲斌等，连名状告。前事缘始祖吕文仲，授南唐进士，宋侍郎御检讨使，用己财建立本州河西、兴唐等寺基宇，后世祖吕溱公，官翰林加龙图直学上，重修太平兴国一十一寺，舍田七十二亩，坐落丰沙等处；山地三十亩，坐落各寺前后，俱入寺经业，以作焚修香灯，仍存侍郎免征祠。院坛地一亩二分，及有吕云甫佥业坟茔，皆载《新安文献志》。今蒙县主大人重造县厅，蒙差义民汪让、程琦价买本家宁康寺下祖御史中丞吕开运公坟上槲木一根为县厅左边正柱，其木自宋至今。因木见坟祠久远崩塌，身等欲要修整，奈因子孙住居星散，贫富不均，难以完成，又恐无干之徒，故来搅扰损害僧寺。如蒙，准告，乞赐给示禁治，容令量力备财，整砌一新，光前显后，使子孙不失祖宗官宦之遗风，实为便益等因。抚拟此参照，系干重修宦品坟祠事，理难便准信，随拘本告族众吕以暹、

① 方善祖等：《歙淳方氏柳山真应庙会宗统谱》，乾隆十八年（1753）刻本。

吕以彪、吕彦齐等到官，赍执本宗事实、敕诰前来查审。果系宦品坟祠，志经堪载，应合听从修砌，为此除外今给帖付本告收照，督令枝下子孙量力助资修理毋得推挨，及因而生事仍仰该彼地方禁止，不许无干之徒往来，用工处所搅损害僧寺，如有此等，许令指名赴县陈告，以凭究治施行毋得违错，不便须至呈者

右仰付告人吕以暹 吕以达　吕仲斌等并地方准此

弘治十四年（1501）三月二十二日给 全印重修宦品坟祠事

知县　朱公谏　县丞王　玠

主簿黄　珣

典　缺

司吏何金①

上述文书仅是《新安大阜吕氏族谱》中普通的一件，新安大阜吕氏祖墓、宗祠的情况屡次兴讼，其中官府多有支持其族意见者。在此文书中，参与人是一般族众，但于其他文书，多为监生、生员主导此事。此是明代的情况，此种情形在清代新安汪氏中同样可见：

重修始祖墓禁碑

署江南徽州府歙县正堂加十级纪录十次刘　为环请示禁，以弭衅端，永保茔祠。事据翰林院修撰汪鸣相、翰林院编修汪元方、兴化县教谕汪燀、即用知县汪湛恩、职举汪立权、汪桂、举人汪光谦、汪春、禀贡生汪林、副贡生汪维城、生员汪芸、汪元、汪开淮、汪绍祖、汪忠淳、汪荣、汪维藩、职员汪文翥、汪徽和支丁汪日金倡捐，监生汪之遴抱呈。汪发词称：职等三十三世祖汉吴新都侯澈公暨三十六世祖晋黟县令道献公墓在一都二图，吴清山地字十五号计税九分七厘九毫。后以世祖唐封越国公崇勋蒙累朝皇朝特典免征。建祠墓前，中祀三祖神像，万裔恪奉，烝尝勿替，顾墓自晋迄今千有余岁，霪雨淋渍、倾圮塌泻，仅存尺余之地，行路罔不心伤，子姓更深目怵。今职等鸠工兴修，构石运料，诚恐该处附近无知之徒，或搅扰中途，或

① 吕仕道等：《新安大阜吕氏宗谱》卷六《吕氏负冤历朝实录》，万历五年（1577）编，民国二十四年（1935）重刊本。

窃发清夜，或日后樵苏纵其斧斤，畜牧任夫践踏，或奸强贪吉盗占阴谋，或游客逗留潜踪止宿，种种衅端，不一而足，与其中匡救于已灾，孰若绸缪于未雨，为此请示严禁，庶顽民敛迹、宵小潜踪，并恳严饬捕保，时加巡察，俾樵苏毋刈祀荫，畜牧不致戕茔，豪强无觊觎之心，祠宇得肃清之奉等情。据此合行示禁为此，示仰该图捕保及附近村民人等知悉，自示之后尔等毋得在于该处滋扰、窃害、觊觎图占，倘敢故违，许即指名禀县立提讯究，该捕保等如敢徇隐，并处不贷，各宜凛遵毋违，特示！

右仰知悉

道光十九年（1839）十一月　日示

仰勒石墓前

汪鸣相　彭泽县黄花畈族　汪元方　余杭县族　汪烨　歙城追远族

汪湛恩　歙西大里族　汪立权　歙东潭川族　汪桂　歙西堨田族

汪光谦　歙南郭岐族　汪春　歙西稠墅族　汪林　歙东丰溪族

汪开淮　歙涌塘族　汪绍祖　歙南烟村族　汪忠淳　歙南烟村族

汪荣　歙东考坑族　汪维藩　郡钟楼族　汪文翥　歙东莲川族

汪徽和　歙县学前族　汗日佘　歙东双溪师潭族

汪之遴　歙东双溪师潭族①

上述文书虽为不同种类，涉及不同族属，但通过其中的内容，不难看出，官府对于两族所宣称的宗族始祖谱系，吕氏的吕文仲—吕溱，汪氏的汪澈公—汪道献—汪华，都是认同的，这种认同与前述方氏有所不同，是通过认可宗族祖墓与宗祠的形式完成的，其虽是禁止附近人等的滋扰等情况，但也意味着对于祖墓与宗祠产业的认可，实际上就是给予了官府的承认。

① 汪鸣相等纂修：《新安汪氏宗祠通谱》卷四《祭产》，道光二十年（1840）木活字本。

第九章　士绅所修家谱的社会认同

明清徽州社会中，对于士绅所修家谱存在着广泛的社会认同。这种社会认同体现在两个方面，一是在当时社会里，对于所修成家谱地位的认同，及其表现出在宗族内部的神圣性；二是在士绅群体内部对于家谱编修行为的认同，乃至产生的社会责任感及其扩散，成为明清徽人的整体性认识。正是这两种情况构成了以家谱认同为核心的社会风尚。而这种社会风尚也正代表了士绅所修家谱的社会认同。

第一节　明清徽人对于家谱地位的神圣性认识

在明清徽人看来，家谱首先等于家史，其表现就是屡屡出现的“家之有谱犹国之有史”，这种基础性定位的出发点较多，较为普遍的是认为家谱的基本功能与国史相同，具有认识家族过往的功能，“国无史无以知世代之迭更，家无谱无以知祖宗之源流”①，“国非史则事实不著，家非谱则源流不明”②。在此基础上，此时的徽人深入发展了其对家谱的认识，逐步将家谱的地位推向神坛。这种认识的出发点就在于家谱被赋予了更多的现实功能性，其中首先即是敬宗收族，其次即为辨析亲疏，最后还要治理家政。事实上这三者的存在也是宗族士绅主动推动的结果。这三大功能与家谱的神圣存在互为表里，一体两面，既是家谱神圣存在的目的，也是家谱神圣存在的条件。

一　敬宗收族

在明清徽人看来，家谱编修的主要目的之一就是敬宗收族，这一点首

---

① 曹诰：《休宁曹氏统宗谱》卷首《曹氏家谱后序》，万历四十年（1612）刻本。

② 程士培：《新安程氏统宗补正图纂》卷首《新安程氏统宗补正图纂大成序》，康熙二十四年（1685）刻本。

先是由"一本"观念所派生的，即其基础就是家谱的史学功能：

> 一本为万殊，万殊仍归一本，脉络分明，渊源有自。是殆如山之奇特，莫不祖昆仑；水之停蓄，莫不祖天一。知其合即知其分，可以涣即可以汇，由近而远、由亲而疏，雍雍乎不几普一族之众于大同，而非徒各祖其族、各宗其宗，以联为一体也哉？此可知收族之至意，究未始不寓于尊祖敬宗中也！其敢或忽乎，仁与孝与，尽追远之义与，余又何能焉？夫亦惟念一脉相承。①

同时，这一时期徽州宗族因仕宦、工商等等缘由不断裂变，血缘关系逐渐淡薄，特别是宗族内部未有文化者，更是表现突出，"子姓散处城乡，其支丁繁衍，有土著以安身者，尚可于一脉之传互相传记，而又有一二读书之士修明支谱，以备稽查，故鲜遗错。至于僻处山陬，村三五户，户三两。丁或一二世而往传，或一二传而他徒，其存者零丁孤苦，素未读书识字，间以先世名讳，茫然不知，复无所征信"②。"敦本睦族，士君子之盛德也。顾世远则人众，人众则势涣，渐涣渐久，愈久愈涣，则同气不免如路人，而犹望其休戚相关，无是事矣。"③ 除此之外，当时徽州宗族内部并非一派和谐的景象，"异姓之人卒然遇诸涂，利害气势莫能相及，其欢娱忧戚随见容色，而为同宗则反不然，贱而卑者或凌之，贵而富者或嫉之，因其凌与嫉之心生也，而宗族以暌至其极则兄弟不相宁者多矣。"④在这种情况下，徽人普遍认为，唯有通过编修家谱才能有效避免情况的恶化，"尊祖故敬宗，敬宗故收族，收族之法，莫若辑谱"⑤，"人莫贵乎知本，本之不务，其余不足称矣。父母者身之本也，由父母而及祖，由祖而及祖之所自出，又本之本也，笃近而不忘远，其惟谱乎？"⑥ 并认为家谱

① 程耀、程阑芳等：《程氏族谱·源流序》，道光十二年（1832）敦睦堂刻本。

② 方树：《城南方氏四修宗谱·续修谱序》，民国八年（1919）木活字本。

③ 查荫元等：《婺源查氏族谱》卷首上《黟县珠川元常公支谱序》，光绪十八年（1892）刻本。

④ 洪定渭：《歙西王充东源洪氏宗谱》卷首《谱说引》，乾隆二十一年（1756），刻本。

⑤ 戴尧天等：《休宁戴氏族谱》卷首《嘉靖戊午戴章甫序》，崇祯五年（1632），刻本。

⑥ 查荫元等：《婺源查氏族谱》卷首上《黟县珠川元常公支谱序》，光绪十八年（1892），木活字本。

完成之后，自然能够达到敬宗收族的功效，“谱之成必有……家声之阀阅，族姓之繁衍与夫尊祖敬宗收族诸义”①。进而导致时人认为家谱乃是“尊祖敬宗收族之第一事也”②。

二　辨析亲疏

受新安理学影响，徽州士绅所采用的辨析亲疏手段，实际上是由两大部分组成的，一是序昭穆，二是辨尊卑，正是要达到确定宗族内部等级秩序的目的，最终“使名分正而彝伦叙，宗族睦而礼义敦，千载犹一代，九族犹三亲”。③ 这种明确的差序格局认识在明清徽州社会极为普遍。特别是当宗族出现支派繁多的情形时，尤为明显，如徽州程氏：

> 伊古以来得姓受氏之家不知凡几，世之门祚衰微者无论已，故家大族莫不以修辑谱牒为要图，彼岂真不惮其烦哉？诚以谱牒不修，上无以发德之馨香，下不足为后人之矜式也。况我程氏久称望族于新安……然都官《统宗》纷为聚讼，迨康熙辛亥岁辑有《世谱正宗》，别派分支，订讹辟谬，篁墩宗祠之谱至是而遗憾毫无，亦云备矣。诸派虽人丁多寡不同，亦莫不各有支谱……惟予家自绩而徙休南璜溪迄今又数世矣，虽未能骤开大族，然至休宁亦发百数十丁，现在已经数处分居，若不将宗谱重修，恐涣散之易多遗失。④

又如徽源查氏：

> 谱书之设也，藉以载先世之源流，垂昭穆之统绪，关乎子姓者匪轻，不可漫焉忽视也。夫兴思仁孝者，必稽其水木所自出，而晰支派之攸传，澄澈本末，参核详明，庶无愧于心焉。⑤

① 汪昌礼：《汪氏宗谱》卷首《前续修宗谱序》，光绪十三年（1887），木活字本。

② 查荫元等：《婺源查氏族谱》卷首《明处士裔孙文锦序》，光绪十八年（1892），木活字本。

③ 毕济川：《新安毕氏会通族谱》卷首《正德三年毕文琛序》，正德四年（1509），刻本。

④ 程步云等：《绩溪璜上程承启堂世系谱·程氏宗谱序》，宣统三年（1911），木活字本。

⑤ 查荫元等：《婺源查氏族谱》卷首上《福亭蓝轩公支谱序》，光绪十八年（1892），木活字本。

特别是家谱中将族内士绅与一般族人区分开来，形成明显的族内界限，“元谭以下，彦赟以上，历六朝五代，世序绵远、人物炳蔚，氏族之大岂惟最新安，且最天下，若槐塘特二十八派之一派耳。自延坚以至今日七百余年间，子姓之繁、科第之盛、爵位之尊显、功名德业之隆厚，按图考实，巍然成一大宗意者”①。正是这种明确点出科第之盛、爵位之尊显、功名德业之隆厚的情形，使徽州宗族内部血缘亲疏成为等级的附属。

三　治理家政

明清时期徽州家谱走向神坛的重要一环，即是宗族士绅赋予其治理家政的指导地位。赋予这种指导地位的缘由在于士绅所怀有的治家平天下的志愿：“家之有谱，犹国之有史也。国而非史，则君臣之贤否、礼乐之污隆、刑政之臧否、兵机之得失、运祚之兴衰、统绪之绝续无由以纪；家而非谱，则得姓之源流、支派之分别、昭穆之次叙、生卒之时月、嫁娶之姓氏、出处之显晦无由以见。国何以治，而家何以齐哉？”② 这种指导地位首先表现在对于国家正统意识形态的服膺。其中包括两点：一是对于仁孝等思想意识的阐述，对于这一点，明清两朝徽人均有所表达，如明代所修《休邑吴氏族谱》中有言：“或有问于余曰：‘族谱何为而作也？’余应之曰：‘孟子曰亲亲而仁民，仁民而爱物。书曰克明峻德，以亲九族，九族既睦，平章百姓，百姓昭明，协和万邦，黎民于变时雍。故家旧族，谱系不明，记录不备，袒绕之亲相视途人，亲睦之道不几于废弛，况欲仁民而爱物乎？此族谱之所由作也。’”③ 清代《婺源查氏族谱》中也有类似的表述：“谱书之设也，藉以载先世之源流，垂昭穆之统绪，关乎子姓者匪轻，不可漫焉忽视也。夫兴思仁孝者，必稽其水木所自出，而晰支派之攸传，澄澈本末，参核详明，庶无愧于心焉。”④

此时的徽人，特别是编谱之士绅甚至将这种仁孝之义直接与王朝最高统治者的意志联系起来，如许登瀛就在家谱中有言，“古先王立大宗小宗

① 程启东等：《槐塘程氏重续宗谱·槐塘程氏显承堂重续宗谱序》，康熙十二年（1673）刻本。

② 吴如彬：《昌溪太湖吴氏宗谱》卷首《双峰居士叙》，乾隆三十年（1765）刻本。

③ 吴如彬：《昌溪太湖吴氏宗谱》卷首《伟芳公叙》，乾隆三十年（1765）刻本。

④ 查荫元等：《婺源查氏族谱》卷首上《福亭蓝轩公支谱序》，光绪十八年（1892）木活字本。

之法，俾臣民家自为教，而孝弟之率必先，宗子之规必谨，以成道一风同之盛。国朝列圣相承，重熙累洽，我皇上日以仁孝治天下，敦宗睦族，颁谕谆详，生逢盛世，自应仰体推恩锡类之深仁，俯笃木本水源之至谊。是则家谱之修明，非特教孝，兼以作忠，为人臣子亦安敢不兢兢襄事哉？”①部分家族则直接将朱元璋的《圣谕六言》及后来清康熙《上谕十六条》、雍正《圣谕广训》等直接反映帝王意志的内容予以收录与肯定。在明代《休宁范氏族谱》即直接采择《圣谕六言》：“圣谕当遵‘孝顺父母，尊敬长上，和睦乡里，教训子孙，各安生理，毋作非为’，这六句包尽作人的道理，凡为忠臣，为孝子，为顺孙，为圣（盛）世良民，皆由此出，无论贤愚，皆晓得此文义，只是不肯著实去遵行，故自陷于过恶，祖宗在上，岂忍使子孙辈如此。今于七族会祭统宗祠时，特加此宣圣谕仪节，各宜遵听理会，共成美俗。”② 宣统三年（1911），程步云在纂修《绩溪璜上程承启堂世系谱》时则将《圣谕广训》立于谱首，内容为：“敦孝弟以重人伦，笃宗族以昭雍睦，尚节俭以惜财用，隆学校以端士习，和乡党以息争讼，重农桑以足衣食，黜异端以崇正学，讲法律以儆愚顽，明礼让以厚风俗，务本业以定民志，训子弟以禁非为，息诬告以全善良，诫匿逃以免株连，完钱粮以省催科，联保甲以弭盗贼，解仇忿以重身命。”③

二是具体阐明家谱在家族内部事务处理上的指导作用。首先，明清徽人对家谱和家政两者间关系进行了论证，如明代《黄石重修族谱叙》中有言：

自古族何以重，以受姓之始祖重也，若龙门令之自叙而必本诸颛顼，三闾大夫之作《骚经》而必本诸高阳是也。祖何以重？以继宗之有人重也。若荀氏之有群星而称社，谢氏之有群玉而称树是也。而人何以重？以政重也。若闵氏之以孝，姜氏之以友，韦氏之以经术，石氏之以行谊是也。则区区一谱何足为族之兴替也？然不有谱则无以得其世系之所从来与其支分派别，而为之尊祖敬宗，而为之收族。故孔子曰：“我观夏道，杞不足征也。”谓政也，不知谱，安知政

① 许登瀛：《重修古歙东门许氏宗谱》卷首《重修宗谱自序》，乾隆十年（1745）刻本。

② 范涞：《休宁范氏族谱·宗规》，万历二十一年（1593）刻本。

③ 程步云等：《绩溪璜上程承启堂世系谱》，宣统三年（1911）木活字本。

也……以后嗣裔浩大，华胄蝉联，或直节之满朝，或丰功之盖世，而孙枝茂盛，家有塾、党有庠，春秋以礼乐，冬夏以诗书，亦知家政为绸缪矣。第律度已远，典则难恒，而昔时尚忠之遗意未必家弦而户诵，惟此谱明，而水木本源之念起，于其聚之以族而弗别，而人知有同于是，有大宗、有小宗、有继别、有继祢，有上治、有下治、有旁治，而人知有辩。睹恩纶封敕而人知有忠，睹庙貌祀典茔阡志表而人知有孝，睹勋贤宦绩而人知所以振簪缨，睹著作典籍而人知所以绍文献，自是而分以相维，恩以相洽，而操八仪，以表五宗，以比三族。孔子曰："与其托诸空言，不如见之行事也。"则此谱关于家政不小也。[1]

其次，此时徽人论证了家谱达到梳理家政目的和方式，即从立德、立功、立言三者出发进行家谱编纂，在《休邑吴氏族谱》中便有这种论证：

余闻之，鲁叔穆子曰："太上有立德，其次有立功，其次有立言，虽久不废。"而故家大族之所以久而晟者可知矣。要其始，盖原于一人之身立其德也，德者，本也，莫大于仁义，祖宗以是启之子孙，以是继之推而为功业，发而为文章，绳绳蛰蛰，卓然特立于天下，则足以亢其宗而垂裕于后世矣。吴氏受姓命氏以后稷为所出之祖，以泰伯为得姓之祖，泰伯作传位于仲雍……吴子孙之视祖宗水木之本源也，培其本以滋其末，浚其源以达其流，则统宗有法，传历百世千世，愈久而德愈晟，其有穷乎哉。[2]

再次，徽人还认识到家谱在梳理家政与治理国家间的双重作用，正是如此，才使徽州家谱更为神圣，特别是在一些管理具体事务上的作用，如维护儒家纲常，明代徽人方弘静就认为："郡之久安也，非徒以险阻足恃也。由内之纪纲不弛，足以维之耳。纪纲之系于治乱，非世所习言乎！"[3]而家谱能够维护"内之纪纲"，通过家谱可以"使恶者有所惩，吉凶相

① 洪出远：《桂林洪氏宗谱》卷首《黄石重修族谱叙》，民国十二年（1923）铅印本。

② 吴如彬：《昌溪太湖吴氏宗谱》卷首《纯一之先生》，乾隆三十年（1765）刻本。

③ 方弘静：《素园存稿》卷十七《郡语》下。

告，患难相恤，疾病相扶；孝弟行于家，则身修而家齐，忠义行于国，则国治而天下平”[①]。又如实施族内教育，“谱牒注先世历代勋德，使后人触目，资禀慧者奋激诗书昭兹祖武，资禀庸者亦耕商服艺无忝所生，如不服职艺谓之堕祖，即削之家乘之外不以为泰”[②]。特别是强调家谱是国家赋税之证明，“家之有谱，犹国之有籍乎，其为大小、繁简虽殊，以纪人数一也；顾国家之籍惟稽登税之由，以定赋役之准已，尔若家之谱则本世系、溯源流、明长幼、别亲疏”[③]。还可以教育族人交纳赋税，“赋役当供：供以下事上，古今通谊，赋税力役之征，国家法度所系，若拖欠钱粮，躲避差徭，便是不良的百姓，连累里长，恼烦官府，追呼问罪，甚至枷号，身家被亏，玷辱父母，又准不得事，仍要赋役完官，是何算计，故勤业之人，将一年本等差粮，先要办纳明白，讨经守印押收票存证，上不欠官钱，何等自在，亦良民职分所当尽者”[④]。

正是由于家谱有着这三方面的功能，使得在明清徽人看来，家谱为宗族之根本，“纂前垂后，关系甚大”[⑤]，也是社会公认的珍贵文献，“新安以世族为贵，世族以谱牒为重”[⑥]。家谱的这种神圣性可以从明清徽人对家谱的态度中展现出来，如在领谱时举行仪式，《新安休宁金氏合族通谱》就载有仪式时对族众训词：“凡我族众，敬听无哗，金氏族谱，百代莫加，上追孔孟，窃附世家，休屠王子，荷帝褒嘉，封侯赐姓，光烈辉赮，世名忠孝，史臣叹嗟，始终汉室，奕叶无瑕，晋唐代兴，祖烈匪遐，传至休宁，瓞绵于瓜，衣冠伟赫，灿云炳霞，颁此谱系，确考无差，积金伊万，宁足矜夸，藏兹家乘，其富已奢，珍于四库，宝于五车，为家之光，为国之华，垂千百禩，永永无涯。”[⑦] 同时也对家谱文本进行妥善保管，《茗州吴氏家记》中有言，“不肖当龀齿，先隐君指所藏之箧，谕不肖曰：‘此余生平所摭录，而当慎藏之，勿放失也。’则负兹

① 毕济川：《新安毕氏会通族谱》卷首《休宁闵川毕氏重修会通世谱序》，正德四年（1509）刻本。

② 洪定渭：《歙西王充东源洪氏宗谱》卷一《凡例》，乾隆二十一年（1756）刻本。

③ 程启东等：《槐塘程氏宗谱》卷首《槐塘程氏宗谱序》，康熙十二年（1673）刻本。

④ 范涞：《休宁范氏族谱·宗规》，万历二十一年（1593）刻本。

⑤ 吕继华：《新安吕氏宗谱》卷五《族谱总论》，民国二十四年（1935）重刻本。

⑥ 程尚芳等：《古城程氏重修宗谱》卷首《阳村程氏支谱后序》，隆庆四年（1570）刻本。

⑦ 金门诏：《新安休宁金氏合族通谱》卷二十六《领谱训辞》，乾隆十三年（1748）刻本。

之命，嫘嫘然孤，特在忧病之中，莫之省竞，逮稍知就奇觚，肤箧而跪阅之，故族之牒籍”[①]，并对家谱的观看场所有着明确的规定，“凡我同盟领谱之后，珍藏于家，时自展阅，庶知源流而思亢宗保族之道，非以眩观美也，无许携至茶坊酒肆以亵此谱”[②]。足以见徽人对家谱的重视。明清徽人为保证家谱文本在每户中都得到相应的对待，特地限制家谱的刊刻数量，“从来宗族之谱，其部数每有定额，如过溢其额则患其数多，数多则流散纷纭，藏之者既不什袭而珍，且恐或有子孙不肖者易以转售他人，将有异族顶冒之弊。而过隘其额又患其数少，数少则本族诸大房不克遍给，而得以见谱者寡，不得见谱者多矣，不亦有谱如无谱乎？”[③] 并且要求时常检查，“凡领谱者宜敬慎收藏，每年冬至祭始祖之日，各领谱者将谱送祠，逐号查看，用年庚印毕，仍照号领回。如有推委外出及托事故不如期送祠者，以违族例议罚，仍另期请族长并领谱之家对号用年庚印，至迁居外地者不便查看，亦不得私与不相系属者，滥相联宗，致违族例”[④]。其目的就是：“我伊川公尝有言曰：收宗族、厚风俗，使人之不忘所自出者谱系是也，则谱之为重岂不彰明较著哉？故编立字号，分给各房，使皆什袭而藏之，毋致风飘雨洒、虫蠹鼠伤，斯历久如新，俾后之人开卷了然，有以动其尊祖敬宗之意也。”[⑤] 最后达到各家对家谱“各宜珍袭，勿致损坏”[⑥] 的目的。

除此之外，此时的徽人展现出一系列的措施来保护家谱所具备的神圣性。这些保护措施有着明确的针对性，就是确保家谱的真，除在编纂之前就已有造假之缘由外，在家谱编纂过程中，很难有伪造的机会[⑦]，但在刊刻时，宗族往往假手外人，自然也就产生了伪造的空间。针对这种情况，徽人会在家谱中记载刻工之姓名，如《绩溪积庆坊葛氏族谱》就专门列

---

① 吴子玉：《大鄣山人集》卷九《茗洲吴氏家记·序》，《四库存目丛书》集部第141册，第363页。

② 戴鸿儒：《绩溪东关戴氏宗谱·宗谱跋》，光绪十五年（1889）活字本。

③ 洪昌：《江村洪氏家谱》卷末《跋》，雍正八年（1730）刻本。

④ 孙家晖：《古筑孙氏家谱》卷一《凡例》，嘉庆十七年（1812）刻本。

⑤ 程梦诏等：《安徽程氏族谱》卷首《领谱字号》，万历元年（1573）刻本。

⑥ 洪昌：《江村洪氏家谱·家谱号数》，雍正八年（1730）刻本。

⑦ 这是由于明清徽州家谱在演进过程中，逐渐发展成为族内公开的项目，有些家谱还是群体合作所修成的。

出了锓梓者的名单：即“歙西虬村黄钟、黄镃、黄链、黄锋、黄锐、黄铅、黄邦用”[①]。而明嘉靖年间所纂修《新安琅琊王氏统宗世谱》不仅将刻工姓名标出，“刊刻：黄镃、黄锐、黄铅、黄时镇、黄邦用、黄金弋、黄镗、黄金夫、黄仲元”[②]，更是将所用刻板全部列出，计有“附录各房人丁板张数于后：孝字号一百四十板，六万一千五百三十五字，二千六百四十三人；悌字号一百五十二板，六万一千零六十八字，二千九百八十五人；忠字号四十三板，一万三 千二百九十字，一千五百六十三人；信字号六十板，二万四千三百四十一字，一千五百二十六人”[③]。这种将刻工与刊版辑入的目的就是为了防伪，祁门善和程氏就规定，“是谱页数、字号逐卷顺序编定，并无重页，如又几前、几后、几之类；每页二十二行，每行二十五字，字字相对，高下有伦，俱是一手写出，并无异笔及添插减除，参差不齐”，进而参照刻工姓名，便可检查出“有插页、插行、插字、改字等弊”[④]。同时家谱在刊刻完毕后，徽人还会将刻板毁去，“谱刊成印毕即毁板”[⑤]，“谱成散讫后，原板俱削，以防私伪”[⑥]，“刻谱告成，印装三十五部，取刚、健、中、正、纯、粹、精七字各五号，编定收藏，主名、原板即与销毁”[⑦]。在刊刻过程中防伪外，明清徽人更为重视谱成之后的防伪工作，这种工作的由来表面上看是当时徽州宗族内部有人私自出售家谱，如明代景泰和嘉靖年间，婺源清华胡氏宗族就曾两次遭遇家谱被私售的情形，举族惊骇，并付诸诉讼，重新修谱[⑧]，其背后代表的却是明清徽人对于家谱的神圣情感。正是出于这种情感，明清徽人采取了如下的措施：

一是确定领谱字号，如明代徽州三田李氏就强调，“谱成之日，凡各

---

① 葛文简：《绩溪积庆坊葛氏族谱》卷首《葛氏重修族谱职名》，嘉靖四十四年（1565）刻本。

② 王一麒等：《新安琅琊王氏统宗世谱》卷首《各房领谱字号》，明刻本。

③ 王一麒等：《新安琅琊王氏统宗世谱》卷首《附录各房人丁板张数》，明刻本。

④ 程兆崧等：《祁门善和程氏谱》卷首《凡例》，乾隆十二年（1747）刻本。

⑤ 胡陆秀等：《考川明经胡氏统宗谱》卷首《凡例》，道光九年（1829）木活字本。

⑥ 戴尧天等：《休宁戴氏族谱》卷首《凡例》，崇祯五年（1632）刻本。

⑦ 不详：《徽城杨氏宗谱》卷七《祭祝称呼及领谱名号附》，崇祯三年（1630）刻本。

⑧ 详见郑小春《明清时期徽州谱牒的编修、防伪与秩序维护——以民国〈清华胡氏宗谱〉为中心》，《社会科学》2012 年第 8 期。

田支派应散谱若干部，以千字文编号，拈阄填注某字号，某房收掌，挨次类编，刻列谱末，然后装订成册，照号给散，以便查考”[①]，《新安琅琊王氏统宗世谱》中则规定，“各房领谱字号：应斗独以宗字为号者，非敢僭逾也。盖欲执此以为注。凡领者俱将所得号名之下空白处，中摺压于宗字同号名下空白上，钤以印刷图书。其领者惟本名下有后半面钤记，余皆空，宗字本则号号下皆有前半面钤记，皆所以防诈伪也”[②]。清代许登瀛亦直言，“恐滥给滋弊，必编订字号，某人领某号一部，通计合族所领数目刊订谱中，然后颁发，以杜异日假伪之弊”[③]。

二是惩罚私售家谱，如明代休宁范氏家族就对私售家谱者严惩，“或有不肖辈鬻谱卖宗，或誊写原本，瞒众觅利，致使以赝混真，紊乱支派者，不惟得罪族人，抑上得罪祖宗，众共黜之，不许入祠，仍会众呈官追谱治罪”[④]。歙西《王充东源洪氏宗谱》的规定更为详细：“宗谱刊成散给，每部编某字号注付某派某世某人收执名下，公用图记，宗祠内照编存底，以便会合稽查。日后如有图记昏错及谱号内无名、虽有名而非的（嫡）派收执者，非系假伪，即系私鬻。又恐有不肖子孙于散给此谱后，或奉守弗谨而失之，或贪图重利而鬻之，如此者会众共声其罪，追还原谱，仍削其名。”[⑤] 宗族往往通过固定时间的检查来进行相关的查看，绩溪东关戴氏规定各支房于每年腊月出示家谱“以验世守”。礼村戴氏规定每年清明之日是戴氏宗族的验谱之日，“谱牒告竣，给发子姓，更恐遗失，梓成刷印装其若干部，每部计几卷，编列字号注明某给某分某人收执，自领之后，每岁清明日，远近子姓各带宗谱第一本投祠验核，有鬻典者一经查出，治以不孝。”[⑥]

第二节　明清徽人对于修谱行为的普遍认可

在明清徽人看来，家谱编修既是宗族内部的大事，“古人制礼莫大于

① 李芸等：《三田李氏宗谱》卷首《凡例》，咸丰元年（1851）木活字本。
② 王一麒等：《新安琅琊王氏统宗世谱》卷首《各房领谱字号》明刻本。
③ 许登瀛：《重修古歙东门许氏宗谱》卷末《跋》，乾隆十年（1745）刻本。
④ 范涞：《休宁范氏族谱·统宗祠规》，万历二十一年（1593）刻本。
⑤ 洪定渭：《歙西王充东源洪氏宗谱》卷首《凡例》，乾隆二十一年（1756）刻本。
⑥ 戴国忠等：《礼村戴氏统宗谱·凡例》，光绪三十四年（1908）木活字本。

宗族，宗族之辨莫先于谱牒”[①]，也是宗族得以存在并延续的关键，“立族之本，端在修谱”[②]。这种认识首先存在于宗族内部士绅，特别是受到理学思想影响的知识人群体中，如郑玉就亲自实践修谱：“郑姓居歙，号称繁衍，以姓名村者四五处，然村自为谱不能相通。按吾家谱始迁自睦，居城北之栗村，历数世，又迁城西之官塘，高池府君始迁今居……取高池府君而下至族之曾孙凡十五世，辑为此图，刻之先大父墓碑之阴，使我子孙苟知溯流寻源，尊祖睦族之义。”[③] 正是这种家谱编修的责任感，驱动徽人进行家谱编修。至明清时，这种责任感的范围不断扩大，家谱编修行为逐渐被社会所认同，最终形成“三世不读书，三世不修谱，则流为小人”[④] 这种社会心态。这种社会心态的源头在于对于家谱编修的必要性认识，即家谱编修的迫切感，与家谱修成之后的荣誉感。

一　家谱编修的迫切感

家谱编修的迫切感由来于明清徽人对于家谱地位的认识，这种认识由来于家谱与宗族地位息息相关，“自宗法废而先王所以睦族之意竟不可见，独赖谱系之存，世数犹可考也。然非大家宦姓声势足以动其乡州，德泽足以及于后世者，则又不久而辄亡之，使其子孙服未尽而已为途人，岂不重可叹哉”[⑤]。正是出于这一点，才会有“史不可不读，谱不可不修也”[⑥] 的迫切感。从明清徽州家谱中可以明确看出这种紧迫感的普遍存在，其多认为家谱不修将带来极为严重的后果。

首先是认为家谱不修必然导致宗族内部等级秩序紊乱，进而破坏一本之谊，“从来敦本睦族莫贵乎有谱，谱其可不勤修哉？顾谱不修则无以敦本睦族，而不敦本睦族亦有难于修谱者”[⑦]。“国有史，邑有志，家有谱。家之有谱，所以尊祖收族而维大小宗之法于不废也，使阙而不修，则人不

---

① 曹诰：《休宁曹氏统宗谱》卷首《曹氏谱书序》，万历四十三年（1615）刻本。

② 王德藩等：《盘川王氏宗谱》卷首《凡例》，民国十年（1921）本。

③ 郑玉：《师山集·遗文》卷一《郑氏石谱序》。

④ 查荫元等：《婺源查氏族谱》卷首《明儒学教谕陈简序》，光绪十八年（1892）木活字本。

⑤ 郑玉：《师山集·遗文》卷一《方氏族谱序》。

⑥ 曹诰：《休宁曹氏统宗谱》卷首《休宁曹氏统宗谱序》，万历四十三年（1615）刻本。

⑦ 程鉴冰、程锡范等：《程氏族谱》卷首，道光十二年（1832）刊本。

明于一本之谊，五服之后将有以小加大，少陵长而不自知者。”[①] 清代徽人更认为应当将家谱与宗祠结合起来，方有可能巩固一本，华有恒在《歙西王充东源洪氏宗谱》有言：“报本追远、敬宗收族，唯建祠修谱为先务之当急。新安民多聚族而居，其族之著者必有祠。岁时伏腊，子姓将事其中，庸庸秩秩如一体相属，至或侨寓分郡已数世矣，偶值故乡同姓者一询世次，而伯叔弟舅相称谓，蔼然如同室之亲，何风之厚耶？然其谱牒收而渊源易合，何以得专欤？……夫谱系不明，则世次紊，而祠中之昭穆莫由序，故修谱之任不得后于建祠。”[②] 这种认识是有其理论出发点的，明儒程敏政有言：“宗谱之修所以辩氏族定世次，使子孙知其本也。盖天下之物各有本，子孙本乎祖宗，犹水之本于源，木之本于根也。世代远而宗族众，众则疏，远则忘，必然之理也。苟不修其谱牒则邈乎，相见如途人，喜不庆而哀不吊，岂知其同一本也哉。”[③] 清代徽人的认识更为清晰：

> 万物本乎天，人本乎祖，继祖为宗，宗者为先祖主而纪理族人者也。故君子必敬宗以尊祖，而收族属以从其宗，是以世家大族维宗法者必有谱。夫为谱之要有三：上治祖祢，详其生卒隐显，重所自出也，是为尊尊之道；下治子孙，书其长幼年齿，推所由生也，是为亲亲之道；旁治族人，明其亲疏逖迩，辨所同类也，是为敦叙之道。三者尽而谱之义乃大备。然吾闻之，君子三年一修谱，非是则为野人，盖以年久则系易紊，族大则分易淆，不举而时修之，其尊卑昭穆间必有混杂失次而不及辨者，是以古人重修谱，使一本之谊常有，以相维而无至忽忘以视为涂人，则仁孝几乎至矣。[④]

正是这种“忽忘以视为涂人”的心态反映出明清徽人在家谱编修上所拥有的紧迫感。家谱修纂者、明代士绅程尚芳修谱时，就直接表现出了

① 查荫元等：《婺源查氏族谱》卷首《国朝江西会昌县知县李桓序》，光绪十八年（1892）木活字本。

② 洪定渭等：《歙西王充东源洪氏宗谱》卷首《东源洪氏宗谱序》，乾隆二十一年（1756）刻本。

③ 查荫元等：《婺源查氏族谱》卷首《明左春坊程敏政序》，光绪十八年（1892）木活字本。

④ 周善鼎等：《绩溪仙石周氏宗谱·周寄寿序》，宣统三年（1911）木活字本。

这种心态：

> 入其里而不识其为吾之族，遇于途而不识其为吾之宗者，比比皆尔也，尚芳深为之惧，究心有年。嘉靖丙辰（1556），春阳村族侄惟时来祠祭宴，言论所及，适得我心同然。于是悉会群族，且得诸俊彦以辅翌之，订其支系，序其昭穆，纪其生亡，联其婚姻，彰其行迹，载其坟墓；词畅而理明，事著而实核。笃一本之亲，不限远近于其地；兴同气之念，不择贫富于其人，总计数千余丁，编为一十一卷。①

明儒程文直还批判了若不重视家谱，其后果必然会动摇一本，“谱也者，所以示一本也，定亲疏，维远近，敦孝敬，莫近于谱。而士大夫往往忽之而不讲，或讲之而不甚急，何哉？是使子孙相率而为涂人也。程氏受姓以来枝分蔓衍，南宗北族，诚若风马牛者，一旦合堂同席而坐，虽百世之下，四海之远，犹曰吾宗人也，情谊之厚，蔼然如一家，岂非以谱之可寻邪！若汾阳之拜墓、梁公之辞像、子骞之华胄、杜固之异族，此皆谱之不明而昧夫一本之义者也。”② 正是出于这种宗族一本的观念，明清徽州士绅在修谱时才具有如此强烈的紧迫感。

其次是家族发展变化所带来的紧迫感。明清时期徽州宗族社会发达的另一面代表是宗族的裂变与分化，在这种社会环境下，宗族所面临的情况极为复杂，对于家谱的需求也就变得更为迫切。这种情况有着一定的特殊性，但也是家谱纂修紧迫感的由来。特别是当宗族家谱长久未修时，这种紧迫感更为强烈，并成为族内共识。以槐堂程氏为例，此族在修谱之时由族内各支房，下府新宅、乐善堂、上府、世恩堂、孝友堂、正府上门、正府下门、槐阴堂和敦余堂等联合发布公书，从中即可看出这种紧迫感：

> 重续宗谱通族公书
>
> [顺治九年（1652）七月初一日]
>
> 我程氏之有谱由来旧矣，其最著者在唐有淘公谱，在宋有祁公

① 程尚芳：《古城程氏重修宗谱·休宁古城程氏重修宗谱序》，隆庆四年（1570）刻本。

② 程敏政：《新安文献志》卷二十四《书河南上程氏宜振录后》。

谱，顾历代既远，取证无从。明正统中有孟公会通一谱，稽往牒，参舆论，事核而文，一时宗子翕然归之无异辞焉。孟公生处槐塘，虽称远揽，然会而通之者固多，其未会通者毅然阙之不加详焉，盖其慎也。后百年而司徒功公纂续其事，断自槐塘迁祖为始，前考世系之所承，后列支派之所分，无收赝鼎，无紊昭穆，隆一本而亲九族。迄六十余年，无有路人其同枝者，皆谱之力也。今世次浸成阔疏，生齿日益繁衍，若不踵前谱而增缀焉，将族之逖处者连袂无由，虽乡之密迩者交臂或失。不独此也，祖考之勋名、节义、道德文章，远可镌诸国史，近反遗诸家乘，奕世而后子孙末由考其行实，邂逅询之莫知所对，良可恫也。

顷因建祠之举，集我槐里分出各派，谋醵金钱，共襄旷典，遂念祠名统宗，所以合漠而萃涣也，与修谱之役，敬宗睦族同条共贯，两者兼行，烈祖实式灵之。各派子姓虽处异域，欢然若聚一堂，岂不甚盛矣哉。

先是建祠已经移书各省郡邑，人心响应，业有其绪，可冀观成矣。兹修谱伊始，须仗各派诸公各相联络，逐一开明，无伪可漏，汇送公所，俾得编次成书以贻来嗣，不唯可以观世，抑亦可以考德而兴业矣。举行即在旦夕，凡我宗子仁孝谅有同心，早加之意毋后诸宗，幸甚幸甚。通计校雠之供、道里之需、剞劂之费，听各派量力蠲给，秪期供事，不敢破冒，临颖翘跂，惓切之至。①

从中即可看出，有了族谱“迄六十余年，无有路人其同枝者，皆谱之力也”，而至当时的情况则有了相当的变化，以至族内族人出现“良可恫也”的感慨。事实上，这种情况在他族中也有出现，特别是受太平天国运动中咸同兵燹的影响，宗族文献散乱，造成对家谱编修行为的急切需求。如绩溪东关戴氏就表现出及时修谱的强烈愿望，“戴氏之旧谱自前明太守应和公手修后，入我朝又阅二百数十年，族繁派衍，散处四方，以粤匪之乱尤难会其同而究其异。乱平后，祧主于光绪丁丑各派世系已多失考，若不乘此时而急为综理，恐谱牒不明寖久而失考者且日益多。戴氏合

① 程启东等：《槐塘程氏重续宗谱》卷首《重续谱事宜》，康熙十二年（1673）刻本。

族于是乎以重修家谱事集而议之，条议既定，众咸踊跃”①。同时徽州戴氏之后的旌德礼村戴氏则是通过宗族文书来展现这种紧迫之感：

> 新修谱议字
>
> 立议合字戴传经祠裔孙人等，今因合族宗谱自嘉庆辛未年重修迄今已近百年，其自辛未以后各分支派并未纂入，年久世远已属查考维难，况又遭咸丰年间兵乱，几于查无可查，考无可考，若再挨延不修，同宗之亲必至视若路人，用是公议重新纂修，以绍前烈、以贻后谋，凡一切条规开列于左，欲后有凭，立此议合字存照。②

除此之外，在面对其他情况时，同样有急迫的修谱需要，如徽州方氏，在面对真应庙庙产被夺一事，备受侵扰，逐渐联合形成方氏统宗③，在当时情况下，徽州方氏于康熙九年（1670）作出相应的选择，先定昭穆，再等待合适时机编修统宗谱，“今祖庙鼎新，特请众派各书其定居始祖某公，注系储公几十几世孙，此不过一举手之劳。书齐汇而榜之于祖庙两厢，是千万世之昭穆，一定永定……至若会通一谱，必待志力俱齐，才德兼备者，起而图之，固所不敢易视也”④。直到近百年后，方善祖出于对盟会的担忧，“钢山宗丈桤林见谱牒之散亡，惧总盟之或替”⑤，发布会宗小启：

> 吾鼻祖受封方山，因以为氏，于诸姓为最先。迨后望河南，衍江左，至汉黟侯储公凡百十二世，谱牒昭然，人世可考。嗣是而下，本根茂则枝叶繁，其蔓延于歙睦间者，或以功德，或以文章，

① 戴鸿儒：《绩溪东关戴氏宗谱·绩溪县东关戴氏续修宗谱序》，光绪十五年（1889）活字本。

② 戴国忠等：《礼村戴氏统宗谱》卷十《修谱议字》，光绪三十四年（1908）木活字本。

③ 方善祖等：《歙淳方氏柳山真应庙会宗统谱》卷十八《真应祠宗支合同》，乾隆十八年（1753）刻本。

④ 方善祖等：《歙淳方氏柳山真应庙会宗统谱》卷十八《歙南柳亭山真应庙纪事》，乾隆十八年（1753）刻本。

⑤ 方善祖等：《歙淳方氏柳山真应庙会宗统谱》卷二十《后序》，乾隆十八年（1753）刻本。

或以宦业，称世家成巨族。屈指而顿，遽数之不能终其物矣！然皆各自为谱，迄无统系，亦缺典焉。代有贤哲，何竟若罔闻知也？意者苦其繁琐而艰于荟萃欤！愚谓水发昆仑，滥觞有自。礼曰：尊祖故敬宗，敬宗故收族，为人后者何可不共溯本源。其自黟侯以上历有纪传，不复具论。若各派始迁之祖，仅注黟侯某世孙，初未统辑世系，会通谱牒，敦本之谓何？而乃如秦人视越人之肥瘠，良可喟矣！虽然嘉靖乙卯，星源平盈族倡修统会一谱，然简而未详，同本异枝，概多舛谬。不揣固陋，欲广集诸宗比而合焉，特敢先将所自出之祖系，图成一帙。其始迁以下既已各有专牒，尚待踵此分修。兹惟附录分支巅末，编辑成书，用为程式。幸冀各派志笃宗盟者，悉如此法，分而集之，余乃统而会之，宁详毋略，宁备毋缺，都为若干卷，俾论世知人，开卷可得，斯亦溯本穷源之一助也。若夫非我族类，概摈弗录，不使如诸胡带令，甘父冒堂，则余更有望焉。因书数语，遍告吾宗。

大清乾隆十二年（1747）岁在疆圉单阏余月，钢山路口中黟侯后裔善祖桤林氏拜手书。①

终于在乾隆十八年修成统宗谱，这种持续达到百年的修谱行为，其源头就在于方氏家族对于统宗谱的渴求。

事实上，正是这种紧迫感促使明清徽人认为编修家谱是自身不可避免的责任，这一点在明清徽人中表现得十分明显，如“今观之由大猷而上而至于琅琊而至于子晋，世代显达吾不得而知也。由大猷而下则有可□者，不可得而知者，存而弗论可也。其可考者详书而备录之，以敦本焉，以明伦焉，斯非后之人之责欤？”② 在家谱纂修者当中更是表现突出，形成了“纂绍之责，其在兹乎”③ 的认识，清人吴文琇情况十分典型：

① 方善祖等：《歙淳方氏柳山真应庙会宗统谱》卷首《会宗小启》，乾隆十八年（1753）刻本。

② 王继卿：《上箬琅琊王氏重修支谱》卷首《鳌续修新安琅琊王氏宗谱序》，光绪二十一年（1895）刻本。

③ 曹嗣义等：《休宁曹氏统宗谱》卷首《休宁曹氏统宗谱序》，万历四十三年（1615）刻本。

> 征文考献，以垂无穷，为子孙者之责也……乙卯购得望江谱残本，始见历修谱序与传记诗文。琇伏而读之：谱序多名公巨卿称先励后之作，传状先型俨在，诗文手泽如新。噫嘻，此经数百年煨烬之馀，仅有存者。又复断韦零落，残缺失次，及今不治，势必弃诸败簏中，永久湮没。后之人其欲闻先世之遗迹，孰从而求之？……爰蚤夜不遑，节其繁复，补其缺略，存其典要，其事其文可传可诵者，手录数过，校正付梓。吉光片羽，何莫非先迹所留，方之彝鼎法物，何多让焉？……予准选录见闻所及者着于编，挂一漏五，悉候续入，曰《冲山家乘》，与世系纂要并为小册，便于收贮，永广其传，以存一家之文献云。嘉庆三年（1798）裔孙文琇谨叙，时年七十有二。①

除此之外，明清徽人往往还从社会风俗角度，认定家谱编修之紧迫："族之有谱，自昔然也。三代圣王，封建诸侯，而立宗法，所以统族属，别亲疏，明宗叙，厚风化者。太史掌其籍，司徒掌其教，而必曰孝、曰友、曰睦，其不孝、不睦、不弟者刑之。是故喜则庆，忧则吊，患难相救，贫乏相周，服属虽远，而恩礼尚存，世更虽更，而分义不泯，此所以支派繁而本源固，民俗厚而教化行。越自后王，降德之典，不行于民，法弛教衰，风漓俗变，于是贵不与贱齿，富不与贫叙，争夺之端，多于异姓，忮忍之害，憯于他人。呜呼！其亦可哀也哉！则凡世家大族士夫君子，有感于人伦风化，得不思所以救之欤！"② 万历年间的舒孔昭则从家谱与家族、乡党、天下、朝廷的关系出发，以一种更大范围的情感关怀，认定修谱之急迫，他说："故曰：谱牒之修，君子所以联属乎人心，敦崇乎仁孝者也。用是而观，则是谱之修也，在朝廷则为善政，在天下则为善俗，在乡党则为望族，在舒氏则为世家，其有益于人也大矣哉！抑予犹有申戒于吾族人焉。昔人有云，意合则胡越为昆弟，不合则骨肉为仇雠，是谱既修之后，凡吊庆相往来，患难相救护，职业相劝勉，有无相周济，毋以尊而凌卑，毋以富而欺贫，毋以强而欺弱，毋以下而犯上，大都之事毋

① 吴文琇：《冲山家乘·叙》，转引自汪庆元《徽州的家族文献与宗族文化——以歙县吴氏〈冲山家乘〉为中心》，《安徽史学》2006年第1期。

② 吴熹：《商山吴氏族》卷首《吴氏续谱序》，同治十三年（1874）木活字本。

若越人视秦人之肥瘠，则是谱之修也，诚有益于人也大矣。”①

这种情感不仅为个人所拥有，甚至成为族内士绅所共通的情感，汪道昆就在编修自身家谱时坦陈其背负有宗族内部士绅的期许，如其父亲，“道昆幼侍先公辑吾家谱，亦既卒业，亟屏之。先公有言，吾宗之谱旧矣，昉于晋，著于唐，二表足征，载之天府，宋元之季，近属有谱存焉。迄我明兴，诸谱互出，或聚族，或专成，或戚，或疏，或源，或委，质之若操右券，其有不合也者几希，及家乘出于钜宗……删述非吾能事，请俟方来”②。还有其他族人，如汪忠愍，“及道昆补尚书郎，得予告家，忠愍并在郎署，送之都门，执手而语道昆，归谱矣”，汪宗伊和汪镗，“其后入朝，鄂太宰宗伊、鄞大宗伯镗咸在，巩宗人有泽宫之役，挟谱寻盟，相与并观。越国以往，皆合。越谱载王子达以征讨袭越国公，仅及三世。秦谱谱其世次，世守隆西，爰及熙宁，始改袭总管。其以勋伐封王者二，尚公主者若而人，胙之土田视五，等等。高皇帝法，世及不以流官，食采如初，改袭都指挥使，其秩二品。班曲阜，同世禄，千年文武之极也。二老则以周鲁吴越之泽，洋溢朔南。合而谱之，是在司马。”③ 从这种殷切的期许中，不难看出，对于这种家谱编修行为，宗族内部有着共同的情感。

二　家谱编修的荣誉感

在明清徽人看来，家谱之编修实为宗族内部的盛事，为世家大族所必要，“大凡巨家望族必有伟人递相继述，而后祖德宗功永传不替……纠合族而奠世系，萃群英而辨昭穆，俾上而千百世祖宗之灵爽于焉式凭，下而亿万代子姓之纷繁秩然有序，岂不谓伟人递相继述而祖之德益彰、宗之功益显哉？”④ 乃至是展现盛事景象的行动，如江村洪氏就认为，“我江村洪氏之始祖卜居以来，虽历朝久远，有宗谱以统其全矣。予生也后，既弗及见文献之前模，而志广力微，又弗克集群宗炎大汇，今者幸际圣天子治迹唐虞，文运日新而日炽，乃坐令宗族之谱乘，述芜荒略，不克一为修葺，

① 舒安仁纂修：《华阳舒氏统宗谱》卷首《舒孔昭序》，同治九年（1870）木活字本。

② 汪道昆：《太函集》卷二十六《本宗十六族谱序》，黄山书社2004年版，第553页。

③ 汪道昆：《太函集》卷二十六《本宗十六族谱序》，黄山书社2004年版，第554页。

④ 程梦诏等：《安徽程氏族谱十四卷》卷首《续修老序》，同治十三年（1874）刻本。

岂非盛世士大夫家一阙事乎？”[①] 在这种认识的驱动下，明清徽人普遍具有家谱纂修的荣誉感。

这种荣誉感的来源就是明清徽人认为纂修家谱之后可以带来的一系列效果，特别是家谱所带来的社会效果。首先即是宗族本身通过家谱所能获得的凝聚力效应，汪道昆就在评价《溪南江氏族谱》有言：

> 于是与之观谱例，叹曰：“善哉！简而核，婉而廉，疏而有则，法之良也。”与之观世系，叹曰：“遐哉！林林乎历世二十有五，历年七百，存殁无虑八百有奇。若字、若官、若昭穆、若婚姻、若丘墓、若妇、若不妇、若为人后、若后人，指诸掌矣。”与之观撰述，曰：“万全之烈，巨卿之勋，国士也。民茔而在山林，其有兴乎！君子以是知江氏之多材也。”与之观制，曰：“王章也，其有家之华与。”与之观训，掩卷而叹曰：“洋洋乎大哉！有道者之言，宗之庇也。力是数者，可以亢宗矣。”[②]

这种“可以亢宗矣”的评价，直接展现出明清徽人在家谱修成后对家族所产生的效用认识，而汪道昆的数次感叹，也从侧面反映出当时徽州人认为家谱编修行为能够为宗族带来荣光。汪氏是在整体论述之后，分块对江氏家谱进行了评价，并分别展现出了家谱的荣光之所在，也体现出正是这数个部分给家谱带来了荣耀。徽州宗族普遍认为家谱修成之后，与宗祠结合起来，更为有效。清代蒋翥就说：“谱系既明，而后可以收族，爰建宗祠，春秋时享，自兹以往，子子孙孙，雍雍穆穆，著一本之谊，昭亲逊之风，所谓仁之至而义之尽者，于是乎在矣。”[③] 而清人查荫元的论述更为深入，其在《婺源查氏族族》中有言：“吾族素称仁里，孝弟传家，今何以子弟嚣凌风俗变坏？此皆由于一本之谊不明而无人训导故也。……自古圣人德化无不自家庭基之，当此谱事修明，人皆知有一本之谊，益信人人无不有爱敬之良，再得诸君子因势利导、提撕警觉，与父言慈，与子

① 洪昌：《江村洪氏宗谱》卷首《洪昌自序》，雍正八年（1730）刻本。

② 汪道昆：《太函集》卷二十一《溪南江氏族谱序》，黄山书社 2004 年版，第 442 页。

③ 洪定渭：《歙西王充东源洪氏宗谱》卷首《东源洪氏宗谱序》，乾隆二十一年（1756）刻本。

言孝，与兄弟言敬恭。见有善则从而奖劝之，有不善则从而惩戒之，平时则互相劝勉，遇事则共相剖析。俾各渐化其气质，浸渍优游，日新月异，磨揉迁革使迁于善而不知，将见人心正而大本端，大本端而人材亦出……言可法而行可则，胥使一族之风俗潜移而默化之，是诚孝子慈孙之用心过人远矣，安得而不志也。"① 方金声则在其所修《方氏重修宗谱》中创立了一个以家谱为中心的教化体系，"天近也，举首间也；祖远也，弗之接也，故古之人之虑是也。立宗法以提撕之、宗法之，又明谱系以匡植之。是以恩义浃、亲义笃，春夏有禴祀以著其诚，秋冬有蒸尝以致其敬，至于升降进退之仪，食饮陈设之礼，以及族人燕会之规，纤息备具，井井有条，为朱子《家礼》之所云者，故教化大行，风俗媲美"②。

其次是在宗族内部宣扬祖先德行，以为后世子孙树立榜样，"尝闻家之有谱所以纪先人之明德，亦以启后人之孝思也，反本修古，不忘其初，谱之由来尚矣"③。特别是家谱中所载有的祖先像赞，前人传记与恩荣诰敕等内容，谱成后，更是能给族人以荣耀，如《江村洪氏家谱》：

> 予次家乘批阅祖像，簪缨象笏，俨然有正色立朝之概；乌纱鞶带，峨然具才高望重之容。儒服优游，璞玉浑金之雅度；幅中潇洒，烟霞泉石之丰姿。挹其芳徽，固可钦而可慕，穆然古道照乡邦；缅其行谊，诚足法而足师，久矣嘉谟光史册。然世远功存，觉当年之精英犹翩翩于楮上；乃人遐德在，而畴昔之逸致奕奕于毫端。故特重镌以深仰止之思，为加增补以示追踪之意。④

又如《新安岑山渡程氏支谱》中也有类似的言语："检阅先代传志，自伯符公而后，忠孝节义何祀蔑有，近而迨我高曾，孝友温恭仁笃，慈惠乡里，述其懿修，每以近世鲜能及之，故夫余庆所流，即桂一门之中，同父十有二人，子孙百数，亦皆幸无颠覆，犹得比于百年高木之家，何莫非先德之充周，乃克以绵其继绪也哉？唯愿吾岑山之裔守承弗替，父兄之

---

① 查荫元等：《婺源查氏族谱》卷首《序》，光绪十八年（1892）木活字本。

② 方金声等：《方氏重修宗谱》卷一《尊祖》，同治八年（1869）刻本。

③ 孙家晖：《古筑孙氏家谱》卷一《乾隆丙申谱序》，嘉庆十七年（1812）刻本。

④ 洪昌：《江村洪氏家谱》卷二《像赞引言》，雍正八年（1730）刻本。

先，教子弟之率谨，庶几乎绍闻衣德不遏前光于此。”①

再次则是宗族内部的规章典制，作为宗族规范，传承家风。譬如宗族依据宗法，设立统率宗族之人并赋予权力，“古者宗法立而事统于宗，今宗法不行，而事不可无统也。一族之人有长者焉，分莫踰而年莫加，年弥高则德弥邵，合族尊敬而推崇之，有事必禀命焉，此亦宗法之遗意也。有司父母斯民，势分相临，而情或不通；族长总率一族，恩义相维，无不可通之情，凡我族人知所敬信，庶令推行而人莫敢犯也。其有抗违故犯者，执而笞之”②。更为重要的是设立家训，而家训的设立，被认为是提升宗族地位，保证宗族荣耀的必要手段，《绩溪璜上程承启堂世系谱》即说道：“家训与宗谱相表里，无宗谱则世系不明，无家训则遵循无自，故昔人于家谱后随附家规。汉唐而下若颜氏、若欧阳氏并紫阳氏皆各有严例，揭诸中堂以示子孙，盖欲以为之裔者争自濯磨、率履不怠，以效法于古，其诒谋诚深远也。今圣天子在上，四海风同，其颁之月吉者不啻五令三申矣，然族众难以户晓，谨择昔人之懿训汇而成牒，间孝友姻恤之义，婚姻丧祭之礼，以及尊卑贵贱之别，分门立论，严而不刻，恕而可行，凡族之人务宜恪守，毋干宪典以坠家声。”③ 特别是家训中，对于子孙选择生业的要求，即为四民之业，“生业者民所赖以常生之业也，书之所谓厚生，文正之所谓治生，其事非一，而所以居其业者有四，固贵乎专，尤贵乎精，惟专而精生道植矣。士而读期于有成，农而耕期于有秋，工执艺期于必售，商通货财期于多获，此四民之业，各宜治之以生者也。上而赋于公，退而恤其私，夫是之谓良民，出乎四民之外而荡以嬉者非良民也，宜加戒谕”④。并以读书为先，“师儒所以明圣贤之道，本不可不重。况一族子弟无论将来读书成名，即农工商亦须稍读书本，略知礼义”⑤。

除了认为家谱对宗族有益之外，明清徽人更进一步认为，家谱修成之后，会给社会带来移风易俗的作用，绩溪《柳川绩邑胡氏宗谱》所载《吴庚枚序》云：“今又与其族之贤达者亟亟从事于谱，其笃于亲亲之谊

① 程梦星等：《新安岑山渡程氏支谱》卷首《序》，乾隆六年（1741）木活字本。

② 许登瀛：《重修古歙东门许氏宗谱》卷八《家规》，乾隆十年（1745）刻本。

③ 程步云等：《绩溪璜上程承启堂世系谱》卷首《家规》，宣统三年（1911）木活字本。

④ 许登瀛：《重修古歙东门许氏宗谱》卷八《家规》，乾隆十年（1745）刻本。

⑤ 许文源等：《南关惇叙堂宗谱》卷八《家训》，光绪十五年（1889）本。

者，坐而言庶几起而行乎。且夫家乘者，国史之资也，郡国者乡闾族姓之所积也。余既于胡氏之谱，乐观其成，将见父诏其子，兄勉其弟，亲亲长长，风俗成焉，涧涧属属，禋祀修焉。勤耕菑而赋役以供，谨盖藏而灾祲有备，户口厘而邪匿无所藏，塾学兴而俊彦得所养，凡所为以谱法济宗法之穷，修于家而俾于国者，将于是乎。”[①] 显然，在吴庚枚看来，家谱之存在不仅能够“修于家”，还能够“俾于国”，其人认为家谱编修之荣耀可见一斑。

① 曹诚谨：《绩邑柳川胡氏宗族》卷首《吴庚枚序》，民国二十二年（1933）本。

余　论

明清徽州士绅作为一个具有重要影响力的群体，其对徽州社会的影响是全方位的，本研究从士绅群体编修家谱这一角度开展的探讨，只是其中一个很小的侧面，因此，本研究成果所见的士绅与地方的互动必然是整个徽州历史社会进程中的一个方面。故，对徽州士绅利用家谱构建文化权力的行为，当有客观的认识，不能过于夸大，还需将其置于士绅行使各项文化权力行为中进行综合考察。此外，士绅群体积累起来的社会权力亦是多方面的，而文化权力只是其中一个方面，其中对地方经济权力的掌控、对地方治理事务的把持甚至起到更加明显的效果，这也需要在今后的研究中去更加细致地加以考察。

明清徽州士绅群体利用家谱进行的血缘、地缘秩序构建，客观上对传统乡村社会秩序的形成起到了积极的作用，这是本研究的主要观点。但在这个结论和基础之外，还要清醒地认识到明清徽州社会是封建阶级社会的本质，徽州士绅的行为必然受到其阶级属性的制约。因此，在家谱中体现出的神权、君权、夫权思想是十分突出的，这也是其时代的本色。士绅群体利用家谱神化其祖先，比如汪氏宗族对汪华的崇拜与信仰，是其构建血缘世系的手段，客观上也利于汪氏宗族社会的形成，但这种行为实质上是神权思想在宗族社会建设中的具体体现。又如明清徽州家谱中对圣谕广训的宣扬，从社会建设的角度来看，有利于统一思想，有利于形成共同的价值观，但其愚忠、奴化的思想是同时存在的。而夫权至上的思想在家谱中则更是淋漓尽致地得到了宣扬，妇女在家谱中地位的丧失以及对妇女贞节的表彰，成为夫权至上的最好注解。诸如此类，都是在肯定家谱编修对宗族秩序形成，对乡村社会稳定起到积极作用时不能忽视的地方。

强调对明清徽州区域士绅修谱行为及其效果的研究，基于的前提是明清徽州社会能够在明清中国历史发展进程中起到一定的示范作用，但这种作用是否存在，以及如何发挥作用，则还需要建立在这一行为的共性与特性的启示之上。若要形成对明清徽州士绅修谱的共性与特性的认识，则需要开展比较的研究，在明清徽州区域研究的基础之上，走出明清徽州区域，与江南社会、华北社会、华南社会等区域开展比较研究，惟此，才能更全面、更客观地认识和评价明清徽州士绅修谱的价值与意义。

总之，徽州家谱研究永远在路上。

参考文献

一　古籍

家谱

鲍琮：《棠樾鲍氏宣忠堂支谱》，清嘉庆十年（1805）刻本。

鲍会章：《歙新馆鲍氏著存堂宗谱》，清光绪元年（1875）著存堂活字本。

毕济川：《新安毕氏族谱》，明正德四年（1509）刻本。

不详：《翠园胡氏宗谱》，明万历二十九年（1601）刻本。

不详：《海阳吴氏族谱》，明崇祯抄本。

不详：《徽城杨氏宗谱》，明崇祯三年（1630）刻本。

不详：《绩邑杨溪王氏宗谱》，民国七年（1918）刻本。

不详：《梅林汪氏族谱》，明天启六年（1626）抄本。

不详：《祁门武溪陈氏家谱》，清同治十二年（1873）刊本。

不详：《重修休邑城北周氏宗谱》，明万历年间刻本。

曹诚谨：《绩邑柳川胡氏宗族》，民国二十二年（1933）本。

曹诰：《曹氏统宗世谱》，明万历四十年（1612）刻本。

曹廷梓：《休宁曹氏宗谱》，清咸丰元年（1851）抄本。

曹远：《休宁曹氏统宗谱》，清咸丰元年（1851）抄本。

查荫元：《婺源查氏族谱》，清光绪十八年（1892）本。

陈淦：《文堂陈氏宗谱》，清道光八年（1828）本。

程步云等：《绩溪璜上程承启堂世系谱》，清宣统三年（1911）刻本。

程常宪：《绩溪大谷程氏宗谱》，清光绪三年（1877）本。

程国维：《新安程氏宗谱》，明正统四年（1439）刻本。

程浩明：《新安程氏世谱正宗》，清嘉庆十七年（1812）抄本。

程惠：《重编新安程氏统宗补正图纂》，清乾隆十二年（1747）刻本。

程际隆：《祁门善和程氏仁山门支修宗谱》，清光绪三十三年（1907）本。

程家训等：《潜阳程氏支谱》，清光绪元年（1875）世忠堂刻本。

程鉴冰、程锡范等：《程氏族谱》，清道光十二年（1832）刊本。

程景珍：《休宁率口程氏续编本宗谱》，明隆庆四年（1570）刻本。

程兰：《洪川程氏宗谱》，民国十二年（1923）刻本。

程孟：《新安程氏诸谱会通》，明景泰二年（1451）刻本。

程梦星等：《新安岑山渡程氏支谱》，清乾隆六年（1741）刻本。

程梦诏、程知培：《程氏族谱》，清同治十三年（1874）本。

程沔：《歙托山程氏族谱》，明万历元年（1573）刻本。

程敏政：《新安程氏统宗世谱》，明成化十八年（1482）刻本。

程鸣球等：《安徽十万程氏会谱》，明嘉靖二十八年（1549）刻本。

程启东等：《槐塘程氏重续宗谱》，清康熙十二年（1673）刻本。

程尚芳等：《新安休宁古城程氏宗谱》，明隆庆二年（1568）刻本。

程绍邰、程盛浯等：《程敬爱堂世守谱》，清道光九年（1829）本。

程士培：《新安程氏统宗补正图纂》，清康熙二十四年（1685）刻本。

程嗣功：歙县《槐塘程氏宗谱》，明万历十四年（1586）刻本。

程文运：《率溪桃梅程氏重续宗谱》，明崇祯十一年（1638）抄本。

程希贤：《绩溪锦谷程氏宗谱》，清光绪三十年（1904）本。

程项：《新安程氏统宗迁徙注脚纂》，明嘉靖四十一年（1562）刻本。

程耀：《程氏族谱》，清道光十二年（1832）敦睦堂刻本。

程一枝：《程典》，明万历二十六年（1598）刻本。

程涌来：《率东程氏家谱》，明万历二十二年（1594）刊本。

程豫：《新安大程村程氏支谱》，清乾隆四年（1739）刻本。

程兆崧等：《祁门善和程氏谱》，清乾隆十二年（1747），刻本。

程肇宗：《新安程氏统宗补正图纂重编》，清乾隆十二年（1747）刻本。

戴国忠：《礼村戴氏统宗谱》，清光绪三十四年（1908）刻本。

戴鸿儒：《绩溪东关戴氏宗谱》，清光绪十五年（1889）刻本。

戴尧天等：《休宁戴氏族谱》，明崇祯五年（1632）刻本。

范涞：《休宁范氏族谱》，明万历二十一年（1593）刻本。

方炽昌：《方氏宗谱》，清同治十三年（1874）活字本。

方建寅等:《城南方氏宗谱》,清道光二十八年(1848)刻本。
方金声等纂修:《方氏宗谱四卷》,清同治八年(1869)刻本。
方善祖:《方氏柳山真应庙会宗统谱》,清乾隆十八年(1753)刻本。
方树:《绩溪城南方氏四修宗谱》,民国八年(1919)刻本。
方有全等:《方氏宗谱》,清光绪十一年(1885)刻本。
方月樵等:《方氏宗谱》,清光绪三十三年(1907)本。
冯景坊:《绩溪东关冯氏家谱》,清光绪二十三年(1897)本。
高富浩:《梁安高氏宗谱》,清光绪三年(1877)活字本。
高美佩:绩溪《梁安高氏宗谱》,清光绪三年(1877)刻本。
葛文简:《绩溪积庆坊葛氏族谱》,明嘉靖四十四年(1565)刻本。
洪昌:《江村洪氏家谱》,清雍正八年(1730)刻本。
洪定渭:《歙西王充东源洪氏宗谱》,清乾隆二十一年(1756)刻本。
洪业远:《桂林洪氏宗谱》,民国十二年(1923)刻本。
洪钊:《桃源洪氏宗谱》,清光绪二十六年(1900)刻本。
胡陆秀:《考川明经胡氏统宗谱》,清道光九年(1829)刊本。
胡鸣鹤:《清华胡氏宗谱》,民国五年(1916)刻本。
胡培翚:《金紫胡氏家谱》,清嘉庆二十四年(1819)刻本。
胡廷琛:《胡氏族谱》,清光绪十四年(1888)本。
胡祥木等:《上川明经胡氏宗谱》,清宣统三年(1911)刻本。
胡忠晖:《蔚川胡氏家谱》,民国四年(1915)刻本。
黄臣槐等:《歙县潭渡孝里黄氏族谱》,清雍正九年(1731)刻本。
黄茂待等:《新安黄氏大宗谱》,清乾隆十七年(1752)刻本。
黄占魁:《双井黄氏宗谱》,民国九年(1920)刻本。
江淮椿等:《济阳江氏族谱》,清乾隆四十二年(1777)刻本。
江珍:《溪南江氏族谱》,明隆庆三年(1569)刻本。
金门诏:《休宁金氏族谱》,清乾隆十三年(1748)刻本。
金瑶:《珰溪金氏族谱》,明隆庆二年(1568)刻本。
敬敷堂族众:《南源汪氏支谱》,清道光二十九年(1849)刻本。
李晖等:《三田李氏统宗谱》,明万历四十二年(1614)刻本。
李嘉宾:《馆田李氏宗谱》,清光绪三十一年(1905)刻本。
李育和:《理田李氏宗谱》,清雍正二年(1724)刻本。
刘天士:《古歙杲溪刘氏家谱》,清康熙四十八年(1709)刻本。

卢乾等：《黟北卢氏族谱》，明嘉靖年间刻本。

吕继华：《吕氏宗谱》，民国二十四年（1935）重刻本。

吕龙光：《大阜吕氏宗谱》，民国二十四年（1935）刊本

吕仕道等：《新安大阜吕氏宗谱》，明万历五年（1577）编，民国二十四年（1935）重刊本。

罗汝声：《歙县罗氏宗谱》，明正德二年（1507）刻本。

倪望重等：《祁门倪氏族谱》，清光绪二年（1876）刻本。

钱坤：《徽州彭城钱氏宗谱》，清光绪十年（1884）刻本。

邵琳等：《华阳邵氏宗谱》，清宣统二年（1910）刻本。

舒正仪：《华阳舒氏统宗谱》，清同治九年（1870）叙伦堂活字本。

宋德泽：《歙西金山宋村宋氏族谱》，清康熙五十九年（1720）刻本。

孙家晖：《古筑孙氏家谱》，清嘉庆十七年（1812）刻本。

孙兆秀：《古筑孙氏家谱》，清乾隆四十二年（1777）刻本。

汪昌礼：《汪氏宗谱》，清光绪十三年（1887），刻本。

汪纯粹：《弘村汪氏家谱》，清乾隆十三年（1748）刻本。

汪道昆：歙县《汪氏十六族近属族谱》，明万历二十年（1592）刻本。

汪凤五等：《汪氏宗谱》，民国十四年（1925）务本堂刻本。

汪淮：《汪氏世谱》，清嘉庆四年（1799）刻本。

汪掬如等：《古歙义成朱氏宗谱》，清宣统二年（1910）刻本。

汪奎：《安徽歙县重修汪氏家乘》，明正德年间本。

汪立铭：《仙源岑村汪氏族谱》，清光绪二十二年（1896）刻本。

汪立正：《休宁西门汪氏宗谱》，清乾隆四年（1739）刻本。

汪鸣相等纂修：《新安汪氏宗祠通谱》，清道光二十年（1840）刻本。

汪尚齐：《岩镇汪氏家谱》，明万历二十七年（1599）刻本。

汪天宽、汪天龄：《坦川越国汪氏族谱》，民国十四年（1925）刻本。

汪云：《越国汪公祠墓志》，清咸丰二年（1852）刻本。

王德藩等：《盘川王氏宗谱》，民国十年（1921）刻本。

王启魁等：《双杉王氏宗谱》，清光绪十九年（1893）本。

王文进：《武口王氏统宗世谱》，清乾隆四十五年（1780）本。

王一麒等：《新安琅琊王氏统宗世谱》，明刻本。

王应瑞等：《新安琅琊王氏四房思茂公统宗谱》，清嘉庆九年（1804）

三庆堂刻本。

王应仕等：《祁西若溪琅琊王氏宗谱》，清光绪二十一年（1895）刻本。

吴道达、吴思宽：《休宁万安吴氏宗谱》，明天启三年（1623）本。

吴起凤：《新安歙西溪南吴氏统宗志》，清乾隆十二年（1747）刻本。

吴铨：《休宁璜源吴氏族谱》，清康熙五十七年（1718）刻本。

吴如彬：《昌溪太湖吴氏宗谱》，清乾隆三十年（1765）刻本。

吴维东：《休邑吴氏族谱》，明崇祯三年（1630）抄本。

吴絜华：《左台吴氏大宗谱》，民国二十三年（1934）铅印本。

吴元孝：歙县《临溪吴氏族谱》，明崇祯十三年（1640）刊本。

谢廷谅：《古歙谢氏统宗志》，明万历三十二年（1604）刻本。

徐景京、徐礼等：歙县《新安徐氏宗谱》，清乾隆三年（1738）刻本。

徐天枢：《休宁古楼徐氏族谱》，清乾隆二十一年（1756）本。

许登瀛：《重修古歙东门许氏宗谱》，清乾隆二年（1737）刻本。

许汉：《新安孚潭许氏世谱》，明嘉靖十八年（1539）刻本。

许象先：《新安许氏世谱》，明万历刻本。

许振纲等：绩溪《绩溪县南关许氏惇叙堂宗谱》，清光绪十五年（1889）刻本。

姚士杰等：《荆州姚氏宗谱》，清道光二十七年（1847）刻本。

叶敬仲：《休宁叶氏族谱》，明崇祯四年（1631）刻本。

叶希明：《新州叶氏家乘》，民国十四年（1925）铅印本。

叶有广等：《南屏叶氏族谱》，清嘉庆十七年（1812）刻本。

叶志道：《休宁陪郭叶氏世谱》，明弘治十一年（1498）刻本。

游永等：《济溪游氏宗谱》，清乾隆三十三年（1768）本。

余攀荣：《环山余氏宗谱》，民国六年（1917）刻本。

余星源：《余氏统谱》，明隆庆二年（1568）刻本。

余有横等：《婺源长溪余氏宗谱》，民国十八年（1929）宝善堂活字本。

余章耀：《婺源长溪余氏正谱》，清道光二十八年（1848）刻本。

詹建邦：《庆源詹氏宗谱》，清乾隆五十年（1785）惇叙堂刻本。

张昶：《新安岭南张氏会通宗谱》，明嘉靖十二年（1533）重修刊本。

张琴等：《星源甲道张氏宗谱》，清光绪二十四年（1898）刻本。

张宪、张阳辉：《张氏统宗世谱》，明嘉靖十四年（1535）刻本。

章尚志等：《西关章氏族谱》，民国四年（1915）刻本。

章自秋：《全城章氏续修宗谱》，清光绪十三年（1887）本。

郑道选：《锦营郑氏宗谱》，清道光元年（1821）刻本。

郑之珍：《祁门清溪郑氏家乘》，明万历十一年（1583）刻本。

周冕：《祁门周氏宗谱》，清康熙五十五（1716）刻本。

周善鼎等：《绩溪周氏宗谱》，清宣统三年（1911）刻本。

周赟：《绩溪仙石周氏宗谱》，清宣统三（1911）年刊本。

周之屏：《绩溪城西周氏宗谱》，清光绪三十一年（1905）敬爱堂活字本。

方志

白清恺、彭志溶、席存泰：《绩溪县志》，清嘉庆十五年（1810）刻本。

程敏政：《篁墩文集》，《影印文渊阁四库全书》，台湾商务印书馆1986年版。

程敏政：《新安文献志》，《影印文渊阁四库全书》，台湾商务印书馆1986年版。

程敏政：《新安文献志》，黄山书社2004年版。

程尚宽：《新安名族志》，明嘉靖三十年（1551）刻本。

程通：《贞白遗稿》，《影印文渊阁四库全书》，台湾商务印书馆1986年版。

程文翰：《善和乡志》，江苏古籍出版社1992年版。

董桂敷编：《紫阳书院志略》，清嘉庆十一年（1806）刻本。

方孝孺：《逊志斋集》，《影印文渊阁四库全书》，台湾商务印书馆1986年版。

傅岩：《歙纪》，《安徽古籍丛书》，黄山书社2007年版。

葛韵芬：《婺源县志》，民国十四年（1925）刻本。

何应松修，方崇鼎纂：《休宁县志》，清道光三年（1823）刊本。

江登云：《橙阳散志》，清乾隆三十二年（1767）刻本。

金瑶：《金栗斋先生文集》，《四库全书存目丛书补编》，齐鲁书社

2001 年版。

劳逢源：《歙县志》，清道光八年（1828）刻本。

李澄：《淮鹾备要》，清道光三年（1823）刻本。

李昉等编：《太平御览》，积山书局，清光绪二十年（1894）刻本。

李乔岱：《休宁县志》，明万历三十五年（1607）刻本。

廖腾煃：《休宁县志》，清康熙三十二年（1693）刻本。

凌应秋：《沙溪集略》，江苏古籍出版社 1992 年版。

刘光宿：《婺源县志》，清康熙八年（1669）刻本。

马步蟾：《徽州府志》，清道光七年（1827）刻本。

彭泽：《徽州府志》，明弘治十五年（1502）刻本。

钱大昕：《十驾斋养新录》，上海古籍出版社 1995 年版。

丘濬著：《重编琼台藁》，《影印文渊阁四库全书》，台湾商务印书馆 1986 年版。

邵晋涵撰：《南江文钞》，清乾隆五十九年（1794）刻本。

石国柱、楼文钊：《歙县志》，民国二十六年（1937）铅印本。

司马迁：《史记》，上海古籍出版社 1995 年版。

唐元：《筠轩集》，《影印文渊阁四库全书》，台湾商务印书馆 1986 年版。

汪道昆：《太函集》，《四库全书存目丛书》，齐鲁书社 1997 年版。

韦昭解、黄丕烈撰、汪远孙撰：《国语》，《四部备要》，中华书局民国校刻本。

魏征：《隋书》，中华书局 1997 年版。

吴甸华：《黟县续志》，清道光五年（1825）刻本。续志附正志各类后。

吴甸华：《黟县志》，清嘉庆十七年（1812）刻本。

吴吉祜：《丰南志》，民国二十九年（1930）抄本。

吴克俊：《黟县四志》，民国十二年（1923）刻本。

吴鹊：《婺源县志》，清光绪九年（1883）刻本。

吴翟：《茗洲吴氏家典》，紫阳书院，清光绪十八年（1892）刻本

谢永泰：《黟县三志》，清同治十年（1871）刻本。

杨士奇：《东里集续》，《四库全书存目丛书》，齐鲁书社 1997 年版。

余士奇：《祁门志》，1961 年据万历年间刻本影印。

俞均：《山居文稿》，明万历刻本。

张尔岐撰：《仪礼》，《影印文渊阁四库全书》，台湾商务印书馆 1986 年版。

张佩芳：《歙县志》，清乾隆三十六年（1771）年刻本。

赵吉士：《徽州府志》，清康熙三十八年（1699）刻本。

赵吉士：《寄园寄所寄》，《四库全书存目丛书》，齐鲁书社 1997 年版。

赵岐注：《孟子注疏》，《十三经注疏附考证》，广东书局，同治十年（1871）重刻本。

郑纪：《东园文集》，《影印文渊阁四库全书》，台湾商务印书馆 1986 年版。

周鸿：《婺源县志》，清乾隆五十五年（1790）木活字本。

周溶：《祁门县志》，清同治十二年（1873）刻本。

朱熹：《晦庵集》，《影印文渊阁四库全书》，台湾商务印书馆 1986 年版。

朱熹编：《二程遗书》，《影印文渊阁四库全书》，台湾商务印书馆 1986 年版。

二　著作

常建华：《明代宗族研究》，上海人民出版社 2005 年版。

常建华：《宗族志》，上海人民出版社 1998 年版。

陈瑞：《明清时期徽州宗族内部的血缘秩序控制》，《中国社会历史评论》，天津古籍出版社 2007 年版。

程尚宽：《新安名族志》，黄山书社 2004 年版。

戴熙：《习苦斋笔记·俞正燮》，参见俞正燮《俞正燮全集（三）》，于石、马君骅、诸伟奇校点，黄山书社 2005 年版。

［美］费正清：《美国与中国》，张理京译，世界知识出版社 1999 年版。

费孝通、吴晗等：《皇权与绅权》，岳麓书社 2012 年版。

葛士浚：《皇朝经世文续编》，台北文海出版社 1972 年版。

龚自珍：《徽州府志氏族表序》，上海人民出版社 1975 年版。

纪昀：《四库全书总目提要》，中华书局 1965 年版。

瞿同祖:《清代地方政府》，法律出版社 2011 年版。

李琳琦:《徽州教育》，安徽人民出版社 2005 年版。

李维桢:《大泌山房集》，齐鲁书社 1997 年版。

凌应秋:《沙溪集略》，江苏古籍出版社 1992 年版。

刘道胜:《徽州方志研究》，黄山书社 2010 年。

刘王瑞成:《中国传统的宗族统治》，亚洲研究协会，1959 年。

吕坤:《实政录》，浙江书局，清同治十一年（1872）刻本。

马敏:《官商之间——社会剧变中的近代绅商》，华中师范大学出版社 2003 年版。

［美］莫里斯·弗里德曼:《中国东南的宗族组织》，刘晓春译，上海人民出版社 2000 年版。

钱大昕:《十驾斋养新录》，上海书店 1983 年版。

佘华瑞:《岩镇志草》，江苏古籍出版社 1992 年版。

王德昭:《清代科举制度研究》，中华书局 2006 版。

王世贞:《弇州山人四部稿》，《四库全书存目丛书》，齐鲁书社 1997 年版。

王先明:《近代绅士——一个封建阶层的历史命运》，天津人民出版社 1997 年版。

吴子玉:《大鄣山人集》，齐鲁书社 1997 年版。

小横香室主人编:《清朝野史大观》，上海文艺出版社 1990 年版。

谢肇淛:《五杂俎》，上海书店出版社 2001 年版。

徐彬:《徽州家谱的理论与方法研究》，安徽科学技术出版社 2017 年版。

徐扬杰:《中国家族制度史》，人民出版社 1992 年版。

许承尧:《歙事闲谭》，黄山书社 2001 年版。

杨名时:《家庙记》，岳麓书社 2005 年版。

《俞正燮全集》（三），黄山书社 2005 年版。

张海鹏、王廷元主编:《明清徽商资料选编》，黄山书社 1985 年版。

张履:《与沈子敦论宗子不必有爵书》，台北文海出版社 1966 年版。

张廷玉:《明史》，中华书局 1974 年版。

张仲礼:《中国绅士——关于其在 19 世纪中国社会中作用的研究》，上海社会科学院出版社 1998 年版。

赵吉士：《寄园寄所寄》，周晓光、刘道胜点校，黄山书社 2008 年版。

赵吉士：《林卧遥集》，齐鲁书社 1997 年版。

赵吉士：康熙《徽州府志》，成文书店 1985 年版。

赵汸：《东山存稿》，《影印文渊阁四库全书》，台湾商务印书馆 1986 年版。

朱熹：《婺源茶院朱氏世谱》，台湾商务印书馆 2008 年版。

朱彝尊：《曝书亭集》，吉林文史出版社 2009 年版。

三 论文

常建华：《16 世纪初徽州的宗族与习俗补正——以〈珰溪金氏族谱〉为例》，《徽学》第九卷。

陈玲、冯剑辉：《黄山学院图书馆馆藏徽州家谱简介》，《黄山学院学报》2012 年第 1 期。

陈瑞：《明清徽州宗族与乡村社会控制》，安徽大学出版社 2013 年版。

陈瑞：《明清时期宗族祠堂的控制功能》，《中国社会经济史研究》2007 年第 1 期。

邓治文：《论文化认同的机制与取向》，《长沙理工大学学报》（社会科学版）2005 年第 2 期。

栾成显：《〈新安大阜吕氏宗谱〉研究》，《徽学》2010 年。

栾成显：《明清徽州宗族的异姓承继》，《历史研究》2005 年第 3 期。

罗志田：《近代中国社会权势的转移：知识分子的边缘化与边缘知识分子的兴起》，《开放时代》1999 年第 4 期。

彭红：《安徽省图书馆家谱读者及其阅读情况的统计分析》，《图书馆学刊》2008 年第 6 期。

谈家胜：《国家图书馆所藏徽州家谱的特点与价值》，《历史档案》2009 年第 2 期。

唐力行：《徽州旅沪同乡会与社会变迁（1923—1953）》，《历史研究》2011 年第 3 期。

王鹤鸣：《宋代谱学创新》，《安徽史学》2008 年第 2 期。

王鹤鸣：《中国家谱体例概说（二）》，《寻根》2009 年第 2 期。

王经一：《歙县志书志》，《徽州社会科学》2010 年第 6 期。

王振忠：《从〈歙县修志私议〉到民国〈歙县志〉——有关徽州方志史家许承尧的新史料之研究》，《徽学》2008 年。

熊帝兵：《论清代徽州府县志的纂修特点》，《中国地方志》2016 年第 9 期。

徐彬：《程敏政的家谱编修及其影响》，《淮北师范大学学报》2011 年第 6 期。

徐彬：《明清徽州家谱的特点及其价值》，《光明日报》2016 年 7 月 16 日，第 11 版。

徐彬：《谱之废与兴，人也——徽州学者的家谱编者论》，《史学史研究》2009 年第 2 期。

徐彬：《万历〈灵山院汪氏十六族谱〉的编撰特点及其价值》，《池州学院学报》2014 年第 1 期。

徐彬、祝虻：《徽州家谱中的清代涉墓诉讼论略》，《安徽大学学报》2015 年第 6 期。

徐茂明：《明清以来乡绅、绅士与士绅诸概念辨析》，《苏州大学学报》（哲学社会科学版）2003 年第 1 期。

徐茂明：《清代徽苏两地的家族迁徙与文化互动——以苏州大阜潘氏为例》，《史林》2004 年第 2 期。

张小坡：《明清徽州科举会馆的运作及其近代转型》，《安徽大学学报》（哲学社会科学版）2016 年第 4 期。

赵华富：《论徽州宗族的繁荣》，《东方论坛》2010 年第 2 期。

朱平、陈琪：《清代徽州宗族维护血缘秩序的主观努力——以新发现的三通碑刻为例》，《安徽史学》2012 年第 3 期。

邹怡：《善欲何为：明清时期北京歙县会馆研究（1560—1834）》，《史林》2015 年第 5 期。

后　记

十年磨一剑，十年对于研究者而言，仿佛是一瞬间。2017 年我的第一本关于徽州家谱研究的专著《徽州家谱的理论与方法研究》出版，在后记中说是整整十年形成的成果。如今《明清乡村绅权建构与社会认同》即将付梓，而从 2011 年获批国家社科基金立项至今，又是正好十个年头。

十年或许就是对一个研究者的磨炼吧。本来该书在 2019 年就应该出版的，可是冥冥之中还是来到了第十个年头。2019 年初，即收到出版社寄来的校样，因为上半年忙于国家社科基金重点项目《明清徽州传统家训资料整理与优秀家风研究》的结题工作，稍有耽搁，但依然还是计划下半年如期完成校对任务的。然天不遂人愿，我最敬爱的父亲却突然离世，这对我的打击是意外而沉重的。数月以来，无法集中心力进行细致的校对工作。加之工作的调动，专著出版的工作一直拖延下来。父亲对我的学术研究工作是支持而欣赏的，记得 1996 年我第一次在《史学史研究》上发表史学论文，虽然只是一篇札记，但父亲却比我还高兴。此后，我的每一篇文章，每一部专著，父亲都会十分仔细地去读，还要和我进行一些讨论与交流。后来父亲目力日衰，他依然会用放大镜去读我的文章。本来我还在想，等本书出版后，给父亲重新打印一个大字本方便他阅读。可惜，书还未出版，父亲与我已是天人两隔。但父亲对我的期望，始终是对我最大的鞭策，父亲在天之灵一定也希望本书早日面世。

我的导师瞿林东先生在 2006 年时即建议我在徽州家谱这一领域开展研究，先生称其为“宝藏”。从 2007 年开始，我便开始了徽州家谱的研究。可能是受陈垣先生所言，资料之功不可少的影响。我的徽州家谱研究便是从资料整理开始的，在明清徽州家谱收集的基础上，我完成了第一部徽州家谱的专著《徽州家谱的理论与方法》。而对家谱自身的研究，是为了更好地利用家谱去看社会，因此《明清乡村绅权建构与社会认同》就是这方面的探索。在徽州家谱的这片海洋中，幸拾一贝。为鼓励我这一坚持的行为，尊敬的瞿先生为本书写了序言，于我而言，这是我继续前行的动力。

本书得以出版，得到中国社会科学出版社宫京蕾编辑的大力支持，对她的辛勤付出，在此表示感谢！